ASIA MINOR STUDIEN BAND 7

Forschungsstelle Asia Minor im Seminar für Alte Geschichte
der Westfälischen Wilhelms-Universität Münster

ASIA MINOR STUDIEN

Band 7

Gesellschaft und Wirtschaft Pamphyliens und Pisidiens im Altertum

1992

DR. RUDOLF HABELT GMBH · BONN

Forschungsstelle Asia Minor im Seminar für Alte Geschichte
der Westfälischen Wilhelms-Universität Münster

Gesellschaft und Wirtschaft Pamphyliens und Pisidiens im Altertum

von
Hartwin Brandt

1992

DR. RUDOLF HABELT GMBH · BONN

Gedruckt mit Unterstützung des Förderungs- und Beihilfefonds Wissenschaft der VG WORT GmbH, München

Die Deutsche Bibliothek - CIP-Einheitsaufnahme
Brandt, Hartwin:
Gesellschaft und Wirtschaft Pamphyliens und Pisidiens im Altertum / von Hartwin Brandt. Forschungsstelle Asia Minor im Seminar für Alte Geschichte der Westfälischen Wilhelms-Universität Münster. - Bonn : Habelt, 1992
(Asia-Minor-Studien ; Bd. 7)
ISBN 3-7749-2554-2
NE: Forschungs- und Arbeitsstelle Asia Minor <Münster, Westfalen>: Asia-Minor-Studien

Beiträge und Anfragen sind zu richten an:
Forschungsstelle ASIA MINOR im Seminar für Alte Geschichte der Westfälischen Wilhelms-Universität Münster
Wilmergasse 1-4
D-4400 Münster

Redaktion: Anke Schütte

ISBN 3-7749-25542

FÜR BRITTA

INHALT

ABKÜRZUNGSVERZEICHNIS

Die Abkürzungen der Zeitschriften richten sich weitgehend nach den in der Année Philologique benutzten Siglen. Nicht gesondert in das Abkürzungsverzeichnis aufgenommen werden allgemein gebräuchliche Abkürzungen wie RE, CIL, IG etc.

ATL	=	B.D. Merritt - H.T. Wade-Gery - M.F. McGregor, The Athenian Tribute Lists, 4 Bde., Princeton 1939-1953
EJ	=	J.R.S. Sterrett, An Epigraphical Journey in Asia Minor, Boston 1888
Grégoire	=	H. Grégoire, Recueil des inscriptions grecques chrétiennes d'Asie Mineure (ND), Paris 1968
IGCH	=	M. Thompson - O. Moerkholm - C.M. Kraay, An Inventory of Greek Coin Hoards, New York 1973
Iv...	=	Inschriften von...
IvDidyma	=	A. Rehm, Die Inschriften (= T. Wiegand, Didyma, 2.Teil, Berlin 1958)
IvEphesos	=	H. Wankel - R. Merkelbach - H. Engelmann u.a., Die Inschriften von Ephesos (IK 11-17,4), 10 Bde., Bonn 1979-1984
IvIasos	=	W. Blümel, Die Inschriften von Iasos (IK 28), 2 Bde., Bonn 1985
IvLindos	=	Ch. Blinkenberg, Lindos. Fouilles d'Acropole, 2 Bde., Berlin 1941
IvMagnesia	=	O. Kern, Die Inschriften von Magnesia am Mäander, Berlin 1900
IvMylasa	=	W. Blümel, Die Inschriften von Mylasa (IK 34-35), 2 Bde., Bonn 1987-1989
IvPergamon	=	Die Inschriften von Pergamon (Altertümer von Pergamon VIII), 3 Bde., Berlin 1890-1969
IvPerge	=	R. Merkelbach - S. Şahin, Die publizierten Inschriften von Perge, EA 11, 1988, 97-169
IvPriene	=	F. Hiller v. Gärtringen, Die Inschriften von Priene, Berlin 1906
IvSardeis	=	W.H. Buckler - D.M. Robinson, Sardis VII 1. Greek and Latin Inscriptions, Princeton 1932
IvSelge	=	J. Nollé - F. Schindler, Die Inschriften von Selge (IK 37), Bonn 1991
IvSide	=	A.M. Mansel - C.E. Bosch - J. Inan, Vorläufiger Bericht über die Ausgrabungen in Side im Jahre 1947, Ankara 1951 + A.M. Mansel - G.E. Bean - J. Inan, Die Agora von Side und die benachbarten Bauten. Bericht über die Ausgrabungen im Jahre 1948, Ankara 1956 + G.E. Bean, The Inscriptions of Side, Ankara 1965 (die im ersten Fall von C.E. Bosch und dann von G.E. Bean publizierten Inschriften werden in den drei Publikationen fortlaufend numeriert)
IvTralleis	=	F.B. Poljakov, Die Inschriften von Tralleis und Nysa I (IK 36,1), Bonn 1989

LW	=	P. Le Bas - W.H. Waddington, Inscriptions grecques et latines, recueilliés en Asie Mineure (ND), 2 Bde., Hildesheim 1972
OMS	=	L. Robert, Opera minora selecta, 6 Bde., Amsterdam 1969-1989
ProsPtol	=	W. Peremans - E. Van't Dack, Prosopographia Ptolemaica, 9 Bde., Louvain 1950 ff.
SB	=	Sammelbuch griechischer Urkunden aus Ägypten, begründet v. F. Preisigke, fortgeführt von F. Bilabel, Straßburg 1915 ff.
WE	=	J.R.S. Sterrett, The Wolfe Expedition to Asia Minor, Boston 1888

VORWORT

Die vorliegende Abhandlung wurde im Sommersemester 1991 von der Geschichtswissenschaftlichen Fakultät der Universität Tübingen als Habilitationsschrift angenommen; die 1990 und 1991 erschienene Literatur konnte nur noch zum Teil berücksichtigt werden.

Mein erster und herzlicher Dank gilt meinem Lehrer Prof. Dr. Frank Kolb, der mein Interesse für das antike Kleinasien geweckt und den Fortgang der Arbeit stets mit kritischer Sympathie begleitet hat.

Prof. Dr. Elmar Schwertheim regte die Aufnahme der Abhandlung in die Asia Minor Studien an – dafür und für die sachkundige und zügige redaktionelle Betreuung bin ich ihm und den Mitarbeitern der Forschungsstelle Asia Minor ganz besonders verpflichtet.

Dank schulde ich schließlich der Deutschen Forschungsgemeinschaft für die Finanzierung einer ausgedehnten Forschungsreise durch Pamphylien und Pisidien sowie der Verwertungsgesellschaft Wort für die großzügige Gewährung eines Druckkostenzuschusses.

Es wäre ein nutzloses Unterfangen, nach adäquaten Dankesworten für meine Frau zu suchen, die mir nicht nur auf den Reisen durch Anatolien eine stets unentbehrliche Gefährtin war – ihr ist dieses Buch gewidmet.

Tübingen **Hartwin Brandt**

I. EINLEITUNG: STAND DER FORSCHUNG, QUELLENLAGE, METHODIK, FRAGESTELLUNGEN

Das Anliegen, eine umfassende historische Darstellung zu den antiken Landschaften Pamphylien und Pisidien zu verfassen, bedarf kaum einer ausführlichen Rechtfertigung, da diese durch die Tatsache gegeben ist, daß eine derartige Abhandlung bislang nicht existiert. Allerdings besteht die Notwendigkeit, neben einem Blick auf den aktuellen Forschungsstand und die Quellensituation die gemeinsame Behandlung beider Landschaften sinnvoll zu begründen und überdies die Konzentration auf die Bereiche Wirtschaft und Gesellschaft zu erläutern.

Mit dem Beginn der wissenschaftlichen, vornehmlich an landeskundlichen, epigraphischen und archäologischen Ergebnissen interessierten Erforschung Kleinasiens im 19. Jahrhundert[1] rückten auch Pamphylien und Pisidien ins Blickfeld der Aufmerksamkeit. Im späteren 19. Jh. unternahmen J.R.S. Sterrett und K. Graf Lanckoroński ausgedehnte Reisen durch beide Regionen und publizierten die dabei gesammelten Inschriften und die entdeckten Monumente.[2] Bahnbrechend für die wissenschaftliche Erschließung vor allem Pisidiens aber wirkten erst die Arbeiten von W.M. Ramsay, der in zahlreichen kleineren Aufsätzen und einigen größeren Monographien die Geschichte und historische Geographie Anatoliens behandelt und mit seinen Inschriftenpublikationen und Vorschlägen zur Lokalisierung der einzelnen Poleis die Basis für die Erforschung dieses Raumes geschaffen hat.[3]

Diese Pionierarbeiten sind im Laufe unseres Jahrhunderts durch viele Survey-Unternehmungen ergänzt, um Tausende neuer Inschriften bereichert und, was die Interpretation der Zeugnisse anbelangt, häufig auch korrigiert worden: An erster Stelle zu nennen sind hier die Inschriftenpublikationen von G.E. Bean, T.B. Mitford, B. Levick und A.S. Hall, ferner die in jüngster Zeit durchgeführten Surveys von S. Mitchell und (für Pamphylien) von J. Nollé.[4]

---

[1] Eine komplette Liste der einschlägigen Reiseberichte und weiterer Publikationen bis 1945 bietet A.M. Mansel, Türkiyenin Arkeoloji, Epigrafı ve Tarihi Coğrafyası için Bibliografya, Istanbul 1948.

[2] J.R.S. Sterrett, An Epigraphical Journey in Asia Minor (PAS 2), Boston 1888; ders., The Wolfe Expedition to Asia Minor (PAS 3), Boston 1888; K. Graf Lanckoroński u.a., Städte Pamphyliens und Pisidiens, 2 Bde., Wien 1890/92.

[3] Genannt seien hier nur die folgenden Monographien und Sammelbände von W.M. Ramsay: The Historical Geography of Asia Minor (ND v. 1890), Amsterdam 1962; The Cities and Bishoprics of Phrygia (ND v. 1895/97), New York 1975; The Social Basis of Roman Power in Asia Minor, 1941.

[4] G.E. Bean, Epitaphs from Aspendus, Jb.f.kleinasiat.Forsch. 2/3, 1952/3, 201 ff.; ders., Sculptured and Inscribed Stones at Burdur, Belleten 18, 1954, 469-488; ders., Inscriptions in the Antalya-Museum, Belleten 22, 1958, 21-91; ders., Notes and Inscriptions from Pisidia I, AS 9, 1959, 67-117. II, AS 10, 1960, 43-82; G.E. Bean - T.B. Mitford, Sites Old and New in Rough Cilicia, AS 12, 1962, 185-217; diess., Journeys in Rough Cilicia 1962-63, Wien 1965; diess., Journeys in Rough Cilicia 1964-68, Wien 1970; B. Levick, An Honorific Inscription from Pisidian Antioch, AS 8, 1958, 219 ff.; dies., Unpublished Inscriptions from Pisidian Antioch, AS 17, 1967, 101-123; dies., Dedications to Men Askaenos, AS 20, 1970, 37-51; A.S. Hall, The Site of Misthia, AS 9, 1959, 119 ff.; ders., Notes and Inscriptions from Eastern Pisidia, AS 18, 1968, 57-93; ders., The Gorgoromeis, AS 21, 1971, 125-167; ders., The Milyadeis and Their Territory, AS 36, 1986, 137-157; S. Mitchell, Requisitioned Transport in the Roman Empire. A New Inscription from Pisidia, JRS 66, 1976, 106-131; ders., Maximinus and the Christians in A.D. 312. A New Latin Inscription, JRS 78, 1988, 105-125; S. Mitchell - M. Waelkens, Sagalassus and Cremna 1986.1987., AS 37, 1987, 37-47. AS 38, 1988, 53-65; S. Mitchell - E. Owens - M. Waelkens, Ariassos and Sagalassos, AS 39, 1989, 61-77; J. Nollé, Die Eintracht der Mehlsieber und Brotformer in Side, EA 1, 1983, 131 ff.; ders., Etenna. Ein Vorbericht, EA 3, 1984, 143-154; ders., Pamphylische Studien 1-5, Chiron 16, 1986, 199-212; ders., Pamphylische Studien 6-10, Chiron 17, 1987, 236-276; ders., Epigraphische und numismatische Notizen, EA 10, 1987, 101 ff. EA 12, 1988, 129-141.

Inzwischen ist daher das epigraphische Material erheblich angewachsen, dennoch liegen bislang keine umfassenden Darstellungen vor, die sich dieses Materials in adäquater Weise bedient hätten. Versuche dieser Art sind allein in Form von zwei unpublizierten Dissertationen von S. Jameson und J. Greenhalgh unternommen worden. In der 1965 von S. Jameson erstellten Arbeit über Lykien und Pamphylien in römischer Zeit[5] dominieren die Bereiche der (Bundes- und Polis-)Verfassungsgeschichte und der Prosopographie, die kurzen Abschnitte über das wirtschaftliche, soziale und kulturelle Leben entsprechen in etwa dem, was Jameson in ihren RE-Artikeln über Lykien und die pamphylischen Poleis Attaleia, Aspendos und Perge vorgelegt hat.[6] Überdies werden die vorrömischen und spätrömischen Jahrhunderte weitgehend ausgeklammert, und es fehlt eine problemorientierte Fragestellung. Die Arbeit bietet primär eine Bestandsaufnahme des für die kaiserzeitliche Provinz Lycia-Pamphylia Anfang der 60er Jahre vorliegenden Materials (mit Ausnahme der gänzlich vernachlässigten Ergebnisse der Archäologie), wobei die besonderen Verdienste zweifellos auf den Feldern der Institutionengeschichte und der Prosopographie liegen.

Etwas andere Akzente setzt die ebenfalls unveröffentliche Dissertation von J. Greenhalgh über das römische Pisidien,[7] die im wesentlichen eine kommentierte Materialsammlung aufgrund der vorliegenden Inschriften und der publizierten archäologischen Surveys darstellt, mit einem besonderen Schwerpunkt auf der Spätantike, vor allem den Kirchenbauten.[8] Auch Greenhalgh vernachlässigt, von einem kurzen einführenden Abschnitt abgesehen, die vorrömische Zeit sowie die Wirtschafts- und Sozialgeschichte, und vor allem verzichtet auch diese rein deskriptive Arbeit auf ein spezifisches, argumentatives Konzept. Die einzige diesbezügliche Ausnahme[9] stellt das exzellente Buch von B. Levick über die römischen Kolonien im südlichen Kleinasien dar,[10] in welchem aus dem hier interessierenden Raum die Siedlungen Antiochia Pisidiae, Kremna, Komama, Parlais und Olbasa behandelt werden, freilich aus einer 'römischen' Perspektive und mit Blick auf die besonderen, vor allem an den Institutionen und Selbstverwaltungsmechanismen der Kolonien abzulesenden Eigenheiten dieser Siedlungen - Themen wie beispielsweise die außenwirtschaftlichen Beziehungen oder die Mobilität der Bewohner spielen keine Rolle.

Schließlich ist noch auf den gerade erschienenen Band 'Phrygien und Pisidien' im Rahmen der 'Tabula Imperii Byzantini' hinzuweisen.[11] Dieses nützliche Werk bietet in seinem Hauptteil (169-422) eine Art Lexikon der Siedlungen und Ruinenplätze, die kurzen einführenden Abschnitte zu Wirtschaft (61-66) und Besiedlung (66-70), welche die gesamte Antike und die byzantinische Zeit (bis zum Ausgang des 13. Jhs. n. Chr.) betreffen, können natürlich keine

---

[5] S. Jameson, Lycia and Pamphylia under the Roman Empire from Augustus to Diocletian, Diss. Oxford 1965.

[6] S. Jameson, Art. Aspendos, RE Suppl. XII, 1970, 99-109; dies., Art. Attaleia, in: ebd. 110-129; dies., Art. Lykia, RE Suppl. XIII, 1973, 265 ff.; dies., Art. Perge, RE Suppl. XIV, 1974, 375-383.

[7] J. Greenhalgh, Roman Pisidia. A Study of Development and Change, Diss. Newcastle upon Tyne 1987. Die Kenntnis dieser in der gelehrten Literatur bislang nicht erwähnten Arbeit verdanke ich einem freundlichen Hinweis von S. Mitchell, University of Swansea.

[8] Die Kapitel über "Churches of Pisidia", "Late Antiquity" und "Continuity, Decline and Change" (153-419) umfassen zwei Drittel der Arbeit.

[9] Nur eine knappe, vorwiegend in Katalogform gehaltene Darstellung und (lückenhafte) Materialsammlung bietet M. Özsait, Hellenistik ve Roma devrinde Pisidya Tarihi, Istanbul 1985.

[10] B. Levick, Roman Colonies in Southern Asia Minor, Oxford 1967.

[11] K. Belke - N. Mersich, Tabula Imperii Byzantini 7: Phrygien und Pisidien, Wien 1990.

höheren Ansprüche erfüllen.

Über die genannten Arbeiten hinaus liegen keine speziell mit Pamphylien und/oder Pisidien befaßten Werke umfassenderen Charakters vor. Selbstverständlich werden beide Regionen auch in den immer noch als Standardwerke gültigen Arbeiten von D. Magie und T.R.S. Broughton berücksichtigt,[12] jedoch nur als zwei von vielen dort behandelten Gebieten. Überdies sind seit dem Erscheinen beider Arbeiten einige Jahrzehnte vergangen, während derer sich die Quellenlage grundlegend gewandelt hat, und darüber hinaus gilt auch für diese beiden Werke, daß die vorrömische Zeit kaum, die Spätantike gar nicht behandelt wird. Während Pamphylien und Pisidien in den letztgenannten Arbeiten somit kein gesondertes Interesse zuteil wird, existieren auf der anderen Seite Abhandlungen, die zwar einer der beiden Regionen gewidmet sind, allerdings nur unter einem speziellen Aspekt, etwa der Münzprägung pisidischer Poleis[13] oder der Onomastik und Sprachgeschichte.[14]

Von herausragender Bedeutung sind schließlich die zahlreichen und weitverstreuten Einzelpublikationen von Inschriften, Münzfunden und archäologischen Denkmälern, die erstmals für die vorliegende Arbeit zusammengestellt und unter einer übergreifenden Fragestellung behandelt werden. Der spezifische Charakter des verfügbaren Materials läßt eine Konzentration auf die Wirtschafts- und Sozialgeschichte sinnvoll erscheinen: Es stehen nur wenige (meist literarische) Quellen über die Politik- und Ereignisgeschichte zur Verfügung, aber die vielen Inschriften, die über Berufsausübung, sozialen Rang, Herkunft, internationale Kontakte und Wanderungsbewegungen einzelner Personengruppen sowie über Geschäfte, Stiftungen und Schenkungen Auskunft geben, ferner die Münzfunde, anhand derer sich wirtschaftliche Beziehungen verfolgen lassen, und schließlich die Überreste der Siedlungen, welche Aufschlüsse über das Niveau der Lebenskultur vermitteln, bieten, zusammengenommen und nach chronologischen sowie sachlichen Gesichtspunkten gegliedert, einen bislang ungenutzten Stoff für die Erforschung von Wirtschaft und Gesellschaft in diesem Teil der Alten Welt.

Aus den genannten Prämissen resultiert der Anspruch der vorliegenden Arbeit, auf der Grundlage einer (möglichst) vollständigen Sammlung des verfügbaren, d.h. publizierten Materials zu stehen. Daß dieses Postulat ohne jede Einschränkung realisiert worden sei, kann angesichts der wenigen existierenden Corpora[15] und der vielen einzelnen und verstreuten Publikationen von Inschriften und Münzen nicht mit absoluter Sicherheit behauptet werden, aber bis zu einem hohen Grade dürfte dieses Ziel doch erreicht worden sein. Insgesamt wurden ungefähr 6.000 In-

---

[12] T.R.S. Broughton, Roman Asia, in: T. Frank, An Economic Survey of Ancient Rome IV, Baltimore 1938, 499-919; D. Magie, Roman Rule in Asia Minor to the End of the Third Century After Christ, 2 Bde., Princeton 1950.

[13] H. v. Aulock, Münzen und Städte Pisidiens, 2 Bde., Tübingen 1977/79.

[14] C. Brixhe, Le dialecte grec de Pamphylie, Paris 1976.

[15] Folgende, zumeist freilich schon ältere Inschriftencorpora, die daher der Ergänzung bedurften, stehen für einzelne Orte zur Verfügung: die Inschriften von Termessos (TAM III), Wien 1949, von Apollonia und Umgebung (MAMA IV Nr. 136-225, 1933), von Anabura, Neapolis und Umgebung (MAMA VIII, 1962) und von Perge (R. Merkelbach - S. Şahin, Die publizierten Inschriften von Perge, EA 11, 1988, 97-169). Das Corpus der Inschriften von Selge (J. Nollé - F. Schindler, I.K. 37, Bonn 1991) erschien nach Abschluß des ursprünglichen Manuskripts, konnte aber noch eingearbeitet werden. Das schon seit längerer Zeit angekündigte Corpus der Inschriften von Side (J. Nollé) ist bislang nicht erschienen, ebensowenig wie die weiteren von Nollé in Aussicht gestellten Sammelwerke der Münzen von Selge (IvSelge 13 A.3) und der Münzen von Side (J. Nollé, Side. Zur Geschichte einer kleinasiatischen Stadt in der römischen Kaiserzeit im Spiegel ihrer Münzen, AW 21, 1990, 262).

schriften aus Pamphylien und Pisidien gesammelt, anhand sämtlicher Inschriften- und Papyruseditionen überdies die außerhalb ihrer Heimat belegten Pamphylier und Pisider ermittelt (ca. 500), ferner die Münzfunde (mit pamphylischen und pisidischen Prägungen), die literarischen Zeugnisse und die archäologischen Publikationen ausgewertet. Schließlich konnten im Zuge einer sechswöchigen Reise durch Pamphylien und Pisidien[16] fast alle identifizierten und lokalisierten Orte und Ruinenstätten aufgesucht und, was angesichts der fehlenden Erforschung eines großen Teils dieser Orte besonders bedeutsam ist, Informationen über die naturgeographischen Bedingungen und den Siedlungsbestand gewonnen werden.

Auf der Basis einer derartigen Materialsituation sollte es ein legitimes Vorhaben sein, den Versuch einer umfassenden Darstellung zu wagen, auch wenn die Quellenlage natürlich immer noch unbefriedigend ist und im Zuge einer (wünschenswerten) künftigen Intensivierung der landeskundlichen Erforschung und Surveytätigkeit mit einer Zunahme vor allem inschriftlicher Zeugnisse zu rechnen wäre. Mit dem Hinweis auf diese Sachlage oder auf die noch beklagenswert geringe Ausgrabungstätigkeit vor allem in Pisidien ließe sich ein derartiges Projekt stets hinauszögern und würde wahrscheinlich eine Realisierung letztendlich verhindert.

Somit muß sowohl die Kontingenz der Quellen als auch ihrer Aussagekraft akzeptiert und ihren Möglichkeiten entsprechend verfahren werden. Bis zu einem gewissen Grade bestimmt daher die Beschaffenheit der Quellen auch den Fragen- und Themenkatalog und die methodische Praxis. So kann angesichts der in der Regel nicht ausreichenden Datenmenge kaum ernsthaft der Versuch einer quantitativen Wirtschaftsgeschichtsschreibung unternommen werden, sondern es muß primär mit qualitativen Begriffen operiert werden.[17] Die Einkommenshöhe bestimmter Berufsgruppen, Ausgaben der Poleis für bestimmte Aufgaben, Sozialproduktgrößen von Städten oder Provinzen u.ä.m. lassen sich, von im Laufe dieser Arbeit noch begegnenden Ausnahmen abgesehen, nicht quantifizieren; es finden eher qualitative Kategorien Verwendung, wie 'Prosperität' oder 'Verfall', 'Blüte' und 'Aufschwung' oder 'Krise'. Auch Fragen, die etwa aus heutiger Sicht von besonderem Interesse sein könnten, lassen sich nicht 'gegen' das Quellenmaterial durchsetzen. Ein Kapitel etwa über die Rolle der Frau in Pamphylien und Pisidien zu verfassen, liefe im wesentlichen darauf hinaus, anstelle des Entdeckens von Informationen in den Quellen das Erfinden derselben zu versuchen. Der Verfasser bekennt sich daher, nicht zuletzt aufgrund der Beschaffenheit des Materials, bewußt zu einer an der Konzeption etwa eines M. Rostovtzeff orientierten Methode der problematisierenden, strukturierenden und summierenden Darstellung und Beschreibung, ohne freilich Rostovtzeffs aus seinen zeitgeschichtlichen Erfahrungen resultierender, spezifischer Optik stets zu folgen.[18] In der Regel berufen sich jene Gelehrten, die Rostovtzeffs fehlenden 'theoretic level' monieren, bei der Beschreibung bestimmter Phänomene doch immer wieder auf das von Rostovtzeff präsentierte

---

[16] Die Reise wurde mit dankenswerter und großzügiger Unterstützung durch die Deutsche Forschungsgemeinschaft vom 20.7. - 31.8.1989 durchgeführt.

[17] Vgl. zu diesem Aspekt W. Boelcke, Wirtschafts- und Sozialgeschichte. Einführung, Bibliographie, Methoden, Problemfelder, Darmstadt 1987, 92; zu den neuesten Trends innerhalb der mit der Antike befaßten Wirtschaftsgeschichte s. H.-W. Pleket, Wirtschaft, in: F. Vittinghoff (Hg.), Europäische Wirtschafts- und Sozialgeschichte in der Römischen Kaiserzeit (=Handbuch der Europäischen Wirtschafts- und Sozialgeschichte, Bd. 1), Stuttgart 1990, 31-55.

[18] M. Rostovtzeff, Gesellschafts- und Wirtschaftsgeschichte der hellenistischen Welt, 3 Bde., Darmstadt 1956; ders., Gesellschaft und Wirtschaft im Römischen Kaiserreich (ND), Aalen 1985; vgl. vor allem zur Würdigung des erstgenannten Werkes C. Habicht, Rostovtzeffs Sozial- und Wirtschaftsgeschichte des Hellenismus, VSWG

Material und nicht selten auch auf seine Deutung, und ein methodisch anspruchsvolleres und vor allem auch angesichts des Quellenbestandes praktikables Konzept bleiben die Kritiker bislang ebenfalls schuldig.[19]

Abschließend bedarf es noch der eingangs angekündigten Erläuterung des hier unternommenen Versuchs, Pamphylien und Pisidien gemeinsam zu behandeln - hätte nicht eine Betrachtung der in römischer Zeit lange in einer Doppelprovinz vereinigten Landschaften Pamphylien und Lykien näher gelegen? Letzteres hätte bedeutet, zwei einander relativ ähnliche, mit diversen Hafensiedlungen ausgestattete Küstenregionen einander gegenüberzustellen und zu untersuchen, ob angesichts einer vergleichbaren naturgeographischen Ausstattung und strategischen Bedeutung auch eine parallele Entwicklung in Wirtschaft und Gesellschaft erkennbar wäre. Von diesem durchaus praktikablen und bislang nicht verfolgten Ansatz unterscheidet sich die hier gewählte, lohnenswert erscheinende Fragestellung, die von der in den antiken Quellen wie in der modernen Literatur verbreiteten Auffassung ihren Ausgang nimmt, an den Küsten hätten die zivilisierten Völker der antiken Oikumene gewohnt, im Hochland und in den Bergen dagegen die kriegerischen und kulturlosen Barbaren. Insbesondere P. Briant hat unter diesem Gesichtspunkt eine Reihe antiker Autoren, von Herodot über Arrian bis zu Strabo, untersucht und diese Optik als signifikantes Charakteristikum ermittelt: "Le thème de l'aggressivité du montagnard et du nomade est particulièrement prégnant dans toute la littérature ethnogéographique gréco-romaine. Les peuples montagnards d'Asie sont systématiquement qualifiés de 'combatifs', 'voués à la guerre', 'pillards';"[20] typisch sei in diesem Sinne etwa die in den antiken Quellen zu findende Einschätzung der Pisider.[21] Wie ein moderner Reflex dieses antiken (Vor-?)Urteils klingt die Charakterisierung der Pisider in einem Standardwerk zum Siedlungswesen im griechischen Osten: "The mountainous country behind Pamphylia was inhabited by two barbarian peoples, the Milyae to the west and the Pisidians to the east. The Pisidians were a warlike and unruly people."[22]

Angesichts dieser Auffassung von einer naturgeographisch bedingten Mentalität bietet es sich nicht nur an, in unsere Darstellung auch die vorhellenistische Zeit einzubeziehen, um die Tragfähigkeit einer derartigen Position zu überprüfen,[23] sondern es stellt sich gewissermaßen als Leitfaden dieser Arbeit die Frage, ob Pisidien, die nördlich von Pamphylien gelegene Region, tatsächlich im Altertum unter einem gewissermaßen von der Natur verschuldeten, determinierten Wettbewerbsnachteil im Vergleich zu Pamphylien zu leiden hatte. Wir haben also danach zu fragen, ob Pisidien das arme und karge Hinterland des reichen, in einer fruchtbaren Schwemmebene gelegenen Pamphylien bildete und wie sich im Vergleich jeweils das Siedlungswesen und

46, 1959, 232-247; s. ferner Pleket, Wirtschaft, 42.

19 Einen typischen Fall bietet die von A.E. Samuel (From Athens to Alexandria: Hellenism and Social Goals in Ptolemaic Egypt, Leiden 1983, 44) geäußerte Kritik, Rostovtzeffs "massive survey of the Hellenistic period is mostly descriptive, in terms of economic activity", es fehle eben "a theoretical level". Letzteren beansprucht Samuel (45 ff.) für sich allein dadurch, daß er dem von Rostovtzeff für die hellenistische Welt generell postulierten Streben nach Wohlstand und Wachstum das Fehlen des dann doch eigentlich zu erwartenden technischen Fortschritts, von Innovation, Produktivitätssteigerung etc. entgegenhält. Samuel bezieht damit (was natürlich sein gutes Recht ist) Position in der altbekannten Kontroverse zwischen den 'Primitivisten' und den 'Modernisten' - ein methodisch anspruchsvolleres und vor allem effektiveres Vorgehen ist dies beileibe nicht.

20 P. Briant, État et pasteurs au Moyen-Orient ancien, Paris 1982, 19.

21 Ebd., 21.

22 A.H.M. Jones, The Cities of the Eastern Roman Provinces, Oxford[2] 1971, 124.

23 Zur näheren Begründung s. noch u.S.11.

die ländlichen Regionen entwickelten, welche Wirtschaftszweige jeweils dominierten, wie es um die äußeren Kontakte der Pamphylier und Pisider bestellt war und ob sich etwaige Unterschiede zwischen beiden Räumen auch in der Gesellschaftsstruktur niederschlugen.

Der wirtschafts- und sozialgeschichtliche Charakter der Arbeit bezieht seine spezifischen Orientierungspunkte damit in besonderem Maße aus landeskundlichen Fragestellungen und trägt auf diese Weise aktuellen Forschungstendenzen Rechnung.[24] Programmatisch sind diese Ansätze vor wenigen Jahren von H.-J. Gehrke zusammengefaßt und formuliert worden.[25] Primäre Aufgabe der historischen Landeskunde muß es nach Gehrke sein, die vorliegenden "Studien zu Landesnatur, Bodenqualität und Bodennutzung, Verkehrswegen zu Lande und zu Wasser, Siedlungsverbreitung und -geschichte usw. zu sammeln und durch eigene Beobachtungen zu ergänzen."[26] Für Griechenland verweist Gehrke auf die grundlegenden Vorarbeiten in Form von Reiseberichten und Karten des 19. Jahrhunderts sowie auf die Forschungen von A. Philippson und E. Kirsten, bei denen freilich (im Falle Philippsons) zu sehr geologische Aspekte dominierten bzw. (im Falle Kirstens) zu wenig der archäologische Erkenntnisstand berücksichtigt worden sei.[27] Notwendig sei daher eine Zusammenführung archäologischer, geographischer und historischer Forschungen, die etwa in den erfolgversprechenden Versuch münden sollten, "den geographisch-naturräumlichen Voraussetzungen des Wirtschaftslebens, der Bevölkerungsentwicklung und der Sozialgeschichte generell nachzugehen."[28] Dies könnte schließlich zur "Erstellung neuerer, besser fundierter und sozusagen integrierter Polis- und Regionalgeschichten" führen.[29]

Die von Gehrke mit Blick auf Griechenland entwickelten Perspektiven scheinen mir generell begrüßenswert und ergebnisträchtig und besonders auch auf die Türkei übertragbar zu sein, da sich die Forschungssituation für diese Region, etwa hinsichtlich der Reiseberichte und der kartographischen Aufnahmen des 19. Jahrhunderts, ähnlich darstellt.[30] Vereinzelte Versuche einer Kombination von historisch-geographischen und wirtschaftsgeschichtlichen Ansätzen liegen für Kleinasien in Form der Arbeiten von E. Gren und H. Weimert bereits vor: In der auf die Zeit des Prinzipats beschränkten Studie von Gren[31] werden vor allem die verkehrsgeographisch mit dem Ostbalkan eng verbundenen Landschaften des nordwestlichen Kleinasien untersucht. Weimert[32] setzt sich zum Ziel, "die von der landschaftlichen Vorgabe diktierten wirtschaftlichen

---

[24] Zur Einbeziehung der historisch-politischen Geographie in die modernen Methoden der Wirtschafts- und Sozialgeschichte s. Boelcke, 127-133.

[25] H.-J. Gehrke, Die griechische Staatenwelt im Blickwinkel einer historischen Landeskunde, in: J. Bleicken (Hg.), Symposion für Alfred Heuss (FAS 12), Kallmünz Opf. 1986, 41-50.

[26] Gehrke, ebd. 42.

[27] Gehrke, ebd. 43 f., mit Bezug auf A. Philippson - E. Kirsten, Die griechischen Landschaften, 4 Bde., Frankfurt am Main 1950-1959; E. Kirsten, Die griechische Polis als historisch-geographisches Problem des Mittelmeerraumes, Bonn 1956; vgl. ferner E. Kirsten, Landschaft und Geschichte in der Antiken Welt (Geographica Historica 3), Bonn 1984.

[28] Gehrke, ebd. 49.

[29] Gehrke, ebd. 50.

[30] S.o. S. 1 mit A.1; hervorgehoben seien besonders C. Ritter, Die Erdkunde im Verhältnis zur Natur und zur Geschichte des Menschen oder allgemeine vergleichende Geographie IX/2, Berlin 1859 sowie die vielen von H. Kiepert erstellten Karten Kleinasiens und seiner Teillandschaften.

[31] E. Gren, Kleinasien und der Ostbalkan in der wirtschaftlichen Entwicklung der römischen Kaiserzeit, Uppsala 1941.

[32] H. Weimert, Wirtschaft als landschaftsgebundenes Phänomen. Die antike Landschaft Pontos. Eine Fallstudie, Frankfurt am Main 1984.

Strukturen von Pontos" zu erfassen. Wenn Weimerts Arbeit diesem Anspruch allenfalls teilweise genügt, so liegt das gewiß nicht an der prinzipiellen Fruchtlosigkeit des methodischen Ansatzes und auch nicht daran, "daß die gesamten wirtschaftlichen Abläufe fernab von den Zentren der antiken Welt eben 'bescheiden' waren,"[33] sondern dies ist vielmehr das Resultat diverser, hier nicht detailliert zu erörternder Faktoren.[34]

Daß die Verbindung von historischer Landeskunde sowie Wirtschafts- und Sozialgeschichte zu tragfähigen Ergebnissen führt, hofft die vorliegende Arbeit zeigen zu können. Da deren leitende Fragestellungen letztlich auf die natürliche Beschaffenheit der Landschaften Pamphylien und Pisidien zurückgehen, müssen diese zunächst charakterisiert und in ihren ungefähren Grenzen bestimmt werden.

[33] So H.-J. Drexhage, Rezension zu Weimert, HZ 246, 1988, 651.

[34] Neben vielen, weniger von der Materie und der Methodik, sondern von der Art des individuellen Zugriffs verschuldeten Defiziten ist etwa die Ausklammerung der außenwirtschaftlichen Kontakte zu monieren (dazu s. A. Mehl, Der Überseehandel von Pontos, Geographica Historica 4, Bonn 1987, 103-186). S. auch die sehr kritischen Rezensionen zu Weimert von Drexhage (o. A.33), H.-C. Schneider (MBAH VII 2, 1988, 92-95) und L. Wierschowski (Gnomon 58, 1986, 663 f.).

II. DIE LANDSCHAFTEN PAMPHYLIEN UND PISIDIEN: NATURRÄUMLICHE BEDINGUNGEN UND UNGEFÄHRE GRENZEN

Eine ungefähre Umgrenzung von antiken Landschaften muß bis zu einem gewissen Grade immer unscharf und willkürlich erscheinen, denn sie kann sich nicht an historischem Wandel unterworfenen Reichs- oder Provinzgrenzen orientieren. Wer letzteres dennoch versucht, wird schnell in die Verlegenheit geraten, divergierende Angaben aus verschiedenen Epochen miteinander harmonisieren zu müssen, ohne daß dabei ein überzeugender Kompromiß erreicht würde.[35] Auch ethnographische Gesichtspunkte bieten nur in den seltensten Fällen eine halbwegs verläßliche Grundlage, wie etwa im Fall Lykiens, das sich ungefähr anhand des Verbreitungsgebietes der in lykischer Sprache abgefaßten Inschriften umgrenzen ließe. Für Pamphylien wäre ein analoges Verfahren wegen der weitgehenden Konzentration der im pamphylischen Dialekt gehaltenen Inschriften auf den Raum um Aspendos und Sillyon aussichtslos, und auch für Pisidien erweist sich diese Methode als kaum praktikabel, da nur recht wenige im einheimischen, pisidischen Dialekt verfaßte Inschriften entdeckt worden sind, deren Fundorte nicht als Markierungspunkte dienen können.[36]

Die Unmöglichkeit definitiver Grenzziehungen gilt natürlich auch mehr oder weniger - von dem bereits erwähnten Lykien vielleicht abgesehen - für die weiteren, Pamphylien und Pisidien umgebenden Landschaften im Westen (Karien, Kibyratis), im Norden (Phrygien), im Nordosten (Lykaonien) sowie im Osten (Isaurien, Kilikien). Freilich ist schon aus pragmatischen Gründen eine ungefähre Umgrenzung der Landschaften unumgänglich, und so ergeben sich für die vorliegende Arbeit in etwa die folgenden Linien (vgl. Karte): Pamphylien grenzt im Westen an Lykien, das allenfalls wenige Kilometer westlich von Attaleia beginnt; Phaselis ordnen wir mithin, ungeachtet gewisser Affinitäten zu Pamphylien,[37] dem lykischen Raum zu, zumal die Stadt bereits im 2. Jh. v. Chr. kurzfristig Münzen nach dem Typus des lykischen Koinon prägte[38] und in der Kaiserzeit regelmäßig dem lykischen Bund angehörte.[39] Auch die noch näher bei Pamphylien, in unmittelbarer Nachbarschaft zu Termessos gelegene Kleinpolis Trebenna rechnen wir noch zu Lykien, was sich ebenfalls durch die Münzprägung und die Mitgliedschaft Trebennas im Koinon der Lykier rechtfertigen läßt.[40]

Im Osten lokalisieren wir die Grenze zwischen Pamphylien und Kilikien in dem Gebiet zwischen Laertes und Syedra, in einem Raum, den G.E. Bean und T.B. Mitford nach eigener Auskunft "arbitrarily" als Rauhes Kilikien bezeichnen,[41] J. Nollé hingegen als Ostpamphylien be-

---

[35] Lehrreich in diesem Sinne sind etwa die angestrengten Bemühungen von W. Ruge (Art. Pamphylia, RE XVIII, 1949, 356 ff.), eine feste Eingrenzung Pamphyliens vorzunehmen; vgl. auch Belke - Mersich, 45.

[36] L. Zgusta, Die pisidischen Inschriften, Archiv Orientalni 25, 1957, 570-610; ders., Die epichorische pisidische Anthroponymie und Sprache, Archiv Orientalni 31, 1963, 470-482; C. Brixhe - T. Drew-Bear - D. Kaya, Nouveaux documents de Pisidie, Kadmos 26, 1987, 122-170.

[37] Im Zollgesetz von Ephesos etwa gilt Phaselis als pamphylischer Hafen, s. H. Engelmann - D. Knibbe, Das Zollgesetz der Provinz Asia, EA 14, 1989, 71.

[38] H.A. Troxell, The Coinage of the Lycian League, 1982, 65 ff. 73 f.; s. auch G.E. Bean, Kleinasien 2. Die türkische Südküste von Antalya bis Alanya, Stuttgart u.a.[3] 1985, 143.

[39] Vgl. etwa TAM II 1200; H. v. Aulock, Die Münzprägung des Gordian III. und der Tranquillina in Lykien (IstMitt Beih.11), Tübingen 1974, 33 f. 48 f.

[40] IGR III 767; v. Aulock, Gordian III., 53 f.

[41] Bean - Mitford, Journeys 1964-1968, 2.

greift.[42] Die hier gewählte Abgrenzung kann sich überdies auf ein kaiserzeitliches Militärdiplom berufen, welches Laertes noch zu Pamphylien zählt.[43]

Die lange nördliche, bis auf den östlichen Teil (bei dem im Norden Isaurien an Pamphylien anschließt) mit Pisidien gemeinsame Grenze wird weitgehend durch den Höhenzug des Taurus und seine Ausläufer bestimmt. In etwa ergibt sich eine Linie (von Osten nach Westen), die von Gündoğmuş (nördlich von Korakesion/Alanya) über Etenna/Sırtköy (das freilich bereits zu Pisidien gehört)[44] und Beşkonak (südlich von Selge) in den Raum zwischen Termessos und Attaleia führt, wo Pisidien und Pamphylien fließend ineinander übergehen.

Mit der Nordgrenze Pamphyliens ist implizit die Südgrenze Pisidiens eben bereits beschrieben worden; der westliche Rand Pisidiens verläuft ungefähr (von Norden nach Süden) entlang der Linie Apameia/Dinar[45] - Ostseite des Burdur-Sees - Karamanlı und Tefenni[46] - Isinda/ Korkuteli[47] - Termessos. Im Norden endet die Landschaft entlang der Linie (von Westen nach Osten) Apameia/Dinar - Apollonia (Uluborlu)[48] - Sultan Dağları (nördlich des pisidischen Antiochia/ Yalvaç); die östlichen Markierungspunkte schließlich bilden (von Norden nach Süden) die Orte Sarkı Karaağaç (wo das antike Neapolis zu lokalisieren ist)[49], Pappa-Tiberiopolis/Yunuslar,[50] Mistheia/Beyşehir,[51] Etenna/Sırtköy.

Naturgeographisch[52] vertreten sowohl Pamphylien wie Pisidien zwei für die gesamte Türkei signifikante Landschaftsformen: Pisidien bildet eine typische Beckenlandschaft, strukturiert durch die Gebirgszüge des Taurus, wobei die Becken teilweise von Seen ausgefüllt werden. Aus dieser Mannigfaltigkeit des Landschaftsbildes resultiert die Bandbreite der natürlich genutzten Wirtschaftsräume: In den Hochlagen existieren Flachformen ('Yaylası'), die vor allem als Bergweiden genutzt werden,[53] die weniger hoch gelegenen Becken, die typischen 'Ovası', stellen die wichtigsten Getreideanbaugebiete dar,[54] und die zahlreichen pisidischen Seen verleihen der Region ihren auffälligen und individuellen Charakter, denn hier findet sich die höchste Konzentration von Binnengewässern in der Türkei, so daß das Gebiet um Burdur, Isparta und Eğridir als 'Türkische Seenplatte' ("Göller Bölgesi") gilt.[55]

Das von den drei in der Antike nahe Perge, Aspendos und Side ins Meer mündenden Flüssen Kestros, Eurymedon und Melas gegliederte Pamphylien dagegen gehört zum größten Teil dem

---

42 Nollé, Pamphylische Studien 6-10.
43 AE 1977, 793.
44 Vgl. Nollé, Etenna.
45 Dieses selbst zählt freilich bereits zu Phrygien.
46 In diesem Raum befand sich die kaiserzeitliche Domäne der Ormeleis, s.u.S.121 f.
47 Zur neuerdings bezweifelten Lokalisierung des antiken Isinda bei Korkuteli s.u.S.53 A.450.
48 v. Aulock, Münzen und Städte II 20 ff.
49 Näheres s.u.S.61 f.
50 Vgl. v. Aulock, Münzen und Städte I 43 f. Belke - Mersich (46.62 f.327) rechnen auch noch Laodikeia Kekaumene zu Ostpisidien - wir zählen dagegen diese Siedlung, die erst im 4. Jh. n. Chr. in die Provinz Pisidien eingegliedert und in römischer Zeit sonst stets Lykaonien zugeschrieben wurde, nicht mehr zu Pisidien.
51 Hall, Misthia.
52 Die grundlegende und ausführlichste Darstellung bietet X. de Planhol, De la plaine pamphylienne aux lacs pisidiens. Nomadisme et vie paysanne, Paris 1958; s. ferner W.D. Hütteroth, Türkei (Wissenschaftliche Länderkunden 21), Darmstadt 1982; O. Erol, Die naturräumliche Gliederung der Türkei (TAVO Beih. A 13), Wiesbaden 1983; H. Louis, Landeskunde der Türkei, Stuttgart 1985; Belke - Mersich, 52 ff.
53 Hütteroth 59.
54 Ebd. 57 ff.

Typus fruchtbarer, alluvialer Küstenlandschaften an; nur der Raum um Attaleia wird von großen Travertinterrassen mit steil zum Meer abfallender Küste geprägt;[56] der nördliche Teil Pamphyliens bildet in Form einer Hügellandschaft den Übergang zum höher gelegenen Pisidien.[57]

Den unterschiedlichen Landschaftstypen eignen jeweils verschiedene Bedingungen von Klima und Vegetation. Im pamphylischen Küstenbereich dominiert feucht-mediterranes Klima mit einer hohen Niederschlagsquote,[58] während in Pisidien das ebenfalls grundsätzlich mediterrane Klima mit einer starken kontinentalen Komponente versetzt ist.[59] Diesem moderaten Klimaunterschied entspricht der in allmählichen Abstufungen verlaufende Übergang von der "suprамediterranen" Vegetation[60] des nördlichen Pisidien (mit Kiefern, Zedern und Tannen) zur "submediterranen" Vegetation des mittleren und südlichen Pisidien (wo schon immer- und sommergrüne Eichen begegnen und Baumwolle sowie, mit Einschränkungen, Oliven) und schließlich zur "(eu)mediterranen" Vegetation Pamphyliens, die sich durch immergrüne Hartlaubmacchie, Oliven und Zitrusfrüchte auszeichnet.

Dem "durch besondere Klimagunst" ausgezeichneten Küstensaum Pamphyliens[61] steht somit das mediterran-kontinental geprägte pisidische Hochland gegenüber mit auch heute noch riesigen Ödflächen.[62] Nach heutiger Landnutzungsintensität gehört der pamphylische Küstenstreifen zu den Intensivgebieten mit einem Kulturlandanteil von weit über 70 %, der größte Teil Pisidiens weist demgegenüber nur einen Kulturlandanteil zwischen 10 und 30 % auf, der nur in den kleinen Beckenebenen um die pisidischen Seen auf einen Anteil von ebenfalls über 70 % ansteigt.[63]

Angesichts dieser prinzipiell auch für die Antike aussagefähigen Zahlen kann die Konvergenz von antiker und moderner Auffassung, was das unterschiedliche Kulturniveau von Pamphylien und Pisidien anbelangt, kaum überraschen. Ob und inwieweit diese Einschätzung jedoch dem aus den antiken Quellen und Denkmälern zu erschließenden Bild entspricht, sollen die anschließenden Ausführungen erweisen.

---

55 Ebd. 54.
56 Ebd. 85.
57 Ebd. 61 ff.
58 Ebd. 108.
59 Erol 93.
60 Dies und das folgende nach Hütteroth, 140 ff. mit Fig.50.
61 Ebd. 365.
62 Ebd. 361.
63 Nach ebd. Fig.92.

III. DIE VORHELLENISTISCHE ZEIT

Es ist bereits in den einleitenden Bemerkungen auf die von P. Briant ermittelte, in den antiken Quellen dominierende und bis in die moderne Forschung hinein nachwirkende Auffassung hingewiesen worden, welche allein der gräko-römischen Zivilisation ein hohes Kulturniveau attestiert und die historische Entwicklung in Kleinasien als teleologischen Prozeß begreift, der nomadisierten Barbaren erst zu einer (seit der klassischen Zeit realisierten) Lebensweise der Seßhaftigkeit mit einem gewissen zivilisatorischen Standard verholfen habe.[64] Aus dieser Perspektive resultiert sowohl die ebenfalls schon angesprochene, heute allgemein übliche Abgrenzung des 'entwickelten' Küstengebietes Pamphylien von der 'zurückgebliebenen' Bergregion Pisidien[65] als auch die Vernachlässigung der vorhellenistischen Epochen als "dark ages", in denen noch keine nennenswerten zivilisatorischen Errungenschaften in diesem Raum zu verzeichnen seien. Stellvertretend für eine derartige Einschätzung sei etwa die folgende Äußerung H.v. Aulocks zitiert:"In der Geschichte haben die Pisidier, die nie eine gemeinsam durchgeführte Aktion unternommen haben, keine Rolle gespielt. Sie sind immer eine undisziplinierte, kriegerisch veranlagte Urbevölkerung geblieben, ohne ihr Bergland jemals verlassen zu haben."[66] Es überrascht daher auch nicht, daß etwa in den beiden grundlegenden Darstellungen zu Lykien und Pamphylien (S. Jameson)[67] sowie Pisidien (J. Greenhalgh)[68] der knappe historische Überblick jeweils erst mit der klassischen Zeit bzw. dem Auftreten Alexanders d.Großen einsetzt und die vorhergehenden Epochen als vermeintlich finsteres Zeitalter ausgeklammert werden. Mit dieser Verfahrensweise sind zumindest zwei gravierende Nachteile verbunden: Zum einen geraten die Grundlagen und Voraussetzungen der griechisch-römischen Zeit in Pamphylien und Pisidien aus dem Blickfeld, was beispielsweise die Erkenntnis eines so wichtigen Phänomens wie der in Pisidien bisweilen festzustellenden Siedlungskontinuität verhindert, und zum zweiten wird auf diese Weise nicht deutlich, daß die genannte Hochschätzung des für Pamphylien behaupteten Zivilisationsniveaus von einer bestimmten Perspektive (etwa eines Arrian oder Strabo) abhängig ist.[69] In den vorhergehenden Jahrtausenden ist nämlich, ganz im Gegenteil, ein kulturelles Gefälle von Pisidien zu Pamphylien zu verzeichnen, wie der folgende, notwendigerweise kursorische Überblick zeigen soll.

1. Die prähistorische Zeit

Nur die frühesten, aus dem Paläolithikum stammenden Spuren einer bestimmbaren Kulturstufe in den hier interessierenden Gebieten führen nach Pamphylien, das in den folgenden Jahrtausenden eindeutig in den Hintergrund tritt.

In der Nähe von Antalya sind in Höhlen und Felsgrotten (Belbaşı[70], Karain[71], Beldibi[72]) Ge-

---

64 P. Briant, Etat, 3-57; vgl. o.S.5.
65 Vgl.o.S.5.
66 v. Aulock, Münzen und Städte I, 13.
67 Jameson, Lycia and Pamphylia, Kap.2: Lycia and Pamphylia down to Augustus (30-50); auch C.E. Bosch, Studien zur Geschichte Pamphyliens, Ankara 1957, 49 ff., streift die prähistorische Zeit nur kurz.
68 Greenhalgh, Kap.2: Historical Background (22-36).
69 Vgl.o.S.5.
70 E.Y. Bostancı, A New Upper Palaiolithic and Mesolithic Facies at Belbaşı Rock Shelter on the Mediterranean

brauchsgerät und Wandmalereien aus der Zeit des Paläolithikums und des frühen Neolithikum entdeckt worden, ohne daß jedoch nähere Aufschlüsse über Lebens- und Ernährungsgewohnheiten der Bewohner gewonnen werden konnten. Immerhin bietet insbesondere Beldibi, welches bis in die Zeit des Chalkolithikums bewohnt gewesen sein muß, die frühesten Belege für einfache Tongefäße in Anatolien[73], und in jüngster Zeit neu lokalisierte, weitere Höhlen mit Spuren aus paläolithischer und neolithischer Zeit im Antalya-Gebiet[74] unterstreichen die Bedeutung dieses kleinen Areals allerdings nur für diese früheste Zeit, denn ansonsten scheint "Pamphylia to have been shunned by prehistoric farmers."[75] Im Gegensatz dazu entwickelt sich eine kontinuierliche, auf beträchtlichem Niveau stehende Besiedlung Pisidiens seit neolithischer Zeit[76], eine Kultur, an der Pamphylien anscheinend überhaupt nicht partizipiert hat.[77] Das Kerngebiet dieser Zivilisation befindet sich im Raum der pisidischen Seen, insbesondere um den Burdur Gölü, den Yarışlı Gölü und den Karataş Gölü, wo M. Özsait seit der Mitte der siebziger Jahre inzwischen je fünfzehn Siedlungsstätten aus dem späten Neolithikum und dem frühen Chalkolithikum identifiziert hat (vgl. Karte).[78]

Hacılar, der - neben Suberde (in der Nähe des Suğla Gölü)[79] - prominenteste Ort dieser Kultur, liegt im Zentrum von Pisidien (25 km südwestlich von Burdur) und markiert "the earliest evidence for an agricultural settlement in Anatolia."[80] Mehrere Aspekte dieser auf überraschend hohem Niveau befindlichen, vom frühen 6. bis in die Mitte des 5. Jts. existierenden Hacılar-Kultur sind herauszuheben:[81] Die Ausgrabungen zeigen eine durchaus nicht primitive Hausarchitektur mit um offene Höfe errichteten Gebäuden, die zum Teil mehr als 40 m^2 Grundfläche sowie Türen und Fenster aufweisen. Die Bewohner betrieben bereits Viehzucht (nachgewiesen sind Schaf, Ziege und Schwein) und, wie die Dekorationen der fein bemalten Keramik sugge-

Coast of Anatolia, Belleten 26, 1962, 252-292.

71 I.K. Kökten, Ein allgemeiner Überblick über die prähistorischen Forschungen in der Karainhöhle bei Antalya, Belleten 19, 1955, 284-293; vgl. auch A. Erzen, Das Besiedlungsproblem Pamphyliens im Altertum, AA 88, 1973, 389. Ein Teil der prähistorischen Funde aus der Karain-Höhle ist im Museum von Antalya zu besichtigen.

72 E.Y. Bostancı, Researches on the Mediterranean Coast of Anatolia: A New Palaeolithic Site at Beldibi near Antalya, Anatolia 4, 1959, 129-178.

73 D. Schmandt-Besserat, The Beginnings of the Use of Clay in Turkey, AS 27, 1977, 133 ff.

74 AS 35, 1985, 175; M.J. Mellink, Archaeology in Asia Minor, AJA 89, 1985, 548.

75 J. Mellaart, Anatolia before 4000 B.C., in: CAH I^3, Cambridge 1970, 305; vgl. hingegen Erzen, Besiedlungsproblem, 389 ff., der aufgrund sprachgeschichtlicher Erwägungen eine neuerliche Besiedlung Pamphyliens im 3. Jts. v. Chr. annimmt; dazu s.u.S.15 A.103.

76 Für die noch früheren Epochen gibt es in Pisidien kaum Anhaltspunkte, K. Bittel (Grundzüge der Vor- und Frühgeschichte Kleinasiens, Tübingen^2 1950, 13) nennt nur "Baradis in Pisidien" als Ort vielleicht schon mesolithischer Funde.

77 Mellaart, Anatolia before 4000 B.C., 313.

78 S. zuletzt M. Özsait, Pisidya Bölgesinde Yeni Prehistorik Iskan Yerleri III, in: Anadolu Araştırmaları. Festschrift U.B. Alkim, Istanbul 1986, 73-88 (mit Karte X); vgl. auch M.J. Mellink, Archaeology in Asia Minor, AJA 86, 1982, 560 f. Neuerdings haben sich bei Kurucay (nahe Burdur) auch Spuren des dort bislang noch nicht vertretenen frühen Neolithikums gefunden, s. den Vorbericht von R. Duru, AS 38, 1988, 201. Auch in dem weiter östlich gelegenen Raum Pisidiens liegen nach Ausweis neuester Forschungen Stätten, die dieser Hochkultur zuzuordnen sind (mündliche Mitteilung von M. Waelkens auf dem Pisidien-Kolloquium in Münster am 18./19.3. 1991).

79 J. Mellaart, The Neolithic of the Near East, New York 1975, 96.

80 Ebd., 95; zu Hacilar s. daneben vor allem die Grabungsberichte von J. Mellaart in AS 8, 1958, 127-157. 9, 1959, 51-67. 10, 1960, 83-105. 11, 1961, 39-75; vgl. auch ders., Early Cultures of the South Anatolian Plateau I, AS 11, 1961, 159-184. II, AS 13, 1963, 199-234.

81 Vgl. zum folgenden v.a. Mellaart, Neolithic, 111 ff.; ders., Anatolia before 4000 B.C., 313 ff.

rieren, offensichtlich auch das Textilhandwerk.[82] Die nicht nur in Form der genannten Töpfereiprodukte, sondern auch durch aus Lehm gefertigte Kultfiguren belegte Bedeutung des Töpferhandwerks manifestiert sich in drei ausgegrabenen Töpferwerkstätten. Von besonderem Interesse ist darüber hinaus der Nachweis von Handelsverbindungen Hacılars mit weiteren Siedlungen in Zentralanatolien, wobei sich insbesondere Obsidian, Bimsstein sowie Schwefel als Austauschgüter bestimmen lassen.[83] Schließlich weist auch die im fortgeschrittenen Stadium der Siedlungsentwicklung (Hacılar V-Id, bis ca. 4750 v. Chr) erreichte Qualität der Bausubstanz, vor allem in Form einer großen Befestigungsanlage und von Getreidespeichern, auf den hohen Zivilisationsgrad der Hacılar-Kultur.

Das weitere Schicksal der in mehrfacher Hinsicht derjenigen von Çatal Hüyük ähnelnden Kultur von Hacılar[84] ist nicht recht deutlich. Im 5. Jts. v. Chr. erfolgte offenbar eine Zerstörung der Siedlung, während an anderen, kleineren Plätzen in dem pisidischen Seengebiet eine kontinuierliche Kulturentwicklung über das Chalkolithikum und die Bronzezeit hinaus zu beobachten ist. Im Fall von Hacılar ergibt sich kein so klares Bild. Zwar bemerkte G.E. Bean das Vorhandensein von hellenistischer Keramik in der Nähe von Hacılar, wo auch J.R.S. Sterrett eine Inschrift aus römischer Zeit verzeichnet, aber weitergehende Schlüsse ergeben sich aus diesen Einzelfunden nicht.[85]

Ungeachtet der in Hacılar festzustellenden Zäsur zeigt das pisidische Gebiet, wie gesagt, auch in der Folgezeit deutliche Spuren von Besiedlung. In der Gegend von Yeşilova etwa (am Salda Gölü, südwestlich von Burdur) hat M. Özsait Stätten aus dem frühen und späten Chalkolithikum sowie der frühen Bronzezeit entdeckt,[86] und im weiter östlich gelegenen Gebiet um den Beyşehir Gölü sowie insbesondere in der noch weiter östlich befindlichen, direkt an Pisidien grenzenden Konya-Ebene liegen zahlreiche weitere Plätze, an denen Funde aus dem hier interessierenden Zeitraum gemacht wurden,[87] der sich vom frühen 5. bis zum Ende des 3. Jts. v. Chr. erstreckt.[88]

Aus dem (bis ca. 3200 v. Chr anzusetzenden) Chalkolithikum und der frühen Bronzezeit[89] ragt das ca. 15 km südwestlich von Burdur gelegene Kurucay heraus, dessen Kultur laut J. Yakar Ähnlichkeiten mit ebenfalls ins 4. Jts. v. Chr. zu datierenden Funden aus dem Donau- und Balkanraum besitzt; Yakar will sogar direkte Kontakte zwischen diesen Regionen nicht ausschließen.[90] Weiterhin wären hervorzuheben das in der Nähe von Yeşilova lokalisierte Dereköy-

---

82 Die vorzüglichen Keramikprodukte aus Hacilar sind heute im Museum von Burdur ausgestellt.

83 H. Klengel, Handel und Händler im alten Orient, Leipzig 1979, 103.

84 Diese Ähnlichkeiten betont Mellaart, Neolithic, 115.

85 G.E. Bean, Notes I, 104 f.; Sterrett, EJ 85.

86 S.o.S.12 mit A.78.

87 S. v.a. J. Mellaart, Preliminary Report on a Survey of Pre-Classical Remains in Southern Turkey, AS 4, 1954, 180 ff.

88 Zur Frage der Periodisierung s. besonders J. Mellaart, The Chalcolithic and Early Bronze Ages in the Near East and Anatolia, Beirut 1966, 99-126; J. Yakar, Regional and Local Schools of Metalwork in Early Bronze Age Anatolia I, AS 34, 1984, 62 ff.

89 Die Grenzen zwischen Chalkolithikum und früher Bronzezeit verlaufen fließend und sind überdies regional zu differenzieren. Letzteres gilt auch für die selbst wiederum gemeinhin in drei Phasen gegliederte Bronzezeit, s. J. Mellaart, Anatolia c. 4000-2300 B.C., in: CAH I^3 2, Cambridge 1971, bes. 403 ff.; ders., Anatolia c. 2300-1750 B.C., in: ebd. 693.

90 Yakar, Regional and Local Schools I, 62 f.; vgl. auch M.J. Mellink, Archaeology in Asia Minor, AJA 81, 1977, 291 f. Auch die Funde aus Kurucay kann man im Museum von Burdur studieren.

Hüyük (mit qualitätvoller, glattpolierter und bemalter Keramik[91]) sowie die nördlich von Burdur gelegene Gegend um Kusura.[92]

In der sich bis zum Ende des 3. Jts. erstreckenden frühen Bronzezeit steht Pisidien weiterhin im Zentrum der kontinuierlich existierenden, anatolischen Hochkultur, welche Pamphylien (im Gegensatz etwa zu Kilikien[93]) offenbar nicht berührt hat. Die in dauerhaft bewohnten Siedlungen beheimatete, primär von Landwirtschaft und Tierhaltung geprägte Kultur, die sich nun auch durch einen verstärkten Gebrauch von Metallen (vor allem unlegiertes Kupfer, daneben in geringem Umfang Zinn und Bronze) auszeichnet,[94] manifestiert sich an zahlreichen Orten Pisidiens,[95] darunter vor allem an dem bereits genannten Kusura[96] sowie beispielsweise in Yelten, wo höchstwahrscheinlich das in römischer Zeit gut dokumentierte Verbe zu lokalisieren ist.[97] Klare Evidenz besteht für einen recht ausgeprägten inneranatolischen Handel spätestens am Beginn der mittleren Bronzezeit (Funde aus Troia[98] sowie Karien und der lykischen Elmalı-Ebene[99]), K. Bittel konstatiert sogar eine enge Verwandtschaft zwischen dem auf Samos entdeckten Material und bronzezeitlicher Keramik aus Pisidien.[100] Die pisidischen Töpferwaren zeichnen sich durch eine spezifische Ornamentierung aus (Verzierung in breiten Riefen) und bildeten offenbar den Gegenstand eines recht stark entwickelten Wirtschaftszweiges, wie die reichen Funde zeigen, die nicht nur aus Kusura, sondern auch aus Senirce Ağap und aus der Isparta-Ebene stammen.[101]

Spätestens seit Beginn der mittleren Bronzezeit (zwischen 2100-ca.1900 v. Chr[102]) spielen sich in Anatolien mit der Einwanderung indogermanischer Völker dramatische Veränderungen ab, welche selbstverständlich auch das soziale und wirtschaftliche Leben in dieser Region nachhaltig beeinflussen. Obwohl nun auch langsam die schriftliche Überlieferung einsetzt, bleibt die materielle Hinterlassenschaft die aussagekräftigste Quelle für die Kultur Anatoliens im 2. Jts. v. Chr., die von den Indogermanen geprägt wird, in erster Linie von dem neu entstehenden Reich der Hethiter.

---

91 Mellaart, Preliminary Report, 188 f.

92 Mellaart, The Chalcolithic, 109 ff.; ders., Anatolia c. 4000-2300 B.C., 376.

93 Zu Kilikien als einer der zentralen frühbronzezeitlichen Kulturlandschaften s. nur D.B. Stronach, The Development and Diffusion of Metal Types in Early Bronze Age Anatolia, AS 7, 1957, bes. 97 ff.; Mellaart, Early Cultures II, AS 13, 1963, 229 ff.; ders., Anatolia c. 4000-2300 B.C., 363 f.

94 S. etwa Bittel, Grundzüge, 33 ff.; Mellaart, Preliminary Report, 189 f.; Yakar, Regional and Local Schools I, 73 ff.; zum Handel mit diesen Gütern s. S. Breuer, Imperien der Alten Welt, Stuttgart u.a. 1987, 96 ff.

95 S. die Karte mit mehr als fünfzehn eingetragenen Fundstätten bei Mellaart, Preliminary Report, 192; neuerdings liefert auch das Kestel-Gebiet aufschlußreiche Belege für Metallgewinnung und -handel in der mittleren Bronzezeit, s. A. Yener, AS 38, 1988, 200.

96 Yakar, Regional and Local Schools I, 74 f.

97 Stronach, 96 f.; Mellaart, Anatolia c. 4000-2300 B.C., 393; zu Verbe s. B. Levick, Art. Verbe, RE Suppl.XIV, 1974, 830 ff.; Greenhalgh, 489 f. Reiches Material bietet auch die Gegend um das pisidische Antiochia, v.a. der ca. 20 km von Antiochia entfernt gelegene Camhavman (Köslük) Hüyük; die frühbronzezeitliche Keramik dieser Region ist im Museum von Yalvaç ausgestellt.

98 J. Mellaart, Anatolian Chronology in the Early and Middle Bronze Age, AS 7, 1957, 76 f.

99 Stronach, 97; Yakar, Regional and Local Schools I, 76 f.

100 Bittel, Grundzüge, 37; allgemein zum bronzezeitlichen Handel im östlichen Mittelmeerraum: Klengel, Handel und Händler, 132 ff.

101 K. Bittel, Kleinasiatische Studien (ND v. 1942), Amsterdam 1967, 176 ff. Das frühbronzezeitliche Material der Isparta-Region (das im Museum von Isparta gesammelt und ausgestellt ist) stammt vor allem aus Harmaniören.

102 Mellaart, Anatolia c. 2300-1750 B.C., 691.

2. Von den Hethitern zu den Persern

Erst in den letzten Jahrhunderten des 2. Jts. v. Chr., in der mittleren und der um 1200 v. Chr. endenden späten Bronzezeit, liefert neben Pisidien auch Pamphylien, das keinerlei Besiedlungsspuren aus dem 3. und früheren 2. Jts. v. Chr. aufweist,[103] einige historisch verwertbare Informationen und gerät damit wieder in das Blickfeld wissenschaftlicher Aufmerksamkeit. Freilich lassen sich angesichts der überaus spärlichen und überdies schwer zu interpretierenden Zeugnisse kaum eindeutige Erkenntnisse formulieren, und mit den im folgenden angeschnittenen Fragen werden Kardinalprobleme der Hethitologie, der Mykenologie und der archaischen Archäologie berührt, die seit vielen Jahrzehnten heftig und kontrovers diskutiert werden und hier selbstverständlich nicht einer Lösung zugeführt werden können. Dennoch soll in aller gebotenen Kürze auf der Grundlage der neuesten Forschungen der aktuelle Diskussionsstand dargelegt werden, soweit er für Pamphylien und Pisidien in sozial- und wirtschaftsgeschichtlicher Hinsicht von Belang ist.

Die erste der genannten Hauptfragen betrifft die Geographie Kleinasiens in der Hethiterzeit, denn während etwa in Pisidien der hethitische Einfluß archäologisch belegt ist,[104] fehlten bislang jegliche diesbezügliche Hinweise für Pamphylien, das sich gemäß der bis vor kurzem gültigen Auffassung nicht unter hethitischer Herrschaft befand und auch nicht eindeutig einem anderen, in Quellen dieser Zeit bezeugten Reich oder Fürstentum zuzuordnen war. Letzteres hat sich jetzt grundlegend geändert durch den Fund der Bronzetafel von Boğazköy, die einen hethitischen Staatsvertrag aus dem 13. Jh. v. Chr. enthält.[105] Dem Dokument (Kol. I 14 ff.) ist zu entnehmen, daß im südwestlichen Anatolien das von einem Herrscher namens Kurunta regierte Land Tarhuntaşşa lag, dessen Westgrenze (Kol. I 61) der Fluß Kastaraja bildete, worunter wohl der Kestros zu verstehen ist. Er floß nahe der Stadt Parha (Kol. I 61), die dann mit Perge zu identifizieren wäre:[106] "Das hethitische Herrschaftsgebiet reichte demnach zu Ende der Großreichszeit bis in das östliche Pamphylien",[107] aber genauere Vorstellungen von dem Siedlungs- und Wirtschaftsniveau Pamphyliens in dieser Zeit können wir uns dennoch nicht machen, zumal die allerdings archäologisch noch unzureichend erforschte anatolische Südküste bislang kein (spät-)bronzezeitliches Material geliefert hat.[108]

Als alleinige für Pamphylien relevante Dokumente stehen daher die hethitischen Schriftquellen zur Verfügung, deren geographische Angaben freilich schwer auf einen Nenner zu bringen

---

103 Der Versuch von Erzen (Besiedlungsproblem, 391 ff.), das Fehlen jeglicher archäologischer Überreste dieser Epochen in Pamphylien mit Hinweis auf sprachgeschichtliche Erkenntnisse zu relativieren und eine Besiedlung Pamphyliens schon für das 3. Jts. v. Chr. nachzuweisen (ebenso, freilich ohne neue Argumente, M.E. Özgür, Aspendos, o.O. 1988, 10 ff.; ders., Perge, o.O. 1988, 10 ff., A. Pekman, A History of Perge, Ankara 1973, 57 ff.), muß als verfehlt betrachtet werden, s. nur Brixhe, Dialecte, 14 ff.

104 S.u.S.17.

105 H. Otten, Die Bronzetafel aus Boğazköy. Ein Staatsvertrag Tuthalijas IV., Wiesbaden 1988; ders., Die 1986 in Boğazköy gefundene Bronzetafel, Innsbruck 1989.

106 Otten, Bronzetafel 1988, 37.

107 Otten, Bronzetafel 1989, 19.

108 M.J. Mellink, Archaeology in Asia Minor, AJA 68, 1969, 264; vgl. die Hinweise bei J.G. Maqueen, Geography and History in Western Asia Minor in the Second Millennium B.C., AS 18, 1968, 175; T.R. Bryce, Some Geographical and Political Aspects of Mursilis' Arzawa Campaign, AS 24, 1974, 104; S. Heinhold-Krahmer, Arzawa. Untersuchungen zu seiner Geschichte nach den hethitischen Quellen, Heidelberg 1977, 6. Auch B. Kull (Die mittelbronzezeitliche Siedlung = Demircihüyük. Die Ergebnisse der Ausgrabungen 1975-1978, hrsg. v. M. Korfmann, Bd.5, Mainz 1988) verzeichnet in ihrem Kapitel "Die Fundplätze der ersten Hälfte des 2. Jts. in der westlichen Türkei" (42-75) keinerlei Funde aus Pamphylien.

sind. Zurückhaltung scheint jedenfalls geboten bei dem häufig allzu leichtfertig praktizierten Verfahren, allein aufgrund (vielfach nur vordergründiger) Ähnlichkeiten zwischen Namen aus den hethitischen Quellen und denjenigen der späteren Zeiten Lokalisierungen vorzunehmen. Ohne jede Vorsicht verfährt etwa F. Cornelius in dieser Weise, indem er ohne weitere Anhaltspunkte einen in hethitischen Texten überlieferten "Mann von Pigaia" mit einem völlig unbekannten "Herrscher von Perge in Pamphylien" identifiziert.[109] Allerdings liefert die neue Bronzetafel aus Boğazköy nun relativ verläßliche Aufschlüsse, womit im übrigen der alten, von S. Heinhold-Krahmer neuerlich bekräftigten und von einer Vielzahl von Gelehrten bis in die jüngste Zeit akzeptierten Auffassung, nach welcher am ehesten das literarisch überlieferte, mit den Hethitern verfeindete Arzawa in Pamphylien zu suchen wäre,[110] der Boden entzogen ist.

Nur die Existenz von Perge kann also mit einiger Wahrscheinlichkeit bereits für das 13. Jh. v. Chr. postuliert werden, im Fall von Aspendos und Side läßt sich dies bestenfalls vermuten.[111] Angesichts fehlender archäologischer Evidenz[112] darf somit immerhin festgestellt werden, daß Pamphylien nicht unbedingt zum hethitischen Kernbereich gehörte und bis zum Ende der späten Bronzezeit keine genauer erkennbaren Anzeichen für eine entwickelte Siedlungskultur mit entsprechendem wirtschaftlichen Standard bietet. Ob man allerdings mit J. Mellaart "a cultural vacuum, perhaps filled by nomads" annehmen sollte,[113] muß angesichts des neuen hethitischen Staatsvertrages bezweifelt werden.

Trotz der Tafel von Boğazköy weist Pisidien sehr viel deutlichere Züge hethitischen Einflusses als Pamphylien auf und scheint mithin auch im späteren 2. Jts. v. Chr. stärker als das südlicher gelegene Küstenland an der Entwicklung der anatolischen Hochkultur(en) zu partizipieren. So dokumentieren neben den wenigen erhaltenen, in pisidischer Sprache abgefaßten Inschriften vor allem die später in Pisidien gebräuchlichen Orts-, Gewässer- und Personennamen eindeutig hethitische Einwirkungen[114], und einige archäologische Denkmäler untermauern eindrucksvoll

---

[109] F. Cornelius, Geschichte der Hethiter, Darmstadt[2] 1979, 272 f.; ähnliche Spekulationen bei Brixhe, Dialecte, 157 ff. Zur Fragwürdigkeit vorschneller Identifikationen s. etwa J. Garstang - O. Gurney, The Geography of the Hittite Empire, London 1959, 82; G. Steiner, Die Ahhiyawa-Frage heute, Saeculum 15, 1964, 385; Heinhold-Krahmer, 5.

[110] So etwa A. Goetze, Kleinasien, München[2] 1957, 49. 84. 102 (Karte); Bosch, Studien, 51; R. Hauschild, Die indogermanischen Völker und Sprachen Kleinasiens, Sitzungsber. d. Sächs. Akad. d. Wiss. zu Leipzig, Phil.-Hist. Kl. 109, Heft 1, Berlin 1964, 27; Steiner, 370 f.; Erzen, Besiedlungsprobleme, 393; Heinhold-Krahmer, 317-334; G.A. Lehmann, Die mykenisch-frühgriechische Welt und der östliche Mittelmeerraum in der Zeit der 'Seevölker'-Invasion um 1200 v. Chr. (Rhein.-Westf. Akad. d. Wiss. Geisteswiss. Vorträge G 276), Opladen 1985, 21; J. Damanville - J.-P. Grélois, Les Hittites jusqu'à la fin de l'Empire, in: P. Leveque (Hg.), Les premières civilisations I, Paris 1987, 353. 369; ähnlich auch O.R. Gurney, Anatolia c. 1750-1600 B.C., in: CAH II[3] 1, Cambridge 1973, 230. Bryce (Aspects, 103 ff. bes. 110 f.) lokalisiert Arzawa im Gebiet Lykiens.

[111] Nollé, Side, AW 21, 1990, 244.

[112] Erzen (Besiedlungsprobleme, 393) nennt als einziges Fundstück aus Pamphylien "ein syro-hethitisches Steinsiegel", das ins 2. Jts. v. Chr. datiert worden sei, aber dies allein besagt natürlich genausowenig wie der vage Hinweis von M. Darga (Die Architektur der hethitischen Städte und Befestigungsanlagen, Revue Hittite et Asianique 29, 1971, 55 f.), die architektonischen Wurzeln der monumentalen Stadttore etwa von Side und Perge (aus griechisch-römischer Zeit !) seien in den hethitischen Stadtanlagen zu suchen.

[113] J. Mellaart, Anatolian Trade with Europe and Anatolian Geography and Culture Provinces in the Late Bronze Age, AS 18, 1968, 189.

[114] G. Neumann, Untersuchungen zum Weiterleben hethitischen und luwischen Sprachgutes in hellenistischer und römischer Zeit, Würzburg 1961, 18; Hauschild, 42 f. 53 f.; B. Rosenkranz, Fluß- und Gewässernamen in Anatolien, BN N.F. 1, 1966, 132. 140 f.; F. Carmody, Toponymie anatolienne: les noms classiques des pays et des peuples, Revue Hittite et Asianique 30, 1972, 5-53; Garstang - Gurney, 109. Allzu einfach macht es sich wiederum Cornelius, 147, mit dem apodiktischen Hinweis, der hethitische Ortsname Pedasa habe "Pisidien den

diesen Befund:[115] Insbesondere sind hier zwei aus der Gegend um den Beyşehir Gölü stammende Monumente zu nennen: zum einen eine monumentale Stele, die in dem aus römischer Zeit stammenden Stadion von Fasıllar entdeckt wurde und das einzige Exemplar dieser Kunstgattung aus dem spätbronzezeitlich-hethitischen Anatolien darstellt,[116] und daneben die ca. 20 km nördlich der Siedlung Beyşehir gelegene Anlage von Eflatun Pınar. Dieses meist als Kombination von Brunnenhaus und Quellheiligtum gedeutete Denkmal besitzt einen kürzlich eingehend gewürdigten Reliefschmuck, dessen Ikonographie die Anlage als 'Staatsmonument' ausweist, welches möglicherweise ebenso wie das weiter nördlich bei Ilgin entdeckte Gebäude dem hethitischen Herrscher Tuthalija IV. (ca. 1240-1220 v. Chr) zuzuweisen ist.[117] Auf jeden Fall artikuliert sich in der aufwendigen Gestaltung des Monuments die Bedeutung dieser Region für den hethitischen Großkönig, der zweifellos als Auftraggeber und Stifter anzunehmen ist.[118] Es bleibt leider unklar, worauf sich das herrscherliche Interesse gründete und ob dabei etwa wirtschaftliche Faktoren eine Rolle spielten. Die These von J. Yakar, nach welcher die Hethiter die Metallressourcen dieser Region, insbesondere die Silbervorräte im Kemer-Distrikt, zu nutzen beabsichtigten,[119] bietet jedenfalls keine plausible Erklärung, denn es fehlen bislang Anhaltspunkte für die Ausbeutung der pisidischen Metallvorkommen in hethitischer Zeit.[120] Einleuchtender klingt da schon die von K. Kohlmeyer angestellte und durch den Hinweis auf hethitische Funde in den nahe Eflatun Pınar gelegenen Orten Tolca Hüyük und Kıreli zusätzlich begründete Vermutung, daß dieses Gebiet "wegen der verkehrsgeographischen Situation...ein Interessengebiet der hethitischen Politik" darstellte.[121]

Eindeutig erwiesen ist für die späte Bronzezeit die Existenz eines möglicherweise auch die anatolische Südküste berührenden Fernhandels mit Metallen sowie weiteren Gütern, und damit kommen wir nun auch wieder auf Pamphylien zu sprechen und zu zwei weiteren grundlegenden Problemen der Frühgeschichte, zu der sogenannten Ahhiyawa-Frage und der Frage nach den Beziehungen zwischen dem südwestlichen Anatolien und der mykenischen Welt. Beide Probleme gehören eng zusammen, denn es geht darum, ob das in hethitischen Dokumenten des 14./13. Jhs. v. Chr. erwähnte Reich Ahhiyawa aufgrund der lautlichen Ähnlichkeiten mit dem 'Αχαί(ϝ)α des griechischen Mythos und der griechischen Frühgeschichte zu identifizieren und

Namen gegeben;" gegen Cornelius s. nur Belke - Mersich, 72 mit A.8. Zu den erst aus der Kaiserzeit stammenden, epichorischen Inschriften Pisidiens, die luwisches Sprachgut aufweisen, s. bes. L. Zgusta, Die pisisidischen Inschriften, Archiv Orientální 25, 1957, 570-610; ders., Die epichorische pisidische Anthroponymie, Archiv Orientální 31, 1963, 470-482, bes. 479 f., und C. Brixhe - Th. Drew-Bear - D. Kaya, Nouveaux documents de Pisidie, Kadmos 26, 1987, 122-170; C. Brixhe, La langue des inscriptions épichoriques de Pisidie, in: Y.L. Arbeitman (Hg.), A Linguistic Happening in memory of Ben Schwarz, Louvain-la Neuve 1988, 131-155.

115 Bittel, Grundzüge, 70.

116 S. nur J. Mellaart, The Late Bronze Age Monuments of Eflatun Pinar and Fasıllar near Beyşehir, AS 12, 1962, 111 ff.; J.-G. Macqueen, The Hittites and their Contemporaries in Asia Minor, London 1975, 79; K. Kohlmeyer, Felsbilder der hethitischen Großreichszeit, Acta Praehistorica et Archaeologica 15, 1983, 39.

117 C. Börker - J. Börker-Klähn, Eflatun Pinar. Zur Rekonstruktion, Deutung und Datierung, JDAI 90, 1975, 1-41 (1 f. mit ausführlichen Hinweisen auf die ältere Literatur); s. jetzt noch G. Hult, Bronze Age Ashlar Masonry in the Eastern Mediterranean, Göteborg 1983, 41 ff.; Kohlmeyer, 34-43.

118 Börker - Börker-Klähn, 36 f.

119 J. Yakar, Hittite Involvement in Western Anatolia, AS 26, 1976, 120 f.

120 P.S. de Jesus, Metal Resources in Ancient Anatolia, AS 28, 1978, 97 ff.; s. auch J.D. Muhly - R. Maddin - T. Stech - E. Özgen, Iron in Anatolia and the Nature of the Hittite Iron Industry, AS 35, 1985, 71 ff. Zinn, das zur Bronzeherstellung benötigt wird, ist zwar nachweislich in vorklassischer Zeit gewonnen worden (etwa im Bolkar-Dağ-Distrikt im nördlichen Kilikien), aber nicht im pisidischen Raum, s. jetzt K.A. Yener - H. Özbal, Tin in the Turkish Taurus Mountains: The Bolkardağ Mining District, Antiquity 61, 1987, 220 ff.

wo das Land Ahhiyawa zu lokalisieren ist; damit erhebt sich zugleich die Frage nach Datierung und Charakter der griechischen Kolonisation Pamphyliens, dessen Poleis in hellenistischer und römischer Zeit eine Gründung nach dem Trojanischen Krieg für sich reklamierten.[122] Und schließlich wird dabei auch der schwierige Komplex der "Seevölker"-Bewegungen tangiert, denn in den Siegesinschriften des ägyptischen Herrschers Merneptah (ca. 1209 v. Chr) taucht unter den "Seevölkern" ein 'Aqaj(ja)wasa' auf,[123] was natürlich sofort an Ahhiyawa und die 'Αχαι(ϝ)οί denken läßt. Jeder dieser genannten Aspekte bildet den Gegenstand einer eigenen, bis heute andauernden Kontroverse mit entsprechender Forschungsgeschichte und Literaturfülle, so daß unsere Aufgabe auch in diesem Fall nur darin bestehen kann, auf der Basis des aktuellen Kenntnisstandes die für Pamphylien und Pisidien relevanten Aspekte zu beleuchten.

Beginnen wir zunächst mit der geographischen Lage von Ahhiyawa, für deren Bestimmung ähnlich schlechte Voraussetzungen herrschen wie etwa im Falle von Arzawa[124], so daß bisher keine durchschlagende Lösung erzielt werden konnte. Allerdings herrscht in der neuesten Forschung dahingehend Einigkeit, daß die früher vorgeschlagene Identifizierung Ahhiyawas mit der Landschaft Pamphylien[125] gewiß abzulehnen ist;[126] man denkt heute eher an den Bereich der ägäischen Inseln (Rhodos, Kreta).[127]

Da Pamphylien als Vorschlag für die Lokalisierung von Ahhiyawa somit nicht mehr zur Diskussion steht, verliert auch das zweite genannte Problem, die - heute weitgehend akzeptierte[128] - Identifizierung der 'Αχαι(ϝ)οί mit den Bewohnern von Ahhiyawa, für unser Thema an Bedeutung und braucht hier nicht eingehender erörtert zu werden. Immerhin ist es aber nun nicht mehr angängig, mit den (verfehlten) Hinweisen auf die Lokalisierung von Ahhiyawa in Pamphylien und die Gleichsetzung von 'Αχαι(ϝ)οί und 'Leuten aus Ahhiyawa' zugleich die These von der achäischen Kolonisation Pamphyliens nach dem Trojanischen Krieg belegen zu

---

121 Kohlmeyer, 35.

122 Aspendos: Zu dem Gründungsmythos im Zusammenhang mit den Aphroditai Kastnietides (SEG XVII 641) und Mopsos (Strab. IX 5,17; Kallim. frgm. 200a Pfeiffer) s. vor allem L. Robert, Monnaies et divinités d'Aspendos, Hellenica XI/XII, 1960, 177 ff.; ferner H. Brandt, Kulte in Aspendos, IstMitt 38, 1988, 241 f. Sillyon: SEG XVII 637. Perge: Statuen und Inschriften v.a. für Mopsos und Kalchas als Ktistai der Stadt: SEG XXXIV (1984) 1305 = IvPerge Nr. 24-27; vgl. zu dem Komplex der mythischen Stadtgründer v.a. Brixhe, Dialecte, 147 ff.; W. Leschhorn, 'Gründer der Stadt'. Studien zu einem politisch-religiösen Phänomen der griechischen Geschichte, Saarbrücken 1984; P. Weiss, Lebendiger Mythos. Gründerheroen und städtische Gründungstraditionen im griechisch-römischen Osten, WüJb N.F.10, 1984, 179 ff.; J.H.M. Strubbe, Gründer kleinasiatischer Städte. Fiktion und Realität, AncSoc 15/17, 1985/86, 253-304. Zur Frage der Historizität dieser Mythen s.u.S.20.

123 Zu diesem hier nicht näher zu behandelnden Punkt s. Lehmann, 50 ff.

124 S.o.S.16.

125 Etwa von Cornelius, 218. 224. 237. 240 ff. und auch jüngst noch von Strubbe, Gründer, 275 A.125 (offensichtlich ohne Kenntnis des neueren Forschungsstandes); weitere Hinweise auf ältere Literatur bei Steiner, 368 f. und Lehmann, 51 A.103.

126 Steiner, 376 ff.; H.-G. Güterbock, The Hittites and the Aegean World,1: The Ahhiyawa Problem Reconsidered, AJA 87, 1983, 133 ff. (zustimmend: I. Singer, Western Anatolia in the Thirteenth Century B.C. According to the Hittite Sources, AS 33, 1983, 206 A. 8a); Lehmann, 52 A.104; W. Helck, Zur Keftiu-, Alasia- und Ahhijawa-Frage, in: H.-G. Buchholz, Ägäische Bronzezeit, Darmstadt 1987, 224 ff.

127 Steiner, 382; Lehmann, 53; Helck, Zur Keftiu-, Alasia- und Ahhijawa-Frage, 224 ff.

128 Macqueen, Geography, 178 ff.; F. Schachermeyr, Die ägäische Frühzeit 5. Die Levante im Zeitalter der Wanderungen vom 13. bis zum 11. Jh. v. Chr., Wien 1982, 17-33; ders., Griechische Frühgeschichte, Wien 1984, 104 ff.; Lehmann, 52 f.; M.J. Mellink, Archaeology in Asia Minor, AJA 87, 1985, 140; D.W. Smit, Backgrounds to Hittite History. Some Historical Remarks on the Proposed Luwian Translation of the Phaistos Disc, Talanta 18/19, 1986/87, 50; ähnlich, wenn auch zurückhaltender M. Finkelberg, From Ahhiyawa to

wollen.[129] Diese These, der wir uns nun zuwenden wollen, bedarf zu ihrer Stützung anderer, wirklich durchschlagender Argumente; insbesondere sollte man entsprechende archäologische Indizien erwarten können. Somit ist an die Frage nach einer frühen achäischen Besiedlung Pamphyliens zugleich das letzte der oben angesprochenen Kardinalprobleme gekoppelt, nämlich die Frage nach eventuellen Anhaltspunkten für Kontakte zwischen dem südlichen sowie südwestlichen Anatolien und dem mykenischen Raum.

Die Annahme einer bereits im späten 2. Jts. v. Chr. erfolgten achäisch-mykenischen Besiedlung Pamphyliens stützt sich primär auf die sagenhafte Überlieferung von der nach dem Trojanischen Krieg unternommenen Auswanderung und Landnahme der Griechen sowie auf sprachgeschichtliche Forschungen, daneben auf (vor allem von E. Blumenthal[130] vertretene) siedlungsgeographische Erwägungen allgemeinerer Natur.

Die überaus zahlreichen, häufig erst in literarischen Quellen und Inschriften aus der römischen Kaiserzeit belegten Gründungsmythen[131] können dabei bestenfalls mit größter Zurückhaltung und nur unter Heranziehung weiterer Indizien als Argumente verwendet werden. So erweist sich etwa die Angabe des im 4. Jh. v. Chr. schreibenden Theopomp,[132] der Seher Mopsos habe drei Töchter namens Παμφυλία, 'Ρόδη und Μηλίας besessen, als der offenkundige Versuch, die Bezeichnungen der Regionen Pamphylien und Milyas (im Grenzgebiet des nordwestlichen Lykien sowie Pisidiens) mit einer Familie von mythischen Urahnen zu verbinden.[133] Kaum exakt zu bestimmen ist der historische Wert der Hinweise etwa auf den argivischen Ursprung von Aspendos,[134] die lakedaimonische Gründung Selges,[135] oder die vom äolischen Kyme ausgehende Kolonisierung von Side.[136] Üblicherweise begnügt man sich mit dem Hinweis auf den durch sprachgeschichtliche Erkenntnisse bestätigten historischen Kern dieser Tradition,[137] aber dies allein besagt nur wenig. Zweifellos hat, wie nicht zuletzt der griechische Dialekt Pamphyliens beweist,[138] in Aspendos, Sillyon, Perge und Side eine griechische Besiedlung stattgefunden, und offenbar hatte es dort bereits einheimische Vorgängersiedlungen gegeben, was nicht nur durch die neue Tafel von Boğazköy, sondern auch durch Münzlegenden mit altanatolischen Namen aus Perge (ИΑΝΑΨΑΣ ΠΡΕΙΙΑΣ = ϝανάσσας Πρειιας = 'Αρτέμιδος Περγαίας)[139], Sillyon (ΣΕΛΥИΙΥΣ = Σελυϝιος = Σιλλυεύς)[140] und

'Αχαιοί, Glotta 66, 1988, 127 ff.

[129] So lautete die alte These von E. Forrer; vgl. dazu und zu der weiteren Forschungsgeschichte Steiner, 365.

[130] E. Blumenthal, Die altgriechische Siedlungskolonisation im Mittelmeerraum unter besonderer Berücksichtigung der Südküste Kleinasiens, Tübingen 1963, bes. 45-86; vgl. Hütteroth, 178 f.

[131] Vgl.o.S.18 A.122 mit der weiterführenden Literatur.

[132] FGrHist 115 F 103.

[133] Der Name 'Ρόδη könnte dabei ein Reflex der ebenfalls in den Quellen überlieferten, aber als unhistorisch zu qualifizierenden Besiedlung Pamphyliens durch Rhodos sein, s. etwa Eustath. 851.

[134] Xen., Anab. I 2,12; Pomp. Mela I 78; Strab. XIV 4,2.

[135] Strab. XII 7,3 (C 570); vgl. Nollé - Schindler, 13. IvSelge Nr. 6.

[136] Arr., Anab. I 26,4; Skyl. 101. Weitere Quellenstellen etwa bei W. Ruge, Art. Pamphylia, RE XVIII 2, 1949, 361 ff.

[137] S. etwa Hauschild, 43 A.1. 60 f.; T.F.R.G. Braun, The Greeks in the Near East, in: CAH III^2 3, Cambridge 1982, 7. 15; B. Müller, Zur Geschichte der Stadt Side, in: P.R. Franke - W. Leschhorn - B. Müller und J. Nollé, Side. Münzprägung, Inschriften und Geschichte einer antiken Stadt in der Türkei, Saarbrücken 1988, 11.

[138] S. dazu nur die maßgebliche Untersuchung von C. Brixhe, Dialecte.

[139] Brixhe, Dialecte, 160 f.

[140] Ebd., 165 f.

Aspendos (ΕΣΤFΕΔΙΙΥΣ = 'Εστϝεδιιυς = 'Ασπένδιος)[141] sowie durch die möglicherweise der luwisch-hethitischen Sprachfamilie zuzuordnende sidetische Sprache[142] dokumentiert wird. Die entscheidenden Fragen freilich, ob die Einwanderung der Griechen bereits im 14./13. Jh. v. Chr. oder vielleicht erst mehrere Jahrhunderte später anzusetzen ist und seit wann die anatolischen Vorgängersiedlungen existierten, bleiben dabei unbeantwortet. Nur im Zusammenhang mit der Gestalt des bereits mehrfach genannten Mopsos[143] besitzen wir aufgrund der 1947 in Karatepe (Kilikien) entdeckten, hieroglyphenhethitisch-phönikischen Bilingue aus dem 8. Jh. v. Chr. einen chronologischen Anhaltspunkt.[144] Der darin genannte Herrscher Asitawada rechnet sich zur Dynastie des Hauses mps ('Mupsch' oder 'Mepesch'), der in der Forschung meistens mit Mopsos identifiziert wird. Überdies wird von sprachwissenschaftlicher Seite auf die phonetische Ähnlichkeit zwischen Aspendos/ altanatolisch 'Εστϝεδυς (?) und Asitawada verwiesen, und C. Brixhe sieht in dieser Verbindung den möglichen Ausgangspunkt für die Äußerung des Hellanikos, daß Aspendos von einem gleichnamigen Ktistes gegründet worden sei.[145]

Eine historische Gestalt namens Mopsos dürfte es also gegeben haben; ob und vor allem in welcher Zeit er die Geschicke Pamphyliens beeinflußt hat, muß hingegen offen bleiben. Der Versuch von A. Erzen, "den Mopsos der griechischen Sage als historische Persönlichkeit zu sichern, die in der Zeit zwischen 1220 und 1190 anzusetzen wäre",[146] beruht auf einer Kette hier nicht im einzelnen zu erörternder Spekulationen, welche in der wenig plausiblen Auffassung gipfeln, die erst aus der hohen Kaiserzeit in Perge bezeugte Verehrung von Mopsos, Kalchas und Leonteus[147] bestätige "aufs beste" die Gründungsmythen.[148] Ebensowenig läßt sich die Rekonstruktion von F. Schachermeyr verifizieren, nach welcher von Mopsos und seiner Dynastie geleitete "griechische Elemente" sofort in das nach dem "Seevölker"-Sturm entstandene Machtvakuum an der anatolischen Südküste stießen.[149] Zudem beweisen auch die Eigentümlichkeiten des griechischen Dialekts in Pamphylien keinesfalls zweifelsfrei die achäische Besiedlung der Region schon in mykenischer Zeit,[150] denn erstens konstituieren neben achäischen Elementen auch kyprisch-arkadische, äolische sowie dorische Komponenten dieses über-

---

141 Ebd., 194 f.

142 Neumann, Untersuchungen, 40 ff.; F.C. Woudhuizen, Origins of the Sidetic Script, Talanta 16/17, 1984/85, 115 ff.; J. Nollé, Inschriften, Münzen und Papyri - Dokumente aus dem antiken Side, in: Franke u.a., Side, 46.

143 S.o.S.18 mit den in A.122 genannten Quellen; vgl. darüber hinaus noch Plin. n.h. V 96. Herodot (VII 91) nennt Mopsos interessanterweise nicht, sondern leitet die Pamphylier von Kalchas und Amphilochos her. Neuere Literatur zu Mopsos findet sich bei O. Lange, Der Seher Mopsos und seine Stadt Mopsuestia in Kilikien, Der Münzen- und Medaillensammler 27, 1987, 245-253.

144 Die ältere Literatur zu dieser in einer Fülle von Beiträgen behandelten Inschrift verzeichnet Erzen, Besiedlungsproblem, 395; vgl. neuerdings noch J. Boardman, Kolonien und Handel der Griechen. Vom späten 9. bis zum 6. Jh. v. Chr., München 1981, 37 f.; Schachermeyr, Levante, 165-185; ders., Frühgeschichte, 184; V.G. Boruchovic, Die ägäische Kolonisation, Klio 70, 1988, 109.

145 Brixhe, Dialecte, 191 ff.

146 Erzen, Besiedlungsproblem, 396.

147 S.o.S.18 mit A.122.

148 Erzen, Besiedlungsproblem, 397; s. dagegen Weiss, Lebendiger Mythos, 182.

149 Schachermeyr, Levante, 165-185 (Zitat: 173).

150 So aber Bosch, Studien, 51 f.; S. Jameson, Art. Aspendos, RE Suppl. XII, 1970, 99; Jones, Cities, 123; Erzen, Besiedlungsproblem, 397 ff. Auch die Onomastik, etwa durch Heranziehung hellenistischer Inschriften mit archaisierenden Namen, die wiederum mykenische Entlehnungen darstellen könnten (SEG XVII 643. XX 49; vgl. Brixhe, Dialecte, 244 Nr. 81), verhilft hier nicht zu aussagefähigen Resultaten, da keine Datierungen möglich sind.

aus disparate Sprachgemisch,[151] und zweitens läßt sich vor allem der Zeitpunkt der sprachlichen Entlehnungen nicht näher fixieren.[152]

Schließlich gilt es noch, auf den gravierendsten Einwand gegen die Annahme einer griechischen Kolonisierung Pamphyliens bereits in der spätbronzezeitlich-mykenischen Epoche hinzuweisen: die fehlende archäologische Evidenz. Denn bisher ist es noch nicht gelungen, materielle Beweise für die aus Sage und Dialekt abgeleitete These einer frühen griechischen Landnahme in diesem Gebiet beizubringen.[153] Erzen begegnet diesem Argument mit dem Hinweis auf die von J. Mellaart in Aspendos gefundene, in die frühe Eisenzeit zu datierende Keramik.[154] Damit verkehrt Erzen den klaren archäologischen Befund jedoch in sein Gegenteil, denn Mellaart konstatiert vielmehr, "that the south coast of Anatolia, from Silifke to Lycia, has produced *only* one site, namely Aspendos, where a *single* sherd of black-on-red ware was found,"[155] und er folgert daraus explizit: "The thesis that the south coast was part of the sphere of Mycenaean influence has become untenable."[156] Bislang hat sich an diesem Bild trotz der immerhin recht intensiven Ausgrabungstätigkeiten in Perge und Side nichts geändert,[157] und dies wiegt um so schwerer, als sogar in Pisidien einige Exemplare mykenischer Keramik (vor allem Pyxides) entdeckt wurden.[158]

Sowohl die Funde in Pisidien als auch die Tatsache, daß an mehr als zwanzig Orten Kilikiens mykenische Objekte aufgetaucht sind,[159] sprechen gegen die Annahme, daß nur der Zufall für das Fehlen entsprechender Materialien in Pamphylien verantwortlich zu machen ist. Daher hat Pamphylien offensichtlich in den umfangreichen Handelsbeziehungen der Bronzezeit zwischen der griechisch-mykenischen Welt und dem Nahen Osten bestenfalls eine ephemere Rolle gespielt.[160] Einen besonderen Stellenwert im Rahmen dieser Handelsverbindungen besaßen Metalle, in erster Linie Rohkupfer, das von Kreta und Zypern nach Syrien und Ägypten exportiert wurde.[161] Zwei Rohkupferbarren sind in der Nähe von Antalya entdeckt worden,[162] und überdies hatten zwei vor der anatolischen Küste gesunkene Schiffswracks aus der späten Bron-

---

151 Brixhe, Dialecte, bes. 145 ff.; vgl. auch Bulletin de la Dialectologie grecque (REG 101, 1988) 82.
152 Neumann, Untersuchungen, 100.
153 Vgl. Boardman, 38.
154 Erzen, Besiedlungsproblem, 397.
155 J. Mellaart, Iron Age Pottery from Southern Anatolia, Belleten 19, 1955, 122 (Hervorhebung von mir).
156 Ders., Anatolian Trade, 187; s. auch ders., Iron Age Pottery, 123. 128.
157 G. Cadogan, Patterns in the Distribution of Mycenaean Pottery in the Eastern Mediterranean, in: Acts of the Intern. Archaeol. Symposium 'The Mycenaeans in the Eastern Mediterranean', Nicosia 1973, 169; C. Mee, Aegean Trade and Settlement in Anatolia in the Second Millennium B.C., AS 28, 1978, 150; Smit, 62 Fig.3; Boruchovic, 110.
158 Vor allem in Düver (am Nordrand des Yaraslı Gölü, südwestlich von Burdur): M.J. Mellink, Archaeology in Asia Minor, AJA 75, 1971, 168. AJA 87, 1983, 140; Mee, 126 f. Schachermeyr (Frühgeschichte, 104) erwähnt darüber hinaus Mykenisches aus Termessos.
159 Mee, 150.
160 Vgl. dazu vor allem W. Helck, Die Beziehungen Ägyptens und Vorderasiens zur Ägäis bis ins 7. Jh. v. Chr., Darmstadt 1979, 38 ff. 118 ff.; Klengel, Handel und Händler, 132-195; F. Gschnitzer, Griechische Sozialgeschichte. Von der mykenischen bis zum Ausgang der klassischen Zeit, Wiesbaden 1981, 14. 25; A.F. Harding, Fernhandel in der Bronzezeit: Analyse und Interpretationen, Saeculum 38, 1987, 297-311; H.-G. Buchholz, Thera und das östliche Mittelmeer, in: ders., Bronzezeit, 159-182. In der neuen, von H. Klengel herausgegebenen "Kulturgeschichte des alten Vorderasien" (Berlin/DDR 1989) findet sich ebenfalls kein einziger Hinweis auf eine auch nur marginale handelspolitische Bedeutung Pamphyliens in der Bronzezeit.
161 S. die in der vorigen Anm. genannten Arbeiten von Helck und Harding.
162 J.D. Muhly, Copper and Tin. The Distribution of Mineral Resources and the Nature of the Metals Trade in

zezeit zahlreiche Kupferbarren geladen, daneben unter anderem Zinn.[163] Abgesehen davon, daß weder die Fahrtrichtung beider Schiffe[164] noch deren Herkunft geklärt ist - handelt es sich hier um syrische, zypriotische oder mykenische Schiffe?[165] - , so kann dennoch mit einiger Sicherheit festgehalten werden, daß die lykisch-pamphylische Region weder den Bestimmungsort noch den Ausgangspunkt der Schiffe bildete und bestenfalls durch kleine Transitstationen in den Ägäishandel einbezogen war.[166]

Daher dokumentieren die bronzezeitlichen Schiffswracks vor der anatolischen Südküste keinesfalls die Bedeutung Pamphyliens als Handelsregion, sondern nur die in der klassischen Antike sattsam bekannte Unberechenbarkeit der Stürme auf dem pamphylischen Meer,[167] und somit ergeben sich auch auf diesem Feld keine überzeugenden Indizien für eine griechische Besiedlung Pamphyliens bereits in der Zeit um 1300/1200 v. Chr. Dem Bemühen, aus vereinzelten, unsicheren und disparaten Details "auf die Kontinuität der Traditionen städtischen Lebens in diesem Raum von den Hethitern bis zu den Achäern zu schließen,"[168] während dabei großzügig über das Fehlen jeglicher Siedlungsspuren (von 'städtischem Leben' ganz zu schweigen!) hinweggesehen wird, muß daher mit Entschiedenheit entgegengetreten werden. Pamphylien weist bis ins späte 2. Jts. v. Chr. keine klaren Anzeichen dauerhafter und ausgebildeter Siedlungskultur auf, und mögen auch die erörterten Zeugnisse auf anatolische Traditionen in Pamphylien hindeuten, so muß dennoch darauf hingewiesen werden, daß diese sich nicht in materieller Hinterlassenschaft niedergeschlagen haben und erst mit der eindeutigen Einbeziehung der Region in den griechischen Kulturraum und mit der Einwanderung der Griechen hier ein Entwicklungsschub einsetzt. Es sei daher schon jetzt bemerkt, daß der etwa von H. Weimert[169] intendierte Nachweis, daß allein naturräumliche Bedingungen die wirtschaftlichen Verhältnisse in einem Gebiet prägten und nicht etwa politische Umstände, bereits an diesem Punkt unserer Betrachtungen als mißlungen bezeichnet werden muß, denn bevor ab der Mitte des 1. Jts. v. Chr. eine (später noch zu erläuternde) Verschiebung des Kulturgefälles zugunsten Pamphyliens zu verzeichnen ist, muß das von den natürlichen Gegebenheiten her vermeintlich benachteiligte Pisidien als die eigentliche Kulturlandschaft gelten. Diese hat sich dort kontinuierlich bis zum Ausgang des 2. Jts. v. Chr. entwickelt, was trotz des geringen Ausmaßes bisheriger Ausgrabungstätigkeiten in Pisidien deutlich zu erkennen ist. So läßt sich auch in Pisidien stärker als in Pamphylien eine gewisse Siedlungskontinuität feststellen. Insbesondere in der Gegend der in griechisch-römischer Zeit durchgängig bezeugten Orte Isinda, Komama, Pogla, Verbe und beim heutigen Tefenni (s. Karte) liegt eine beträchtliche Zahl bronzezeitlicher Sied-

---

the Bronze Age, New Haven 1973, 185; Helck, Beziehungen, 120 ff.

163 G.F. Bass, Cape Gelidonya: A Bronze Age Shipwreck, TAPhSoc 57/58, 1967, 52-83; G.F. Bass - D.A. Frey - C. Pulak, A Late Bronze Age Shipwreck at Kaş, Turkey, in: International Journal of Nautical Archaeology and Underwater Exploration 13/14, 1984, 271 ff.; G.F. Bass, A Bronze Age Shipwreck at Ulu Burun (Kaş), AJA 90, 1986, 269-296.

164 Buchholz, Thera, 173 f. Laut S. Mitchell (AR 36, 1989/90, 86) dürften die Schiffe wohl von Ost nach West gefahren sein.

165 Muhly (Copper and Tin, 348) hält das Schiff vom Kap Gelidonya für mykenisch, Harding (299) für syrisch, laut Klengel (Handel und Händler, 182) kam es aus Zypern.

166 So Helck, Beziehungen, 41; Hult, 41.

167 S. dazu mit allen einschlägigen Stellen J. Nollé, Pamphylische Studien 1-5, Chiron 16, 1986, 209 ff.

168 Boruchovic, 109; ähnlich Erzen, Besiedlungsproblem, 397 ff., und Strubbe, Gründer, 275.

169 H. Weimert, Wirtschaft als landschaftsgebundenes Phänomen. Die antike Landschaft Pontos. Eine Fallstudie, Frankfurt am Main 1984, 7 ff.

lungsplätze, die offenbar in engem Kontakt untereinander standen,[170] Komama, Prostanna und Olbasa beispielsweise scheinen fortlaufend von der prähistorischen bis in die byzantinische Zeit bewohnt gewesen zu sein.[171]

In welchem Grade die Entwicklung Pisidiens von der Zäsur in der anatolischen Geschichte an der Wende vom 13. zum 12. Jh. v. Chr. beeinträchtigt worden ist, läßt sich genausowenig exakt bestimmen wie im Fall Pamphyliens oder anderer benachbarter Regionen, da für die kommenden Jahrhunderte weder aussagekräftige archäologische noch literarische oder andere Quellen zur Verfügung stehen.[172] Unstrittig ist allein, daß von dem genannten Einschnitt infolge des Zusammenbruchs des hethitischen Großreiches samt seiner Vasallenstaaten ganz Anatolien betroffen war,[173] aber bis zu der nicht vor dem 8. Jh. v. Chr. nachzuweisenden phrygischen Herrschaft in den ehemals hethitisch dominierten Regionen fehlen jegliche Informationen, die über das soziale und wirtschaftliche Leben in den uns hier interessierenden Regionen Auskunft geben könnten.[174] Denn die neue Macht Assur, die das nach dem Ende der Hethiterzeit in Anatolien entstandene Machtvakuum zum Teil füllte,[175] berührte nach allem, was wir bisher wissen, nicht das südwestliche Kleinasien.[176] Daher waren Pisidien und Pamphylien auch nicht in das assyrische Handelsnetz einbezogen,[177] und die Nachricht (des im 1. Jh. v. Chr. schreibenden) Diodors, laut welcher der assyrische König Ninos neben Ägypten, Phönizien, Koile-Syrien und Kilikien καὶ Παμφυλίαν καὶ Λυκίαν erobert habe,[178] gehört zweifellos in den Bereich historischer Legendenbildung, zumal es einen assyrischen Herrscher namens Ninos kaum jemals gegeben hat.[179]

Hingegen hat das bereits genannte Reich der Phryger, dessen Blüte etwa im 8. Jh. v. Chr. anzusetzen ist,[180] in das südwestliche Kleinasien hineingewirkt, und bemerkenswerterweise wieder sehr viel stärker nach Pisidien als nach Pamphylien. Insbesondere die aus dem nördlichen Pisidien stammenden phrygischen Inschriften belegen die Zugehörigkeit dieses Gebietes zum

---

170 H.A. Ormerod - A.M. Woodward, A Journey in South Western Asia Minor, ABSA 16, 1909/10, 89-105.

171 Komama: Ormerod - Woodward, ebd. 92; B. Levick, Art. Komama, RE Suppl. XI, 1968, 860; Prostanna: Greenhalgh, 332; Olbasa: Auf dem Tepe oberhalb der Ebene mit nur noch vereinzelt vorhandenen Siedlungsresten der griechisch-römischen Zeit habe ich noch im Sommer 1989 massenweise prähistorische Keramik gesehen; s. auch bereits Ormerod - Woodward, 89 ff.

172 Bittel , Grundzüge, 75 ff.; ders., Die archäologische Situation in Kleinasien um 1200 v. Chr. und während der nachfolgenden vier Jahrhunderte, in: S. Deger-Jalkotzy (Hg.), Griechenland, die Ägäis und die Levante während der 'Dark Ages' vom 12. bis zum 9. Jh. v. Chr., Wien 1983, 35 ff.; P.H.J. Houwink Ten Cate, Kleinasien zwischen Hethitern und Persern, in: Fischer Weltgeschichte 4. Die Altorientalischen Reiche III, Frankfurt am Main 1987, 114; Neumann, Untersuchungen, 108; E. Akurgal, Das Dunkle Zeitalter Kleinasiens, in: Deger-Jalkotzy, 75 ff.; Klengel, Kulturgeschichte, 463 ff.

173 Lehmann, 12. 20 f.

174 Lehmann, 39. 78; Houwink Ten Cate, Kleinasien, 120 ff.

175 Breuer, 115 ff.

176 Houwink Ten Cate, Kleinasien, 119 f.

177 Houwink Ten Cate, ebd.; Breuer, 115 ff.

178 Diod. II 2,3.

179 E.F. Weidner, Art. Ninos (2), RE XVII 1, 1936, 634 f.; s. auch Bosch, Studien, 54, der überdies mit Recht der Angabe des Solinus (38,2), daß Pamphylien Teil eines von den Assyrern schließlich unterworfenen, kilikischen Großreiches gewesen sei, jegliche Historizität abspricht.

180 Bittel, Grundzüge, 75 ff.; E. Akurgal, Phrygische Kunst, Ankara 1955, passim; ders., Die Kunst Anatoliens von Homer bis Alexander, Berlin 1961, 70-122: Houwink Ten Cate, Kleinasien, 120 ff.; Boardman, 98 ff.; Lehmann, 39 A.78; Breuer, 121 f.; Klengel, Kulturgeschichte, 463 ff.

phrygischen Einflußbereich,[181] und die Grabarchitektur bestätigt diesen Befund. In der Nekropole von Uylupınar etwa finden sich zahlreiche, phrygisch gestaltete Kistengräber mit Satteldach aus der Zeit vom 8.-6. Jh. v. Chr.[182]

Erneut zeigt sich also, daß die politischen Strukturen ausschlaggebende Bedeutung für das soziale, kulturelle und wirtschaftliche Leben besitzen, denn das in Inneranatolien zentrierte und von der Metropole Gordion aus gelenkte phrygische Imperium besaß einen ausgesprochen binnenländischen, kontinentalen Charakter, welcher das pamphylische Küstengebiet zur Peripherie degradierte, das wiederum erst im Zuge der nun tatsächlich einsetzenden griechischen Besiedlung an Bedeutung gewann.

In dieser Zeit, im 8./7. Jh. v. Chr., dürfte ein entscheidender Wendepunkt in der Entwicklungsgeschichte Pamphyliens und Pisidiens liegen, denn erst nach dem Ende der inneranatolischen Reiche gewinnt mit der Expansion einer (griechisch geprägten) Küstenzivilisation Pamphylien an Prosperität. War Pamphylien bisher aus kontinentaler Perspektive eher als Hinterland Pisidiens anzusehen, so verschiebt sich der Blickwinkel in den kommenden Jahrhunderten zusehends zugunsten Pamphyliens.

Zwar kann auch für die Annahme, daß bereits im 7. Jh. v. Chr. die Etablierung griechischer Lebens- und Siedlungsweise in Pamphylien erfolgte, kein unzweideutiger Beweis beigebracht werden, aber die Tatsache, daß unter den Lydern und Persern griechisch geprägte Poleis in Pamphylien existierten, legt diese auch mehrheitlich akzeptierte Auffassung nahe[183] und verleiht der Angabe antiker Autoren, laut welcher etwa in Side eine Kolonie des äolischen Kyme angelegt wurde, ein gewisses Maß an Plausibilität.[184] Vielleicht können zwei Einzelfunde aus diesem Zeitraum die genannte Zäsur symbolhaft verdeutlichen: Während ein dem späten nordsyrisch-hethitischen Kulturkreis zugeschriebener Basaltkessel aus Side in das 8./7. Jh. v. Chr. datiert wird,[185] besitzt ein in der Nähe Antalyas gefundener Terrakotta-Kopf, der ins 7./6. Jh. v. Chr. gehört, deutlich griechischen Charakter.[186]

In welcher Weise sich der Kontakt zwischen den griechischen Neuankömmlingen und den Einheimischen gestaltete, ob und gegebenfalls wie die unterschiedlichen Lebensformen beider Gruppen miteinander harmonisiert wurden, entzieht sich leider unserer Kenntnis. Vor allem die von der frühhellenistischen bis in die römische Zeit hinein zu beobachtende Fortexistenz der anatolischen Namen in den pamphylischen Poleis[187] deutet jedoch darauf hin, daß die Alteingesessenen nicht einfach von den Neusiedlern verdrängt wurden, sondern sich offenbar eine

---

181 A.S. Hall, Notes and Inscriptions from Eastern Pisidia, AS 18, 1968, 59.

182 M. Waelkens, Hausähnliche Gräber in Anatolien vom 3. Jt. v. Chr. bis in die Römerzeit, in: Palast und Hütte, Mainz 1982, 429 f.; weitere Keramikfunde dieser Zeit aus Uylupınar und aus der Nekropole von Kivaluzlar sind im Museum von Burdur zu sehen.

183 Jameson, Lycia and Pamphylia, 32; J.M. Cook, The Eastern Greeks, in: CAH III² 3, Cambridge 1982, 211; ders., East Greece, in: CAH III² 1, Cambridge 1982, 747; s. auch A.J. Graham, The Colonial Expansion of Greece, in: CAH III² 3, Cambridge 1982, 93; und Boardman, 100 ff., der ab dem 7. Jh. v. Chr. griechische Einflüsse in der ostmediterranen Keramik verzeichnet.

184 Arr. I 26, 4; s. auch Skyl. 101; vgl. Blumenthal, 122; Müller, 12.

185 A.M. Mansel, Die Ruinen von Side, Berlin 1963, 4; Erzen, Besiedlungsproblem, 393.

186 Erzen, ebd.

187 Grundlegend: L. Robert, Noms indigènes dans l'Asie Mineure gréco-romaine, Paris 1963; L. Zgusta, Kleinasiatische Personennamen, Prag 1964; Brixhe, Dialecte, passim.

funktionierende Symbiose entwickelte.[188]

Im ostpamphylischen Raum hingegen dominiert im 7. Jh. v. Chr. offenbar noch nicht der griechische Einfluß, wie eine jüngst entdeckte phönizische Inschrift aus dem späteren Laertes (heute Çebel Ires) zeigt.[189] In diesem wohl der zweiten Hälfte des 7. Jhs. v. Chr. entstammenden Zeugnis begegnet ein hoher phönizischer Würdenträger, der einige Landstücke (offenbar z.T. direkt bei Çebel Ires gelegen) an verdiente Untertanen (Militärs ?) vergibt. Auch als wirtschaftsgeschichtliche Quelle besitzt die Inschrift eminente Bedeutung, denn die Ländereien werden explizit als Weingüter bezeichnet, womit der Weinanbau in dieser Region bereits für diesen frühen Zeitraum eindeutig bezeugt ist.

Bald danach, im 6. Jh. v. Chr., gehört dieses Gebiet, nicht anders als das übrige Pamphylien, zum Lyderreich, für das hinsichtlich des südwestlichen Kleinasien auch nur vereinzelte Zeugnisse zur Verfügung stehen. Ausdrücklich zählt Herodot (I 28) Pamphylien zu den von Kroisos unterworfenen Völkern: πλὴν γὰρ Κιλίκων καὶ Λυκίων τοὺς ἄλλους πάντας ὑπ' ἑωυτῷ εἶχε καταστρεψάμενος ὁ Κροῖσος. εἰσὶ δὲ οἵδε, Λυδοί, Φρύγες, Μυσοί, Μαριανδύνοι, Χάλυβες, Παφλαγόνες, Θρήικες οἱ Θυνοί τε καὶ Βιθυνοί, Κᾶρες, Ἴωνες, Δωριέες, Αἰολέες, Πάμφυλοι. Diese Aussage ist zwar neuerdings angezweifelt worden,[190] sie wird jedoch durch eine babylonische Chronik unzweideutig bestätigt. Aus dieser geht hervor, daß im Jahr 557/56 v. Chr das lydische Herrschaftsgebiet sich ostwärts bis etwa "Salleme" (= Selinus) erstreckte, Pamphylien also auf jeden Fall in das lydische Reich integriert war.[191] Pisidien wird zwar nicht gesondert von Herodot erwähnt,[192] aber möglicherweise subsumiert er Pisidien dem explizit genannten Phrygien. Da Herodot überdies versichert, mit Ausnahme Kilikiens und Lykiens seien *alle* Völker Kleinasiens von Kroisos unterworfen worden (πλὴν γὰρ Κιλίκων καὶ Λυκίων τοὺς ἄλλους πάντας ...εἶχε ... ὁ Κροῖσος), wird man mit guten Gründen auch Pisidien dazurechnen dürfen, zumal es entsprechende archäologische Indizien gibt: Aus dem 7./6. Jh. v. Chr. stammende Gräber bei Burdur weisen Beigaben mit deutlichen Affinitäten zu lydischen Waren auf.[193] Ob sich für die Bewohner Pamphyliens und Pisidiens unter lydischer

---

188 Auch der Gebrauch der sidetischen Schrift und Sprache in Side bis weit in die späthellenistische Zeit hinein indiziert eine Koexistenz von griechisch geprägten Bewohnern und der anatolischen Bevölkerung, s. dazu etwa H. Bossert, Schrift und Sprache der Sideten, Belleten 14, 1940, 1-14; W. Brandenstein, Schrift und Sprache von Side in Pamphylien, in: Minoica. Festschrift J. Sundwall, 1958, 80 ff.; S. Atlan, Die Münzen der Stadt Side mit sidetischen Aufschriften, Kadmos 7, 1968, 67-74; C. Brixhe, L'alphabet épichorique de Sidé, Kadmos 8, 1969, 54-84; ders., Un nouveau document épichorique de Sidé, Kadmos 8, 1969, 143 ff.; G. Neumann, Die sidetische Schrift, ASNP ser.3, 8, 1978, 869-886; J. Faucounau, Remarques sur l'alphabet des inscriptions "barbares" de Side, Belleten 44, 1980, 643 ff.; Nollé, Inschriften, 45 f. Für Pisidien lassen sich vielleicht ähnliche Schlüsse ziehen. Denn immerhin haben sich auch einige wenige, in pisidischem Dialekt gehaltene (Grab-) Inschriften gefunden, die z.T. eine Mischung pisidischer und griechischer Namen aufweisen (Brixhe - Drew-Bear - Kaya, bes. Nr. 25.27.30); vgl. daneben vor allem Zgusta, Die pisidischen Inschriften; ders., Die epichorische pisidische Anthroponymie; Brixhe, La langue.

189 P.G. Mosca - J. Russell, A Phoenician Inscription from Çebel Ires Dağı in Rough Cilicia, EA 9, 1987, 1-21; zu dem in römischer Zeit dort gelegenen Laertes, das wir noch zum östlichen Pamphylien zählen (s.o.S.9), s. Bean - Mitford, Journeys 1964-1968, 94-105. Zu weiteren, auch Pisidien einbeziehenden Kontakten zwischen Anatolien und Phöniziern s. R. Lebrun, L'Anatolie et le monde phénicien du Xe au IVe siècle av. J.-C., in: E. Lipinski (Hg.), Studia Phoenicia V, Leuwen 1987, 23-35.

190 V. Sevin, Kroisos ve Pamphylia, Belleten 40, 1976, 185-193.

191 TCS 5, No.6, l. 24 f. (ed. Grayson), vgl. D.J. Wiseman, Chronicles of Chaldaean Kings (626-556 B.C.) in the British Museum, London 1956, 37 ff.; Houwink Ten Cate, Kleinasien, 133.

192 Vgl. Sevin, 189 f.

193 M.J. Mellink, Archaeology in Asia Minor, AJA 80, 1976, 273 f.

Herrschaft irgendwelche Änderungen hinsichtlich der sozialen und wirtschaftlichen Lebensverhältnisse ergaben, kann mangels entsprechender Quellen nicht beurteilt werden. Abgesehen von der Zahlung gewisser Steuern[194] dürfte sich die lydische Herrschaft jedoch kaum allzu sehr bemerkbar gemacht haben, zumal das Interesse der lydischen Machthaber in Kleinasien primär auf die westlichen Gebiete gerichtet war.[195] Da überdies die lydische Münzprägung, im Gegensatz zur früher herrschenden Lehrmeinung, als ökonomisch weitgehend folgenlos und keineswegs als Beginn geldwirtschaftlich dominierten Wirtschaftens zu begreifen ist,[196] verbieten sich auch Spekulationen über die etwaige Partizipation Pamphyliens und Pisidiens an den potentiellen Vorteilen eines größeren, einheitlicheren Wirtschaftsraumes.

3. Die Zeit der persischen Herrschaft

Nach der Eroberung des lydischen Reiches durch die Perser (547/46 v. Chr.) gerieten auch Pamphylien und Pisidien unter persische Herrschaft, die - allerdings in Pamphylien möglicherweise mit einer längeren Unterbrechung im 5. Jh.[197] - bis zum Erscheinen Alexanders d.Gr. in Kleinasien andauerte. Obwohl die historischen Quellen im Vergleich zu den vorhergehenden Jahrhunderten nun etwas reicher fließen, bestehen hinsichtlich zahlreicher Sachfragen und vor allem für bestimmte Regionen so große Informationslücken, daß bislang kaum einmal der Versuch unternommen worden ist, etwa die Geschicke Pamphyliens und Pisidiens, die leider zu den schlechter dokumentierten Regionen gehören, einer eingehenden Betrachtung zu unterziehen.[198] Die neueste Gesamtdarstellung des südwestlichen Anatolien, die diesen Namen verdient, stammt aus der Feder von M. Mellink;[199] freilich handelt sie dabei Pamphylien auf einer knappen Seite ab, und Pisidien wird kaum einmal überhaupt nur erwähnt.[200] Überdies zieht sie nicht alle verfügbaren antiken Zeugnisse heran, und schon diese Sachlage läßt das im vorliegenden Kapitel verfolgte Bestreben, diese Lücke zu füllen, geboten erscheinen. Es wird sich nämlich zeigen, daß die systematische Sichtung und Zusammenstellung der numismatischen, archäologischen, epigraphischen und literarischen Quellen immerhin einen gewissen Erkenntnisgewinn ermöglicht und einige verbreitete Irrtümer zu korrigieren vermag. Dies wird insbe-

---

[194] Hdt. I 27. Ob darüber hinaus auch die Verpflichtung zur Heeresfolge existierte (wie Bosch, Studien, 55, vermutet), muß offen bleiben.

[195] Dafür sprechen (in negativer Hinsicht) die Zerstörung Smyrnas und (mit positiven Konsequenzen) lydische Stiftungen in Didyma und Ephesos, s. Boardman, 111 ff.

[196] W. Schuller, Griechische Geschichte, München 1980, 116; s. auch G.K. Jenkins - H. Küthmann, Münzen der Griechen, München 1972, 32. Zur Frage des Beginns der lydischen Münzprägung s. etwa C.M. Kraay, The Asyut Hoard: Some Comments on Chronology, NC ser.7, 17, 1977, 198, der, im Verein mit anderen Gelehrten, an der Mitte des 6. Jhs. v. Chr. festhält und den Versuch L. Weidauers (Probleme der frühen Elektronprägung, Fribourg 1977, 72 ff.), die lydische Münzprägung ins frühe 7. Jh. v. Chr. zu datieren, zurückweist.

[197] S.u.S.30 f.

[198] Nicht zufällig läßt M. Özsait seine Geschichte Pisidiens erst in hellenistischer Zeit beginnen und beschränken sich auch S. Jameson (Lycia and Pamphylia, 32-34) und J. Greenhalgh (22 f.) auf wenige Bemerkungen zur vorhellenistischen Zeit. Bosch (Studien, 55-57) widmet sich in erster Linie den kriegerischen Ereignissen, von denen auch Pamphylien betroffen wurde. Im übrigen galten diese Bemerkungen zum Forschungsstand bis vor kurzem nicht nur für das südwestanatolische Gebiet, sondern für Kleinasien schlechthin, denn mit Recht bemerkte Ch.G. Starr noch im Jahr 1978, daß im 20. Jh. "no one has devoted serious attention to the history of Asia Minor in the era of Persian domination, whether political or economic or social; the two centuries of Persian rule have rolled away almost as if they never existed" (Ch.G. Starr, Greeks and Persians in the Fourth Century B.C. A Study in Cultural Contacts before Alexander I, Iranica Antiqua 11, 1975, 45).

[199] M. Mellink, Anatolia, in: CAH IV 2, 1988, 211-233.

[200] Ebd. 225 f.

sondere auch durch die bislang noch zu wenig genutzten Möglichkeiten des Vergleichs und des Analogieschlusses erreicht,[201] wobei freilich das letztgenannte Instrument angesichts der bekanntlich beträchtlichen Unterschiede zwischen den einzelnen Regionen des Perserreiches nur mit größter Vorsicht zu verwenden ist. Dennoch sollte es bisweilen zulässig sein, bestimmte, nur in einzelnen Reichsteilen bzw. Satrapien eindeutig bezeugte Elemente der persischen Herrschaft, wie zum Beispiel Besteuerungsprinzipien, auf das Gesamtreich zu übertragen oder wenigstens ähnliche Einrichtungen für die übrigen Satrapien zu postulieren.[202]

Folgt man der communis opinio, so bedürfte es freilich gar nicht einer Beschäftigung mit Pamphylien und Pisidien in persischer Zeit, denn es gilt gemeinhin als ausgemacht, daß die neuen politischen Verhältnisse sich dort kaum auswirkten;[203] bisweilen wird sogar die Einbeziehung Pisidiens in die persische Herrschaft angezweifelt.[204] Letzteres trifft gewiß nicht zu, denn de iure gab es keine herrschaftsfreien Räume im Perserreich, und selbstverständlich war auch Pisidien Bestandteil einer der kleinasiatischen Satrapien, denen wir uns gleich zuwenden werden.[205] Eine andere Frage ist freilich die nach der faktischen Einflußnahme der Perser, und da gab es, wie wir ebenfalls noch feststellen werden, beträchtliche Unterschiede zwischen Gebieten, die sich als Kernzonen persischer Präsenz ermitteln lassen, und Gegenden, in denen sich kaum Spuren der Perser finden.

Der ökonomisch spürbarste Effekt der politischen Umwälzungen dieser Zeit dürfte für die unterworfenen Völker in der ihnen von den Persern auferlegten Tributpflicht bestanden haben. Mögen diese Tribute, wie Herodot berichtet, auch unter Kyros und Kambyses noch nicht generell fixiert und systematisch erhoben worden sein,[206] so oblag spätestens seit der Reform durch Darius I. allen Reichsregionen (mit Ausnahme Parsas, des persischen Kernlandes) die Zahlung festgelegter Abgaben, und zugleich erfolgte die Ausbildung eines administrativen Systems, das zumindest nominell sämtliche Reichsteile umfaßte. Dies geht sowohl aus der Satrapienliste Herodots (III 89-94) wie aus den verschiedenen persischen Inschriften und Reliefs mit 'Geschenke' bringenden Völkern hervor. Letztere repräsentieren zwar, wie im Laufe der bis heute andauernden Diskussion vor allem um die Bisutun-Inschrift Darius' I. und die Apadana-Reliefs in Persepolis klar geworden ist,[207] nicht die Satrapien, sie symbolisieren jedoch die Verpflichtung

---

201 Vgl. zu diesen allgemein in der Wirtschafts- und Sozialgeschichte etablierten Methoden Boelcke, 120.

202 Bei unserem Beispiel wäre freilich die steuerfreie Satrapie Persien auszuklammern.

203 Mellink, Anatolia, 223; Ü. Serdaroğlu, Bautätigkeit in Anatolien unter persischer Herrschaft, in: D. Papenfuss - V.M. Strocka (Hgg.), Palast und Hütte. Beiträge zum Bauen und Wohnen im Altertum, Mainz 1982, 247; Greenhalgh, 22; N.V. Sekunda, Achaemenid Colonization in Lydia, REA 87, 1985, 9.

204 Jones, Cities, 124:"The Pisidians were a warlike and unruly people, and if they had ever been subject to the Persians they had ceased to be so by the end of the fifth century."

205 S. nur die Karte von P. Högemann, Das achämenidische Westreich von Kyros bis Xerxes (547-479/8 v. Chr.) (TAVO B IV 23), Wiesbaden 1986.

206 Hdt. III 89: ἐπὶ γὰρ Κύρου 'άρχοντος καὶ αὖτις Καμβύσεω ἦν κατεστηκὸς οὐδὲν φόρου πέρι, ἀλλὰ δῶρα ἀγίνεον. Vgl. dazu v.a. M. Corsaro, Oikonomia del re e oikonomia del satrapo. Sull' amministrazione della chora basilike d'Asia Minore dagli Achemenidi agli Attalidi, ASNP s.III, 10, 1980, 1167.

207 Diese Diskussion braucht hier nicht in extenso erläutert zu werden, da sie keine weitergehenden, speziell für Pamphylien und Pisidien relevanten Resultate erbringt; s. zu dem gesamten Fragenkomplex vor allem G. Walser, Die Völkerschaften auf den Reliefs von Persepolis (Teheraner Forschungen 2), Berlin 1966, 27 ff.; M.A. Dandamayev, Politische und wirtschaftliche Geschichte, in: G. Walser (Hg.), Beiträge zur Achämenidengeschichte (Historia Einzelschr. 18), Wiesbaden 1972, 19 ff.; G.G. Cameron, The Persian Satrapies and Related Matters, JNES 32, 1973, 47-56; B. Jacobs, Persepolisdelegationen und Satrapienordnung, Acta Praehistorica et Archaeologica 13/14, 1982, 75-84; J.M. Cook, The Rise of the Achaemenids and the Establishment of their Empire, in: The Cambridge History of Iran 2, Cambridge 1985, 244 ff.

der unterworfenen Völker zur Abgabenzahlung an den Großkönig. In den persischen Zeugnissen werden kleinere Regionen wie Mysien, Phrygien, Pamphylien und Pisidien nicht eigens erwähnt,[208] aber die Zugehörigkeit der beiden letztgenannten Landschaften zur ersten bzw. zweiten Satrapie[209] geht unmißverständlich aus Herodots Aufzählung hervor: ἀπὸ μὲν δὴ Ἰώνων καὶ Μαγνήτων τῶν ἐν τῇ Ἀσίῃ καὶ Αἰολέων καὶ Καρῶν καὶ Λυκίων καὶ Μιλυέων καὶ Παμφύλων (εἷς γὰρ ἦν οἱ τεταγμένος οὗτος φόρος) προσήιε τετρακόσια τάλαντα ἀργυρίου. οὗτος μὲν δὴ πρῶτός οἱ νομὸς κατεστήκεε. ἀπὸ δὲ Μυσῶν καὶ Λυδῶν καὶ Λασονίων καὶ Καβαλίων καὶ Ὑτεννέων πεντακόσια τάλαντα. δεύτερος νομὸς οὗτος.[210] Da die von Herodot überlieferten Zahlenangaben aus diversen Gründen unglaubwürdig sind,[211] lassen sich kaum plausible Vermutungen darüber anstellen, welche ökonomischen Konsequenzen die Abgaben für die einzelnen Regionen nach sich zogen. Daß die spezifische wirtschaftliche Struktur und Leistungsfähigkeit der verschiedenen Gebiete ein Kriterium bei der Fixierung der Tribute gebildet haben könnte, legen schon die von Herodot überlieferten, nach Satrapien differenzierten Summen nahe, und die ebenfalls von Herodot vermeldete Tatsache, daß der in Sardeis residierende Satrap Artaphernes die Steuern κατὰ χώρην festlegte,[212] unterstreicht dies noch. Andererseits erfahren wir jedoch auch von oft unberechtigten Mehrforderungen der Steuerbehörden,[213] und, was noch bedeutsamer ist, es bestanden offenbar darüber hinaus noch weitere Verpflichtungen in Form von Naturalleistungen, Sondersteuern und 'Geschenken' zu Ehrentagen.[214] So berichtet Arrian, daß Aspendos in Pamphylien an Alexander d.Gr. so viele Pferde zu übergeben hatte wie vorher an den persischen Großkönig,[215] und dies erinnert sogleich daran, daß allein acht Delegationen der am Apadana in Persepolis im Relief dargestellten Gesandtschaften dem Herrscher Pferde darbringen.[216]

Aus dieser Angabe Arrians geht zugleich hervor, daß die Städte als Steuereinheiten im persischen Fiskalsystem fungieren,[217] und wir verfügen überdies über weitere Indizien für die Steuerpflicht und -zahlung von ganzen Dörfern,[218] einzelnen Gruppen der Landbevölkerung[219] und sogar von Einzelpersonen.[220] Unklar bleibt dabei leider, inwieweit diese Beobachtungen zu

---

208 Dies hängt allein damit zusammen, daß diese kleineren Gebiete Bestandteile größerer Verwaltungsbezirke waren, s. Jacobs, Persepolisdelegationen, 76 A.26.

209 So auch zuletzt Mellink, Anatolia, 213; s. auch die TAVO-Karte B IV 23 (o.A.205).

210 Hdt. III 90. Unter den Ὑτεννεῖς könnte Herodot die Bewohner der durch ihre Münzprägung bereits in persischer Zeit (s.u.S.35 f.) exponierten südpisidischen Polis Etenna verstehen: H. Droysen, Die Münzen der persischen Satrapen in Kleinasien, ZfNum 2, 1875, 310; Jones, Cities, 410 A.4; Walser, Völkerschaften, 42.

211 So entspricht etwa die Summe seiner für die einzelnen Satrapien verzeichneten Abgaben nicht der in III 95 genannten Zahl.

212 Hdt. VI 42.

213 Ps.Aristot. Oikon. 1348 a 18 f.; vgl. dazu C. Tuplin, The Administration of the Achaemenid Empire, in: I. Carradice (Hg.),Coinage and Administration in the Athenian and Persian Empires (BAR Int.Ser. 343), Oxford 1987, 146.

214 Tuplin, ebd. 141 ff.

215 Arr. Anab. I 26,3.

216 Walser, Völkerschaften, 104.

217 So auch Jones, Cities, 124; Tuplin, Administration, 147; s. überdies M. Corsaro, Tassazione regia e tassazione cittadina dagli Acheminidi ai re ellenistici. Alcune osservazioni, REA 87, 1985, 73-95.

218 S. etwa OGIS 90; vgl. Tuplin, Administration, 148 f.

219 Starr, Greeks and Persians I, 90; ebenso P. Briant, Villages et communeautés villageoises d' Asie achéménide et hellénistique (ND von 1975), in: ders., Rois, tribut et paysans. Etudes sur les formations tributaires de Moyen-Orient ancien, Paris 1982, 178.

220 Tuplin, Administration, 156 f. (mit Bezugnahme auf archäologische Belege aus Persepolis).

generalisieren sind und wie sich die Leistungen zueinander verhalten: Gibt es ein Nebeneinander von verschiedenen Tributen für die einzelnen steuerpflichtigen Einheiten, oder wird eine Gesamtsumme auf die verschiedenen Ebenen umgelegt? Bislang lassen sich hier kaum gesicherte Erkenntnisse formulieren, und man muß sich einstweilen mit dem Eindruck begnügen, daß zumindest theoretisch ein differenziertes und durchdachtes Abgabensystem seitens der Perser etabliert worden ist - mit welchem Erfolg es de facto funktioniert hat, ist ein weiteres ungelöstes Problem.

Ebensowenig exakt quantifizieren läßt sich ein zweiter Komplex von Leistungen, die den unterworfenen Völkerschaften abverlangt wurden: die Belastungen im Rahmen der Militärorganisation und der kriegerischen Unternehmungen der Perser. Besondere Aufmerksamkeit verdient in diesem Zusammenhang das Netz von Garnisonen und Militärstützpunkten, welches die Perser in ihrem gesamten Reichsgebiet, vor allem aber in Kleinasien etablierten.[221] In diesen "phrouria" lebten persische Soldaten[222] bzw. Söldner in persischen Diensten, deren Ernährung und Versorgung zweifellos aus den Erzeugnissen und Ressourcen der umliegenden Gebiete bestritten wurden.[223] Ob diese Güter einfach requiriert oder (wenigstens zu einem gewissen Teil) von der lokalen Bevölkerung käuflich erworben wurden, entzieht sich dabei unserer Kenntnis, wäre jedoch von höchstem Interesse. Denn im letzteren Fall wären die Besatzungen nicht nur als Quelle ökonomischer Lasten, sondern, im Gegenteil, vielleicht sogar als Stimulans für die lokale Wirtschaft zu betrachten, indem sie Absatzmärkte für eine zunehmend wachsende Produktion geboten hätten. Diese Überlegungen zeigen, wie schwierig im Einzelfall die wirtschaftlichen Aspekte historischer Gegebenheiten zu ermitteln sind, und entsprechende Probleme werden im folgenden immer wieder begegnen, besonders im Zusammenhang militärischer Präsenz in Kleinasien. Für die Zeit der persischen Herrschaft können wir immerhin mit Blick auf Pamphylien und Pisidien konstatieren, daß sich dort weit weniger "phrouria" nachweisen lassen als etwa in Lydien, Phrygien und Kappadokien:[224] Ein sicherer Beleg existiert nur für Sillyon, wo sich zumindest im 4. Jh. v. Chr. eine persische Garnison ξένων μισθοφόρων καὶ αὐτῶν τῶν ἐπιχωρίων βαρβάρων befand.[225]

Während somit Pisidien offenbar gar nicht und Pamphylien nur am Rande in das persische Befestigungs- und Garnisonssystem integriert war, partizipierte Pamphylien aufgrund seiner wichtigen seestrategischen Bedeutung in hohem Maße an den persischen Flottenunternehmungen, von denen Pisidien naturgemäß ebenfalls weitgehend verschont blieb. Die gewiß nicht unerheblichen Aufwendungen seitens der Pamphylier bestanden dabei zunächst in dem Bau und der Ausrüstung von dreißig Schiffen, die sie zu der Flotte des Xerxes im Jahr 483 v. Chr. bei-

221 P. Briant, Contrainte militaire, dépendence rurale et exploitation des territoires en Asie achéménide (ND von 1978/9), in: ders., Rois, bes. 186. 195 f.; Cook, Rise, 273; C. Tuplin, Xenophon and the Garrisons of the Achaemenid Empire, AMI 20, 1987, 235 ff.

222 Deren Präsenz besonders in Kleinasien wird durch die (bis weit in die römische Kaiserzeit hinein zu verfolgenden) Belege persisch-iranischer Namengebung dokumentiert: Robert, Noms, 177 f. 349. 514 ff.; Briant, Contrainte militaire, 196; Tuplin, Xenophon, 190.

223 Tuplin, Xenophon, 174.

224 Vgl. die Liste bei Tuplin, ebd. 235 ff.

225 Arr. Anab. I 26,5; s. dazu G.F. Seibt, Griechische Söldner im Achaimenidenreich, Bonn 1977, 107. Tuplin (Xenophon, 237) listet unter 'Pisidien' auch Xen.mem. III 5,25 auf - zu Unrecht, wie ein Blick auf den Text beweist, denn Sokrates spricht dort nicht etwa von persischen Stützpunkten, sondern von "den stark befestigten Siedlungen, die einheimische Myser und Pisider im Lande des Perserkönigs haben": Μυσοὶ καὶ Πισίδαι ἐν τῇ βασιλέως χώρᾳ κατέχοντες ἐρυμνὰ πάνυ χωρία....

zutragen hatten,[226] und die Schlacht 466 v. Chr.(?)[227] in der Mündung des Eurymedon vor Aspendos, die Thukydides ausdrücklich als Auseinandersetzung zu Lande *und* zu Wasser bezeichnet,[228] dürfte besonders für die Aspendier, deren Territorium bis zur Küste reichte, verheerende Auswirkungen gehabt haben.[229]

Eine zumindest auch in wirtschaftlicher Hinsicht bemerkenswerte und daher hier zu behandelnde Folge dieses (andauernden) athenischen Engagements war der (erzwungene) Beitritt südkleinasiatischer Poleis zum delisch-attischen Seebund, woraus die Pflicht zur Entrichtung nicht unerheblicher Tribute resultierte. Für das ostlykische Phaselis etwa, das schon früh in den (ab 454/3 v. Chr. erhaltenen) Tributlisten auftaucht, ist dies gesichert,[230] wobei freilich insbesondere der Zeitpunkt der Aufnahme in den Bund - bald nach Kimons Sieg am Eurymedon oder vielleicht erst nach der neuerlichen kimonischen Expedition Ende der 50er Jahre(?[231]) - unklar bleibt. Für Pamphylien stellt sich die Sachlage noch komplizierter dar, denn in den (freilich nur fragmentarisch erhaltenen) attischen Tributlisten ab 454/3 v. Chr. tauchen pamphylische Siedlungen nicht auf, wohl aber (leider ohne Summenangaben) in dem athenischen Beschluß einer Neufestsetzung der Tribute aus dem Jahr 425/4 v. Chr.[232]

col.II 113 [Π]έργε

114 [Σ]ίλλυ[ον]

156 ['Ασπέν]δος

[ἐμ Παμφ]υλίᾳ.[233]

Wie läßt sich dieses Zeugnis deuten? Boschs Annahme[234] eines vorübergehenden Anschlusses (von Aspendos) an den Seebund nur in den 20er Jahren vermag nicht zu überzeugen, zumal es überhaupt keinen historischen Anhaltspunkt für eine erstmalige Einbeziehung Pamphyliens in den Bund gerade zu dieser Zeit gibt. Plausibler klingt da schon R. Meiggs' Vorschlag, daß

---

226 Hdt. VII 91.

227 Die Datierung der Schlacht ist ungesichert und wird bis heute kontrovers diskutiert. Ich folge hier - wie etwa auch L. Schumacher, Themistokles und Pausanias. Die Katastrophe der Sieger, Gymnasium 94, 1987, 236 mit A.75 - dem zeitlichen Ansatz von M. Steinbrecher, Der delisch-attische Seebund und die athenisch-spartanischen Beziehungen in der kimonischen Ära (ca. 478/7-462/1), Stuttgart 1985, 43 ff.

228 Thuk. I 100: 'Εγένετο δὲ μετὰ ταῦτα καὶ ἡ ἐπ' Εὐρυμέδοντι ποταμῷ ἐν Παμφυλίᾳ πεζομαχία καὶ ναυμαχία 'Αθηναίων καὶ τῶν ξυμμάχων πρὸς Μήδους... s. daneben noch Plut. Kim. 12-13; Diod. XI 61.

229 Die reiche Beute, die Kimon am Eurymedon gemacht hatte und die er in die bauliche Verschönerung Athens investierte (Plut. Kim. 13,5 ff.), mag zu einem nicht geringen Teil auch den beteiligten Pamphyliern, vor allem den Aspendiern, abgenommen worden sein.

230 ATL I 334. 434 f.; s. auch Plut. Kim 12,4; vgl. dazu S. Jameson, Art. Lykia, RE Suppl. XIII, 1973, 274; J.K. Davies, Das klassische Griechenland und die Demokratie, München 1983, 88; zum möglichen ökonomischen Interesse der Athener an diesem Küstenabschnitt Lykiens s. K. Buschmann, Die Expedition des Melesander nach Lykien 430/29 v. Chr. und die Lokalisierung von 'Phoinike', EA 12, 1988, 4.

231 Vgl. nur Steinbrecher, 99 f.; Davies, 88.

232 B.D. Merritt - A.B. West, The Athenian Assessment of 425 B.C., Ann Arbor 1934, 65 f. = ATL I A 9 col. II 113 f. 156 f. = R. Meiggs - D. Lewis, A Selection of Greek Historical Inscriptions to the End of the Fifth Century B.C., Oxford 1969, Nr. 69; maßgebliche Neuausgabe, nach der hier zitiert wird: D. M. Lewis, IG I^3 (1981), Nr. 71.

233 Ruge (Pamphylia, 364) nennt nur Aspendos als Beitragszahler, ebenso Bosch, Studien, 56 A.50 (mit unkorrekter Lesung und dem explizit falschen Hinweis, außer Aspendos käme in den attischen Verzeichnissen der tributpflichtigen Bundesmitglieder "eine pamphylische Stadt...niemals vor"); Jameson (Lycia and Pamphylia, 34) verzeichnet neben Aspendos immerhin noch Sillyon, scheint aber Perge übersehen zu haben.

234 Bosch, Studien, 56 A.50.

"these cities and perhaps other in the eastern Mediterranean may have been induced to pay tribute at the time of Athen's maximum expansion in the early fifties"[235] - das hieße freilich, von einer wenigstens dreißig Jahre währenden Bundeszugehörigkeit zumindest von Aspendos, Sillyon und Perge ausgehen zu müssen. J.K. Davies schließlich sieht in der Neuveranlagung von 425/24 nur ein "kämpferisches Dokument",[236] das vielleicht ein wenig Wunschdenken impliziert:"Auf der angehängten Tabelle werden sogar Städte veranlagt, die außerhalb des Seereiches lagen."[237] Aufgrund fehlender Quellen läßt sich dieses Problem nicht definitiv klären, klar ist nur, daß Aspendos spätestens im Jahr 411 v. Chr. wieder dem persischen Herrschaftsbereich angehörte, denn in diesem Jahr diente es als Flottenhafen unter dem persischen Satrapen Tissaphernes.[238]

Die letztgenannten Vorgänge - das Stellen von Flottenkontingenten, die Entrichtung von Tributen und die kriegerischen Ereignisse an der Küste Pamphyliens[239] - forderten gewiß beträchtliche lokale Opfer, ohne indes gesamtwirtschaftlich die Entwicklung der Region stärker zu beeinträchtigen. Daß für einige Poleis militärische Ereignisse bisweilen sogar ihre positive wirtschaftliche Kehrseite besessen haben dürften, lehrt ein Blick ins 4. Jh. v. Chr. und damit bereits in die Spätphase der persischen Herrschaft in Anatolien.

Der Ende der 70er Jahre ausbrechende Aufstand von Satrapen gegen den persischen Großkönig Artaxerxes führte zwar einerseits zu militärischen Auseinandersetzungen - unter anderem wieder einmal im Gebiet von Aspendos[240] -, in die besonders auch Pamphylier und Pisider verwickelt wurden,[241] andererseits ließen die Satrapen vermehrt neue Münzen prägen[242] und verwendeten darüber hinaus ältere, mit Gegenstempeln versehene (vor allem in Side, Aspendos und Selge geprägte) Münzen, um ihre Soldaten zu bezahlen.[243] Von diesem neu emittierten bzw. neu in Umlauf gesetzten Geld sowie von dem durch die Präsenz des Satrapen, seines Gefolges und seiner Soldaten ausgelösten Nachfrageschub dürfte eine Stadt wie Side, die nicht in die militärischen Auseinandersetzungen einbezogen war, aber nachweislich als Prägestätte (für die Partei des Großkönigs) diente,[244] ökonomisch profitiert haben.[245]

---

[235] R. Meiggs, The Athenian Empire, Oxford 1972, 330.

[236] Davies, 149.

[237] Ebd. 150.

[238] Thuk. VIII 81. 87 f.

[239] In diesem Zusammenhang müssen auch noch die Plünderungszüge des Thrasybulos an der pamphylischen Küste im Jahr 388 v. Chr. (Xen. hell. IV 8,30) erwähnt werden, die zur Ermordung des athenischen Feldherrn durch die ob ihrer verwüsteten Felder erbitterten Aspendier führten.

[240] Polyaen. VII 21,4; vgl. auch Corn.Nep. Datam. 6 ff.; Diod. XV 90-93; allgemein s. zu diesen Vorgängen Bosch, Studien, 57.

[241] S. die in der vorigen Anm. angegebenen Quellen; vgl. daneben S. Atlan, Eine in Side geprägte lykische Münze, Anatolia 3, 1958, 93 ff.; Näheres zu pamphylischen und pisidischen Söldnern u.S.87 ff.

[242] Atlan, ebd. 92 ff.

[243] Atlan, ebd.; dies., Die Münzen der Stadt Side mit sidetischen Aufschriften, Kadmos 7, 1968, 73; Starr, Greeks and Persians I, 72 f. 96 ff.

[244] S. Atlan, Untersuchungen über die sidetischen Münzen des 5. und 4. Jhs. v. Chr., Ankara 1967, 144 ff. 172 ff.; Müller, 13. Daß die Prägungen im Zusammenhang mit dem Satrapenaufstand recht umfangreich gewesen sein müssen, lehrt etwa der Münzfund aus Lykaonien (IGCH 1244), vgl. dazu P. Naster, Les monnayages satrapaux, provinciaux et régionaux dans l'empire perse face au numéraire officiel des Achéménides, in: E. Lipinski (Hg.), State and Temple Economy in the Ancient Near East II, Louvain 1979, 602 f.

[245] Dies um so mehr, als man davon auszugehen hat, daß für derlei offizielle Unternehmungen Metallvorräte aus der persischen Reichszentrale zur Verfügung gestellt wurden: R.A. Moysey, The Silver Stater Issues of Pharnabazos and Datames from the Mint of Tarsus in Cilicia, ANSMusN 31, 1986, 23. Es ist in diesem Fall also mit

Die Erwähnung der (noch näher zu erörternden) Münzprägung Pamphyliens und Pisidiens stellt die Verbindung her zu einem weiteren Fragenkomplex, nachdem bislang eher die (vor allem von der persischen Herrschaft herrührenden) ökonomischen Lasten im Vordergrund unserer Betrachtungen gestanden haben. Resultierten, so ist zu fragen, aus der Zugehörigkeit zu einem großen Reichsgebilde nicht auch Vorteile für kleinere Regionen wie Pamphylien und Pisidien? Entstanden vielleicht neue Märkte und Handelskontakte, ergaben sich verbesserte Möglichkeiten für Verkehr und Kommunikation?

Zweifellos bewirkten die große Ausdehnung des persischen Reiches, die (zumindest bis zu einem gewissen Grade vorangetriebene) administrative, fiskalische und militärisch-logistische Neuordnung des gesamten Vorderen Orients aufs Ganze gesehen einen in der Forschung auch immer wieder postulierten wirtschaftlichen Aufschwung;[246] schwer einzuschätzen ist indes, inwieweit dies in den einzelnen Reichsregionen spürbar war. Nach wie vor besitzt die folgende Aussage von M. Rostovtzeff ihre Gültigkeit: "Persien brachte es, obwohl es lange als geschlossener Staatskörper bestand, niemals zu einer natürlichen wirtschaftlichen oder gesellschaftlichen Einheit."[247] Daran änderte auch das gewiß hoch zu bewertende System der achämenidischen Reichsstraßen[248] nichts, denn neben diversen anderen Gebieten wurden etwa auch Pamphylien und Pisidien von den Verbesserungen in der Infrastruktur nicht erfaßt: Die wichtigste Nord-Süd-Verbindung in Anatolien verlief von Sinope über Tyana nach Tarsos, die West-Ost-Route von Ephesos bzw. Sardes über Kelainai und Ikonion in Lykaonien.[249]

Dennoch intensivierten sich über diese und weitere, weniger prominente Verkehrswege die Kontakte zwischen dem griechischen und dem persisch-orientalischen Kulturkreis, in denen Kleinasien als Nahtstelle zwischen beiden Sphären naturgemäß eine wichtige Rolle spielte. Zahlreiche Künstler und Handwerker aus dem ionisch-griechischen Bereich sowie insbesondere aus Karien waren nachweislich im persischen Kernland tätig,[250] und gerade unter den vielen, zwangsweise nach Persien gebrachten "Handwerker-kurtaš 'verschiedener Herkunft'"[251] könnten sich (neben den eindeutig nachgewiesenen Karern) auch Pamphylier befunden haben, da die Perser gerade aus den Gebieten, in denen sie Krieg geführt hatten, Menschen als Arbeitskräfte in ihr Mutterland zu deportieren pflegten.[252]

Neben diesen nur vagen Anhaltspunkten für eine zunehmende, teils - wie im Falle der kurtaš -

---

einem echten Zuwachs an Kaufkraft infolge der Zuführung neuen Geldes zu rechnen.

246 S. nur H. Schiwek, Der persische Golf als Schiffahrts- und Seehandelsroute in achämenidischer Zeit und in der Zeit Alexanders des Großen, BJb 162, 1962, 8 und J. Wiesehöfer, Beobachtungen zum Handel des Achämenidenreiches, MBAH I 1, 1982, 5 ff. (mit reichen Literaturangaben).

247 Rostovtzeff, SEHHW I 59; s. auch J. Oelsner, Krisenerscheinungen im Achaimenidenreich im 5. und 4. Jh. v. u. Z., in: E. Welskopf (Hg.), Hellenische Poleis. Krise-Wandlung-Wirkung II, Berlin (DDR) 1974, 1050.

248 Dazu s. Wiesehöfer, Beobachtungen, 6 ff.; Mellink, Anatolia, 216 f.; J. Seibert, Die Eroberung des Perserreiches durch Alexander den Großen auf kartographischer Grundlage (Beih. TAVO. Reihe B 68), Wiesbaden 1985, 15-29 und Karte 2; zur Königsstraße s. jetzt O. Lendle, Herodot 5,52/53 über die persische Königsstraße, WüJb N.F. 13, 1987, 25 ff.

249 Seibert, Eroberung, Karte 2; Greenhalgh, 45 f.

250 Grundlegend: J. Hofstetter, Die Griechen in Persien. Prosopographie der Griechen im persischen Reich vor Alexander, Berlin 1978; s. auch G.M.A. Richter, Greeks in Persia, AJA 50, 1946, 15-30; Dandamayev, 37 ff.; G. Walser, Griechen am Hofe des Großkönigs, in: Festgabe Hans v. Greyen, Bern 1967, bes. 194 ff.; Ch.G. Starr, Greeks and Persians in the Fourth Century B.C. A Study in Cultural Contacts before Alexander, Teil II, Iranica Antiqua 12, 1977, 57.

251 Dandamayev, 40.

252 Ebd., 41.

freilich erzwungene Mobilität gewinnen wir aus den Quellen deutlichere Informationen über einen Mobilität voraussetzenden Berufszweig, der infolge der persischen Herrschaft an Bedeutung gewann und insbesondere auch auf Pisider und Pamphylier eine große Anziehungskraft ausübte: das Söldnertum. So agierten u.a. Pisider und Pamphylier auf Seiten der aufständischen Satrapen in den 60er Jahren des 4. Jhs. v. Chr.,[253] doch der königstreue Autophradates beschäftigte ebenfalls aspendische Söldner,[254] so daß in der bei Aspendos geschlagenen Schlacht Pamphylier, vielleicht sogar Aspendier, als Söldner gegeneinander kämpften.[255] Die kilikische Königsgattin Epyaxa wurde im Jahr 401 von einer aus Kilikiern und Aspendiern gebildeten Leibwache begleitet,[256] und Euagoras (ca. 435-374/3 v. Chr.), der auf Zypern herrschende Condottiere, erfreute sich offenbar gegen entsprechende Entlohnung pisidischer Unterstützung.[257]

Die Gründe dieser dann besonders in hellenistischer Zeit zu beobachtenden Attraktivität des Söldnertums für Pamphylier und Pisider[258] sind kaum zu ermitteln. Hinweise auf den angeblich "kriegerischen und unruhigen Charakter (der) Jugend von Aspendos"[259] oder auf die "warlike and unruly people" aus Pisidien[260] reproduzieren nur die bekannten Klischees der antiken Schriftsteller und lassen sich leicht durch die Tatsache entkräften, daß in der gesamten griechischen Welt des 5. und 4. Jhs. v. Chr. viele (auch aus kultivierten Gegenden stammende) Söldner allerorten ihre Dienste anboten.[261] Näher läge es, an Übervölkerung, Landnot oder ähnliche wirtschaftliche Probleme zu denken und damit das Verlassen der Heimat und die Bereitschaft zum Söldnerdienst zu erklären, aber dafür fehlen (zumindest hinsichtlich Pamphyliens und Pisidiens) entsprechende Indizien. Im Gegenteil, die (noch zu behandelnde) reiche Münzprägung gerade von Aspendos und die weite Verbreitung dieser Münzen sprechen eher für ein gewisses Maß an Prosperität im südlichen Anatolien. Wahrscheinlich war es vor allem der finanzielle Anreiz (in Form von Sold und in Aussicht gestellter Beute), der dem Söldnerberuf Anziehungskraft verlieh - gerade der Perserkönig und seine Satrapen standen ja in dem Ruf, militärische Dienste großzügig zu honorieren.[262]

Darüber hinaus gibt es nur noch vereinzelte Angaben in den Quellen über die wirtschaftlichen und sozialen Verhältnisse dieser Zeit in Pamphylien und Pisidien oder über konkrete Auswirkungen der persischen Herrschaft. Letztere mag dort bisweilen durchaus positive Anstöße gegeben haben, beispielsweise durch die Einführung neuer Fruchtarten[263] oder die Förderung von Bodenmelioration und von Maßnahmen zur Verbesserung der Wasserversorgung, denn der

---

253 Diod. XV 90,3.
254 Corn. Nep., Datam. 8,2.
255 Polyaen. VII 21,4.
256 Xen. Anab.I 2,12.
257 A.R. Burn, Persia and the Greeks, in: The Cambridge History of Iran 2, Cambridge 1985, 369; zum Söldnertum dieser Zeit generell s. Seibt, passim.
258 Dazu s.u.S.87 ff.
259 Bosch, Studien, 57.
260 Jones, Cities, 124.
261 F. Gschnitzer, Sozialgeschichte, 111 f. 120 ff.
262 Ebd. 134.
263 In dem bekannten Brief Darius' I. an den (vielleicht die Satrapie 'Ionien' und somit auch Pamphylien verwaltenden) Satrapen Gadatas wurde letzterer ausdrücklich dafür gelobt, Anbauprodukte Syriens in der Landwirtschaft Kleinasiens heimisch gemacht zu haben, Meiggs-Lewis, Nr. 12, Z.8-14: 'ότι μὲν γὰ[ρ] || [τ]ὴν ἐμὴν ἐκπονεῖς || [γ]ῆν, τοὺς πέραν Εὐ-|| [φ]ράτου καρποὺς ἐπ[ὶ] || τὰ κάτω τῆς 'Ασίας μέ-|| [ρ]η καταφυτεύων, ἐπαι-

Perserkönig prämierte derartige Anstrengungen in Kleinasien durch die Verleihung langfristiger Nutzungsrechte.[264] Daß die Landwirtschaft den wesentlichen Erwerbszweig auch im südwestlichen Anatolien bildete, darf man selbstverständlich auch ohne diese von Polybios tradierte Praxis des Großkönigs unterstellen. Einzelheiten bezüglich der Hauptanbauprodukte, der Bewirtschaftungsformen etc. kennen wir nicht - sie dürften sich freilich nicht allzusehr von denen der späteren Zeit unterschieden haben.[265] Nur für das nördliche Pisidien erfahren wir durch eine beiläufige Notiz Arrians, daß aus dem Burdur Gölü (λίμνη, ᾗ ὄνομα 'Ασκανία) Salz gewonnen wurde,[266] das vielleicht im Zusammenhang der im pisidischen Seengebiet blühenden Fischwirtschaft[267] einen besonderen Nutzen besaß.

Der Stellenwert von Handel und Gewerbe dieser frühen Zeit läßt sich mangels einschlägiger Quellen ebenfalls kaum taxieren. Daß es jedoch auch über längere Distanzen hinweg Handelsbeziehungen gab, wird weniger durch noch sehr seltene und überdies schwer zu deutende epigraphische Zeugnisse nahegelegt,[268] als vielmehr durch die hohe Zahl und den weiten Verbreitungshorizont in Pamphylien sowie (freilich in geringerer Menge) in Pisidien geprägter Münzen, denn: "Es lassen sich aus der geographischen Verbreitung der Münzen Rückschlüsse auf die wirtschaftliche Bedeutung eines Ortes, die Intensität des Handels, den materiellen Wohlstand ziehen."[269]

Drei Siedlungen in dem hier interessierenden Gebiet emittieren bereits seit dem frühen 5. Jh. v. Chr. Silbermünzen: Side, das bis 334 v. Chr durchgängig nach dem persischen Münzfuß prägt (Statere, Tetrobolen, Triobolen, Obolen),[270] Aspendos[271] und das von Arrian sogar noch für die Zeit Alexanders d.Gr. als barbarisch perhorreszierte, pisidische Selge.[272] Diese frühen, mit den aspendischen Münzen typengleichen Prägungen von Selge[273] - ein Indiz der engen Verbindungen zwischen beiden Städten bereits zu dieser Zeit - zirkulierten offenbar nur in geringer Zahl, vor allem in Pisidien selbst,[274] aber auch in Ägypten.[275] Die Münzen von Side und

---

ll νῶ σῆν πρόθεσιν... vgl. dazu Corsaro, Oikonomia, 1170 f.

264 Polyb. X 28,2 f.

265 S.u.S.66 f.

266 Arr. I 29,1.

267 S. dazu Greenhalgh, 135 f.

268 Zu nennen ist hier vor allem eine auf Zypern (Salamis) gefundene Grabinschrift aus dem (auch anhand der Grabbeigaben zu bestimmenden) 5. Jh. v. Chr. Der in zypriotischer Silbenschrift abgefaßte Epitaph lautet in der griechischen Version:
(1) 'Αβδ(ο)υβάλω
(2) ἠμὶ τῶ Μόληϝος
(O. Masson - M. Sznyca, Recherches sur les Phéniciens à Chypre, Paris 1972, 127 f.). Wir begegnen hier "une famille, dans laquelle, à en juger par l'onomastique et l'épigraphie, des éléments ethniques divers sont melés" (ebd. 128): 'Αβδ(ο)υβάλες ist ein phönizischer Name, der Name seines Vaters Μόλης eindeutig südanatolisch, möglicherweise pisidisch oder pamphylisch (Robert, Noms, 353 f.). Diese Internationalität der Familie läßt sich vielleicht mit Handelsbeziehungen erklären. Denn ein weiteres Indiz für derartige Kontakte zwischen Pamphylien und Zypern liefert ein um 400 v. Chr. auf Zypern vergrabener Münzhort, in dem auch Silberstatere der Achämeniden und von Side in Pamphylien vertreten sind (Coin Hoards VI 1981, Nr. 10).

269 Franke, Einleitung, 3.

270 Franke, ebd. 4; Atlan, Untersuchungen, 109 ff.

271 Jameson, Aspendos, 102; Brixhe, Dialecte, 193 ff.

272 Brixhe, ebd. 288 ff.; v. Aulock, Münzen und Städte II, 45; Arr. I 28,1.

273 Brixhe, Dialecte, 288.

274 So etwa die frühen Stücke in dem von F. de Callatay - J.-M. Doyen publizierten Hort (Un lot des petites fractions en argent de Selge en Pisidie, SNR 66, 1987, 63-77).

275 In einem Hort aus dem frühen 5. Jh. v. Chr. befindet sich auch ein Silberstater aus Selge : IGCH Nr. 1637.

Aspendos dagegen weisen bereits im 5. Jh. v. Chr. einen sehr großen Verbreitungsradius auf. Dabei zeigt der in Side konstant berücksichtigte persische Münzfuß, daß die Sideten sich wirtschaftlich primär an Persien orientierten, und nicht zufällig sind daher im gesamten Gebiet von Kleinasien, wo auch persische Prägungen vermehrt im Umlauf waren, zahlreiche Funde mit sidetischen Münzen zu verzeichnen.[276] Aspendos jedoch scheint bereits im 5. Jh. v. Chr. noch unabhängiger agiert und neben dem persischen vermehrt auch den griechischen Wirtschaftsraum in den Blick genommen zu haben. Dies dokumentiert bereits die Tatsache, daß aspendische Silbermünzen teilweise nach persischem, teilweise aber auch nach äginetischem Münzfuß geprägt wurden,[277] und zwei in die Zeit kurz nach 470 v. Chr zu datierende, in Aspendos gefundene Exemplare attischer Gefäßkeramik - ein rotfiguriger Kolonettenkrater und eine rotfigurige Vase - bestätigen dies nachdrücklich.[278] Möglicherweise konkurrierten Side und Aspendos als Hafen- und Prägeorte miteinander, dennoch dürften sich auch zwischen den beiden Poleis (Wirtschafts-)Beziehungen entwickelt haben, denn es finden sich in dem aus Side stammenden Hort (IGCH 1254) auch aspendische Exemplare.

Der intensiven Prägetätigkeit der beiden pamphylischen Städte korreliert eine auf hohem Niveau befindliche Herstellung und Zirkulation persischer Silbermünzen ("sigloi") in Kleinasien - Ausdruck sowohl der starken militärischen Präsenz der Perser als auch des gedeihenden Wirtschaftslebens.[279]

Im 4. Jh. legt die Münzproduktion sogar noch deutlich zu, was nicht zuletzt auch aus dem Gebrauch einer stark erhöhten Zahl von Stempelpaaren für die sidetischen Münzen zu ersehen ist.[280] Die klarsten Indizien expandierender Wirtschafts- und Handelsbeziehungen bieten aber wiederum die Münzfunde: Einerseits belegen sie eine stärkere Einbeziehung auch des inneranatolischen Raumes (unter anderem Pisidiens) in den Kreislauf von Geld (und Gütern),[281] zum anderen dokumentieren sie den Aufschwung des Fernhandels, denn aspendische und sidetische Münzen dieser Zeit finden sich sogar in Zentralasien und Mesopotamien.[282]

---

276 IGCH Nr. 1254 (ca. 400 v. Chr. vergraben, aus Side selbst stammend); IGCH Nr. 1255 (Schlußmünze ebenfalls ca. 400 v. Chr.; aus Kelenderis in Kilikien); Coin Hoards I 1975, Nr. 15 (Hort von ca. 425 v. Chr., Fundort: Schwarzmeerküste); in einem Fund aus Ägypten (ca. 475 v. Chr.) ist auch eine Silbermünze aus Side vertreten (Coin Hoards II 1976, Nr. 17).

277 Brixhe, Dialecte, 194 ff.

278 A. Akarca, Aspendos'ta m. ö. V. yüzyıla ait bir mezar, Belleten 58, 1951, 203-211; s. auch Atlan, Untersuchungen, 120.

279 J. Carradice, The 'Regal' Coinage of the Persian Empire, in: ders., Coinage, 89; A.D.H. Bivar, Achaemenid Coins, Weights and Measures, in: The Cambridge History of Iran 2, Cambridge 1985, 619; s. auch P. Noe, Two Hoards of Persian sigloi, New York 1956; F. Michaux-van-der Mersch, Un trésor de monnaies archaiques de l'époque achéménide, RBN 132, 1986, 168-173.

280 Atlan, Untersuchungen, 163.

281 Folgende Hortfunde mit persischen Prägungen sowie Münzen aus Aspendos und Side sind hier zu nennen: IGCH Nr. 1245 (aus Karapinar in Lykaonien, ca. 350/40 v. Chr. vergraben, mit Doppel-sigloi aus Aspendos); Coin Hoards I 1975, Nr. 26 (aus Isparta in Pisidien, ca. 370/60 v. Chr., persische sigloi und sigloi aus Aspendos: C.M. Kraay, The Isparta Hoard, in: Festschrift M. Thompson, New York 1979, 131-137); IGCH Nr. 1246 (aus Caesarea in Kappadokien, ca. 340 v. Chr., mit Doppel-sigloi aus Aspendos und Selge); IGCH Nr. 1255 (aus Kilikien, ca. 400 v. Chr., mit Doppel-sigloi aus Side); IGCH Nr. 1257 und 1259 (aus dem südlichen Kleinasien, um 390 bzw. 380 v. Chr. vergraben, Doppel-sigloi aus Aspendos und Side); weitere Hortfunde der ersten Hälfte des 4. Jhs. v. Chr. aus dem südlichen Kleinasien mit Prägungen aus Aspendos und Side: IGCH Nr. 1261-1263. 1265. 1268; Coin Hoards I 1975, Nr. 30. III 1977, Nr. 16. VI 1981, Nr. 11.

282 IGCH Nr. 1747 (aus Mesopotamien oder Babylonien, 390/85 v. Chr. vergraben; Stater aus Aspendos); IGCH Nr. 1830 (aus Kabul, aus der Zeit um 380 v. Chr. stammend, Statere aus Aspendos und Side: D. Schlum-

Gewiß nicht zufällig beginnt nun auch mit Etenna die zweite Stadt in Pisidien (nach Selge), Münzen zu prägen.[283] Das Territorium von Etenna grenzt an das Polisgebiet von Side, und überdies war Etenna leicht von Aspendos aus zu erreichen - in späterer Zeit bestand zwischen beiden Orten eine ausgebaute Straße -,[284] und so liegt die Vermutung nahe, daß diese Siedlung im Hinterland von Aspendos und Side von der wachsenden Prosperität beider Hafenstädte profitierte. Griechische Keramik des 5./4. Jhs. v. Chr., die in Etenna gefunden wurde,[285] bekräftigt diese Vermutung und läßt das 'Dreiecksverhältnis' zwischen Aspendos, Side und Etenna geradezu als Paradigma einer Symbiose pisidisch-pamphylischer Produktions- und Handelsstätten erscheinen, wie sie uns in späterer Zeit noch klarer begegnen wird. Bedauerlicherweise gibt es keine näheren Hinweise auf die Art der Handelsgüter sowie Details des Warentransportes etc., aber daß die weithin zirkulierenden Münzen von Side und Aspendos zumindest zu einem nicht geringen Teil im Zuge wirtschaftlicher Transaktionen 'wanderten', dürfte nach dem bisher Gesagten außer Frage stehen.[286]

Pamphylien und, wie gesehen, bis zu einem gewissen Grade auch Pisidien scheinen sich während der Zeit der persischen Herrschaft in Kleinasien also wirtschaftlich fortentwickelt zu haben. Die skeptische Annahme, daß pisidische Siedlungen frühestens seit der hellenistischen Zeit Handel getrieben hätten, da erst seit dieser Zeit dort mit der "awareness of more civilized ideas" zu rechnen sei,[287] darf jedenfalls mit Fug und Recht bezweifelt werden, im Gegenteil: "If coins could appear in interior districts, so too could ideas."[288] Besonders hervorgehoben zu werden verdient die Eigenständigkeit und Unabhängigkeit, welche insbesondere die Aspendier an den Tag legten. Sie orientierten sich trotz der persischen Oberhoheit auch nach Westen, begünstigt vielleicht durch die temporäre Zugehörigkeit zum attischen Seereich. Offenbar scheinen die (wechselnden) Herrschaftsverhältnisse im südlichen Anatolien sich nicht entscheidend ausgewirkt zu haben, jedenfalls nicht in negativer Hinsicht. Während etwa Lydien, Phrygien, Kappadokien und Lykien durch Ansiedlung persischer Aristokraten, die dort zum Teil ganze Städte als δωρεαί vom Großkönig erhielten,[289] und Stationierung von Militär als Kernzonen der persischen Präsenz ausgewiesen sind, was sich auch in der Onomastik und der persisch beein-

---

berger, L'argent grec dans l'empire achéménide, in: R. Curiel - D. Schlumberger, Trésors monétaires d'Afghanistan, Paris 1953, 1-64). Hingewiesen sei hier auch auf den Fund von Voumi (Zypern, ca. 380 v. Chr.), mit einem Stater aus Aspendos: IGCH Nr. 1278.

283 v. Aulock, Münzen und Städte II 30 ff.

284 J. Nollé, Etenna. Ein Vorbericht, EA 3, 1984, 153 f.

285 G.E. Bean, The Site of Etenna, Klio 52, 1970, 14 f.; vgl. auch o.S.28 mit A.210 (zur möglichen Identität von Etenna und den durch Herodot belegten 'Hytenneis').

286 Zu erinnern ist hier vor allem an die o.g. Funde attischer Keramik; vgl. ferner O. Morkholm, A South Anatolian Coin Hoard, AArch 30, 1959, 186; Atlan, Untersuchungen, 155 ff.; Starr, Greeks and Persians I, 84. 96 ff. Hinzuweisen ist ferner auf die in Side nachgewiesene frühe Verehrung Apollons und Athenas als Meeres- und Seefahrtsgottheiten (Atlan, Untersuchungen, 155 ff.) und auf den Fund einer (vor 480 v. Chr. geprägten) korinthischen Münze in Side (E.S.G. Robinson, NC ser.7, 1, 1961, 113). Bedenkenswert sind überdies die von Atlan (Untersuchungen, 125 ff.) angestellten stilistischen Überlegungen, die z.B. eine Übernahme von Dekorationsmotiven auf Münzen von Tarent durch die sidetische Prägestätte möglich erscheinen lassen.

287 Greenhalgh, 137.

288 Starr, Greeks and Persians I, 99.

289 N.V. Sekunda, Persian Settlement in Hellespontic Phrygia, in: A. Kuhrt - H. Sancisi-Weedenburg (Hgg.), Achaemenid History III. Method and Theory, Leiden 1988, 175-197; dies., Achaemenid Colonization, 7-30; zu den δωρεαί: M. Wörrle, Epigraphische Forschungen zur Geschichte Lykiens II: Ptolemaios II. und Telmessos, Chiron 8, 1978, 208 f.; R. Descat, Mnésimachos, Hérodote et le système tributaire achéménide, REA 87, 1985, 97-112.

flußten Kunst und Kultur widerspiegelt,[290] gibt es in Pisidien und in Pamphylien selbst nur sporadische Indizien direkten persischen Einflusses.[291] Offensichtlich verstanden es insbesondere die pamphylischen Hafenorte, die infolge einer größeren Reichsbildung verbesserten wirtschaftlichen Möglichkeiten zu nutzen, ohne allzusehr unter den Belastungen dieser Herrschaft zu leiden oder auch nur die Kultur der neuen Herren zu adaptieren.

Schließlich darf angesichts der entwickelten Münzprägung und des (vor allem in Münzfuß und -bild manifestierten) griechischen Einflusses auch ein gewisses Niveau des Siedlungswesens und der Poliskultur zumindest an einzelnen Punkten unserer Regionen postuliert werden. Dies gilt selbst für Pisidien, wo laut Greenhalgh und Jameson noch im späteren 4. Jh. v. Chr. kaum Ansätze von Urbanität, sondern unverändert "tribal communities" zu verzeichnen seien.[292] Dagegen ist darauf zu verweisen, daß etwa in Termessos schon zur Zeit Alexanders d.Gr. eine kaum einnehmbare Siedlung mit Befestigungsmauer und Toren existierte,[293] die Selgier im 4. vorchristlichen Jahrhundert eine πόλιν μεγάλην bewohnten[294] und auch Sagalassos eine laut Arrian "nicht gerade kleine Polis" mit einem zur Verteidigung sehr gut geeigneten Mauerring (τεῖχος) bildete.[295] Und in Pamphylien dürften nicht nur Side und Aspendos bereits ein gewisses urbanes Niveau erreicht haben - Aspendos jedenfalls bestand schon aus einer befestigten Oberstadt und einer gleichfalls ummauerten, mit Wohnhäusern belegten Unterstadt[296] -, sondern auch das in diesem Zusammenhang stets übersehene Sillyon.[297] Dabei bietet gerade die in einem zweifellos vorhellenistischen Gebäude[298] eingemeißelte, berühmte 'Dialektinschrift' aus Sillyon die einmalige Möglichkeit, anhand eines zeitgenössischen Zeugnisses wenigstens flüchtige Einblicke in das soziale Leben und vage Andeutungen über das Siedlungsbild einer pamphylischen Polis in der ersten Hälfte des 4. Jhs. v. Chr. zu gewinnen.[299]

Leider hat man die nur fragmentarisch erhaltene, im pamphylischen Dialekt abgefaßte Inschrift noch nicht völlig enträtseln können, aber insbesondere die jüngste, von C. Brixhe stammende Untersuchung der Inschrift[300] läßt einige Erkenntnisse zu. Der Text verzeichnet die Beendigung einer mindestens fünfzehn Jahre andauernden Phase sozialer Auseinandersetzungen innerhalb der Bürgerschaft (Z.4 f.), und zwar durch einen Bürger Sillyons namens Μάνες (Z.1),

---

290 J. Borchhardt, Epichorische, gräko-persisch beeinflußte Reliefs in Kilikien, IstMitt 18, 1968, bes. 162-166 (zu Lykien); Robert, Noms, 217 f. (Lydien). 349 (Phrygien). 514 ff. (Kappadokien); J. Borchhardt, Bildnisse achaimenidischer Herrscher, in: H. Koch - D.N. Mackenzie (Hgg.), Kunst, Kultur und Geschichte der Achämenidenzeit und ihr Fortleben (AMI Erg.bd. 20), Berlin 1983, 212. 217 ff.; B. Jacobs, Griechische und persische Elemente in der Grabkunst Lykiens zur Zeit der Achämenidenherrschaft, Jonsered 1987, passim.

291 Borchhardt (Epichorische Reliefs, 171) nennt nur eine vom Ende des 6. Jhs. v. Chr. stammende, bei Burdur gefundene Terrakotta-Platte mit persisch beeinflußtem Relief. Die weitgehende Selbständigkeit der Pisider bezeugt überdies explizit Xenophon (Anab. I 1,11. 2,1. 2,4.).

292 Greenhalgh, 66 ff.; Jameson, Lycia and Pamphylia, 285.

293 R. Heberdey, Art. Termessos, RE IX A, 1934, 739; Arr. Anab. I 27,7.

294 Arr. Anab. I 28,1.

295 Arr. Anab. I 28,2: ἦν δὲ καὶ αὕτη οὐ μικρὰ πόλις. Die neuesten, von M. Waelkens auf dem Pisidien-Kolloquium in Münster (18.-20.3.1991) vorgestellten Ergebnisse erster Grabungen in Sagalassos bestätigen diese Einschätzung nachhaltig. - In der kleinen pisidischen Siedlung Kolbasa ist eine vielleicht bereits vorhellenistische Befestigungsmauer der Akropolis erhalten (Greenhalgh, 446).

296 Arr. Anab. I 27,1.

297 S. nur Jones, Cities, 123 f. und Jameson, Lycia and Pamphylia, 284.

298 Brixhe, Dialecte, 167.

299 So die überzeugende und auch durch den archäologischen Kontext abgesicherte Datierung von Brixhe, Dialecte, 167.

300 Brixhe, ebd. 167-185.

der vielleicht als eine Art Aisymnet oder διαλλακτής einen Ausgleich zwischen den rivalisierenden Gruppen geschaffen hat.[301] Auf jeden Fall scheint die 'Polis' (Z.4. 17) Sillyon bereits in einer an griechischen Vorbildern orientierten Weise institutionalisiert gewesen zu sein, denn es werden 'Richter' (Z.11.16.18: δικαστε̃ρες) und 'Schatzmeister'(Z.11.16.18: ἀργυροταί) genannt. Ebenfalls als Zeichen der Hellenisierung muß eine weitere in der Inschrift vermerkte Leistung des Manes gewertet werden, denn dieser stiftete ein 'Andreion' (Z.8),[302] das möglicherweise in öffentlichen Besitz überging.[303] Wir treffen hier auf das früheste Beispiel aus Pamphylien für das in späterer Zeit in seiner wirtschaftlichen und sozialen Bedeutung kaum zu überschätzende Phänomen des Euergetismus,[304] und es wird zugleich deutlich, daß der (freilich nur andeutungsweise zu fassenden) Institutionalisierung der Polis Sillyon bereits verschiedene Funktionsbauten entsprochen haben dürften. Überdies wird man neben dem Andreion und Amtsgebäuden für die erwähnten Richter und Finanzbeamten auch mit Kultbauten für die in der Polis verehrten (und in Z.1 und 29 f. der Inschrift ausdrücklich genannten) Gottheiten rechnen müssen, zumal es auch eigene Kultbeamten (Z.1: hιιαροί) gab.

Das aus diesem singulären Zeugnis abzulesende Niveau griechischer Poliskultur in Sillyon ist besonders hervorzuheben angesichts der (oben behandelten) Anwesenheit der Perser, die in Sillyon eine Garnison unterhielten. Trotz der dadurch gegebenen Möglichkeiten zu direkter Einflußnahme in die inneren Angelegenheiten der Polis blieb es offenbar im großen und ganzen auch in Sillyon bei der relativ hohen Eigenständigkeit, derer sich das südwestliche Anatolien im 5. und 4. Jh. v. Chr. erfreute, und es zeigt sich überdies, daß diese weitgehende Autonomie[305] das Gedeihen der dort gelegenen Gemeinwesen begünstigte, wenn nicht gar erst ermöglichte. Zweifelsohne hinterließen die Einwirkungen griechischer Zivilisation an der pamphylischen Küste zunächst deutlichere Spuren als im binnenländischen Pisidien, eine Folge vielleicht (auch) der temporären Zugehörigkeit pamphylischer Siedlungen zum attischen Herrschaftsbereich. Dennoch haben wir auch bereits in Pisidien (zum Teil möglicherweise über Pamphylien vermittelte) Kontakte zum griechischen Raum festgestellt, und in der Folgezeit, nach der Eroberung Kleinasiens durch Alexander d.Gr. und infolge der Entstehung der Diadochenreiche, nahmen diese sprunghaft zu.

---

[301] Z.6 liest R. Meister (zitiert bei Brixhe, ebd. 173): καθ' ἱλα[σμύ] = καθ' ἱλασμόν ("auf dem Wege der Versöhnung"). Zum διαλλακτής s. etwa Aristot. Ath.pol. 5,2 (Solon).

[302] Wohl eine Art öffentliches Versammlungshaus der männlichen Politen (so Brixhe, ebd. 175, mit Parallelstellen).

[303] Falls das Hapax Ϝοῖκυ (= οἶκον) πόλις (Z.17) in diesem Sinne zu deuten ist (Brixhe, ebd. 179).

[304] Dazu s.u.S.45 ff. Die These E. Frézouls' (L'évergétisme et l'activité architecturale dans l'Asie mineure hellénistique, in: XIII. Int. Kongr. für Klass. Archäol. Berlin, 24.-30.7.1988, Resümees, 168) von dem erst hellenistischen Ursprung des Euergetismus in Kleinasien muß daher aufgrund dieses (vermutlich) vorhellenistischen Beispiels noch modifiziert werden.

[305] Die Gewährung von regionaler und lokaler Autonomie (zumindest bis zu einem gewisssen Grade) kann als ein allgemeines Charakteristikum der achämenidischen Herrschaft betrachtet werden: J.-P. Weinberg, Zentral- und Partikulargewalt im achämenidischen Reich, Klio 59, 1975, 25-45; P. Frei, Zentralgewalt und Lokalautonomie im Achämenidenreich, in: P. Frei - R. Koch, Reichsidee und Reichsorganisation im Perserreich, Göttingen 1984, 7-45.

IV. DIE HELLENISTISCHE ZEIT

Mit den Eroberungszügen Alexanders d. Großen begann auch und gerade in Kleinasien ein neues Zeitalter. Das kurzlebige Imperium Alexanders, die Diadochenreiche sowie kleinere hellenistische Monarchien bestimmten in den folgenden zwei Jahrhunderten die Modalitäten des politischen, wirtschaftlichen, sozialen und kulturellen Lebens in Kleinasien. Dieses vierte Kapitel will die in Pamphylien und Pisidien zu erkennenden Entwicklungen auf den genannten Feldern nachzeichnen, wobei der erstgenannte Bereich, die politischen Veränderungen, im Hintergrund bleiben wird - ein kurzer, einführender Abschnitt in Form eines skizzenhaften Überblicks der politischen Verhältnisse und historischen Begebenheiten mag als Bezugspunkt für die Erörterung der hier eigentlich interessierenden Themen genügen.[306] Letztere wird auf der Basis einer systematischen Gliederung der Kapitel nach sachlichen Gesichtspunkten erfolgen, die durch eine zwar immer noch unbefriedigende, aber dennoch im Vergleich zu den bisherigen Abschnitten sehr viel breitere Materialgrundlage erstmals möglich wird.

1. Die politische Entwicklung

Jede auf bestimmte geographische Gebiete beschränkte Behandlung der hellenistischen Zeit muß der Tatsache Rechnung tragen, daß das Ende der hellenistischen Epoche regional differenziert zu fixieren ist. So erstreckt sich die Darstellung des hellenistischen Ägypten üblicherweise bis zum Jahr 30 v. Chr. (Übernahme Ägyptens durch Octavian), für Kleinasien hingegen gilt gemeinhin das Jahr 133 v. Chr. als Epochenscheide (Ende der attalidischen Monarchie, Rom erbt das pergamenische Reich).[307] Im Falle Pamphyliens und Pisidiens läßt sich der historische Rahmen noch präziser fixieren, denn nach dem Ende der Attaliden, deren Herrschaft (zumindest nominell) große Teile Pisidiens und Pamphyliens unterworfen waren, integrierten die Römer beide Gebiete wohl nicht in die neugeschaffene Provinz Asia. Erst in den Jahren 102-100 v. Chr. unternahmen die Römer einen ernsthaften Versuch, ihre Herrschaft auch in Pisidien und Pamphylien zu etablieren, indem sie den Prätor M. Antonius, den Großvater des späteren Triumvirn, mit einem Imperium nach "Cilicia" sandten, um gegen die Seeräuber vorzugehen. Eingeschlossen in diese "Cilicia" genannte "provincia" (zu verstehen im ursprünglichen Sinne als 'Aufgabenbereich') war laut inschriftlichem Beleg der in Delphi gefundenen "lex de piratis" ausdrücklich auch "Pamphylia",[308] und somit ergeben sich als chronologische Eckpunkte dieses Kapitels die Jahre 334 v. Chr. (Marsch Alexanders d.Gr. nach Kleinasien) und 102/100 v. Chr. (Eingreifen der Römer im südwestlichen Anatolien).[309]

---

[306] Methodisch entsprechend verfährt Rostovtzeff, SEHHW, mit seinem einführenden Abschnitt über "die politische Entwicklung" (1-57).

[307] Mit dem Jahr 133 v. Chr. beginnen sowohl T.R.S. Broughton, Roman Asia, in: T. Frank (Hg.), An Economic Survey of Ancient Rome IV, Baltimore 1938, 503 ff. als auch D. Magie, Roman Rule in Asia Minor, 2 Bde., Princeton 1950, 3 ff. ihre bis heute maßgeblichen Darstellungen.

[308] Fouilles de Delphes III 4, Nr. 37 = SEG III 378 (A Z.6), kommentierte englische Fassung zusammen mit dem neuen Text aus Knidos bei R.K. Sherk, Rome and the Greek East to the Death of Augustus, Cambridge 1984, Nr. 55. Zu M. Antonius s. Magie, RRAM, 283 ff. 1161 ff.

[309] Uns geht es dabei nur um die Tatsache des dauerhaften römischen Auftretens - unerheblich ist im vorliegenden Zusammenhang die besonders seit dem Aufsatz von R. Syme (Observations on the Province of Cilicia, in: Anatolian Studies Presented to W.H. Buckler, Manchester 1939, 299-332) entbrannte und bis heute andauernde

Von dem Eroberungszug Alexanders durch Kleinasien war bereits im vorigen Kapitel die Rede gewesen, ebenso von den in diesem Zusammenhang seitens der pamphylischen und pisidischen Städte zu zahlenden Abgaben.[310] Zur Sicherung der neugewonnenen Regionen setzte Alexander dann zunächst als Satrapen in Lykien, Pamphylien und wohl auch Pisidien[311] den Nearchos[312] ein, nach dessen Abberufung zwecks Durchführung der Indien-Expedition dürfte die Satrapie entweder vakant geblieben[313] oder bereits mit dem von Antigonos Monophthalmos verwalteten Großphrygien zusammengelegt worden sein.[314] Letzteres war mit Sicherheit dann im Jahr 323 v. Chr., nach dem Tod Alexanders, der Fall,[315] und schon bald darauf (319 v. Chr.) mußte Antigonos einen Feldzug nach Pisidien unternehmen, wo er seinen Gegenspieler Alketas, den abtrünnig gewordenen Bruder des Perdikkas, erfolgreich bekämpfte; Alketas nahm sich schließlich im pisidischen Termessos das Leben.[316]

Für die Folgezeit stellt sich die Lage recht verworren dar. Unzweifelhaft gab es während des zumindest nominell bis 301 v. Chr. (Tod des Antigonos bei Ipsos) andauernden Fortbestehens der großen Satrapie des Antigonos Versuche Ptolemaios' I., das südliche Kleinasien zu erobern, und namentlich in Lykien gelang dies zumindest zeitweise[317] - ob und inwieweit dies auch für Pamphylien gilt, bleibt freilich genauso unklar[318] wie die immer wieder geäußerte An-

---

Debatte, ob bereits im Jahr 101/100 v. Chr. mit einer Annexion der besagten Gebiete und förmlichen Einrichtung der 'Provinz Kilikien' zu rechnen ist oder ob das Kommando von M. Antonius eher als Beginn einer Intervention seitens der Römer zu gelten hat, die erst sukzessive zu einer Provinzeinrichtung führte; vgl. dazu den neuesten Forschungsbericht (mit einer gesonderten, alle einschlägigen Titel umfassenden Bibliographie) von P.W. Freeman, The Province of Cilicia and its Origins, in: P.W. Freeman - D. Kennedy (Hgg.), The Defence of the Roman and Byzantine East (BAR. Int.Ser.297) I, Oxford 1986, 253-275. Für S. Schultz (Literaturüberblicke der griechischen Numismatik: Kilikien, Chiron 18, 1988, 94 A.1) liegt der Fall klar: "Unter dem Begriff der 102 v. u. Z. geschaffenen Provinz Cilicia waren zunächst Teile von Phrygien, Pamphylien, Pisidien, Lykaonien und Kappadokien zusammengefaßt."

310 S.o.S.28 f.; s. dazu bes. Seibert, Eroberung, 29-57. Zu den Abgaben (συντάξεις) von Kleinasien 334 v. Chr. s. überdies noch den gleichnamigen Aufsatz von G. Wirth, Chiron 2, 1972, 91-98.

311 So H. Berve, Das Alexanderreich auf prosopographischer Grundlage, München 1926, 256 und Seibert, Eroberung, 208.

312 Arr. Anab. III 6,6; vgl. E. Meyer, Die Grenzen der hellenistischen Staaten in Kleinasien, Zürich 1925, 11. Vielleicht ist die zweifellos unrichtige Bemerkung des Iustinus, nach Alexanders Tod seien Pamphylien und Lykien an Nearch gefallen (XIII 4,15:"Lyciam et Pamphyliam Nearchum...sortiuntur" - tatsächlich erhielt Antigonos Monophthalmos in diesem Jahr die genannten Gebiete) ein Reflex dieser Regelung von 334 v. Chr. Zu Nearch s. nur G. Wirth, Nearchos, der Flottenchef, in: Acta Conventus XI "Eirene", Warschau 1968, 615-639.

313 So Wirth, ebd. 621.

314 So Berve, Alexanderreich, 256, Bosch, Studien, 59, und offenbar auch M. Wörrle (Epigraphische Forschungen zur Geschichte Lykiens I, Chiron 7, 1977, 47 f.): Lykien und Pamphylien seien 323 v. Chr. "in der Hand des Antigonos Monophthalmos *belassen* worden" (Hervorhebung von mir).

315 Curt.Rufus X 10,2:"Lyciam cum Pamphylia et Maiore Phrygia obtinere iussus Antigonus." App. Syr. 53: Ἀντίγονος δ' ἦν Φρυγίας μὲν καὶ Λυκίας καὶ Παμφυλίας σατράπης.. s. auch Diod. XVIII 3,1.

316 Diod. XVIII 44-47; vgl. dazu A. Pekridou, Das Alketas-Grab in Termessos (IstMitt. Beih. 32), Tübingen 1986, 121 ff.; A.S. Hall, R.E.C.A.M. Notes and Studies 9. The Milyadeis and their Territory, AS 36, 1986, 145.

317 Vgl. dazu die erschöpfenden, alle brauchbaren Zeugnisse auswertenden Überlegungen von Wörrle, Epigraphische Forschungen I, 47-55.

318 Primär hängt die Entscheidung von der bis heute nicht geklärten Datierung einer Inschrift aus Aspendos ab (SEG XVII 639), laut welcher Aspendos die während der Regierungszeit eines Königs Ptolemaios der Polis in einer Notlage zu Hilfe geeilten Pamphylier, Lykier, Kreter, Griechen und Pisider ehrt und mit dem aspendischen Bürgerrecht auszeichnet. Am ehesten ist das Dekret wohl in die Jahre bald nach 301 v. Chr. zu datieren und kann daher nicht als Beleg ptolemäischen Einflusses schon vor Ipsos dienen: Bosch, Studien, 60 ff.; R.S. Bagnall, The Administration of the Ptolemaic Possessions outside Egypt, Leiden 1976, 111-113; Wörrle, Epigraphische Forschungen I, 54 mit A.59; ders., Epigraphische Forschungen II, 225 ff. (zu dem in der aspendischen Inschrift

nahme einer kurzfristigen Beherrschung Pamphyliens und Lykiens durch Pleistarchos, den Bruder des Makedonenkönigs Kassandros, in den Jahren 301-299 v. Chr.[319]

Im gesamten 3. Jh. v. Chr. bildete dann besonders das südliche Anatolien "a bone of contention between the Seleucids and the Ptolemies."[320] Während Pisidien (zumindest de iure) in der Zeit von 301 - 281 v. Chr. dem Reich des Lysimachos und danach dem Herrschaftsgebiet der Seleukiden angehörte,[321] existierte die (spätestens 281/80 v. Chr. etablierte[322]) ptolemäische Herrschaft über Pamphylien im 3. Jh. v. Chr. nur mit Unterbrechungen.[323]

Mit dem Zug des Achaios, eines Angehörigen des seleukidischen Herrscherhauses, der sich in Kleinasien an die Errichtung eines eigenen Reiches machte, durch Pisidien und Pamphylien im Jahr 218 v. Chr.[324] endete die Epoche der ptolemäischen Herrschaft in Pamphylien,[325] das nun in die innerseleukidischen Auseinandersetzungen hineingezogen wurde und dann, nach dem Ende des Konflikts zwischen Achaios und dem Seleukidenkönig Antiochos III., von den Expansionsplänen des Antiochos und der daraus resultierenden Auseinandersetzung zwischen Rom und den Seleukiden direkt betroffen war: So landete Antiochos im Jahr 196 v. Chr. mit seiner Flotte in der Bucht des Eurymedon,[326] organisierte drei Jahre später einen Heereszug nach Pisidien (mit Unterstützung aus Side),[327] und die Seeschlacht zwischen den rhodischen Verbündeten Roms und der Flotte des Antiochos im Jahr 190 v. Chr. fand bei Side statt.[328]

Es steht außer Frage, daß die zahlreichen kriegerischen Vorgänge der hier skizzierten ca. hundert Jahre, die sich in Pamphylien und Pisidien abspielten oder in die beide Gebiete involviert waren, auch wirtschaftsgeschichtliche Ereignisse ersten Ranges darstellten, und hinzuzurechnen ist überdies das bislang noch nicht angesprochene, im gesamten Kleinasien des 3. Jhs. v. Chr. beträchtliche Folgen zeitigende Auftreten der Galater, von dem auch das südwestliche Anatolien direkt betroffen war.[329] Zwar lassen sich die wirtschaftlichen Folgen dieser Bege-

---

genannten ptolemäischen General Philokles); P. Gauthier, Les cités grecques et leurs bienfaiteurs (BCH Suppl. XII), Paris 1985, 204 f.

319 Die Herrschaft des Pleistarch in den genannten Gebieten nehmen an (e.g.) Meyer, Grenzen, 29 ff.; Bengtson, Strategie I, 200 A.2; Bosch, Studien, 59, und jüngst noch Müller, 14; s. dagegen Wörrle, Epigraphische Forschungen I, 54 mit A.61; K. Buraselis, Das hellenistische Makedonien und die Ägäis, München 1982, 22 ff.; zum neuesten Stand der Debatte s. J. Seibert, Das Zeitalter der Diadochen, Darmstadt 1983, 159 f.

320 Magie, Roman Rule, 259.

321 Greenhalgh, 24 f.

322 Das belegt die auf das fünfte Jahr des Ptolemaios II. Philadelphos datierte Inschrift aus Termessos, welche die Einsetzung eines Παμφυλι [άρχης] verzeichnet: L. Robert, Documents de l'Asie Mineure méridionale, Paris 1966, 53-58.

323 So erwähnt Theokrit in seinem Enkomion auf Ptolemaios II. dessen Herrschaft über Pamphylien (XVII 88 f.), Ptolemaios III. Euergetes (246-241 v. Chr.) verzeichnet Pamphylien in der Inschrift von Adule (OGIS 54) aber nicht unter den von seinem Vorgänger geerbten, sondern erst unter den eroberten Gebieten - die Ptolemäer hatten also zwischenzeitlich den Besitz Pamphyliens verloren; vgl. ferner Polyb. V 34,7.

324 Polyb. V 72-77,1.

325 Mit Ausnahme vielleicht von Korakesion, das laut Hieronymus (FGrHist 260 F 46) erst 197 v. Chr. von Antiochos III. dem Ptolemaios V. abgenommen worden sein soll, vgl. Bagnall, Administration, 108.

326 Liv. 33,41,5 f.

327 Liv. 35,13,5.

328 Liv. 37,23 f.; App. Syr. 22.

329 So erwähnt eine in Phrygien gefundene Inschrift aus dem Jahr 267 v. Chr. einen Γαλατικὸς πόλεμος, in dessen Verlauf wohl auch Lykien Schauplatz militärischer Auseinandersetzungen wurde, bei denen sich ein Neoptolemos aus Pisidien hervortat: zu Neoptolemos s. bereits Rostovtzeff, SEHHW, 417; zur Inschrift M. Wörrle, Antiochos I., Achaios der Ältere und die Galater, Chiron 5, 1975, 59 ff., bes. 65; allgemein zum Auftreten der Galater: F. Stähelin, Geschichte der kleinasiatischen Galater, Leipzig² 1907, 6-50. Auch neueste archäologische

benheiten in der Regel mangels entsprechender Quellen nicht genau quantifizieren, aber sie werden kaum gering gewesen sein. So dürfte die hohe Zahl militärischer Operationen in Pamphylien und Pisidien mit vermehrten Belastungen für die dortigen Siedlungen und ihre Einwohner infolge von Verproviantierung und Einquartierung der Soldaten verbunden gewesen sein. Ein sicherlich in diesem Sinne zu verallgemeinerndes Zeugnis besitzen wir in Form des Briefes eines ungenannten hellenistischen Herrschers (wohl des Ptolemaios IV. Philopator) an einen hohen (ptolemäischen) Funktionär in Soloi (Kilikien), in welchem letzterer dafür getadelt wird, daß die Stadt durch Einquartierung zu vieler Soldaten "in nicht geringem Maße geschädigt worden" sei (Z.2f.: ...τὴν δὲ πόλιν οὐ μετρίως κατὰ τοῦτο τὸ μέρος θλίβεσθαι).[330] Ebenfalls in hellenistischer Zeit inschriftlich belegt ist die (auch zu generalisierende) Verwüstung der χώρα als Resultat von Kriegen, wodurch die Menschen um Besitz und Ernte gebracht und Nahrungsmittelkrisen ausgelöst wurden.[331]

Weitere ökonomische Konsequenzen militärischer Unternehmungen erhellt auch der nach dem endgültigen römischen Sieg über Antiochos III. bei Magnesia am Sipylos (190 v. Chr.) und noch vor dem Frieden von Apameia (188 v. Chr.) durch den römischen Konsul Cn. Manlius Vulso durch Pisidien und Pamphylien veranstaltete Heereszug:[332] Vulso forderte und bekam von Termessos fünfzig Talente, ebensoviel von Aspendos, das pisidische Kormasa nahm er ein und machte "reiche Beute" (λείαν ἄφθονον),[333] und noch schlimmer erging es der bedeutenden pisidischen Stadt Sagalassos, die auch fünfzig Talente sowie je 20.000 Scheffel Hafer und Weizen abliefern mußte.[334]

Eine günstige, bislang nicht genutzte Quellensituation ermöglicht es, einige wirtschaftsgeschichtliche Überlegungen zu den von Cn. Manlius Vulso eingeforderten Summen anzustellen. Aspendos sowie die beiden großen, im seleukidischen Herrschaftsraum gelegenen pisidischen Siedlungen Sagalassos und Termessos zahlen jeweils fünfzig Talente, d.h. jeweils 3.000 Minen oder (1 Mine = 100 Drachmen) 300.000 Drachmen. Eine der wenigen uns zur Verfügung stehenden Gehaltsangaben dieser Zeit entstammt einem Beschluß der (ebenfalls seleukidischen) Stadt Seleukeia (am Kalykadnos ?, in Kilikien gelegen) zu Ehren des Arztes Asklepiades aus Perge aus dem frühen 2. Jh. v. Chr.:[335] Dem verdienten Arzt wird über mehrere Jahre hinweg (Z.25 f.) ein Gehalt von tausend Drachmen pro Jahr zugestanden: ὀψωνι-[ασ]θεὶς δραχμὰς

Erkenntnisse sprechen für eine Heimsuchung Pisidiens durch die Galater, so etwa galatische Armringe des 3. Jhs. v. Chr., die in der Nähe des heutigen Isparta gefunden wurden: A. Müller-Karpe, Neue galatische Funde aus Anatolien, IstMitt 38, 1988, 195 f. J. Borchhardt vertritt die These, das Ptolemaion in Limyra sei als Dankesbezeugung der Limyraier für den von Ptolemaios II. gewährten Schutz vor den Galatern zu deuten: J. Borchhardt - G. Stanzl, Ein hellenistischer Bau des Herrscherkultes: Das Ptolemaion in Limyra, in: Götter, Heroen, Herrscher in Lykien, Wien 1990, 79-84.

330 Welles, RC Nr. 30; vgl. auch Bagnall, Administration, 115; vgl. auch die in einem hellenistischen Königsbrief der lykischen Polis Telmessos konzedierte Befreiung der Polis von der Pflicht zur ἐπισταθμεία· M. Wörrle, Epigraphische Forschungen zur Geschichte Lykiens III. Ein hellenistischer Königsbrief aus Telmessos, Chiron 9, 1979, 83 Z.4 f. (mit Wörrles Erläuterungen 89 ff.).

331 M. Wörrle, Inschriften von Herakleia am Latmos I: Antiochos III., Zeuxis und Herakleia, Chiron 18, 1988, 423 (N II Z.13 f.) und 469 mit A.229.

332 Polyb. XXI 33-36; zur möglichen Route des Vulso s. Bean, Notes I, 113 ff.

333 Polyb. XXI 36,1.

334 Polyb. XXI 36,3 f.

335 IvPerge Nr. 5 (mit Angaben früherer Editionen); zum Problem, um welches Seleukeia es sich handeln könnte, s.u.S.57 f.

χιλίας ἐφ' ἔτη πλέονα. Diese Angabe erfährt eine bemerkenswerte Absicherung durch eine auf das Jahr 179 v. Chr. datierte Inschrift aus Delos, der zu entnehmen ist, daß ein delischer Arzt ebenfalls ein Jahresgehalt von ca. 1.000 Drachmen bezog.[336] Beide Daten können miteinander kombiniert und in Relation zu den genannten Tributzahlungen der pamphylisch-pisidischen Poleis gesetzt werden, zumal die seleukidische Währung streng am attischen Fuß orientiert und stabil war, in der gesamten hellenistischen Welt zirkulierte und "zur grundlegenden Währung des Ostens wurde."[337] Demnach entsprachen die je Polis an Manlius Vulso gezahlten fünfzig Talente dreihundert Jahresgehältern exponierter, vorzüglicher Ärzte. Nun lag deren Einkommen zweifellos beträchtlich über den Durchschnittslöhnen - Rostovtzeff etwa rechnet mit einer Drachme pro Tag für einfache τεχνῖται,[338] Ende des 3. Jhs. v. Chr. verdiente ein Lehrer einer öffentlichen Schule in Milet ebenfalls ca. eine Drachme am Tag,[339] also ca. 360 Drachmen pro Jahr. Legen wir die letztgenannten Summen zugrunde, so hat Manlius Vulso von Aspendos, Sagalassos und Termessos jeweils den Gegenwert der Jahresverdienste von eintausend Lehrern oder einfachen Handwerkern erhalten, die erzielte Beute sowie die Naturalabgaben noch gar nicht miteingerechnet. Aus diesen Überlegungen geht unmißverständlich hervor, wie einschneidend sich Vorgänge dieser Art auf die wirtschaftliche Verfassung einzelner Gemeinwesen ausgewirkt haben dürften.

Von derartigen Unternehmungen blieben Pamphylien und Pisidien auch in der Folgezeit nicht verschont, trotz der Friedensschlüsse von Apameia im Jahr 188 v. Chr. Diese beinhalteten eine bereits in der Antike zwischen den betroffenen Parteien (Pergamon einerseits, Antiochos III. andererseits) umstrittene und auch in der modernen Literatur heftig diskutierte Territorialklausel, nach welcher Pergamon den 'diesseits des Taurus' gelegenen, die Seleukiden den 'jenseits des Taurus' lokalisierten Teil Pamphyliens erhalten sollten.[340] Die Entscheidung des von beiden Seiten angerufenen römischen Senats ist nicht überliefert, aber sowohl der für das Jahr 169 v. Chr. überlieferte Auftritt von offenbar eigenständig agierenden "Pamphylii legati" in Rom[341] als auch die Gründung von Attaleia an der pamphylischen Küste durch die Attaliden (die also anscheinend über den Seehafen Side nicht verfügen konnten)[342] sprechen dafür, daß nur ein (westlicher) Teil Pamphyliens in den Besitz Pergamons gelangt war. Auf jeden Fall umfaßte letzterer auch Teile Pisidiens, wie unter anderem einem Brief Attalos' II. an Amblada[343] und einem weiteren, bislang unpublizierten Schreiben eines pergamenischen Königs an das pisidische Olbasa[344] zu entnehmen ist.[345] In der attalidischen Herrschaft lag jedoch bereits der Keim

[336] A. Wilhelm, Neue Beiträge zur griechischen Inschriftenkunde VI (Akad.d.Wiss. Wien, Phil.-Hist.Kl. 183, Heft 3), Wien 1921, 43 f. mit Verweis auf BCH VI, 1882, 13 Z.83 f.

[337] Rostovtzeff, SEHHW, 348 ff. (Zitat 348).

[338] Ebd. 1383 A.53.

[339] Syll.[3] 577, Z.51 ff.

[340] Polyb. XXI 45,11; Liv. 38,38,4.39,17; vgl. dazu Meyer, Grenzen, 145 ff.; Ruge, Pamphylia, 366 f.; Bosch, Studien, 67 ff.; Magie, RRAM, 279 f. 758 ff. A.56; J. Hopp, Untersuchungen zur Geschichte der letzten Attaliden (Vestigia 25), München 1977, 104 ff.

[341] Liv. 44,14,3.

[342] Dazu s.u.S.57.

[343] OGIS 751 = Welles, RC Nr. 54 = H. Swoboda - J. Keil - F. Knoll, Denkmäler aus Lykaonien, Pamphylien und Isaurien, Brünn 1935, Nr. 74 II.

[344] A.S. Hall, AS 36, 1986, 11 (Vorbericht).

[345] Auch die Milyas (Polyb. XXI 45,10) sowie größere Teile des östlichen Pisidien (Hall, Notes, 59) fielen an Pergamon, dessen Herrschaftsbereich im übrigen generell kaum zuverlässig zu umgrenzen ist; s. W. Ameling, Drei Studien zu den Gerichtsbezirken der Provinz Asia in republikanischer Zeit, EA 12, 1988, 18.

zu den bereits angedeuteten neuen kriegerischen Vorgängen in Pisidien, denn offenbar lehnte sich Selge gegen die neuen Herren auf, und es kam zu dem von Pompeius Trogus genannten "bellum regis Eumenis ... in Pisidia cum Selegensibus",[346] über den ansonsten ebensowenig bekannt ist wie über ein zweites, offenbar erfolgreiches Unternehmen Pergamons unter Attalos II. gegen Selge.[347] Etwas mehr wissen wir über den kurz vorher (168 v. Chr.) ausgebrochenen neuerlichen Aufstand der Galater,[348] der auch Pisidien erfaßte und offenbar Amblada zum kurzzeitigen Abfall von Pergamon bewog.[349]

Nach dem Ende des attalidischen Reiches (133 v. Chr.), das von Attalos III. den Römern vererbt wurde, erfreuten sich offenbar sowohl Pamphylien als auch Pisidien einiger Jahrzehnte der Unabhängigkeit, denn beide Gebiete gehörten wohl nicht zur neuen römischen Provinz Asia.[350] Erst mit der eingangs erwähnten Entsendung des Prätors M. Antonius in den östlichen Mittelmeerraum (102 v. Chr.)[351] beginnt die Zeit der dauerhaften römischen Präsenz und der römischen Herrschaft in Pamphylien und Pisidien.

2. Stadt und Land

2.1. Städtische Siedlungen

Die Untersuchung der städtischen oder stadtähnlichen Siedlungen[352] Pamphyliens und Pisidiens in der hellenistischen Zeit muß sich auf zwei Themenbereiche konzentrieren: zum einen auf die Entwicklung schon bestehender Orte, zum zweiten auf die hellenistischen Neugründungen. Nicht genuin wirtschafts- und sozialgeschichtliche Aspekte, wie z.B. die überaus komplizierten Fragen der Rechtsbeziehungen zwischen Poleis und hellenistischen Herrschern sowie der politischen Verfassung der Gemeinwesen (Autonomie, Beschränkungen der Selbstverwaltung etc.)[353], werden dabei weitgehend ausgeklammert und nur insoweit berücksichtigt, als sie für unser Thema relevant sind (beispielsweise die Begrenzung der städtischen Autonomie durch die

[346] Pomp.Trog. prol.34. Vielleicht gehört in diesen Zusammenhang (vgl. auch die folgende Anm.) ein weiteres noch unpubliziertes Zeugnis aus Olbasa, "an Olbasan decree honouring certain citizens who had taken the part of Pergamon 'during the Pisidian war'" (Vorbericht von D.H. French in AS 29, 1979, 6). Hopp (74) datiert den Zug gegen Selge in die Jahre 163-160 v. Chr.; vgl. auch B. Virgilio, Il 'Tempio stato' di Pessinunte fra Pergamo e Roma nel II-I secolo a.C., Pisa 1981, 88 ff.

[347] Pomp.Trog. prol. 34:"Ut mortuo rege Asiae Eumene suffectus Attalus bellum cum Selegensibus habuit et cum rege Prusia."

[348] Stähelin, 66 ff.; Welles, RC, 239; Rostovtzeff, SEHHW, 630 ff., Virgilio, 'Tempio stato', 88 ff.

[349] Attalos II. erläßt Amblada später die aufgrund dieses Verhaltens ἐν τῶι Γαλατικῶι πολέμωι (RC Nr. 54 Z.5) auferlegten Strafen, vgl.u.S.53.

[350] S. etwa Cic. pro Flacco 27,65; vgl.u.S.94 A.790.

[351] S.o.S.39.

[352] Die Terminologie ist hier bewußt unscharf gehalten, denn angesichts der (vor allem in archäologischer Hinsicht) eher deprimierenden Forschungssituation verbietet sich hier jeglicher Versuch, mit einem anspruchsvolleren, differenzierten Stadtbegriff zu operieren (s. dazu die methodischen Bemerkungen von F. Kolb, Die Stadt im Altertum, München 1984, 11 ff.). Aus pragmatischen Gründen verwende ich die Termini 'Stadt/städtische Siedlung' im folgenden für Orte, die nicht mehr als κῶμαι/Dörfer zu bezeichnen sind.

[353] S. dazu nur V. Tscherikover, Die hellenistischen Städtegründungen von Alexander d.Gr. bis auf die Römerzeit, Leipzig 1927; A. Heuss, Stadt und Herrscher des Hellenismus in ihren staats- und völkerrechtlichen Beziehungen (ND v. 1937), Aalen 1963; E. Bikermann, Institutions des Séleucides, Paris 1938, 133 ff.; Jones, Cities, 123 ff.; Bagnall, Administration, bes. 213 ff.; W. Orth, Königlicher Machtanspruch und städtische Freiheit, München 1977, passim; F.W. Walbank, Die hellenistische Welt, München 1983, bes. 39 ff. 137 ff. 145 ff.; H.-J. Gehrke, Geschichte des Hellenismus, München 1990, 176 ff.

Pflicht zur Abgabenzahlung).

Die für die bislang behandelten Epochen in der Forschung gängige Differenzierung zwischen dem fortschrittlichen hellenisierten Küstensaum und der rückständigen Taurusregion bildet das typische Grundmuster, nach welchem auch das hellenistische Kleinasien und namentlich das dortige Siedlungswesen beurteilt wird. Wenn etwa in den Augen von M. Rostovtzeff Pisidien sogar noch in seleukidischer Zeit eines der "Länder der Kleintyrannen, Stammes- und Tempelstaaten"[354] darstellt, kann es kaum verwundern, daß in seinem Kapitel über die Seleukiden[355] Siedlungen wie Sagalassos, Adada oder Apollonia nicht auftauchen, und Entsprechendes gilt für S. Jameson, laut welcher "the inland region of Pisidia and the area known as the Milyas remained to a large extent tribal."[356] Den pamphylischen Siedlungen attestiert sie immerhin das angestrengte Bemühen, ein am griechischen Vorbild orientiertes urbanes Niveau zu erreichen, sie sieht dieses freilich allenfalls in Aspendos, Side und Perge in Ansätzen verwirklicht.[357] Aufgabe des folgenden Überblicks muß es daher sein, diese Einschätzungen kritisch zu überprüfen, wobei zunächst die bereits existierenden pamphylischen und pisidischen Siedlungen in den Blick genommen werden (vgl. Karte).

Wie schon zur Zeit der persischen Herrschaft war Aspendos eine der blühendsten und besonders prosperierenden Städte des südwestlichen Anatolien, was nicht nur durch die (später noch zu behandelnden) weitläufigen internationalen Verbindungen sowie die Münzprägung dokumentiert wird, sondern - ein Ausnahmefall - auch durch den noch sichtbaren Baubestand. Denn die große Agora von Aspendos, mit Markt-, Keller- und Speicherräumen, einem monumentalen Hallenbau sowie einem weiteren, vielleicht als Buleuterion anzusprechenden Gebäude, dürfte im 2. Jh. v. Chr. errichtet worden sein, nach westkleinasiatischem, möglicherweise pergamenischem Vorbild,[358] dem ebenfalls die der aspendischen sehr ähnliche hellenistische Agora von Selge gefolgt ist.[359] Inschriften wie etwa die folgende legen die Vermutung nahe, daß die bauliche Ausstattung von Aspendos in dieser Zeit generell verbessert worden ist: Der Text erinnert daran, daß eine Frau namens Kurasio, die das Damiurgenamt innehatte, für die Errichtung eines Turmes zwanzig Silberminen spendete:

Κουρασιὼ Λιμνάου
Κουρασίωνυς
δαμιοργίσωσα
περτέδωκε ἰς πύργο
ἀργύρυ μνᾶς φίκατι.[360]

Mehrere Aspekte dieser wie auch einer ähnlichen, ebenfalls hellenistischen Stiftungsinschrift

354 Rostovtzeff, SEHHW, 1187 A.230.
355 Ebd. 335-429.
356 Jameson, Lycia and Pamphylia, 284.
357 Ebd. 283 f.
358 H. Lauter, Die hellenistische Agora von Aspendos, BJb 170, 1970, 77-101; ders., Die Architektur des Hellenismus, Darmstadt 1986, 96. Bean, Kleinasien, 65 scheint diese Ergebnisse nicht zu kennen.
359 A. Machatschek-M. Schwarz, Bauforschungen in Selge (Ergänzungsbände zu den Tituli Asiae Minoris Bd.9), Wien 1981, 57 f. Näheres zu Selge s.u.S.51.
360 Brixhe, Dialecte, Nr. 18 (2. Jh. v. Chr.).

aus Aspendos[361] verdienen hervorgehoben zu werden: Beide Zeugnisse belegen die allerorten in der hellenistischen Welt bedeutsame private Stiftertätigkeit,[362] im vorliegenden Fall von Frauen, die - eine pamphylische Besonderheit - des öfteren die höchste Polismagistratur (die Damiurgie) bekleideten.[363] Die in beiden Fällen identische Stiftungssumme (20 Silberminen,[364] d.h. 2.000 Drachmen) entspricht nach den obigen Berechnungen[365] ca. fünf durchschnittlichen Jahresgehältern einfacher Handwerker. Bemerkenswert sind jeweils die Stiftungsobjekte: Turm (πύργος) und Tor (πυλών), also wesentliche Bestandteile der Stadtmauern, die zu den wichtigsten städtebaulichen Errungenschaften der hellenistischen Zeit zählen.[366] Belegt sind ferner Kultgebäude,[367] so daß insgesamt mit einem recht fortgeschrittenen urbanistischen Niveau in Aspendos zu rechnen ist. Die hohe Zahl hellenistischer Inschriften,[368] verbunden mit der Information des Polybios, daß die Aspendier im Jahr 218 v. Chr. mit 4.000 Hopliten den General des Achaios, Garsyeris, unterstützten, läßt auf eine nicht geringe Bevölkerungszahl schließen.[369]

Auch im benachbarten Sillyon dürfte die in ihren Anfängen oben bereits angesprochene Siedlungsentwicklung[370] vorangekommen sein. Entsprechende Indizien liefert - neben der Münzprägung,[371] den monumentalen Befestigungs- und Toranlagen[372] sowie noch erkennbaren Resten von Tempel-, Hallen- und Wohnbauten aus hellenistischer Zeit[373] - auch eine bislang weitgehend unbeachtete, im pamphylischen Dialekt abgefaßte Inschrift:[374]

Μεγάλεις Ἀρτιμιδόρυ
Θεμίσκυ [--------]
Ο καὶ θέμιας μεγάλας
πάλα ἰς εἰαρὸ (?) ΕΓΕΝΟΜΑ.

---

361 Ebd. Nr. 17 (3. Jh. v. Chr.):
[N]εϝ[ό]πολις Ἀφορδισίι[υ]
Νεϝοπόλεις δαμιοργίσο-
σα περτέδοκε ἰς ερε-
μνι καὶ πυλο̑να ἀργύ-
ρυ μνᾶς φίκατι.

362 Lauter, Architektur, 26; W. Müller-Wiener, Griechisches Bauwesen in der Antike, München 1988, 27; allgemein: P. Veyne, Brot und Spiele, Frankfurt am Main 1988.

363 Zum Damiurgenamt s. nur Magie, RRAM, 274; Jameson, Lycia and Pamphylia, 286 ff.; C. Veligianni-Terzi, Damiurgen. Zur Entwicklung einer Magistratur, (Diss.) Heidelberg 1977.

364 Φίκατι entspricht dem attischen εἴκοσι, s. Brixhe, Dialecte, 204.

365 S.o.S.42 f.

366 Kolb, Stadt, 128 f.; Lauter, Architektur, 71 ff.

367 Die bereits behandelte Inschrift SEG XVII 639 (s.o.S.40 A.318) bestimmt, das Dekret der Polis ἐν τῶι [ἱερῶι τ]ῆς Ἀρτέ[μι]δος (Z.13 f.) zu archivieren. Weitere für das hellenistische Aspendos belegte Kulte - Brandt, Kulte, 237 ff. - setzen die Existenz zusätzlicher Kultgebäude voraus.

368 Es handelt sich vorwiegend um Grabinschriften: Brixhe, Dialecte, Nr. 19-169; ders., EAC 5, 1976, 9-16; C. Brixhe - R. Hodot, L'Asie Mineure du nord au sud. Inscriptions inédites, Nancy 1988, Nr. 193-224.

369 Polyb. V 73,3. Die Hopliten rekrutierten sich freilich aus der gesamten Polis Aspendos (also auch aus der Chora und den dort gelegenen κῶμαι), nicht nur aus der zentralen Siedlung.

370 S.o.S.37 f.

371 S.u.S.84.

372 A.W. McNicoll, Hellenistic Fortifications from the Aegean to the Euphrates, Diss. Oxford 1971, 225ff; Lauter, Architektur, 74.

373 Lanckoroński I 77; Bean, Kleinasien, 53 ff.

374 Brixhe, Dialecte, Nr. 5 (2. Jh. v. Chr.).

Das nur fragmentarisch erhaltene Zeugnis ist nicht völlig zu enträtseln, aber in Z.3 wird offenbar auf (von Μεγάλεις gestiftete?) "große Spiele" Bezug genommen.[375] Vielleicht darf man aus diesem Dokument die Existenz einer entsprechenden Spielstätte, möglicherweise eines Gymnasions mit Stadion, in Sillyon ableiten, denn Gymnasien wurden zunehmend zum Träger hellenistischer Poliszivilisation, was sich überall auch im Stadtbild niederschlug.[376] Bedenken wir darüber hinaus, daß im nahegelegenen Perge in dieser Zeit ein Gymnasion existierte und ein Aspendier ebenfalls im 2. Jh. v. Chr. als Olympionike bezeugt ist,[377] so darf man eine gymnasiale Einrichtung angesichts unserer Inschrift vielleicht auch für Sillyon postulieren. Als Anziehungspunkt für Athleten, Dichter, Rhetoren etc. besaßen die häufig mit Bibliotheken versehenen Gymnasien große soziale Bedeutung, und auch als ökonomischer Faktor fielen sie durchaus ins Gewicht (etwa durch den Verbrauch von kostspieligem Öl und Holz). Überdies zogen Spiele auswärtige Teilnehmer und Zuschauer an, so daß die "großen Spiele" - neben denen es in Sillyon vielleicht noch weitere gab[378] - für das Wirtschaftsleben der Stadt möglicherweise eine nicht unerhebliche Rolle spielten.[379]

Für Perge kann letzteres nicht nur vermutet, sondern anhand eines Ehrendekretes für den Gymnasiarchen Stasias sicher behauptet werden.[380] Zwar hat die Stadt im späten 2. Jh. v. Chr. möglicherweise eine Phase der Unruhe und Krise erlebt, wie aus dem Text für den auch als Stratege (Z.13 f.) geehrten Stasias, der sich (Z.34 f.) ἀνδρε[ί]ως καὶ ἐπιεικῶς verhalten und (Z.36 f.) ἐν εἰρήνηι τε καὶ ἀσφαλείαι bewährt habe, hervorgeht; ansonsten aber scheinen die Pergäer, deren weitläufige Kontakte mit der übrigen hellenistischen Welt hervorstechen,[381] sich wachsenden Wohlstands erfreut zu haben, der wohl nicht zuletzt, wie wir sehen werden, mit (Fest-)Spielen in Perge zusammenhing. Perge hat in dieser Zeit eine große Befestigungsmauer mit einer aufwendigen Toranlage erhalten,[382] wahrscheinlich existierte an der Stelle des (heute noch vorzüglich erhaltenen) Theaters bereits ein hellenistischer Vorgängerbau,[383] und vor allem gab es das (epigraphisch belegte) Gymnasion mit Palästra und Stadion sowie den ebenfalls inschriftlich dokumentierten Tempel der Artemis Pergaia, deren Kult in ganz Pamphylien eine besondere Bedeutung besaß und für Perge selbst zweifellos auch von hohem wirtschaftlichen Nutzen war.[384] Denn das etwas außerhalb der städtischen Siedlung gelegene Heiligtum bildete eine Art 'panpamphylisches' Kultzentrum,[385] das viele auswärtige Besucher anzog, wohl nicht zuletzt wegen der von Strabon bezeugten, jährlich zu Ehren der Artemis gefei-

---

375 Auch Brixhe (ebd. 188) vermutet in Z.3 die Akkusativform von θέμις μεγάλα.

376 Kolb, Stadt, 132 f.

377 Zum Gymnasion in Perge s.u.S.47, zum Aspendier Robert, Noms, 405 f.

378 Darauf könnte die distinktive Bezeichnung dieser Spiele als "große" hindeuten.

379 Eindrucksvoll belegt wird die ökonomische Bedeutung von (Fest-) Spielen durch die (kaiserzeitliche) agonistische Stiftung des Demosthenes in Oinoanda: M. Wörrle, Stadt und Fest im kaiserzeitlichen Kleinasien. Studien zu einer agonistischen Stiftung aus Oinoanda (Vestigia 39), München 1988, bes. 243 ff. Näheres dazu u.S.144 ff.

380 SEG VI 724/725 = IvPerge Nr. 7.

381 S.u.S.78. 93 u.ö.

382 Lauter, Architektur, 74; McNicoll, 211 ff.; Özgür, Perge, 12.

383 Bean, Kleinasien, 40.

384 IvPerge Nr. 7 Z.7 f. 51; S. Onurkan, Artemis Pergaia, IstMitt 19/20, 1969/70, 289 ff.

385 S. Jameson, Art. Perge, RE Suppl. XIV, 1974, 381; P. Debord, Aspects sociaux et économiques de la vie réligieuse dans l'Anatolie gréco-romaine, Leiden 1982, 222; L. Boffo. I re ellenistici e i centri religiosi dell' Asia Minore, 1985, 50. 136 ff.

erten Spiele.[386] Eine etwas später noch eingehender zu betrachtende Inschrift aus dem 1. Jh. v. Chr., die das Inventar des pergäischen Tempelschatzes und eine große Zahl auswärtiger Stifter verzeichnet,[387] berechtigt zu der Vermutung, daß auch bereits in den beiden vorhergehenden Jahrhunderten der in ganz Pamphylien verehrten Gottheit (und damit zumindest auch indirekt der Gemeindekasse von Perge) beträchtliche Spenden und Stiftungen zuteil geworden waren. Jedenfalls läßt das Ehrendekret für den als Euergeten und großzügigen Gymnasiarchen[388] gepriesenen Stasias auf die Anwesenheit von Fremden (ξένοι) schließen, die vielleicht aufgrund des Artemis-Heiligtums nach Perge gekommen waren, denn es heißt in dem Dekret (IvPerge Nr. 7 Z.53 ff.): ὁ δῆμος || [ὁ Π]εργαίων ἐτίμησε Στασίαν Βοκίου || [κ]ατασταθέντα ἐπὶ τῆς τηρήσεω[ς] || [τῆ]ς πόλεως πλεονάκι καὶ τοῦ [δή]- || [μο]υ καὶ τῶν ξένων ἀνδραγα [θί]- ||[ας] ἕνεκεν ...

Schließlich bezeugt ein hellenistischer Ehrenbeschluß aus Perge für die ἀγορανόμοι[389] die nach griechischem Muster geregelte Organisation des städtischen Wirtschaftslebens, denn die von Aristoteles[390] besonders hoch bewerteten Marktaufseher kontrollierten die ordnungsgemäße Verwendung von Maßen und Gewichten und sorgten für vernünftige Preise sowie ein ausreichendes Warenangebot.[391] Die besondere Wertschätzung, derer sich die für ihre φανερὰι ἀποδείξεις (Z.5) belobigten Agoranomoi in Perge erfreuten, legt die Vermutung nahe, daß sie sich als Euergeten um das Gemeinwohl (vielleicht durch die bauliche Verschönerung der Agora o.ä.) verdient gemacht hatten.[392]

Einen bemerkenswerten Aufschwung erlebte in hellenistischer Zeit schließlich auch die im östlichen Pamphylien gelegene Stadt Side, deren Prosperität vor allem auf ihrem bedeutenden Hafen[393] und, daraus resultierend, auf ihren weitläufigen, in der Münzzirkulation deutlich repräsentierten Handelsbeziehungen[394] beruhte. Aus den wenigen hellenistischen der insgesamt ca. dreihundert aus Side stammenden Inschriften erfahren wir nichts über die urbane Ausstattung, aber es dürften zweifelsohne bereits Kultgebäude,[395] ein Theater,[396] Speicher- und Lagerhallen

---

386 Strab. XIV 4,2 (C 667): ...Πέργη πόλις, καὶ πλησίον ἐπὶ μετεώρου τόπου τὸ τῆς Περγαίας Ἀρτέμιδος ἱερόν, ἐν ᾧ πανήγυρις κατ᾽ ἔτος συντελεῖται. Eine frühhellenistische Inschrift aus Perge zu Ehren der Artemis Pergaia (Иαν αψα Πρειια) - IvPerge Nr. 1 - unterstreicht die Prominenz dieses Kultes ebenso wie die hellenistischen Münzen Perges mit Darstellungen der Artemis (H. Seyrig, Scripta Numismatica, Paris 1986, 38 ff.). Obwohl der Artemis-Tempel etwas außerhalb von Perge lag, ist er nicht als Zentrum einer der selbstverwalteten 'Tempelstaaten' anzusehen, sondern als Teil der Polis von Perge, s. auch Boffo, 50 mit A.77. Näheres s.u.S.70 f.

387 IvPerge Nr. 2; s.u.S.147.

388 Zu Gymnasiarchen als Euergeten in hellenistischer Zeit s.Veyne, Brot und Spiele, 254.

389 SEG VI 653 = IvPerge Nr. 4; dazu L.Robert, RPh 55, 1929,131 = OMS II 1079: "décret, d'époque hellénistique, pour des agoranomes." Dieses einzige hellenistische Zeugnis aus Pamphylien für Agoranomoi wird, obwohl seit langem bekannt, fast nie erwähnt, auch nicht bei Rostovtzeff, SEHHW, oder bei Jameson, Perge, 380, in ihrem Abschnitt über die Verwaltung.

390 Arist. pol. 1321 b 13 ff.

391 J. Oehler, Art. Agoranomoi, RE I, 1893, 883 ff.; Rostovtzeff, SEHHW, 492.

392 Veyne, Brot und Spiele, 254, über Agoranomen als Wohltäter: Sie "verkauften dem Volk Getreide zu einem günstigen Preis, schmückten den Marktplatz oder reparierten öffentliche Gebäude."

393 L. Robert, Hellenica V, 1948, 67 ff.; P. Knoblauch, Die Hafenanlagen und die anschließenden Seemauern von Side, Ankara 1977, 42 f. (zum hellenistischen Hafen).

394 Zu Münzprägung und Wirtschaftskontakten s.u.S.83 f.

395 IvSide Nr. 100 (2. Jh. v. Chr. ?) nennt Priester für Zeus Nikator und die θεοὶ μεγάλοι, die vielleicht früheste Inschrift aus Side (IvSide Nr. 81, 4./3. Jh. v. Chr.) verzeichnet die Stiftung eines Standbildes θεοῖς πᾶσι (Z.3).

396 Bean, Kleinasien, 84.

am Hafen[397] u.a.m. existiert haben; ein aufwendiges Befestigungssystem mit See- und Landmauern sowie einer Toranlage aus hellenistischer Zeit ist archäologisch gesichert.[398]

Über diese vier größeren, durchaus mit einer gewissen "Mannigfaltigkeit der Bausubstanz"[399] aufwartenden Siedlungen hinaus gibt es eine Reihe weiterer, häufig nur durch sehr entlegene Zeugnissse belegter und daher meist übersehener Siedlungen im hellenistischen Pamphylien, die in den Rahmen des hier gebotenen Überblicks gehören. Denn zwar läßt sich das (nach siedlungsgeschichtlichen Begriffen bemessene) urbanistische Niveau dieser Orte schon aufgrund der fehlenden archäologischen Erforschung nicht bestimmen, aber als Zentralorte auch kleinerer Poleis sind sie von den eigentlich ländlichen Regionen mit Dörfern oder Einzelgehöften deutlich abzugrenzen.

Am ehesten zumindest kleinstädtischen Charakter dürfte von diesen Orten das hellenistische Korakesion besessen haben, ein im östlichen Pamphylien gelegenes Hafenstädtchen,[400] über das in dieser Zeit freilich wenig bekannt ist. Immerhin sprechen Reste starker hellenistischer Befestigungsmauern[401] und vor allem die Tatsache, daß Korakesion sich im Jahr 197 v. Chr. gegen den anrückenden Antiochos III. behaupten konnte,[402] für einen gewissen Rang der zweifellos besonders im Seehandel engagierten und daher nicht zufällig in der Küstenbeschreibung des Ps.Skylax (4. Jh. v. Chr.) unter den pamphylischen πόλεις aufgelisteten Ortes.[403]

Auch die Existenz des wenige Kilometer östlich von Attaleia (bei Lara) zu lokalisierenden Hafenortes Magydos wird bereits für die hellenistische Zeit durch Ps.Skylax gesichert,[404] und möglicherweise ist ein Bürger dieser Polis auf einer hellenistischen Liste aus dem ägyptischen Alexandria erwähnt,[405] die nach L. Roberts ingeniösen Beobachtungen Pamphylier und Pisider verzeichnet.[406]

Nahezu gesichert scheint durch dasselbe alexandrinische Zeugnis bereits "the civic status in early Hellenistic times" für die ostpamphylische Siedlung Kasai,[407] die erst in römischer Zeit recht gut epigraphisch dokumentiert ist.[408] Denn in der ägyptischen Inschrift aus dem 3. Jh. v. Chr. finden sich folgende Eintragungen:

Z.5: Μιδας Οαρωλλου Κασ[άτης].

Z.6: [ὁ δεῖνα] ῾Ρημιωρμωτος Κασά[της]. Die zweifellos südwestanatolischen Personenna-

---

397 S.o.A.393.

398 Lauter, Architektur, 74; Mansel, Ruinen, 27 ff.

399 So lautet eines der wichtigsten, nach Kolb für den siedlungsgeschichtlichen Stadtbegriff konstitutiven Kriterien (Kolb, Stadt, 15).

400 Zu Ostpamphylien s. vor allem J. Nollé, Pamphylische Studien 6-10, Chiron 17, 1987, 235 ff. Zur Frage der etwaigen Umbenennung Korakesions in Arsinoe s.u.S.56.

401 Bean, Kleinasien, 93 ff.; vgl. auch R. Heberdey - A. Wilhelm, Reisen in Kilikien (DAWW 44), Wien 1896, 136 f.

402 Vgl. dazu Bagnall, Administration, 114. Liv. 33,19,11.

403 Ps.Skyl. 101. Zum Seehandel (und der hellenistischen Inschrift SEG XXXV 1417) s.u.S.82 A.694.

404 Ps.-Skyl.100.

405 A.Wilhelm, Beiträge zur griechischen Inschriftenkunde, Wien 1909, 224 f. Nr. 227.

406 Robert, Noms, 422 (zu Z.3).

407 Bean-Mitford, Journeys 1964-1968, 49.

408 Unter anderem durch eine von ἡ βουλὴ καὶ ὁ δῆμος τῆς Κασατῶν πόλεως (AE 1972,628) gesetzte Ehreninschrift, die eine voll ausgebildete und mit entsprechenden Institutionen versehene Polisverfassung zeigt, s.u.S.106.

men legen diese Lesung des Ethnikons zwingend nahe,[409] für das im übrigen auch ohne Kenntnis der Personennamen kaum eine andere Lesung in Frage käme.

Ebenfalls in Ostpamphylien, an der Küste, ist die von Ps.Skylax aufgeführte πόλις Κίβυρα zu suchen, wahrscheinlich am Kap Kara Burun.[410] Möglicherweise fungierte Kibyra Minor als Hafen[411] für den im nahen Hinterland (bei Güney Kalesi), nicht weit entfernt von Kasai gelegenen Ort Karallia, dessen Existenz für diese frühe Zeit somit ebenfalls anzunehmen wäre.[412]

Ferner ist vielleicht auch in dem bei Korakesion gelegenen, in römischer Zeit Laertes benannten Ort mit hellenistischer Besiedlung zu rechnen. Dort belegte eine bereits behandelte phönikische Inschrift[413] frühe Niederlassung und Bewirtschaftung, andererseits datiert eine Ehrung für den Kaiser Claudius aus der ersten Hälfte des 1. Jhs. n. Chr.[414] Für die Zwischenzeit darf man daher vielleicht von einer (aus archäologischer Sicht bislang nicht zu beurteilenden) Siedlungskontinuität ausgehen, zumal der hier gewiß den um 100 v. Chr. lebenden Artemidoros ausschreibende Strabon ebenfalls Laertes kennt.[415]

Schließlich verzeichnet Strabon noch den kleinen, mit einem Hafen für die Holzausfuhr versehenen, ebenfalls bei Korakesion gelegenen Ort Hamaxia (heute Sinekkalesi):

εἶθ 'Αμαξία, ἐπὶ βουνοῦ κατοικία τις ὕφορμον ἔχουσα, ὅπου κατάγεται ἡ ναυπηγήσιμος ὕλη.[416] Neben diesem Vermerk bei Strabon und der ebendort erwähnten Information, daß wegen des für den Flottenbau nützlichen Holzreichtums diese Region von dem Triumvirn Antonius an Kleopatra vergeben worden sei, spricht vor allem auch ein späthellenistisches, aufwendig gestaltetes Grabrelief aus Hamaxia für frühe Existenz und Bedeutung dieses Hafenstädtchens.[417]

Es zeigt sich mithin, daß neben den großen Siedlungen auch eine recht beachtliche Zahl kleinerer Poleis (vor allem im östlichen Pamphylien) bereits in hellenistischer Zeit bestanden,[418] die zum Teil auswärtige Beziehungen sogar bis nach Ägypten unterhielten und mit ihren zentralen Orten der Region den Charakter einer immerhin doch kleinstädtisch geprägten Siedlungskultur verliehen haben mögen. Und dies um so eher, als wir noch die ptolemäischen und seleukidi-

---

409 Zur bereits von A. Wilhelm (s.o.A.405) erwogenen Lesung der Ethnika: Κασά[της] s. die weiterführenden Begründungen bei L. Robert, Noms, 423 ff.; ders., OMS V 1989, 49. Zu den Namen s. Zgusta, Personennamen, 314 § 912. 444 § 1326. Zur Bedeutung der Ethnika im ptolemäischen Ägypten im allgemeinen s. jetzt K. Goudriaan, Ethnicity in Ptolemaic Egypt, Amsterdam 1988.

410 Ps.Skyl. 101. Von Bean-Mitford (Journeys 1964-1968, 59 ff.) wurde Kibyra Minor noch bei Güney Kalesi lokalisiert - dort liegt jedoch nachweislich (aufgrund epigraphischer Neufunde) Karallia: Nollé, Pamphylische Studien 6-10, 237 ff.

411 So mit plausiblen Erwägungen Nollé, ebd. 247 f.

412 Zwar liefern die erst kaiserzeitlichen Inschriften (Nollé, ebd. 238 ff.) entsprechende Beweise nicht, aber nach meinem Eindruck (bei einem Besuch von Güney Kalesi im Sommer 1989) weisen Gebäudereste aus hellenistischer Zeit ebenfalls in diese Richtung.

413 Mosca - Russell (s.o.S.25).

414 SEG XX 69 = AE 1963,5.

415 Strab. XIV 5,3 (C 669) - gleich darauf (ebd.=C 670) zitiert er explizit Artemidoros im Zusammenhang mit Korakesion und Kelenderis.

416 Strab. XIV 5,3 (C 670); s. jetzt auch T.B. Mitford, The Cults of Roman Rough Cilicia, ANRW II 18.3, 1990, 2141 f.

417 Ch. Vorster, EA 5, 1985, 137 ff.; SEG XXXV 1413.

418 Den bereits besprochenen Poleis ist das ostpamphylische Kolybrassos noch hinzuzurechnen, wenn Bean-Mitford (Journeys 1964-1968, 49 A.83) mit ihrer Annahme einer bereits hellenistischen Siedlung recht haben; s. jetzt auch noch Mitford, Cults, 2143; zu Kolybrassos in späterer Zeit s.u.S.105.

schen Neugründungen hinzuzählen müssen, denen wir uns jedoch erst nach der nun anstehenden Betrachtung des pisidischen Siedlungswesens und der Überprüfung der communis opinio von der dort dominierenden 'tribal organization' zuwenden werden.

Die wichtigste literarische Quelle zum (spät-) hellenistischen Siedlungsbestand in Pisidien bildet ein Passus in der Geographie Strabons, in dem dieser den hellenistischen Autor Artemidoros zitiert:

Φησὶ δ' Ἀρτεμίδωρος τῶν Πισιδῶν πόλεις εἶναι Σέλγην, Σαγαλασσόν, Πετνηλισσόν, Ἄδαδα, Τυμβριάδα, Κρῆμναν, Πιτυασσόν, Ἄμβλαδα, Ἀνάβουρα, Σίνδα, Ἀαρασσόν, Ταρβασσόν, Τερμησσόν.[419] Diese Aufzählung enthält noch nicht einmal alle uns bekannten pisidischen Siedlungen dieser Zeit, aber im folgenden sollen zunächst die von Strabon genannten Orte unter Heranziehung des weiteren verfügbaren Materials beleuchtet werden (vgl. Karte).

Die beiden in hellenistischer Zeit fraglos bedeutendsten pisidischen Poleis tauchen in Strabons Liste auf, Termessos und Selge, denen zuerst unsere Aufmerksamkeit gelten soll. Selge, mit weitläufigen Wirtschaftskontakten und einer kontinuierlichen Münzemission sehr viel stärker als Termessos auch außerhalb Pisidiens präsent,[420] brachte es laut Strabon auf 20.000 Einwohner[421] und wies bereits im 3./2. Jh. v. Chr. eine vorzügliche bauliche Ausstattung auf: Die Stadtmauer bestand bereits im 3. Jh. v. Chr.[422] mit anspruchsvoll ornamentierten Stadttoren ("qualitätsvolle Panzer- und Schildreliefs sowie bestes Quadermauerwerk mit geglätteten Oberflächen"[423]); ferner sind für diese frühe Zeit anzunehmen ein Theater sowie ein (vielleicht als Buleuterion fungierendes) Odeion.[424] Die eindeutig hellenistische (obere) Agora erinnert stark an die aspendische Anlage und das (wohl beiden gemeinsame) pergamenische Vorbild, mit Stoai, Marktgebäuden (χρηματιστήρια) und einem Gebäude, das laut kaiserzeitlicher Inschrift ein Agoranomion bildete - vielleicht schon seit hellenistischer Zeit.[425] Überragt wurde das gesamte Stadtareal von der schon Polybios bekannten, Κεσβέλιον genannten Akropolis mit dem Διὸς ἱερόν.[426] Angesichts des hohen urbanistischen Niveaus mit zahlreichen Funktionsbauten, die natürlich entsprechende Institutionen (Bule, Magistrate) voraussetzen, klingt die Auffassung von D. Magie, Selge sei noch im 2. Jh. v. Chr. keine "Greek community" gewesen,[427] abwegig - Selge erfüllte zu dieser Zeit zweifellos alle an eine hellenistische Stadt (und Polis) zu stellenden Ansprüche.

Ähnliches gilt gewiß ebenfalls für Termessos, dessen Prosperität und Einfluß sogar im 3./2.

---

419 Strab. XII 7,2 (C 570); vgl. zu dem Passus auch Nollé - Schindler, IvSelge, 23 ff. (T 1).

420 Dazu s.u.S.80 ff.

421 Strab. XII 7,3 (C 570) - es ist natürlich wieder die gesamte Polis, nicht nur das Siedlungszentrum gemeint. Bestätigt wird die Angabe indirekt durch Polybios (V 73,16), nach dessen Auskunft 10.000 Selgier im Kampf gegen Garsyeris fielen.

422 Polyb. V 76,7.

423 Machatschek-Schwarz, 40.

424 Ebd. 47 ff. Die neu edierte Bauinschrift (IvSelge Nr. 17) sichert das hellenistische Datum des Odeions (gegen Machatschek - Schwarz) allerdings nicht, s. Nollé - Schindler, 92 f. mit A.23 f. Es bleibt also als Anhaltspunkt nur der von Machatschek - Schwarz konstatierte Baubefund, den Nollé - Schindler (ebd.) freilich ebenfalls kritisieren.

425 Ebd. 53 ff. Zum hellenistischen Agoranomenamt in Perge s.o.S.48.

426 Polyb. V 76,2 f. Die bislang gängige Lesung 'Kesbedion' muß aufgrund von IvSelge Nr. 15 Z.15 korrigiert werden.

Jh. v. Chr. zur Gründung einer Kolonie (des kleinen Termessos: Τερμησσὸς ἡ μικρά) im lykischen Oinoanda führte.[428] Die bereits im frühen 3. Jh. v. Chr. deutlich erkennbaren griechischen Vorbilder (für Institutionen und Verwaltung der Polis[429]) spiegeln sich auch in der terrassenartig angelegten und pergamenischen Einfluß verratenden Stadtanlage wider:[430] Neben zahlreichen Wohnbauten[431] und den bereits erwähnten Befestigungsmauern[432] sowie einem inschriftlich belegten Kastell[433] gab es Kultbauten (TAM III 1), Brunnenanlagen zur Sicherung der Wasserversorgung,[434] ein Buleuterion[435] und vor allem die Agora, mit der laut epigraphischem Beleg (TAM III 9) von Attalos II. gestifteten Stoa. Daß mit den Stoai nicht nur das Stadtbild aufgewertet, sondern auch die städtischen Finanzen vermehrt werden sollten, lehren Inschriften wie IvDidyma 479, laut welcher der wohltätige Herrscher Eumenes den Bau einer Stoa ankündigt, ἀφ' ἧς ἔσονται καθ' ἔτος πρόσοδοι, ἅς οἴεται δεῖν δαπανᾶσθαι εἰς τὰ κατασκευαζόμενα ἐν τῶι ἱερῶι τῶι ἐν Διδύμοις, τὰ δὲ ἀπὸ τούτων συντελούμενα γίνεσθαι αὐτοῦ ἀναθήματα ...[436] Eine Inschrift aus Pergamon bezeugt explizit die aus Stoai fließenden Gewinne,[437] die vor allem in den Einnahmen aus der Vermietung von Geschäftsräumen in der Stoa bestanden; ähnliche Einkünfte wird man auch für die termessische Stoa postulieren dürfen.

Am pergamenischen Muster orientierte sich auch die Stadtanlage der von Strabon genannten Polis Sagalassos.[438] Die bislang nur durch wenige kurze Surveys und jüngst (unter der Leitung von Marc Waelkens) begonnene Grabungen erforschte Siedlung gehört zu den imposantesten in ganz Pisidien und zeigt selbst bei flüchtiger Betrachtung wesentliche Elemente einer hellenistischen Stadt: große, mit Türmen bewehrte Festungsmauern,[439] eine typisch kleinasiatisch-hellenistische (obere) Agora, ein (laut S. Mitchell und M. Waelkens dem Bau von Priene nachempfundenes) Buleuterion,[440] einen großen dorischen Tempel aus dem 2. Jh. v. Chr.[441] sowie ein (vorläufig so benanntes) 'Heroon' mit Resten vorzüglich gestalteter Friese.[442]

---

427 Magie, RRAM, 768 A.66.

428 J.J. Coulton, Termessians at Oinoanda, AS 32, 1982, 115 ff. Wörrle, Stadt und Fest, 45 ff.

429 Belegt sind durch eine Inschrift aus den Jahren 281/80 v. Chr. die Volksversammlung (Z.2 f.: ἐκκ[λησία] κύρια) sowie die möglicherweise probuleutische Funktionen ausübenden δικασταί (Z.3): L. Robert, Documents 1966, 53 ff. Auch die im 2. Jh. v. Chr. abgeschlossene Symmachie (TAM III 2) zwischen Termessos und Adada zum gegenseitigen Schutz der jeweils bestehenden demokratischen Verfassung (Z.15: δημοκρατείαν ἐν ἑκατέραις τῶν πόλεων) paßt in dieses Bild. Zum Vertrag s. A. Wilhelm, Neue Beiträge II (1912), 3-26; Magie, RRAM, 264.

430 So Kolb, Stadt, 128.

431 Zu erschließen aus Diod. XVIII 47,2.

432 Arr.Anab. I 27,6 f.; vgl. Bean, Kleinasien, 126, u.o.S.37.

433 TAM III 1 (2. Jh. v. Chr.): περιπόλιον.

434 Heberdey, Termessos, 741 f.

435 Lauter, Architektur, 165.

436 Vgl. dazu W. Ameling, "...et dona ferentes." Königliche Stiftungen an griechische Städte und Heiligtümer im Zeitalter des Hellenismus, in: Quaderni Catanesi di Studi Classici e Medievali 9, Nr. 17, 1987, 35.

437 IvPergamon Nr. 40, dazu Ameling, ebd. 35 f.

438 Kolb, Stadt, 128; S. Mitchell - M. Waelkens, Sagalassus and Cremna 1986, AS 37, 1987, 42 f.; vgl. ferner Mitchell, AR 1989/90, 121 f.

439 S. Mitchell - M. Waelkens, Sagalassus and Cremna 1987, AS 38, 1988, 60 ff.; Greenhalgh, 476.

440 Mitchell - Waelkens 1987, 40.

441 Ebd. 42 f.

442 R. Fleischer, Ein hellenistischer Fries aus Sagalassos in Pisidien, ÖJh 50, 1972/75, 117 ff.; ders., Forschungen in Sagalassos, IstMitt 29, 1979, 273-307; ders., AW 12, 1981, 3-16.

Über die weiteren von Strabon in dem oben zitierten Abschnitt aufgeführten Poleis lassen sich bislang nur wenige Angaben für die vorrömische Zeit machen: Die Lokalisierung des auch in anderen literarischen Quellen belegten Ortes Pednelissos ist bislang nicht gelungen. Sollte ein im frühen 20. Jh. geäußerter Vorschlag (bei Kozan, westlich von Selge) das Richtige treffen, so deuteten ein großes hellenistisches Heroon sowie Befestigungsmauern an, daß Pednelissos keine unbedeutende Siedlung war.[443] Adada, das laut dem bereits genannten Symmachievertrag mit Termessos im 2. Jh. v. Chr. eine δημοκρατεία benannte Verfassung besaß und Söldner in ptolemäischem Dienste stellte,[444] zeigt erst in den nachristlichen Jahrhunderten einen reichen Baubestand.[445] Letzteres galt bislang auch für Ariassos, aber neuere Forschungen haben dieses Bild korrigiert.[446] Es erweist sich jetzt, daß Ariassos, aufgrund einer neuen Inschrift schon für 191/185 v. Chr. belegt,[447] bereits in hellenistischer Zeit ein gut entwickeltes Siedlungszentrum besaß, mit Agora, Buleuterion und Prytaneion (?).[448] Isinda (mit dem das strabonische Sinda identisch sein könnte) prägte immerhin schon im 2. Jh. v. Chr. Münzen[449] und bildete nach Auskunft des Polybios eine Polis mit einem befestigten Siedlungszentrum.[450] Anabura und Timbriada bieten erst für die römische Zeit eine recht umfangreiche und aussagefähige epigraphische Dokumentation,[451] Pityassos und Tarbassos sind nicht lokalisiert.[452]

Schließlich bleiben noch zwei der von Strabon verzeichneten Orte, Amblada und Kremna. Die Existenz von Amblada wird bestätigt durch den Brief Attalos' (des späteren Attalos II.) an *polis* und *geraioi* von Amblada, in welchem diesem Gemeinwesen die aufgrund seiner Illoyalität im Galaterkrieg verhängten Bußgelder zum Teil erlassen werden.[453] Während die wenigen heute noch sichtbaren Siedlungsreste keinen Aufschluß über den Baubestand dieser "semi-Greek city"[454] in hellenistischer Zeit geben, dürfte Kremna, in römischer Zeit Kolonie mit reicher architektonischer Ausstattung, zumindest in späthellenistischer Zeit bereits eine recht gut entwikkelte Siedlung gebildet haben.[455]

Schon diese knappe Skizze zu den von Artemidoros-Strabon unter dem Titel πόλεις τῶν Πισιδῶν zusammengefaßten Siedlungen und ihrer Hinterlassenschaft erweckt nicht gerade den

---

443 Polyb. V 72 f., Strab. XIV 4,2 (C 667). G. Moretti, ASAA III, 1916/20, 73 ff.; v. Aulock, Münzen und Städte I 45 ff.; Greenhalgh, 469 f. Die dort gefundenen Inschriften (SEG II 710-734) stammen sämtlich erst aus römischer Zeit. Zur Lokalisierung s. jetzt auch noch Nollé - Schindler, 33 f. A.3.

444 Zum Bündnis s.o.S.52 A.429, zu den Söldnern u.S.87 f.

445 Wenige noch sichtbare Reste aus hellenistischer Zeit in Adada verzeichnet Greenhalgh, 429 f.

446 Mitchell - Owens - Waelkens, 61 ff.

447 Ebd. 65.; Mitchell, AR 1989/90, 124.

448 Ebd. 65 f.

449 v. Aulock, Münzen und Städte I, 16.

450 Polyb. XXI 35. Der inzwischen verstorbene A.S. Hall (Milyadeis, 144 mit A.18 f.) hatte einen eigenen sowie einen weiteren Beitrag von D.H. French angekündigt, in denen gegen die bisherige Lokalisierung von Isinda (bei Korkuteli) und gegen die Gleichsetzung von Sinda und Isinda argumentiert werde. Da beide Aufsätze bislang nicht erschienen sind, halte ich einstweilen an den traditionellen Positionen fest.

451 MAMA VIII Nr. 370 ff. SEG XXXII 1291-1301.XXXV 1409 f. S.u.S.113 f.; zum hellenistischen Anabura: Belke - Mersich, 182 f.

452 Pityassos ist möglicherweise Verschreibung statt des durch kaiserzeitliche Münzen belegten Tityassos (v. Aulock, Münzen und Städte II, 50 f.), Tarbassos "possibly a scribal error after citing Ariassos" (Greenhalgh, 483 f.).

453 Welles, RC Nr. 54: vgl. nur M. Holleaux, Etudes d'épigraphie et d'histoire grecque II (ND v. 1918), Paris 1968, 149 ff.

454 So Welles, RC 239 wegen des offensichtlichen Fehlens von *bule* und *demos* im Formular des Briefes.

455 Mitchell - Waelkens 1987, 44: Gesichert ist eine große hellenistische Agora mit doppelter Säulenporticus.

Eindruck, als sei der Großteil Pisidiens unberührt geblieben von den zeitgenössischen Tendenzen der hellenistischen Siedlungskultur. Eine genaue Lektüre seines Textes kann sogar Strabon selbst zum Gewährsmann dieser Einschätzung machen, mithin einen Autor, der gewiß nicht im Verdacht steht, an mangelnder Sensibilität für die Unterschiede zwischen Polis- und Stammeskultur zu leiden. Im Anschluß an den bislang erörterten Passus heißt es nämlich bei Strabon:

Τῶν δ' οὖν ὀρεινῶν, οὓς εἶπον, Πισιδῶν οἱ μὲν ἄλλοι κατὰ τυραννίδας μεμερισμένοι, καθάπερ οἱ Κίλικες, ληστρικῶς ἤσκηνται.[456] Für Strabon besteht demnach ein ersichtlicher Unterschied zwischen dem einen, in Poleis lebenden Teil der Pisider und der anderen, in Stammesverbänden organisierten und von Kleintyrannen beherrschten Gruppe. Daß die meisten Pisider (auch nach Strabon) der ersten Kategorie zuzurechnen sind, lehrt schon die hohe Zahl der von Strabon vermerkten, bisweilen recht großen Siedlungen.[457] Bestätigt wird dies aber vor allem durch die keineswegs geringe Zahl der nicht von Strabon berücksichtigten Orte, die nachweislich im hellenistischen Pisidien existierten:

An erster Stelle ist Etenna zu nennen, die neben Selge einzige Polis, die schon im 4./3. Jh. v. Chr. Münzen prägt. Die oberhalb des heutigen Sırtköy gelegene, terrassenförmig am Hang erbaute Stadtanlage bietet ein stets übersehenes, aber neben Sagalassos und Termessos unbedingt zu nennendes Beispiel dieser offenbar genuin kleinasiatischen Siedlungskonzeption.[458] Neben dem heute noch sichtbaren, imposanten hellenistischen Mauerwerk[459] indiziert auch die Höhe des von Etenna gestellten Polisaufgebotes die Bedeutung des Ortes, denn Etenna sandte nach Auskunft des Polybios dem Feldherrn Garsyeris im Jahre 218 v. Chr. 8.000 Hopliten, doppelt so viele wie Aspendos.[460]

Polybios und daneben Diodor kennen eine Κρητῶν πόλις (Kretopolis) genannte, bislang jedoch nicht exakt lokalisierte Siedlung; möglicherweise lag sie bei Kaynar Kalesi, am Kestel-See.[461] Schließlich verdanken wir Polybios noch die Kenntnis von der bereits hellenistischen Existenz der erst in römischer Zeit etwas besser bekannten Poleis Lysinia und Kormasa:[462] Beide Orte unterwarf Cn. Manlius Vulso auf seinem Zug durch Kleinasien, in Kormasa soll er sogar reiche Beute gemacht haben.[463]

Selbst die im südwestlichen Pisidien gelegene Milyas,[464] in den Augen von S. Jameson ein

---

456 Strab. XII 7,3 (C 570).

457 Denen kann jetzt auch noch das von Strabo (XII 6,4 = C 569) erwähnte Sandalion zugerechnet werden: Es ist jüngst von N. Mersich lokalisiert worden (Einige Festungen im pisidisch-pamphylischen Grenzgebiet, JOeByz 36, 1986, 192 ff.), in der Ruinenstätte befinden sich diverse Gebäude mit hellenistischem Quadermauerwerk.

458 Zu diesem Stadttypus s. Kolb, Stadt, 126 ff.

459 S. auch Nollé, Etenna, 143.

460 Polyb. V 73,3.

461 Polyb. V 72,5. Diod. XVIII 44,2. 47,4. Lokalisierungsvorschlag: Greenhalgh, 452. Die versuchte Gleichsetzung von Keraitai und Kretopolis (s. Hall, Milyadeis, 145 mit A.25) überzeugt nicht, da, außer vordergründigen phonetischen Ähnlichkeiten, keinerlei entsprechende Indizien vorliegen. Zu Keraitai in römischer Zeit s.u.S.117 A.1022.

462 Kormasa wurde bisher stets bei Eğnes lokalisiert. Nach dem Vorbericht von A.S. Hall (AS 36, 1986, 10) muß aufgrund neuer (noch unpublizierter) Inschriftenfunde dort aber Hadriani gelegen haben, Kormasa dagegen bei Boğazı bzw. Gavur Ören (s. auch Hall, Milyadeis, 141 f. A.5). Hall's (leider noch nicht überprüfbaren) Ergebnissen trage ich Rechnung und lege in dieser Arbeit seine Lokalisierungsvorschläge zugrunde. S. jetzt auch Mitchell, AR 1989/90, 126.

463 Polyb. XXI 36,1 f.; zum Zug des Vulso s.o.S.42 f.

464 Zu der nicht eindeutig einzugrenzenden Landschaft s. den gründlichen Überblick von Hall, Milyadeis, 142 ff., der die im Laufe der Jahrhunderte variierende Vorstellung von Umfang und Ausdehnung der Milyas breit do-

reines Stammesgebiet,[465] zeigt zumindest deutliche Ansätze zu einer in zentralen Orten organisierten Zivilisation. Daß Cicero noch im 1. Jh. v. Chr. vom "commune Milyadum" zu berichten weiß, steht dazu nicht im Widerspruch, denn die Struktur von Koina läßt sich durchaus mit der Existenz selbständig agierender und städtisch geprägter Siedlungen vereinbaren, wie etwa das lykische Koinon beweist.[466] So bestanden bereits in hellenistischer Zeit auf dem Gebiet der Milyas von Institutionen wie *bule* und *demos* geprägte Poleis mit zentralen Siedlungen, über deren bauliche Ausstattung zu dieser Zeit sich freilich so gut wie nichts sagen läßt. Zu nennen wären hier die von einem pergamenischen Königsbrief betroffene Polis Olbasa,[467] Sibidunda[468] sowie die kleine Polis Pogla, von deren Institutionen (Volksversammlung, Magistraturen) die Beschlußformel der ansonsten sehr fragmentarisch erhaltenen Inschrift SEG XIX 834 (Z.25 ff.) Zeugnis ablegt:

δεδόχθαι τῆ[ι πόλει κ]αὶ τοῖς ἄρ-

χουσιν ἀναστῆσαι αὐτῶι στήλη[ν]

[ἐ]ν τῶι ἐπιφανεστάτωι τόπωι καὶ

[ἀναγ]ράψαι τόδε τὸ ψή[φ]ισμα, ὅτι ὁ

[δῆμος] ὁ Πογλέων ἐτείμησεν κτλ.

Schließlich gilt es noch darauf hinzuweisen, daß auch Misthia sowie die am Eğridir-See gelegene, noch einige hellenistische Siedlungsreste aufweisende Polis Prostanna bereits im 2. Jh. v. Chr. inschriftlich dokumentiert sind,[469] und die recht umfängliche Ruinenstätte bei Melli zeigt ebenfalls bereits hellenistische Besiedlung.[470]

Um es noch einmal deutlich zu machen: Keinesfalls berechtigt der Nachweis diverser pisidischer Poleis zu der Annahme einer entsprechenden Zahl von Städten im siedlungsgeographischen Sinne, aber die Zusammenstellung des verfügbaren Materials dürfte gezeigt haben, daß der in der Forschung stets betonte Gegensatz zwischen dem stärker urbanisierten Pamphylien und dem in dieser Hinsicht rückständigen Pisidien eine Chimäre ist: Hier wie dort entwickelten sich einige wenige, tatsächlich als Städte anzusprechende Großsiedlungen mit anspruchsvoller urbanistischer Ausstattung, wobei die heutzutage immer wieder hervorgehobene Küstennähe offenbar keine Rolle spielte und jedenfalls keine 'Wettbewerbsvorteile' verschaffte, wie die Beispiele Selge, Termessos und Sagalassos belegen. Selbstverständlich diktierten die ungleichen naturgeographischen Bedingungen unterschiedliche (noch zu erörternde) Wirtschafts- und Erwerbsformen - Sagalassos hat natürlich nicht vom Seehandel gelebt -, aber dies hat die Entwicklungschancen auch der im hohen Taurus gelegenen Städte offenbar nicht gemindert. Neben den wenigen bedeutenden Städten entstand in Pamphylien wie in Pisidien eine (im letztgenann-

---

kumentiert.

465 Jameson, Lycia and Pamphylia, 284; vgl. ähnlich Greenhalgh, 67 ff. 90 ff.

466 Cic. Verr. II 1,45; zur Frage der Ethne s.u.S.72 ff.

467 Zu dem noch unpublizierten Königsbrief s.o.S.43; in Olbasa sind noch hellenistische Befestigungsmauern auf der Akropolis zu sehen, s. auch Greenhalgh, 464 f.

468 SEG XIX 855.

469 Misthia: Swoboda - Keil - Knoll Nr. 74 I: Attalos trifft mit den Gesandten von Amblada (s.o.S.53) ἐμ Μισθίαι (Z.6) zusammen. Prostanna: Ehrung von seiten des δῆμος ὁ Προστανvέων für M. Antonius auf Delos (113 v. Chr.): F. Durbach, Choix d'inscriptions de Délos, Paris 1921, Nr. 123; vgl. auch L. Robert, Hellenica XIII, 1965, 83 A.1.

470 Bean, Notes II, 76 f.

ten Gebiet sogar besonders hohe) Zahl kleinerer Poleis, die bisweilen über mehr oder weniger gut ausgestattete, meist mit Befestigungen versehene Zentralsiedlungen verfügten, teilweise Münzen prägten und auswärtige Kontakte unterhielten. Auch hinsichtlich des durch diese kleineren Orte repräsentierten Siedlungsniveaus bestehen augenscheinlich keine signifikanten Differenzen zwischen Pamphylien und Pisidien, und von einem Hellenisierungsgefälle von Pamphylien nach Pisidien kann gewiß keine Rede sein. Es bleibt zu fragen, ob sich die Kolonisationspolitik der hellenistischen Herrscher möglicherweise einseitig auf die eine oder andere Region konzentrierte und auf diesem Wege ein Ungleichgewicht hervorrief.

Beginnen wir mit Pamphylien. Die Ptolemäer gründeten die nur aus einer Bemerkung Strabons bekannte, wahrscheinlich am Kap von Fiğla zu suchende kleine Polis Ptolemais.[471]

Ebenfalls aus ptolemäischer Zeit stammt das in zwei Inschriften (aus Alexandria sowie aus Zypern) bezeugte Ἀρσινόη ἡ ἐπὶ Παμφυλίας.[472] Dieses Arsinoe muß identisch sein mit dem bei Strabon vermerkten, gleichnamigen Ort: Μετὰ δὲ τὸ Κορακήσιον Ἀρσινόη πόλις.[473] Die historische Einschätzung dieser ptolemäischen Siedlung wird erschwert durch die Tatsache, daß weitere nach dem ptolemäischen Königinnennamen Arsinoe benannte Orte an der südkleinasiatischen Küste in dieser Zeit existierten, die nicht so ohne weiteres auseinanderzuhalten sind: zum einen das ebenfalls durch Strabon verbürgte kilikische Arsinoe, dessen Gründungsurkunde neuerdings entdeckt wurde,[474] zum anderen das lykische Arsinoe, welches laut Strabon identisch ist mit dem zur Zeit der ptolemäischen Herrschaft umbenannten Hafenort Patara.[475] Zusätzliche Komplikationen bei dem Versuch einer Lokalisierung und Bewertung des pamphylischen Arsinoe bereitet ein in das Jahr 257 v. Chr. gehörender Brief aus dem Zenon-Archiv, in welchem über eine Schiffsreise von Alexandria nach (einem nicht näher bezeichneten) Arsinoe berichtet wird, die aufgrund eines Sturmes über Patara (das also noch nicht umbenannt worden war) erfolgte.[476] Bei dem angestrebten und nur über den Umweg schließlich auch erreichten Arsinoe dürfte es sich um den pamphylischen Ort gehandelt haben, zumal Handelskontakte zwischen dem ostpamphylischen Korakesion und Zenon bezeugt sind.[477] Die (hier kurz skizzierte) Überlieferungssituation bietet zwei Möglichkeiten zur Bestimmung des laut dem Papyrus in Pamphylien gelegenen Arsinoe: Entweder ist dieses identisch mit Korakesion, das demnach (analog zum lykischen Patara) für einige Zeit umbenannt worden wäre,[478] oder es lag (gemäß

---

471 Strab. XIV 4,2 (C 667): εἶτα Πτολεμαὶς πόλις; vgl. dazu Bagnall, Administration, 113; Nollé, Pamphylische Studien 6-10, 246.

472 Alexandria: E. Breccia, Iscr. greche lat. Alex. Nr. 191 = L. Robert, Etudes épigraphiques et philologiques, Paris 1938, 255. Zypern: AJA 65, 1965, 134 Nr. 35 = ProsPtol VI 15110 = I. Michaelidou-Nicolaou, Prosopography of Ptolemaic Cyprus, 1976, 67 f. (Θ 11); vgl. Magie, RRAM, 1142 A.21; Nollé, Pamphylische Studien 1-5, 210; I. Opelt - E. Kirsten, Eine Urkunde der Gründung von Arsinoe in Kilikien, ZPE 77, 1989, bes. 61 f.

473 Strab. XIV 5,3 (C 669).

474 Strab. XIV 5,3 (C 670): τούτου δ' ἐστὶ Νάγιδος πρώτη μετὰ τὸ Ἀνεμούριον πόλις. εἶτ' Ἀρσινόη πρόσορμον ἔχουσα. Urkunde: Opelt-Kirsten, 55 ff.

475 Strab. XIV 3,6 (C 666). Sogar noch ein auf 170 v. Chr. (also in die Zeit nach der ptolemäischen Herrschaft im südlichen Kleinasien) datierter Papyrus (P.Ryl. 583) bezeugt die Wendung Ἀρσινόη ἀπὸ Λυκίας. Zur Umbenennung von Patara: Wörrle, Epigraphische Forschungen III, 105 f.

476 P.Cair.Zen. 59052 = P.Mich.Zen. 10.

477 Nachweise u.S.81 f.

478 So Robert, Etudes épigraphiques, 255 f.; ders. u. J. Robert, Fouilles d'Amyzon en Carie I, Paris 1983, 157 A.8; Bagnall, Administration, 113 f.; Nollé, Pamphylische Studien 1-5, 210. Die apodiktische Ablehnung dieser These durch I. Opelt (Opelt-Kirsten, 61 A.9: Die Gleichsetzung sei "sicher irrig"; im übrigen datiert sie den Zenon-Papyrus falsch ins Jahr 253 v. Chr.) erscheint etwas vorschnell, zumal diese Auffassung sich keineswegs

Strabon) wenig östlich von Korakesion, wo allerdings erkennbare Siedlungsreste fehlen.

Läßt sich auch keine überzeugende Lösung dieses Problems finden, so dürfte immerhin klar geworden sein, daß das Siedlungsbild Pamphyliens jedenfalls nicht merklich durch die Ptolemäer modifiziert worden ist; sowohl Ptolemais als auch Arsinoe dürften primär als Häfen für die Erfüllung der ptolemäischen Flotten- und Handelsinteressen gedient und nach dem Ende der ptolemäischen Herrschaft keine nennenswerte Rolle mehr gespielt haben.[479]

Von nachhaltiger Wirkung erwies sich dagegen die schon angesprochene pergamenische Gründung Attaleia durch Attalos II. Philadelphos (wohl bald nach 159 v. Chr.), durch welche die Attaliden einen eigenen Meereshafen erhielten.[480] Von der Gestalt der hellenistischen Stadt ist (vor allem wegen der modernen Überbauung) nichts bekannt, aber die erhebliche Bedeutung der Stadt in römischer Zeit, über die eine reiche epigraphische Überlieferung Auskunft gibt, legt die Vermutung nahe, daß Attaleia sehr schnell ein bedeutender Hafenort und ein blühendes Gemeinwesen wurde.

Schließlich hat sich auch die kurzfristige seleukidische Herrschaft in Pamphylien in einer Neugründung niedergeschlagen, die einzig von dem Stadiasmos Maris Magni (216) bezeugt wird: 'Ἀπὸ Σίδης εἰς Σελευκείαν στάδιοι π'. Der Name Seleukeia berechtigt zu der Annahme einer seleukidischen Neugründung in Pamphylien.

Ungeklärt ist allerdings die Lokalisierung dieses Ortes, und selbst die neuesten einschlägigen Arbeiten gehen auf die mit dem pamphylischen Seleukeia verbundenen Probleme nicht ein.[481] Dabei plädierte G.E. Bean schon vor vielen Jahren für eine Lokalisierung Seleukeias bei Şihlar, nördlich von Side, wo sich eine große, heute noch bemerkenswert gut erhaltene, mit einer aufwendig gestalteten Agora samt großer Markthalle sowie einem Odeion und weiteren großen Gebäuden versehene Ruinenstätte befindet, deren Überreste freilich sämtlich der Kaiserzeit und der Spätantike angehören.[482] Immerhin kann sich Bean bei seinem Vorschlag auf eine dort von ihm gefundene kaiserzeitliche Inschrift stützen:[483]

Κῃς Μηνοδ[ώρου καὶ]

Δημήτριος [τοῦ δεῖνος]

κα[ὶ 'Α]ρτεμίδ[ωρος...]

λο[υ] Κλαυδ[ιοσελευ]-

"nur auf den Eindruck der beherrschenden Lage" von Korakesion (Opelt-Kirsten, 62 A.11), sondern eben auf die bemerkenswerte Analogie Patara-Arsinoe stützt.

479 Zu den maritimen ptolemäischen Interessen s. H. Braunert, Das Mittelmeer in Politik und Wirtschaft der hellenistischen Zeit (ND v. 1967), in: ders., Politik, Recht und Gesellschaft in der griechisch-römischen Antike. Gesammelte Aufsätze und Reden, Stuttgart 1980, 142 f.

480 Strab. XIV 4,1 (C 667); vgl. Rostovtzeff, SEHHW, 511; Magie, RRAM, 261. 280. 775 A.79; Hopp, 103 f.

481 Vor allem von G.M. Cohen, The Seleucid Colonies (Historia Einzelschr. 30), Wiesbaden 1978, hätte diese Frage erörtert werden müssen, doch findet sich in dem nicht nur in diesem Punkt völlig unzulänglichen Buch kein Wort über Seleukeia in Pamphylien, das gleichwohl in die Karte am Ende des Buches eingetragen ist (nördlich von Side). Auch B. Levick (Roman Colonies in Southern Asia Minor, Oxford 1967, 17 f.) erwähnt in ihrem Überblick der seleukidischen Kolonien diesen Ort nicht, verzeichnet ihn aber ebenfalls in ihrer Karte. Bei Rostovtzeff (SEHHW, 368 ff.: Seleukidische Kolonien), Bikermann (Institutions, 157 ff. "Fondations de villes") und selbst noch bei Orth (138 ff: Städtegründungen) fehlt ebenfalls jegliche Erwähnung Seleukeias.

482 Bean, Kleinasien, 106 f.

483 Bean - Mitford, Journeys 1962-1963, 6 Nr. 1.

κεῖς ἐπο[ίησαν]

τὸ ἔρ[γον].

In den Augen von Bean sichert die Lesung Κλαυδ[ιοσελευ]κεῖς die Identifizierung der Siedlung von Şihlar als Seleukeia, zumal auch für das (noch zu besprechende) pisidische Seleukeia Sidera in der Kaiserzeit die Bezeichnung 'Claudioseleuceia' Verwendung fand, analog zu Clauderbe, Claudiconium etc.[484] Schließlich stamme auch das (oben behandelte) ψήφισμα Σελευκέων zu Ehren des pergäischen Arztes Asklepiades "without doubt" aus "our Pamphylian city."[485]

Der Interpretation Beans hat L. Robert entschieden widersprochen:[486] Zwar geht auch er von der Existenz eines pamphylischen Seleukeia aus und akzeptiert ebenfalls die von Bean erwogene Lesung Κλαυδιοσελευκεῖς, aber er bezieht letztere auf die gleichnamige pisidische Siedlung,[487] ebenso wie einen in Sagalassos belegten Κλαυδιοσελευκεύς.[488] Schließlich glaubt Robert, nicht das pamphylische Seleukeia, sondern das kilikische Seleukeia (am Kalykadnos) sei für das Psephisma zu Ehren des pergäischen Arztes verantwortlich, kann für seine Auffassung aber keine durchschlagenden Beweise anführen.[489]

Ohne Neufunde wird keine überzeugend begründete Entscheidung zu treffen sein. Eine hellenistische, vor kurzem publizierte griechisch-sidetische Bilingue aus Şihlar lautet im Griechischen: Εὐέμπολος Σίδιδος Τεμεριζεὺς ἀνέθηκεν.[490] Viel ist für unsere Frage damit nicht gewonnen, aber immerhin spricht dieses Zeugnis aus hellenistischer Zeit möglicherweise für die bereits vorkaiserzeitliche Existenz der Anlage von Şihlar. Jedenfalls berechtigt bislang nichts dazu, in der Ruinenstätte eine "Gemeinde auf dem Stadtterritorium von Side" zu sehen.[491] Überdies könnte eine auch L. Robert bekannte und von ihm ins 2. Jh. v. Chr. datierte Inschrift aus dem lykischen Telmessos einen vagen Anhaltspunkt zugunsten von Beans Annahme liefern, da eine Σιδῆτις und ein Σελευκεύς gemeinsam darauf verzeichnet sind:

Πάτρα Τιμοκλέους

Σιδῆτις

---

484 Ebd. 6.

485 Ebd. 6 A.8 mit Bezug auf IvPerge Nr. 5 (s.o.S.42 f.). Auch A. Wilhelm, Neue Beiträge IV, 56, bezog den erwähnten Beschluß auf das pamphylische Seleukeia, s. auch Heberdey - Wilhelm, 134.

486 Robert, Documents 1966, 60 ff.

487 W.R. Ramsay, JRS 14, 1924, 197 Nr. 26: Κλαυδιοσελευκέων ὁμόνοια. Auf kaiserzeitlichen Prägungen des pisidischen Seleukeia taucht ausschließlich die Legende 'Klaudioseleukeia' auf: v. Aulock, Münzen und Städte II, 43.

488 Lanckoroński II Nr. 194.

489 Robert, Etudes épigraphiques, 43 A.3.

490 SEG XXXIII 1163; G. Neumann, Kadmos 23, 1984, 189 Nr. 1. C. Brixhe - G. Neumann, Die griechisch-sidetische Bilingue von Seleukeia, Kadmos 27, 1988, 35 ff. (mit Korrektur des in SEG XXXIII 1163 genannten Ethnikons).

491 So freilich J. Nollé, Die "Charaktere" im 3. Epidemienbuch des Hippokrates und Memnon von Side, EA 2, 1983, 94. An anderer Stelle kritisiert Nollé (Etenna, 152), daß Bean die Stätte bei Şihlar "ohne überzeugende Gründe mit Seleukeia identifiziert hat". Der Gegenvorschlag, daß dort vielmehr Lyrbe zu lokalisieren sei (Nollé - Schindler, 27 T 2 mit A.3), stellt bislang auch nur eine Vermutung dar, die allerdings durchaus das Richtige treffen könnte, denn der reiche spätantik-byzantinische Baubestand von Şihlar könnte dann mit der in den spätantiken Quellen faßbaren Hochschätzung von Lyrbe in Zusammenhang gebracht werden.

Σωτήριχος Ἁρπάλου

Σελευκεύς.[492]

Da die antike Siedlung von Şihlar dicht bei Side liegt und zweifellos enge Beziehungen zwischen beiden Orten bestanden, was sich auch in der erwähnten Bilingue widerspiegelt, könnte dieses Zeugnis aus Telmessos für die Identität von Şihlar und Seleukeia sprechen, zumal es, und das sei noch einmal betont, eine auf jeden Fall vom Stadiasmos ausdrücklich in die Nähe Sides plazierte pamphylische Siedlung namens Seleukeia gegeben hat.

Unabhängig davon, welcher Position in der dargelegten Debatte der Vorzug eingeräumt wird, bleibt die Einschätzung gültig, daß die Siedlungskultur Pamphyliens, von Attaleia abgesehen, durch hellenistische Neugründungen nicht grundlegend verändert oder dauerhaft beeinflußt worden ist, und es gilt nun, den Blick auf Pisidien zu richten.

Von dem im nördlichen Pisidien gelegenen Seleukeia Sidera ist bereits kurz die Rede gewesen.[493] Die wenigen Inschriften dieser Polis entstammen sämtlich der römischen Kaiserzeit, aber neben einigen (unpublizierten) Mauerresten auf der Akropolis der Siedlung berechtigt schon der Name Seleukeia zu der Annahme einer seleukidischen Kolonie,[494] zumal Appian allein von neun Neugründungen dieses Namens durch Seleukos I. zu berichten weiß.[495]

Daneben, so Appian, bezeichnete Seleukos I. sechzehn neue Kolonien nach seinem Vater Antiochos I. (Antiochia), fünf nach seiner Mutter Laodike (Laodikeia), einigen gab er jedoch andere Namen - so verwendete er in Kleinasien mehrfach den theophoren Namen Apollonia.[496] Daher liegt die auch des öfteren geäußerte Vermutung nahe, die pisidische Polis Apollonia sei ebenfalls in seleukidischer Zeit entstanden,[497] zumal auf einer kaiserzeitlichen Inschrift ein möglicherweise zu Ehren des Seleukos I.Nikator eingerichteter Kult für den θεός (oder Zeus) Νικάτωρ belegt ist:[498]

Αἴλιος Τελεσφόρ[ος ...]

ἱερεὺς Δειὸς Εὐρ[υδαμηνοῦ]·

κατὰ κέλευσιν τοῦ Δ[ειὸς]

ἐκ τῶν εἰδίων ἀναλ[ωμάτων]

ἀνέστησα τὸ ἄγαλμ[α θεοῦ?]

Νεικάτορος σὺν τῷ [βάθρῳ?]

Einige Gelehrte freilich veranschlagen die Aussagefähigkeit dieses Dokuments als gering und bezweifeln, daß die Siedlung in seleukidischer Zeit gegründet worden ist, in erster Linie C. Habicht, "da Nachrichten über die Gründung der Stadt fehlen (sie selbst bezeichnet auf ihren Münzen Alexander als Stadtgründer, der sie nicht berührt hat) und das Zeugnis (sc. MAMA IV

492 TAM II 95; Robert, Documents 1966, 61 A.2.

493 S.o.S.58; vgl. ferner L. Robert, Hellenica X, 1955, 239 ff.; v. Aulock, Münzen und Städte II, 43 ff.

494 So auch Magie, RRAM, 457, 1316 A.23; Jones, Cities, 127; Levick, Colonies, 17; v. Aulock, Münzen und Städte II, 43; Cohen, 15. Ohne jegliche Begründung äußert Orth (141 f. A.13) Vorbehalte.

495 App.Syr. 57.

496 App.Syr.57.

497 Magie, RRAM, 457 ("perhaps a Seleucid foundation"); Levick, Colonies, 17 A.6; v. Aulock, Münzen und Städte II, 20 f.; Cohen, 15 (mit leisen, freilich nicht näher ausgeführten Zweifeln); Greenhalgh, 438.

226) jedenfalls die Existenz eines städtischen Gründerkultes nicht beweist."[499] Eine derartige Einschätzung wird jedoch der etwas komplizierteren Überlieferungssituation nicht gerecht:[500] Unbestreitbar ist zunächst sowohl aufgrund zahlreicher hellenistischer Spolien in der spätantiken Stadtmauer von Apollonia (Uluborlu)[501] als auch aufgrund der von L. Robert als hellenistisch erwiesenen frühen Münzprägung des Ortes,[502] daß dort eine Polis existierte, die aus früherer Zeit nicht belegt ist. Bestätigung erfährt dieser Befund durch zwei in das 2. Jh. v. Chr. gehörende Ehreninschriften des *demos* (darunter eine für einen Euergeten).[503] Überdies spricht auch die auf sämtlichen kaiserzeitlichen Emissionen sowie diversen Inschriften der Prinzipatszeit aus Apollonia vertretene Wendung Ἀπολλωνιᾶται Λύκιοι Θρᾶκες κόλωνοι[504] für seleukidischen Ursprung: Die zusätzlich durch die Onomastik belegte Anwesenheit von Thrakern in Apollonia[505] paßt gut zu der auch in anderen seleukidischen Kolonien erfolgten Ansiedlung von Thrakern.[506]

Schließlich bildet auch der Hinweis Habichts auf die in der Münzprägung propagierte Ableitung Apollonias von Alexander d.Gr. keinen stichhaltigen Einwand gegen die in Wahrheit seleukidische Wurzel der Stadt: Die Münzen mit Alexanderporträt und der Legende ΑΛΕΞΑΝΔΡΟΣ ΚΤΙΣΤ ΑΠΟΛΛΩΝΙΑΤ bzw. ΑΛΕΞΑ ΚΤΙΣ ΑΠΟΛΛΩΝΙΑΤΩΝ sind ausnahmslos und nur für kurze Zeit unter Caracalla geprägt worden[507] und lassen sich unschwer als eine aus Gründen der Opportunität herrührende Hommage an diesen severischen Herrscher interpretieren: entweder durch Bezugnahme auf die bekannte 'Alexandromanie' Caracallas[508] oder, wenn F. Rebuffat mit seiner Datierung der 'Alexandriner' auf das Jahr 202 n. Chr. richtig liegt, als Reflex der von Caracalla in der Reichsprägung forcierten Selbstdarstellung als "Fundator" bzw. "Fundator pacis".[509] Für unsere Fragestellung spielt es keine Rolle, welche der beiden Erklärungsvarianten man favorisiert - wichtig ist allein das unabweisbare Faktum, daß die kurzfristige Alexander-Ktistes-Prägung aus aktuellen, tagespolitischen Erwägungen entstanden ist, welche die Annahme einer realiter seleukidischen Gründung Apollonias nicht widerlegen. Be-

---

498 MAMA IV 226.

499 C. Habicht, Gottmenschentum und griechische Städte, München[2] 1970, 105 f.; ähnlich skeptisch Bikermann, Institutions, 244 A.1; Orth, 141 f. A.13 (ohne Erwähnung oder gar Diskussion der Inschrift).

500 Diese wird vor allem auch bei der jüngsten Behandlung des Themas durch Orth überhaupt nicht berücksichtigt.

501 Greenhalgh, 438. Auch ich sah bei meinem Besuch in Uluborlu im Sommer 1989 zahlreiche hellenistische Architekturfragmente.

502 L. Robert, La Carie II, Paris 1954, 247.249 f. 259; v. Aulock, Münzen und Städte II, 22. Gesichert ist die Zuweisung der hellenistischen Münzen mit der Legende ΑΠΟΛΛΩΝΙΑΤΩΝ an das pisidische Apollonia durch die auf der Vs. abgebildete Büste des anatolischen Gottes Men.

503 MAMA IV 151. 158. Ferner stammt möglicherweise auch MAMA IV 136 aus dem 2. Jh. v. Chr.

504 Münzen: v. Aulock, Münzen und Städte II, 22. 52. Inschriften: e.g. MAMA IV 150 = IGR III 317.

505 Robert, Noms, 356 ff.; Hall, Milyadeis, 153 f.

506 Cohen, 9 ff. Die Ansiedlung von Lykiern könnte unter pergamenischer Herrschaft erfolgt sein (Hall, Milyadeis, 153), und den Zusatz κόλωνοι erklären J.u.L. Robert (BE 1958 n.467) und S. Mitchell (Proceed. of the Xth Int.Congr. of Class. Archaeol. 1973/78 I 311-317) übereinstimmend mit der Anwesenheit nicht eigentlich als 'Kolonisten' zu bezeichnender Römer, vergleichbar den als συμπολιτευόμενοι Ῥωμαῖοι bekannten Händlern und Kaufleuten (zustimmend Hall, Milyadeis, 154).

507 v. Aulock, Münzen und Städte II, 52 ff. Nr. 9-53; F. Rebuffat, Alexandre le Grand et Apollonia de Pisidie, RN 28, 1986, 65 ff.

508 Rebuffat, 68, mit Hinweis auf A. Johnston, Historia 32, 1983, 68 Nr. 5.

509 Rebuffat, 69; vgl. etwa RIC IV 1, 231 Nr. 129. Diese mir aufgrund der Parallelen aus der Reichsemission sehr einleuchtende Erklärung Rebuffats ließe Habichts Einwand gänzlich hinfällig werden, da die KTISTES-Rolle sich dann gar nicht auf die Gründung Apollonias bezöge.

denken wir schließlich noch, welch prominente Rolle der Apollon-Kult für Seleukos I. besaß, der seine Abstammung von Apollon propagierte,[510] so deutet alles darauf hin, daß Apollonia als seleukidische Kolonie zu gelten hat.

Den auf lange Sicht bedeutendsten Beitrag zur Urbanisierung Pisidiens leisteten die Seleukiden schließlich durch die Gründung von Antiochia, wohin unter Augustus eine römische Kolonie deduziert wurde.[511] Strabon überliefert, daß die seleukidische Siedlung mit Hilfe von Kolonisten aus Magnesia am Mäander gebildet wurde:[512] ταύτην (sc. 'Αντιόχειαν τὴν πρὸς Πισιδίᾳ καλουμένην) δ' ᾤκισαν Μάγνητες οἱ πρὸς Μαιάνδρῳ. Bestätigung erfährt diese Angabe durch Inschriften aus Magnesia (IvMagnesia Nr.79-81), auf denen Psephismata der Gemeinde, der πόλις τῶν 'Αντ[ιοχ]έων (Nr.80 Z.13) bzw. des δ[ῆμο]ς ὁ 'Αντιοχέων (Nr.81 Z.12), verzeichnet sind, womit nur das pisidische Antiochia gemeint sein kann.[513] Diese Dokumentation zeigt Antiochia um 200 v. Chr. bereits als voll ausgebildete Polis (mit *demos, bule, strategoi* und *grammateis*);[514] gar nicht beurteilen läßt sich dagegen aufgrund fehlender archäologischer Erforschung das urbanistische Niveau zu dieser Zeit.[515] Insbesondere läßt sich auch die immer wieder geäußerte Annahme nicht verifizieren, zugunsten der seleukidischen Kolonie seien Ländereien des nahegelegenen Tempels des Men Askaenos konfisziert worden[516] - aus Strabons Text ergeben sich keine diesbezüglichen Anhaltspunkte, und die sonst eher zurückhaltende Politik hellenistischer Herrscher gegenüber den 'Tempelstaaten' spricht ebenfalls nicht dafür.[517]

Schließlich gehört noch eine weitere, von L. Robert als hellenistische Neugründung erwiesene Siedlung in den vorliegenden Zusammenhang, das südöstlich von Antiochia Pisidiae in der Killanischen Ebene gelegene, vielleicht beim heutigen Sarki Karağaaç zu lokalisierende Neapolis.[518] Auf einer hellenistischen Inschrift aus Rhodos gilt Neapolis zwar als phrygisch,[519] aber

---

[510] A. Mehl, Seleukos Nikator und sein Reich. 1.Teil (Studia Hellenistica 28), Leiden 1986, 96 ff.

[511] Zur römischen Kolonie s.u.S.109 f.

[512] Strab. XII 8,14 (C 577).

[513] So auch Rostovtzeff, SEHHW, 384; Magie, RRAM, 457. 1315 f. A.21; E. Lane, Corpus Monumentorum Religions Dei Menis (CMRDM) III, Leiden 1976, 55; Levick, Colonies, 18. 72; Cohen, 5; Greenhalgh, 25. Unerfindlich ist mir, warum Orth (141 f. A.12) den seleukidischen Ursprung von Antiochia als "fragwürdig" be zeichnet; auch seine Zweifel (116 A.12) an der Kolonisierung mit Hilfe der Magneten leuchten nicht ein: Orth bezweifelt, daß Antiochos I. nach der unabweisbar erfolgten (und auch von ihm nicht in Frage gestellten) Kolonisierung von Antiochia i.d. Persis durch magnetische Siedler (IvMagnesia Nr. 61) der Stadt "zweimal derartige Bevölkerungsverminderung zugemutet hätte... Im übrigen wäre eine geographische Verwechslung bei Strabon nicht auszuschließen." Die ausdrückliche Kennzeichnung von Antiochia als das pisidische (ἡ πρὸς Πισιδίᾳ) sowie die direkt anschließende Mitteilung Strabons (XII 8,14), daß hier in späterer Zeit eine römische Kolonie eingerichtet wurde, schließen einen geographischen Irrtum aus. Und daß Antiochos die Magneten nicht ein zweites Mal hätte belasten können, ist eine nicht begründbare Vermutung - das Gegenteil scheint mir viel näher zu liegen: Was sich einmal bewährt hatte, konnte beim zweiten Mal nicht falsch sein.

[514] Vgl. Levick, Colonies, 72.

[515] K. Tuchelt, Bemerkungen zum Tempelbezirk von Antiochia ad Pisidiam, in: R.M. Boehmer - H. Hauptmann (Hgg.), Beiträge zur Altertumskunde Kleinasiens. Festschrift für K. Bittel , Mainz 1983, 502: "Baureste vorrömischer Zeit sind bisher nicht bekannt. Damit aber fehlt uns jegliche Vorstellung von der hellenistischen Stadt, und wir wissen nicht, ob und in welchem Umfang die Lage des hellenistischen Antiochia mit der Lage der römischen Colonie identisch gewesen ist." Auch die wenigen hellenistischen Inschriften (SEG VI 579.XXXV 1403.1404) bieten keine diesbezüglichen Informationen.

[516] So Rostovtzeff, SEHHW, 397; Levick, Colonies, 18; Lane, CMRDM III, 55.

[517] Strab. XII 3,31 (C 557). 8,14 (C 577); zur eher vorsichtigen Politik der hellenistischen Herrscher s. Debord, Aspects, bes. 58.69.99.151; Näheres s.u.S.69 ff.

[518] Robert, Etudes épigraphiques, 260 ff.; ders., Hellenica XIII, 1965, 93; E. Olshausen, Art. Neapolis (8), Der

da das weiter östlich gelegene Pappa (später Tiberiopolis) zweifellos Pisidien zuzurechnen ist, die 'Grenzen' im Laufe der Jahrhunderte variierten[520] und überdies der (kaiserzeitliche) Geograph Ptolemaios Neapolis unter der Rubrik Pisidien auflistet,[521] zählen auch wir Neapolis zu Pisidien.[522] Zwar besitzen wir keine Quellen zur Gründung dieser Siedlung, aber neben dem rhodischen Zeugnis belegt eine weitere Inschrift die frühe Existenz von Neapolis,[523] und das folgende, freilch nur fragmentarisch erhaltene Dokument erinnert sehr an das pisidische Apollonia:[524] [ἡ βουλὴ καὶ ὁ δῆμος Νεαπολιτῶν Λυκίων Θ]ρακῶν κολώνων τὸν ναόν. Erweist sich die Annahme einer seleukidischen Gründung Apollonias (mit der Ansiedlung von Thrakern) als haltbar,[525] so darf möglicherweise in Analogie dazu auch Neapolis als seleukidische Kolonie angesprochen werden.

Die im Vergleich zu Pamphylien bedeutend größere Zahl neuentstandener Poleis im hellenistischen Pisidien dürfte auch die letzten Zweifel gegenüber der Annahme einer vergleichsweise fortschrittlichen (Polis- und) Siedlungskultur Pisidiens, die keine Rückständigkeit gegenüber Pamphylien aufweist, ausgeräumt haben. Gerade mit Blick auf Pisidien sollte daher angesichts königlicher Stiftungen und neuer Kolonien auch nicht länger von der faktischen Wirkungslosigkeit monarchischer Herrschaft im südwestlichen Kleinasien die Rede sein.[526] Freilich zeitigte diese beileibe nicht nur positive Konsequenzen in der genannten Form, sondern sie dürfte andererseits, über die bereits angesprochenen Belastungen infolge militärischer Unternehmungen hinaus, durch die Erhebung von Abgaben u.ä, den Poleis auch zusätzliche Leistungen auferlegt haben. Leider verfügen wir kaum über Pamphylien oder Pisidien direkt betreffende Zeugnisse. Nur zwei schon erörterte Inschriften wären hier zu nennen: die eine aus Amblada, welche die von den Attaliden verlangte, regelmäßige Zahlung eines φόρος καὶ τέλεσμα (Z.13) - neben den Sondertributen wegen Illoyalität im Galaterkrieg - belegt,[527] die andere aus Termessos, mit Erwähnung des ptolemäischen Pamphyliarchen, der gewiß Kontrollfunktionen auch in Wirtschafts- und Finanzfragen besaß.[528] Alle weitergehenden Vermutungen müssen sich auf Zeugnisse aus anderen Teilen Kleinasiens stützen, und daraus abgeleitete Schlußfolgerungen kranken sämtlich an dem nicht zu entscheidenden Problem, ob und inwieweit für die verschiedenen Territorien der hellenistischen Reiche mit einheitlicher Verwaltungs- und Fiskalorganisation zu rechnen ist.[529] Ich will mich daher auf einige wenige, aufgrund ihres allgemei-

Kleine Pauly IV, München 1979, 32; Belke - Mersich, 347.

519 A. Maiuri, Nuova Silloge epigrafica di Rodi e Cos, 1925 Nr. 97: Μενίσκος Μεννέα Νεαπολίτας ⟨τᾶς⟩ ἀπὸ Φρυγίας χρηστὸς χαῖρε; vgl. dazu Robert, Etudes épigraphiques, 260 ff.

520 So gehörte die Region mit Neapolis zur spätantiken Provinz Pisidia; zur Grenzdiskussion s.o.S.8 ff.

521 Ptol. V 4,9.

522 Wie auch etwa Greenhalgh, 463 f.

523 MAMA VIII 366 (dazu Robert, Hellenica XIII, 93).

524 MAMA VIII 350.

525 S.o.S.59 f.

526 So etwa v. Aulock, Münzen und Städte I, 17 f.

527 Welles, RC Nr. 54; vgl. o.S.53. Ob die Summe von zwei Talenten jährlich (Z.7) plus einmalige Sonderzahlung von 9.000 Drachmen (=1,5 Talente) mit Hopp (71) als "drückende Belastung" anzusehen ist, halte ich angesichts der oben angestellten Überlegungen (S.42 f.) allerdings für fraglich.

528 Robert, Documents 1966, 53 ff.; Bagnall, Administration, 111 f. 217; vgl.o.S.41.

529 Vgl. die Bemerkungen von Wörrle (Antiochos I., 75) und Orth (178 ff.) zu den Seleukiden sowie von Bagnall (Administration, 213) zu den Ptolemäern. Von im einzelnen zwangsläufig problematischen Versuchen, dennoch generelle 'patterns of administration' herauszuarbeiten, seien nur die folgenden genannt: Bikermann, In-

nen Charakters wohl vertretbare Bemerkungen beschränken: Der fühlbarste Effekt der monarchischen Herrschaft bestand für die Poleis und ihre Bewohner ohne Frage in der ihnen auferlegten Tributpflicht und in der de facto unbeschränkten Verfügungsgewalt der Monarchen, die nach Belieben in die städtische 'Autonomie' eingriffen (wie die Seleukiden in Herakleia am Latmos[530] oder die Ptolemäer in Lykien[531]) und auch schon einmal ganze Städte als δωρεαί an hohe Funktionäre vergaben.[532] In den lykischen Außenbesitzungen der Ptolemäer bezeugte (Finanz-)Beamte wie die οἰκονόμοι τῆς χώρας, deren Kompetenz auch die Poleis unterworfen waren (wie z.B. Limyra)[533], sind für das ptolemäische Pamphylien zwar nicht belegt, aber mit analogen Funktionsträgern wird man dort möglicherweise rechnen müssen. Ob es im seleukidischen Pisidien königliche Gouverneure nach Art des im seleukidischen Phrygien agierenden ἐπιμελητὴς τοῦ τόπου [534] gegeben hat, läßt sich ebenfalls nicht sicher entscheiden, aber es ist anzunehmen, daß die Seleukiden auf Abgaben der pisidischen (bisweilen, wie im Falle von Selge oder Termessos, durchaus wohlhabenden) Poleis nicht verzichtet und daher für eintreibende Organe Sorge getragen haben. Im übrigen darf von einer im großen und ganzen identischen Behandlung schon bestehender und neugegründeter Siedlungen ausgegangen werden.[535] Letzteres erhellt in puncto Abgabenpflicht etwa das neue Gründungsdokument des kilikischen Arsinoe:[536] Erklärtes Ziel der Siedlungsanlage ist die Vermehrung der königlichen (d.h. hier ptolemäischen) Einnahmen (Z.8f.). Zudem ist hier (Z.32f.) wie auch im seleukidischen Machtbereich[537] mit Doppelbesteuerung zugunsten der königlichen wie der kommunalen Kasse zu rechnen.

Wie die Städte in Pamphylien und Pisidien mit derartigen Belastungen fertig wurden, läßt sich mangels aussagefähiger Dokumente nicht bestimmen, aber der hier gebotene Überblick über das Siedlungswesen in beiden Landschaften rät doch zu einer insgesamt eher optimistischen Einschätzung.[538]

2.2. Der ländliche Raum

Bestand schon im Kapitel über die städtischen Siedlungen Anlaß zur Klage über den Mangel an brauchbarem Material, so stellt sich die Quellensituation für die Betrachtung des ländlichen Raumes noch bedeutend ungünstiger dar. Jeder Versuch einer diesem Thema gewidmeten Darstellung nicht nur des hellenistischen, sondern auch des immerhin erheblich besser dokumentierten römischen Kleinasien beginnt üblicherweise mit dem Hinweis auf die wenig ermutigende

---

stitutions, 106 ff.; Rostovtzeff, SEHHW, bes. 261 ff. 335 ff. 434 ff. 503 ff.; Bagnall, Administration, 213 ff.; Walbank, Hellenistische Welt, 102 ff. 137 ff. 168 ff.; Gehrke, 59 ff.

530 Wörrle, Inschriften von Herakleia, 462.

531 Wörrle, Epigraphische Forschungen III, 106 ff.

532 Wörrle, Epigraphische Forschungen II, 207 ff.; ders., Antiochos I., 78 f.

533 Wörrle, Epigraphische Forschungen I, 61.

534 Wörrle, Antiochos I,, 72 ff.

535 Orth, 147.

536 Opelt-Kirsten, 55 ff.

537 Vgl. Wörrle, Inschriften von Herakleia, 458.

538 Im Einzelfall findet man dafür durchaus entsprechende Indizien: So war Selge offenbar ohne Schwierigkeiten in der Lage, im Jahr 218 v. Chr. Reparationszahlungen in der immensen Höhe von 700 Talenten zu leisten: Polyb. V 76,10; vgl. die o.S.42 f. angestellten Überlegungen im Zusammenhang mit der Entrichtung von nur fünfzig Talenten.

Ausgangslage. Dies war bereits zu Beginn unseres Jahrhunderts der Fall[539], und trotz zahlreicher epigraphischer Neufunde hat sich bis heute im großen und ganzen nichts an dieser Situation geändert,[540] die sich natürlich noch zusätzlich verschärft, wenn (wie hier) nur bestimmte Gebiete Kleinasiens in den Blick genommen werden. Dennoch muß es ein stets legitimes Anliegen bleiben, aus den verfügbaren Zeugnissen, so unzulänglich sie auch sein mögen, die jeweils möglichen Erkenntnisse zu gewinnen, und dies soll auch im folgenden versucht werden.

Wiederum gilt es zunächst, auf die grundsätzlich zu unterstellende Heterogenität der kleinasiatischen Verhältnisse hinzuweisen, die es verbietet, vorbehaltlos bestimmte, aufgrund der zufälligen Überlieferung nur für bestimmte Regionen erwiesene Sachverhalte zu generalisieren. Daher unterbleibt hier auch der (schon zu oft mißlungene) Versuch, anhand einiger weniger, immer wieder erörterter Zeugnisse - wie zum Beispiel der Mnesimachos-Inschrift aus Sardeis oder des Laodike-Dossiers Antiochos' II.[541] - ein detailliertes Bild zu entwerfen und einfach dessen (nicht zu verifizierende) Allgemeingültigkeit zu postulieren.[542] Mehr als die zumeist im Konjunktiv formulierte Abrundung des spärlichen pamphylisch-pisidischen Materials durch weitere kleinasiatische Quellen kann ohne den Verzicht auf Seriosität in diesem Abschnitt nicht möglich sein.

Zurückhaltung scheint ebenfalls geboten gegenüber der üblichen Praxis, von der römischen Zeit auf die hellenistische rückzuschließen. Wenn etwa H. Kreissig die Existenz von privatem Landbesitz im hellenistischen Pisidien außerhalb der städtischen χώρα (der γῆ πολιτική) durch eine kaiserzeitliche Inschrift aus Ariassos belegen will,[543] so muß dieses Verfahren als fragwürdig kritisiert werden. Zwar mögen sich die Verhältnisse auf dem Lande über die Jahrhunderte hinweg kaum gewandelt haben, aber erweisen läßt sich dies nur selten.

Daß sowohl im hellenistischen wie im römischen Kleinasien "the Anatolian village" die wichtigste und grundlegende Lebensform oder, mit den Worten P. Briants, die "structure permanente" bildete,[544] ist zwar ein Gemeinplatz, aber nichtsdestoweniger ebenso zutreffend wie die Einschätzung, daß die Landwirtschaft der alles überragende Erwerbszweig war und blieb.[545] Dennoch existierten zweifellos regionale Unterschiede hinsichtlich der Zahl, Größe und Dichte der κῶμαι und ihres Stellenwertes im Vergleich zu den größeren Siedlungen. Der im vorigen Abschnitt gebotene Überblick berechtigt dazu, neben Pamphylien auch Pisidien zu den nicht nur von Dörfern, sondern stärker als andere Gebiete auch von größeren Orten geprägten Landschaften zu zählen. Entsprechende Indizien ergeben sich schon, wie wir sahen, aus Strabons umfänglicher Liste pisidischer Poleis, zumal Strabon selbst zwischen Regionen, die eher von Dörfern geprägt werden, und solchen, in denen Poleis dominieren, differenziert. So kennzeichnet er etwa Phrygien explizit als dörflich bestimmtes Gebiet - sogar die größeren Siedlungen zeigten keine typischen Merkmale von Poleis (οὐδ' ἴχνη...πόλεων), sondern seien nur als

---

[539] M. Rostovtzeff, Studien zur Geschichte des römischen Kolonates, Leipzig 1910, 229 ff.

[540] Wörrle, Stadt und Fest, 142.

[541] Sardeis: IvSardeis Nr. 1; Laodike: Welles, RC Nr. 18-20.

[542] Einen Überblick "über die an Quellenmangel leidende und von hypothetischen Extrapolationen und ideologischen Vorgaben geprägte moderne Literatur" (Wörrle, Stadt und Fest, 142 A.368) bieten die bei Wörrle (ebd.) genannten Titel.

[543] H. Kreissig, Wirtschaft und Gesellschaft im Seleukidenreich. Die Eigentums- und Abhängigkeitsverhältnisse, Berlin (DDR) 1978, 20: IGR III 422.

[544] Broughton, Roman Asia, 628; Briant, Villages, in: ders., Rois, 137; s. auch Kreissig, Wirtschaft, 17.

[545] Rostovtzeff, SEHHW, 944.

größere Dörfer zu bezeichnen (ἀλλὰ κῶμαι μικρῷ μείζους τῶν ἄλλων).[546]

Nun, ungeachtet dieser notwendigen Abstufungen muß selbstverständlich auch für Pamphylien und Pisidien mit zahllosen Dörfern und Gehöften gerechnet werden: auf der städtischen χώρα (der γῆ πολιτική) und auf Tempelterritorien,[547] aber auch auf (bisweilen möglicherweise diverse Dörfer umfassendem) Privatgrund außerhalb städtischer oder sakraler Territorien, denn entgegen einer weitverbreiteten Auffassung[548] gehörte wohl nicht der gesamte übrige Grund und Boden dem König.[549]

Einige der mit diesen (in rechtlicher und fiskalischer Hinsicht verschiedenen) Bodenkategorien verbundenen Probleme stellen sich für Pamphylien und Pisidien bislang aufgrund der Quellenlage nicht, so etwa die besonders in der marxistischen Forschung lebhaft erörterte Frage nach der abhängigen Landbevölkerung (λαοὶ βασιλικοί) auf der χῶρα βασιλική[550] - für unsere Regionen fehlen jegliche Indizien für die Existenz von λαοί, ebenso übrigens wie für die (etwa in Lykien belegte) γῆ ἐν δωρεᾷ, das an hohe Würdenträger oder Dynastiemitglieder von den Königen vergebene Land.[551]

Auf der χῶρα πολιτική pamphylischer und pisidischer Poleis lagen zweifellos viele κῶμαι, über die wir freilich so gut wie nichts wissen - archäologisch sind die architektonisch wohl nicht sehr aufwendig gestalteten Dörfer dort bislang nicht nachgewiesen, ab und zu geben immerhin Inschriftenfunde entsprechende Hinweise. So deuten drei hellenistische Grabinschriften auf dem Territorium von Aspendos die Lage von hellenistischen κῶμαι an: Zwei Epitaphien mit typisch aspendischen Namen im pamphylischen Dialekt stammen aus dem sieben bis acht Kilometer südlich von Aspendos, drei Kilometer nördlich der Eurymedon-Mündung gelegenen Dorf Boğazak, wo sich auch noch einige Architekturfragmente befinden;[552] zweifellos gab es dort eine κώμη, und daraus ergibt sich, daß die städtische Chora von Aspendos südlich bis ans Meer reicht. Eine weitere im pamphylischen Dialekt abgefaßte und aspendische Namensgebung bezeugende Inschrift stammt aus dem ca. zehn Kilometer südöstlich von Aspendos gelegenen Dorf Güvercinlik, wo sich ebenfalls eine hellenistische Kome befunden haben muß.[553] Arrian überliefert, daß die Aspendier vor Alexanders Leuten flohen, die Vorräte aus dem flachen Land in die Stadt brachten und sich dort verschanzten:

...καὶ τὰ ἐκ τῆς χώρας ... ἀνασκευασάμενοι ἐς τὴν πόλιν τάς τε πύλας ἀποκεκλείκασι τοῖς παρὰ 'Αλεξάνδρου....[554] Es deutet sich hiermit ein Sachverhalt an, der ohnehin anzunehmen wäre, nämlich die wechselseitige Verzahnung von Komen und Poliszentrum. Zweifel-

---

546 Strab. XII 5,3 (C 568). Diese Auffassung deckt sich mit derjenigen bei Curt.Ruf. III 1,1. Es mag daher vielleicht nicht nur am Zufall der Überlieferung liegen, daß in Briants Liste literarischer Belege für dörflich geprägte Siedlungskulturen von den Landschaften Kleinasiens fast alle außer Pamphylien und Pisidien vertreten sind: Briant, Villages, 146 f.

547 Dazu s.u.S.69 ff.

548 Rostovtzeff, Kolonat, 246 ff.; H. Swoboda, Art. Κώμη, RE Suppl. IV, 1924, 962 f.; Kreissig, Wirtschaft, 67.

549 Magie, RRAM, 1024; Wörrle, Antiochos I., 78 ff.

550 Dazu s. vor allem Kreissig, Wirtschaft, bes. 89 ff.; P. Briant, Remarques sur les 'laoi' et esclaves ruraux en Asie Mineure hellénistique (ND v. 1971), in: ders., Rois, 95 ff.; ders., Villages, 137 ff.; zur Kritik s. etwa Wörrle, Antiochos I., 87 mit A.144; ders., Stadt und Fest, 143; Gehrke, 181.

551 Dazu Wörrle, Antiochos I., 78; ders., Epigraphische Forschungen II, 207 ff.

552 Brixhe, Dialecte, 284 f. Nr. 167.168.

553 Ebd. 285 f. Nr. 169.

los dienten die auf dem Territorium der Polis geernteten Nahrungsmittel in erster Linie der Versorgung der Polis, die vielleicht sogar bisweilen eine Art Vorkaufsrecht für die erzeugten Güter besaß.[555]

In den übrigen pamphylischen und pisidischen Poleis werden ähnliche Verhältnisse geherrscht haben, die freilich erst in Quellen der römischen Zeit ansatzweise zu erkennen sind. Auf dem riesigen, von R. Heberdey für die römische Zeit umschriebenen Territorium von Termessos[556] lagen gewiß schon in hellenistischer Zeit Komen, von denen erst zur Zeit des Prinzipats der Posten eines εἰρηνάρχης τῶν ἄνω κωμῶν καὶ δρυμοῦ Zeugnis ablegt,[557] und kaum anderes dürfte für die auf dem Territorium von Perge gelegene, erst für die hadrianische Zeit belegte Λυρβωτῶν κῶμη anzunehmen sein.[558] Die genauere Betrachtung dieser Zeugnisse soll freilich den der Kaiserzeit geltenden Kapiteln vorbehalten bleiben, da sich die Verhältnisse, wie gesagt, nicht ohne Vorbehalt zurückprojizieren lassen.

Über die innere Organisation pisidischer und pamphylischer Komen sowie über ihre Wirtschafts- und Sozialstruktur geben die Quellen kaum Auskunft, so daß es angeraten scheint, durch Heranziehung weiterer Zeugnisse aus dem hellenistischen Kleinasien nur den allgemeinen Rahmen anzudeuten, in dem auch die in Pamphylien und Pisidien herrschenden Verhältnisse ihren Platz gefunden haben müssen, wobei noch einmal auf die "disparités de chacque région, voire de chacque cité" hingewiesen sei.[559]

Die Hauptfunktion der Komen, insbesondere der auf der γῆ πολιτική gelegenen, bestand, wie gesagt, zweifellos in der Erzeugung von landwirtschaftlichen Gütern, mit denen auch die Poliszentren versorgt werden konnten. In erster Linie dürfte es sich dabei um den Getreideanbau gehandelt haben, wie etwa aus der Tatsache hervorgeht, daß Cn. Manlius Vulso von Sagalassos nicht nur fünfzig Talente, sondern darüber hinaus noch je 20.000 Scheffel Hafer und Weizen eintreibt.[560] Von Bedeutung war ferner die Herstellung von Olivenöl - besonders auf dem ölbaumreichen Territorium von Selge[561] - sowie der Weinanbau.[562] Auch die Viehhaltung dürfte ins Gewicht gefallen sein, insbesondere die Schaf- und Ziegenzucht, und zwar nicht nur, wie meist behauptet, im pisidischen Hochland,[563] sondern wohl auch in Pamphylien, wie indirekt aus einem Papyrus des Zenon-Archivs (3. Jh. v. Chr.) hervorgeht: Zwei Brüder, Demetrios und Limnaios, beide ausdrücklich als Aspendier und jeweils als Ziegenhirt (αἴπολος) bezeichnet, pachten von einem Beauftragten Zenons 144 Ziegen auf zwei Jahre[564] - es ist denkbar, daß beide Aspendier in Ägypten ihren angestammten Beruf ausübten.

---

554 Arr.Anab. I 26,5.

555 So Kreissig, Wirtschaft, 84 im Anschluß an Welles, RC Nr. 7 Z.19 f.

556 R. Heberdey, Termessische Studien, Wien 1929, 6-15. Das Territorium wird in TAM III 6 explizit als ἡ περίχωρος bezeichnet.

557 TAM III 104.

558 SEG VI 673 = IvPerge Nr. 151 ff. Näheres u.S.127 f.

559 P. Debord, Populations rurales de l'Anatolie gréco-romaine, CERDAC 8, 1976/77, 59.

560 Polyb. XXI 36.

561 Strab. XII 7,1 (C 570).

562 Berühmt und auch als Exporterzeugnis bedeutsam war der Wein aus der Gegend um Amblada: Strab. XII 7,2 (C 570).

563 Broughton, Roman Asia, 617 ff.

564 ProsPtol IV 12086. 12122. P.Cair.Zen.59340; s. F. Uebel, Die Kleruchen Ägyptens unter den ersten sechs Ptolemäern, Berlin (DDR) 1968, Nr. 250.

Über den sozialen und politischen Status der Komenbewohner lassen sich keine exakten Angaben machen. Unzutreffend sind gewiß pauschale Vorstellungen von einer minderberechtigten, in ihrer Freiheit eingeschränkten Land- und Dorfbevölkerung.[565] Die aus dem benachbarten Lykien und weiteren Gebieten Kleinasiens stammenden Zeugnisse über hellenistische περίοικοι (Telmessos)[566] und über κάτοικοι (oder κατοικοῦντες)[567] geben schon für sich kein klares Bild ab[568] und erlauben noch weniger die Übertragung nur hypothetischer Annahmen auf Regionen, in denen diese Termini nicht belegt sind. Von den zahlreichen, in ihren Bedeutungsnuancen meist nicht sicher zu greifenden und hier nicht im einzelnen zu erörternden Termini begegnen in Pamphylien und Pisidien nur die πάροικοι, jedoch erst in kaiserzeitlichen Dokumenten.[569] Dies hindert E.S. Golubcova nicht daran, mit Hilfe dieser Inschriften Vermutungen über den Status hellenistischer πάροικοι anzustellen.[570] Ein derartiges Verfahren impliziert stillschweigend die Identität von Bezeichnung und Bezeichnetem über Jahrhunderte hinweg und ist somit unzulässig, da diese Identität erst zu erweisen wäre. Überdies ergeben auch die hellenistischen, aus anderen Regionen stammenden Belege für πάροικοι keineswegs ein einheitliches Bild und stützen nicht die Auffassung, damit seien stets abhängige Dörfler gemeint.[571] Zweifellos hat es Formen der Unfreiheit in hellenistischen Komen gegeben;[572] ob und in welcher Ausprägung dies auch in Pamphylien und Pisidien der Fall war, muß jedoch offen bleiben. Daß keinesfalls grundsätzlich die in den Dörfern den im Poliszentrum residierenden Bewohnern sozial nachgeordnet gewesen sein müssen, legt eine hellenistische Inschrift aus Lykien nahe, nach welcher vollberechtigte Politen auf dem unsicheren Territorium von Araxa wohnen.[573]

An diesen Themenkomplex direkt anschließend erhebt sich die Frage nach Funktion und Bedeutung der Sklaverei. Es gilt gemeinhin als ausgemacht, daß in der hellenistischen Landwirtschaft Kleinasiens die Sklaven, im Gegensatz etwa zum republikanischen Italien, keine Rolle spielten.[574] Diese Einschätzung dürfte auch auf Pamphylien und Pisidien zutreffen. Zwar gibt es vereinzelte Hinweise auf δοῦλοι, σώματα, οἰκέται etc.,[575] aber sie beziehen sich stets auf die großen Städte: In Termessos benutzten die älteren Einwohner τῶν τε δούλων τοὺς πιστο-

[565] So etwa Swoboda, Kome, 963.

[566] Wörrle, Epigraphische Forschungen II, 236 ff.; Debord, Populations, 49 f.; I. Hahn, Periöken und Periökenbesitz in Lykien, Klio 63, 1981, 51 ff.

[567] E.S. Golubcova, Sklaverei und Abhängigkeit im hellenistischen Kleinasien, in: T.V. Blavatskaja - E.S. Golubcova - A.I. Pavlovskaja, Die Sklaverei in hellenistischen Staaten im 3.-1. Jh. v. Chr., Wiesbaden 1972, 119 ff.; Debord, Populations, passim.

[568] Immerhin darf die alte These minderberechtigter Periöken (Swoboda, Kome, 963) zumindest im Falle Lykiens als widerlegt gelten: Wörrle, Epigraphische Forschungen II, 236 ff.

[569] IGR III 800.801 (Sillyon); TAM III 214.215 u.ö., s. Index XII (Termessos).

[570] Golubcova, 131.

[571] Wörrle, Epigraphische Forschungen II, 241 ff.; ders., Stadt und Fest, 144; Gehrke, 67.

[572] Dies lehrt etwa IvPriene Nr. 1 mit der Differenzierung zwischen den Πριηνεις und rechtlosen Bewohnern der κῶμαι; allgemein s. Broughton, Roman Asia, 637 ff.

[573] SEG XVIII 570; dazu Wörrle, Stadt und Fest, 144 A.380.

[574] Finley, Wirtschaft, 65 ff.; ders., Die Sklaverei in der Antike, Frankfurt am Main 1985, 162; Golubcova, bes. 155 ff.; H. Heinen, Zur Sklaverei in der hellenistischen Welt, AncSoc 7, 1976, 127 ff. AncSoc 8, 1978, 121 ff. Kreissig, Wirtschaft, bes.123; I. Biezunska-Malowist, Die Sklaverei als Hellenisierungsfaktor im Nahen Osten, in: Festschrift G. Wirth, Bd.II, Amsterdam 1986, 767 ff. Aus dem Rahmen fällt nur F. de Martino (Wirtschaftsgeschichte des alten Rom, München 1985, 229. 242) mit seiner gewiß unzutreffenden Einschätzung, auch im hellenistischen Osten dominiere die Sklavenarbeit.

[575] Zur Terminologie s. nur Golubcova, 115; Briant, Remarques, 110 ff.

τάτους, um Alketas aus dem Weg zu räumen (dieser beging vorher Selbstmord),[576] und die von Achaios belagerten Selgier entließen im Jahr 218 v. Chr. ihre Sklaven in die Freiheit.[577] Allenfalls einen vagen Hinweis auf möglicherweise auch in der Landwirtschaft tätige Sklaven könnte die Steuerdeklaration des Pisiders Leptines in Ägypten liefern: Der offenbar sehr vermögende Kleruche deklariert außer sich und seiner Familie noch mindestens sechzehn Sklaven, von denen einige auch nichtägyptische Namen tragen. Es wäre somit immerhin möglich, daß Leptines eine in seiner pisidischen Heimat bereits von ihm selbst betriebene oder allgemein bewährte Wirtschaftsform in Ägypten weiterführte, aber mehr als eine Vermutung kann dies nicht sein.[578]

Die Einzelheiten der Wirtschaftsorganisation und des Sozialgefüges der Landbevölkerung in Pamphylien und Pisidien bleiben, wie fast überall im hellenistischen Kleinasien, im Dunkeln, und es ist prinzipiell mit allen möglichen Formen des Besitzes und der Bewirtschaftung zu rechnen: mit Abhängigen und Freien, mit landbesitzenden Politen und Pächtern, mit Tagelöhnern und den eigenen Hof bestellenden Bauern. Unangebracht erscheint jedenfalls eine Beschreibung des Stadt-Land-Verhältnisses allein in Form eines eklatanten Gefälles (in wirtschaftlicher, sozialer und rechtlich-politischer Hinsicht) zuungunsten des Landes und der vermeintlich ausgebeuteten Kometen, zumal die häufig selbstverwalteten Komen auch einen gewiß nicht einfach zu ignorierenden Entfaltungsraum boten. Schon der bereits erwähnte Anhaltspunkt für die Residenz von Politen auf der Chora[579] läßt zumindest an die Möglichkeit denken, daß wohlhabende Bürger auch auf dem Lande wohnten, und mit Recht weist P. Briant auf Anzeichen von Wohlstand, sozialer Differenzierung und der Existenz von Handwerkern sowie Händlern auch in manchen Komen hin.[580] Aus dem übrigen Kleinasien stammende Zeugnisse für das Vorhandensein von eigenen, fest konturierten Territorien der Dörfer[581] sowie von polisähnlichen Institutionen und Magistraten[582] berechtigen zur Annahme wenigstens ähnlicher Verhältnisse auch in Pamphylien und Pisidien, und in manchen Fällen mögen Komen sogar direkt von Zuwendungen seitens der monarchischen Zentralgewalt profitiert haben, zum Beispiel durch die Gewährung von Saatgutdarlehen[583] oder durch Entscheidungen zugunsten von Dörfern im Fall von Streitigkeiten zwischen Kome und Polis.[584]

---

576 Diod. XVIII 46,7; zu Alketas s.o.S.40.

577 Polyb. V 76,5. Das taten die Selgier gewiß, um die Sklaven zum Mitkämpfen zu motivieren, nicht, wie Kreissig (Wirtschaft,121, mit falscher Stellenangabe) meint, aus Furcht vor einem drohenden Sklavenaufstand.

578 P. Lille I 27 = W.Chr. 199 = Uebel Nr. 158 (3. Jh. v. Chr.). Angemerkt sei in diesem Zusammenhang noch, daß sich unter den 22 Sklaven, die im 2./1. Jh. v. Chr. wohl bei dem Brand oder Einsturz eines Ergasterions auf Delos ums Leben kamen, auch ein Sklave aus Side befand: G. Klaffenbach, Die Grabstelen aus der einstigen Sammlung Roma in Zakynthos, Berlin (DDR) 1964 Nr. 28 = M.T.Couilloud, Les monuments funéraires de Rhénée, Paris 1974 Nr. 418.

579 S.o.S.67.

580 Briant, Villages, 154 f.

581 Welles, RC Nr. 20 Z.5 f.

582 Swoboda, Kome, 967; Briant, Villages, 156 f. Es gibt sogar Belege für eigene Gesandtschaften von Komen an hellenistische Herrscher: Robert, La Carie II Nr. 167.

583 M. Holleaux, Inscription trouvée à Brousse, in: ders., Etudes II, 73-125, bes. 102.

584 In Karien belegt: Briant, Villages, 157.

2.3. 'Tempelterritorien' und 'Stämme'

Gesonderte Betrachtung verdienen schließlich noch die für Kleinasien besonders charakteristischen Tempelinstitutionen sowie die vermeintlich zivilisatorische Rückständigkeit verbürgenden Stammesorganisationen in Pisidien.

Bei den Tempeln Kleinasiens, um mit diesen zu beginnen, muß grundsätzlich zwischen drei Formen differenziert werden. Den zahlenmäßig eindeutig dominierenden Typ bilden die voll in die Poleis integrierten und meist mit eigenen Gebäuden im Poliszentrum repräsentierten Kulte, die als Elemente des städtischen Lebens und der städtebaulichen Ausstattung anzusehen sind und daher (soweit überhaupt in Quellen und archäologischen Überresten faßbar) bereits behandelt worden sind.[585] Hier interessieren die beiden anderen Varianten von Tempeln: die entweder völlig dem Zugriff der Poleis entzogenen, unabhängigen 'Priesterstaaten' orientalischer Provenienz[586] sowie Tempel, die zwar auf der χῶρα πολιτική von Poleis lagen, aber über eigene Ländereien verfügten und ein gewisses Eigenleben führten.[587] Als Vertreter der erstgenannten Form autonomer Tempel können etwa die Heiligtümer des kappadokischen Komana oder des kilikischen Olba angeführt werden, die zweite Kategorie 'halbautonomer' Tempel repräsentiert - neben prominenten Beispielen wie dem Apollon-Tempel von Didyma - etwa der Athena-Tempel auf dem Territorium von Ilion, der nach Ausweis eines fragmentarisch erhaltenen Königsbriefes (wohl von Attalos II.) Landschenkungen von seiten des Herrschers erhielt.[588] Für beide Arten von Tempelinstitutionen gilt, daß sie eigene Wirtschaftseinheiten mit spezifischer Sozialstruktur darstellten: Auf der ἱερὰ χῶρα der Tempel lagen häufig Komen, deren als Hierokometen bezeichnete Einwohner[589] wahrscheinlich Abgaben als Gegenleistung für die wirtschaftliche Nutzung des Tempellandes zahlten,[590] die Tempel hielten eigene Markttage ab,[591] und vor allem verfügten sie über bisweilen große Mengen minderberechtigter Abhängiger, darunter die sowohl im kultischen Bereich wie in der Landwirtschaft tätigen Hierodulen.[592] Aus dem genannten Schreiben von Attalos II. (?) an Ilion geht unmißverständlich hervor, daß auch die auf der γῆ πολιτική gelegenen Heiligtümer über eigene Abhängige verfügten, denn der Herrscher erwähnt ausdrücklich die von ihm dem Athena-Tempel übereigneten Rinder und Rinderhirten (τὰς τε βοῦς καὶ τοὺς βουκόλους).[593]

Bei der nun anstehenden Frage, ob auch in Pamphylien und Pisidien derartige 'Tempelterritorien' existierten, muß zunächst wieder einmal vor Rückschlüssen aus kaiserzeitlichen Zeugnis-

---

585 S.o.S.44 ff.

586 Zu den frühen, altanatolischen Vorformen der hellenistischen Tempelterritorien s. etwa A. Archi, Città sacre d'Asia Minore. Il problema dei 'laoi' e l'antefatto ittita, PdP 30. 1975, 329-344.

587 Zu dieser Differenzierung s. bes. H. Kreissig, Tempelland, Katoiken, Hierodulen im Seleukidenreich, Klio 59, 1977, 375; ders., Wirtschaft, 50; K.-W. Welwei, Abhängige Landbevölkerung auf "Tempelterritorien" im hellenistischen Kleinasien und Syrien, AncSoc 10, 1979, 99: Boffo, passim; B. Virgilio, Strutture templari e potere politico in Asia Minore, Athenaeum N.S. 65, 1987, 227 ff.

588 Welles, RC Nr. 62.

589 So z.B. in Didyma: IvDidyma II Nr. 50a.

590 So Welwei, Abhängige Landbevölkerung, 101.

591 Belegt etwa für den Zeus (Ba'al) des syrischen Baitokaike: Welles, RC Nr. 70 Z.12 f.

592 Zu den meist kaum eindeutig voneinander abzugrenzenden, mit verschiedenen Termini bezeichneten Personengruppen s. den Beitrag von Welwei, Abhängige Landbevölkerung. Für das kappadokische Komana überliefert Strabon (XII 2,3 / C 535) die Zahl von 6.000 Hierodulen, die "die verschiedensten Berufe ausgeübt haben dürften" (Welwei, ebd. 111).

593 Welles, RC Nr. 62 Z.10 f.

sen auf die hellenistische Zeit gewarnt werden,[594] und somit stehen hier nur zwei Tempel zur Debatte, das Heiligtum der Artemis Pergaia und der Tempel des Men Askaenos beim pisidischen Antiochia.

Von dem etwas außerhalb von Perge gelegenen Artemision, wo jährlich ein Fest abgehalten wurde, war bereits kurz die Rede, und dabei ist ebenfalls die Kontroverse um den Status des Tempels kurz zur Sprache gekommen, die wir hier erneut aufgreifen müssen.[595] Schon die auch von Strabon betonte Distanz von einigen Kilometern zwischen der Stadt Perge und dem Artemistempel verbietet es, die Artemis Pergaia nur als eine von vielen anderen in Perge verehrten Gottheiten anzusehen. Deutlich erhellt der Sonderstatus des Tempels darüber hinaus aus der Internationalität des Kultes, von der mehrere außerpamphylische, der hellenistischen Zeit entstammende Weihinschriften für die pergäische Artemis Zeugnis ablegen: Die Texte fanden sich in dem ägyptischen Emporion Naukratis,[596] auf Rhodos,[597] in Halikarnassos,[598] in dem nordgriechischen Ambrakia[599] sowie auf der Kykladeninsel Thera, wo sich eine ptolemäische Garnison befand.[600] Einige Gelehrte nun vertreten die Auffassung, das Artemision von Perge sei zumindest in einer Frühphase als autonomer "état sacerdotal" anzusehen,[601] denn Mitte des 3. Jhs. v. Chr. seien einige Silberprägungen mit Darstellungen der Artemis Pergaia und der Legende ΑΡΤΕΜΙΔΟΣ ΠΕΡΓΑΙΑΣ emittiert worden: "La légende n'est pas formée comme de coutume par l'ethnique de ville, mais par les mots: *d'Artémis Pergéenne*", die Münzen zeigten also ein "exemple typique d'un monnayage sacerdotal."[602] Diese These vermag freilich nicht recht zu überzeugen, denn auch in späteren Zeiten wurden Münzen allein mit der Legende Ἀρτέμιδος Περγαίας bzw. Ϝανάσσας Πρειιας geprägt,[603] welche die inschriftlich explizit als προεστῶσα τῆς πόλεως[604] qualifizierte Gottheit gewiß nicht als Mittelpunkt eines autonomen 'Tempelstaates' bezeugen. Da das Artemision sich jedoch zweifellos einer gewissen Unabhängigkeit erfreute,[605] dürfte es am ehesten der Gruppe der 'halbautonomen' Tempel zugerechnet werden, und die erwähnten Silberprägungen des 3. Jhs. v. Chr. stellen nach Laura Boffos plausibler Erklärung "non già monete *sacerdotali*, bensì *Festmünzen*"[606] dar, die anläßlich der (hinsichtlich ihrer wirtschaftlichen Bedeutung bereits gewürdigten[607]) jährlich veran-

---

594 S. nur Welwei, Abhängige Landbevölkerung, 104.
595 Strab. XIV 4,2 (C 667); s.o.S.47 f.
596 J.G. Milne, JHS 21, 1901, 285 Nr. 8 = SGDI Nr. 5772 = L. Robert, OMS II 973 f. A.5 = A. Bernand, Le Delta égyptien d'après les textes grecs, Kairo 1970, 746 Nr. 8 (4. Jh. v. Chr.).
597 IG XII 1, Nr. 66 = P.M. Fraser, Rhodian Funerary Monuments, Oxford 1977, 147 Nr. 323 (2. Jh. v. Chr.); IG XII 1, Nr. 784.
598 GIBM 895 = CIG 2656 (2./1. Jh. v. Chr.).
599 J.u.L. Robert, BE 1968 n.315 ("haute époque hellénistique").
600 IG XII 3, 494: Der 'damos' von Thera ehrt die ἱέρειαν διὰ γένους Ἀρτέμιδος Πε[ργαίας] Τελεσίδα κτλ.
601 Debord, Aspects, 222.232 f.; Seyrig, Scripta Numismatica, 47.
602 Seyrig, ebd. 47.
603 S. nur Boffo, 50 A.177. Beispielsweise wird noch im 3. Jh. n. Chr. auf pergäischen Münzen häufig auf das Ethnikon verzichtet: Auf der Rückseite - die Vorderseite zeigt das Kaiserporträt - erscheint nur der Artemis-Tempel (und/oder das Kultbild der Artemis) mit der Legende Περγαίας Ἀρτέμιδος Ἀσύλου (stellvertretend für viele andere Beispiele: SNG v. Aulock Deutschland 8516) - niemand wird daraus allen Ernstes die Existenz eines autonomen 'Tempelstaates' ableiten wollen.
604 IvPerge Nr. 48 (=IGR III 797).
605 Dies geht auch aus der gesonderten Erwähnung des Tempels bei Ps.Skylax 100 hervor: Πέργη πόλις καὶ ἱερὸν Ἀρτέμιδος.
606 Boffo, 137.
607 S.o.S.47.

stalteten πανήγυρις emittiert worden sein könnten. Weniger einleuchtend klingt hingegen die von Boffo im Anschluß an eine Vermutung von L. Robert vertretene These, daß das Heiligtum der Artemis Pergaia als (kultisches und politisches) Zentrum einer Art Union zwischen den drei pamphylischen Poleis Perge, Aspendos, Sillyon und dem lykischen Phaselis fungiert habe.[608] Als einzigen Anhaltspunkt für die Existenz einer derartigen, in keiner Quelle erwähnten und auch nicht aufgrund Überlegungen allgemeinerer Art zu fordernden Liga führt Boffo die Tetradrachmenprägung dieser vier Poleis an, die nach identischen Ären datiert sei. Sie reproduziert damit einen alten Irrtum, der durch die (Boffo offenbar unbekannt gebliebene) Arbeit von C. Boehringer über die "Chronologie mittelhellenistischer Münzserien 220-160 v. Chr." bereits beseitigt worden ist, denn tatsächlich prägen die vier Städte alle nach individuellen, nicht genau parallelen Ären, so daß die These eines Städtebundes abzulehnen ist.[609] Vielmehr bestand zweifellos eine direkte und für Perge wirtschaftlich nutzbringende Verbindung allein zwischen der Polis Perge und dem Artemis-Heiligtum. Nähere Einzelheiten der Tempelstruktur, des Personals etc. kennen wir, abgesehen von dem ebenfalls schon erwähnten Inventar des Tempelschatzes (1. Jh. v. Chr.)[610], nicht, und so muß es dahingestellt bleiben, ob auch das pergäische Artemision nach dem Vorbild anderer bedeutender Heiligtümer Kleinasiens etwa im Bankengeschäft eine bedeutendere Rolle spielte.[611]

Der zweite hier zu untersuchende Tempel ist das Heiligtum des altanatolischen Gottes Men Askaenos, nahe bei dem pisidischen Antiochia gelegen. Der Tempel besaß nach Auskunft Strabons viele Hierodulen und Ländereien (πλῆθος ἔχουσα ἱεροδούλων καὶ χωρίων ἱερῶν), die erst unter Augustus säkularisiert und zugunsten der neuen römischen Kolonie konfisziert wurden.[612] Dennoch erfreute sich der Men-Kult bis in die spätrömische Zeit hinein in Antiochia größter Popularität, wie den zahlreichen kaiserzeitlichen Weihinschriften zu entnehmen ist;[613] über das hellenistische Tempelterritorium freilich wissen wir wenig mehr als das, was Strabon in der zitierten Notiz überliefert. Aus seiner (epigraphisch belegbaren[614]) Information, die seleukidische Koloniegründung des pisidischen Antiochia sei mit Hilfe von Bewohnern Magnesias am Mäander erfolgt,[615] läßt sich immerhin ableiten, daß dort vorher keine größere Sied lung bestanden hatte, und schon dies spricht gegen die Auffassung von L. Boffo, das (zweifellos sehr alte) Heiligtum des Men gehöre zu der "categoria dei centri templari di tipo cario, strettamente legati a una amministrazione cittadina, e, in ogni caso, sottoposti a un qualche controllo reale."[616] Möglicherweise dehnte die Polis Antiochia im Laufe der Zeit (zwischen dem 3. und 1. Jh. v. Chr.) ihren Einfluß auf das Tempelareal aus, aber zu belegen ist das nicht, und zumindest für das 3. Jh. v. Chr. und die vorherige Zeit muß der Tempel des Men Askaenos wohl dem Typus des autonomen 'Tempelstaates' zugerechnet werden. Dafür sprechen auch neueste,

---

608 Boffo, 137 f., mit Bezug auf L. Robert, Monnaies antiques en Troade, Paris 1966, 45 f.

609 C. Boehringer, Zur Chronologie mittelhellenistischer Münzserien 220-160 v. Chr. (AMUGS 5), Berlin 1972, 52-72 (58 A.6 mit deutlicher Zurückweisung der 'Unionsthese').

610 IvPerge Nr. 2; s.o.S.48.

611 Zur Rolle hellenistischer Tempelbanken s. nur Rostovtzeff, SEHHW, 1029 f.; Debord, Aspects, 225 ff. (mit der älteren Literatur). Epigraphisch belegt sind etwa die von dem Artemisheiligtum in Sardeis vergebenen Darlehen (3. Jh. v. Chr.: IvSardeis Nr. 1) oder Schuldner des Artemisions von Ephesos (Syll^3 742 II 29 ff.).

612 Strab. XII 8,14 (C 577).

613 Dazu s. SEG XXXI 1136-1279.

614 S.o.S.61.

615 Strab. XII 8,14; vgl. o.S.61.

616 Boffo, 50.

bislang nur in Vorberichten publizierte archäologische Ergebnisse von Surveys in dem einige Kilometer von Antiochia entfernt gelegenen Tempelbezirk,[617] wo sich offenbar seit dem frühen 3. Jh. v. Chr. eine richtige kleine Siedlung mit mehreren Kultgebäuden, einem kleinen Stadion sowie Wohnbauten befand.[618] Dieser Befund sowie der Eindruck einer anscheinend ungebrochenen Besiedlung des Areals bis in die spätrömische Zeit hinein harmonieren nicht gut mit der oft geäußerten Annahme, die Anlage der seleukidischen Kolonie sei zu Lasten des Tempellandes erfolgt.[619] Überdies kommt auch P. Debord in seiner umfassenden Untersuchung sämtlicher anatolischer Heiligtümer zu der Einschätzung, sowohl die Seleukiden als auch die Attaliden hätten kaum in die Angelegenheiten der größeren Tempel eingegriffen,[620] und es gebe keinen einzigen sicheren Beweis für die Konfiskation von Tempelland durch hellenistische Herrscher.[621] Das pisidische Men-Heiligtum dürfte mithin das einzige in unserem Raum gelegene Beispiel eines unabhängigen 'Tempelstaates' gebildet haben,[622] dessen offenbar recht umfängliche χώρα ἱερά wenigstens zum Teil von abhängigen Hierodulen bewirtschaftet wurde.[623]

Neben den 'Tempelterritorien' bilden die von der modernen Forschung stark herausgestrichenen 'Stämme' eine zweite, vor allem für Inneranatolien typische Sonderform der sozialen Verfassung, die freilich nur in schemenhaften Umrissen erkennbar ist. Schon die einfache, an der Terminologie der antiken Zeugnisse orientierte Klassifikation der verschiedenen sozialen und politischen Elemente, die zur Identifikation der wirklich als 'Stämme' zu bezeichnenden Gruppen notwendig ist, bereitet unübersehbare Schwierigkeiten. M. Rostovtzeff etwa hält die folgenden Einheiten für grundlegend:"Könige (βασιλεῖς), die kleinen Herrscher (δυνάσται), Städte (πόλεις oder δῆμοι) und 'Völker' (ἔθνη)."[624] Was aber hat man genau unter 'Völkern' zu verstehen, und wie verhalten diese sich zu den 'Stämmen'? Sind beide Begriffe miteinander identisch, oder bilden erst mehrere 'Stämme' ein 'Volk'? Ein weiteres Problem stellt das von Rostovtzeff nicht erörterte Verhältnis von Ethnos und Koinon dar, und schließlich ruft auch Rostovtzeffs Einschätzung der δῆμοι als "Städte" Skepsis hervor. Zusätzlich erschwert wird der gesamte Themenkomplex durch den antiken Sprachgebrauch, denn häufig findet sich in den Quellen gar kein Hinweis auf eine der genannten Kategorien (ἔθνος, κοινόν, δῆμος), sondern es wird einfach der Plural des Ethnikons gebraucht. Letzteres gilt leider auch für die beiden wichtigsten, hier zu behandelnden pisidischen 'Stämme', die Μιλυαδεῖς und die 'Οροανδεῖς,[625] und nicht zuletzt deswegen ist die (etwa von A.H.M. Jones, S. Jameson und J.

---

617 S. Mitchell, AS 33, 1983, 7 ff. 34, 1984, 8 ff.

618 S. Mitchell, AS 34, 1984, 10: "There was, therefore, a settlement of some importance as well as a sanctuary on the hill top, occupied from at least the third century B.C. until the late antiquity."

619 Literaturnachweise o.S.61.

620 Debord, Aspects, 99.

621 Ebd. 151; ähnlich bereits T.R.S. Broughton (seine frühere, in 'Roman Asia' geäußerte Haltung korrigierend), New Evidence on Temple Estates in Asia Minor, in: Studies in Roman Economic and Social History in Honour of A.C. Johnson, Princeton 1951, 236 ff., bes. 237.242 f.; Walbank, Hellenistische Welt, 133 f.

622 Es sei darauf hingewiesen, daß auch diese Tempel natürlich nicht von der Abgabenpflicht gegenüber dem königlichen Fiskus befreit waren: Rostovtzeff, SEHHW, 514.

623 So auch Welwei, Abhängige Landbevölkerung, 117; zu den Hierodulen überhaupt s. dens., 110 ff.

624 Rostovtzeff, SEHHW, 394.

625 Die 'Homonadeis/Homonadenses' (dazu Levick, Colonies, 203 ff.), die 'Sedaseis' (Sterrett, WE Nr. 240) und die 'Gorgoromeis' (A.S. Hall, The Gorgoromeis, AS 21, 1971, 125-167) gehören in den östlich von Pisidien gelegenen, Lykaonien und/oder Isaurien zu nennenden Raum und werden hier ausgeklammert. Über die nur in einer fragmentarisch erhaltenen, aus Ostpamphylien stammenden Inschrift erwähnten Πεδαιεῖς (?) (Hall, Notes 67 Nr.

Greenhalgh geübte) Praxis[626] zu kritisieren, die Dominanz der "tribal organization" zu behaupten, ohne diese jedoch näher zu definieren oder wenigstens die Problematik der Begrifflichkeit zu erörtern. Kommen wir also noch einmal auf Rostovtzeffs Kategorien zurück: Seine Auffassung, die δῆμοι seien mit 'Städten' gleichzusetzen, trifft sicherlich nicht das Richtige. Zwar bezeichnet bekanntlich in Dekreten oder der politischen Korrespondenz der Poleis der 'demos' (meist zusammen mit der 'bule') die Volksversammlung bzw. die Gesamtheit der Politen, aber der Terminus begegnet auch als polisunabhängiger Begriff: So unterscheidet das Zollgesetz der Provinz Asia (§ 10) ausdrücklich zwischen πόλεις, ἔθνη und δῆμοι, und H. Engelmann - D. Knibbe deuten letztere gewiß zu Recht als "Gemeinden mit ländlicher Siedlungsstruktur".[627] Und wenn der in Isaurien beheimatete δῆμος Γοργορομένων eine Inschrift setzt, so bezeugt dies nicht etwa die Existenz einer 'Stadt', sondern belegt den Gebrauch von 'demos' im eben genannten Sinne, worunter hier wohl nur eine ethnisch zusammengehörige Gruppe von Komen verstanden werden kann.[628]

Zwar kennen wir keinerlei Einzelheiten der inneren Struktur dieser Stammesorganisationen, aber daß diese zumindest in manchen Fällen mehr waren als nur ein Konglomerat unzivilisierter, nicht hellenisierter Komen,[629] läßt sich immerhin am Beispiel der pisidischen 'Oroandeis' aufzeigen. Diese begegnen bereits in den Quellen zum Zug des Cn. Manlius Vulso als einheitlicher Stamm, der, wie diverse pisidische Poleis, an den römischen Feldherrn Tribute entrichten muß.[630] Weitere hellenistische Belege aus Pisidien selbst für die 'Oroandeis' gibt es nicht, erst aus der römischen Kaiserzeit stammen Inschriften, welche βουλή und δῆμος Κλαυδιοκαισαρέων Μιστεανῶν 'Ορονδέων, βουλή und δῆμος [Τιβεριοπολιτ]ῶν Παππη[νῶν] 'Ορονδέων sowie daneben noch ein gesondertes κοινὸν 'Ορονδέων nennen.[631] Diese Zeugnisse werden ergänzt durch eine Aufzählung des kaiserzeitlichen Geographen Cl. Ptolemaios: 'Ορονδικοὶ ἔθνος καὶ πόλεις Μίσθιον, Πάππα.[632] Erst diese Dokumentation ermöglicht die eindeutige Lokalisierung des von den 'Oroandeis' bewohnten Gebietes (am Beyşehir-See und östlich davon), und sie zeigt überdies, daß im Laufe der Jahrhunderte der ethnische Zusammenhalt gewahrt blieb.[633] Von größerer Bedeutung sind für uns im vorliegenden Zusammen-

---

7) läßt sich gar nichts sagen.

626 Jones, Cities, 124 ff.; Jameson, Lycia and Pamphylia, 284; Greenhalgh, 66-121 ("Tribe, City and Territory").

627 H. Engelmann - D. Knibbe, Das Monumentum Ephesenum, EA 8, 1986, 19-31 (Zitat: 27); diess., Zollgesetz, 73.

628 Hall, Gorgoromeis, 125 ff.

629 So freilich Greenhalgh, 79.

630 Polyb. XXI 41 (44),7. 43 (46),1 f. D. Magie (RRAM, 1173 f.) möchte diese 'Oroandeis' von den (gleich noch zu behandelnden) 'Orondeis' unterscheiden, was sich aber kaum rechtfertigen läßt, denn erstens gibt es keinerlei Zeugnisse oder Indizien für zwei verschiedene Gruppen namens 'Ορο(α)νδεῖς, und zweitens treffen wir auf den im folgenden noch zu betrachtenden außerkleinasiatischen Inschriften nur auf die eindeutige Form 'Οροανδεῖς, so daß von der variierenden Schreibung 'Ορο(α)νδεῖς auszugehen ist, mit der ein- und derselbe Stamm gemeint sein muß. Für die Variabilität der Schreibweise spricht überdies, daß bei Cicero (leg.agr. II 50) die Version "ager Orindicus" (in der handschriftlichen Überlieferung) belegt ist; s. ferner noch Plin. n.h. V 94. 147. Gegen Magie und A.S. Hall (Notes, 63 A.40) glauben ebenfalls an nur einen Stamm und ein Gebiet der 'Oroandeis': Robert, Noms, 339; ders., Hellenica XIII (1965) 76. 82 f.; Levick, Colonies, 18; A. Bernand, Pan du désert, Leiden 1977, 248 ff.; G. Laminger-Paschinger, Beiträge zu den griechischen Inschriften Lykaoniens, Wien 1984, 73 ("...das Ethnikon 'Ορονδεῖς, das sonst allerdings in der Form 'Οροανδεῖς auftritt.").

631 SEG XVIII 564 = AE 1961, 21; MAMA VIII 332 (s. auch AE 1968, 494); MAMA VIII 333.

632 Ptolem. V 4.

633 Zu weiteren Schlußfolgerungen, die sich aus den angeführten Zeugnissen für die römische Zeit ergeben,

hang aber einige hellenistische, nicht aus Kleinasien stammende Inschriften, welche die Teilnahme von 'Oroandeis' am internationalen Kultur- und Wirtschaftsleben belegen.[634] Diese 'Oroandeis' übten ihre (nicht genau zu ermittelnden) Tätigkeiten vor allem auf Rhodos aus, der neben Delos wichtigsten Drehscheibe des Ägäishandels in hellenistischer Zeit, so etwa der explizit als Metöke bezeichnete Oroandier Demetrios[635] oder Menis, dem das Wohnrecht (Epidamie) auf Rhodos verliehen worden war.[636] Neben diesen, in der sozialen Hierarchie der auf Rhodos lebenden Fremden recht weit oben angesiedelten 'Oroandeis' finden sich auch einige in der Masse rhodischer Sklaven, die zum weitaus größten Teil aus Kleinasien stammten.[637] Schließlich erscheint auf einer der ersten attischen Ephebenlisten (107/106 v. Chr.) seit der Zulassung von 'Xenoi' aus dem gesamten Mittelmeerraum zur Ephebie in Athen (wohl seit 119/118 v. Chr.) auch ein Ἄτταλος Μηνοδώρου Ὀροανδεύς.[638] Bedenkt man, daß gerade die frühen ausländischen Epheben überwiegend aus wohlhabenden Familien stammten und daß sich "die athenische Ephebie an eine vornehme und reiche Kundschaft"[639] wandte, so verdient die Tatsache, daß auch ein Oroandier früh Eingang in diese sozial exklusive Schicht findet, besondere Beachtung.

Diese Dokumente, so wenig aussagekräftig sie im ganzen sein mögen, relativieren immerhin das gängige Vorurteil gegenüber den vermeintlich allen Kontakten mit der Zivilisation entzogenen 'tribes'. Aus dem bereits erwähnten kaiserzeitlichen Beleg[640] für ein κοινὸν Ὀρονδέων könnte sich die Vermutung ergeben, bereits in der hellenistischen Zeit hätte eine Art Föderation der Oroandier (mit entsprechenden Bundesorganen ?) existiert, aber dies läßt sich nicht erhärten.[641] Skepsis scheint jedenfalls angeraten gegenüber der prinzipiellen Gleichsetzung von Stammesorganisation und polisferner Lebensweise[642], denn die auf dem Gebiet der 'Oroan-

---

s.u.S.115.

[634] In früheren Publikationen hat man auch stets das inschriftlich belegte Ethnikon Ὀροαννεύς als Nebenform oder Verschreibung auf den pisidischen Stamm bezogen, etwa eine Künstlersignatur aus Halikarnassos (E. Loewy, Inschriften griechischer Bildhauer, Leipzig 1885, Nr. 305), eine Inschrift aus Priene (IvPriene Nr. 290) und eine unter anderen von einem Ὀροαννεύς gesetzte Weihinschrift im ptolemäischen Ägypten (OGI 86 = SB V 8771 = Bernand, Pan, Nr. 85). Es ist das Verdienst L. Roberts (Villes de Carie et d'Ionie dans la liste des Théodoroques de Delphes, BCH 1946, 506-523), auf einer delphischen Liste von Theadoroken eine ionische Polis Oroanna identifiziert zu haben, deren Bewohner nicht mit den pisidischen 'Oroandeis' verwechselt werden dürfen.

[635] Clara Rhodos II, 1932, 177 Nr. 6 = D. Morelli, Gli stranieri in Rodi, SCO 5, 1955, s.v. 'Oroandeis'. Zu den rhodischen Metöken Rostovtzeff, SEHHW, 545:" Unter den Fremden (sc. auf Rhodos) können wir ebenfalls verschiedene Klassen unterscheiden. Das Wohnrecht scheint eine Art Auszeichnung gewesen zu sein, die das Recht auf die Bezeichnung 'Metoikos' mit sich brachte und Besitzer von den 'Fremden' unterscheidet."

[636] Clara Rhodos II,1932, 177 Nr. 6 = Morelli, ebd.: Μῆνις ὧι ἁ ἐπιδαμία δέδοται. Zum (männlichen) Personennamen Μῆνις s. Zgusta, Personennamen, 313 § 910. Zur Rechtsstellung Fremder auf Rhodos und zur Epidamie s. Rostovtzeff, SEHHW, 544.

[637] IG XII 1 Nr. 448. 873; Maiuri, Silloge Nr. 185. Sklaven auf Rhodos: Rostovtzeff, SEHHW, 546.

[638] IG II 470 (II^2 1011) col. V Z.112. Die erste Ephebenliste mit Fremden (119/118 v. Chr.): IG II^2 1008. Zur attischen Ephebie und ihrer Entwicklung in der hellenistischen Zeit s. nur H.I. Marrou, Geschichte der Erziehung, München^7 1976, 204 ff.; O.W. Reinmuth, Art. Ephebia, Der kleine Pauly II, 1979, 288 ff.

[639] Marrou, ebd. 210.

[640] MAMA VIII 333.

[641] Auch der generelle hellenistische Sprachgebrauch wirft einige Fragen auf und erlaubt beispielsweise keine klare Abgrenzung von 'Ethnos' und 'Koinon'. Die Inschrift aus dem lykischen Araxa etwa (SEG XVIII 570; 2. Jh. v. Chr.) trennt nicht säuberlich zwischen beiden Termini.

[642] So Greenhalgh, 79.

deis' gelegene Polis Misthia[643] existiert bereits in hellenistischer Zeit.[644]

Wie die 'Oroandeis' müssen auch die 'Milyadeis' fast ein Jahrtausend lang eine eigene soziokulturelle Identität oder wenigstens den Anspruch auf eine solche bewahrt haben, denn während dieses gesamten Zeitraums begegnen sie in den antiken Quellen als ethnische Einheit. Geographisch läßt sich die von ihnen bewohnte Region, die Milyas, kaum eingrenzen, auch die antiken Autoren liefern unterschiedliche Angaben. Allgemein kann man sagen, daß der Begriff stets für Gebiete des nördlichen Lykien und/oder des südwestlichen Pisidien verwendet wird,[645] was in der Kaiserzeit zur Annahme zweier verschiedener, jeweils Milyas genannter Gegenden führt, die eine in Lykien, die andere in Pisidien gelegen.[646] Die genaueste Umschreibung findet sich noch bei Strabon:[647]

Μιλύα δ' ἐστὶν ἡ ἀπὸ τῶν κατὰ Τερμεσσὸν στενῶν καὶ τῆς εἰς τὸ ἐντὸς τοῦ Ταύρου ὑπερθέσεως δι' αὐτῶν ἐπὶ Ἴσινδα παρατείνουσα ὀρεινὴ μέχρι Σαγαλασσοῦ καὶ τῆς Ἀπαμέων χώρας.

Mag diese Eingrenzung auch keineswegs Verbindlichkeit beanspruchen dürfen für die vorherigen Jahrhunderte, so belegt sie doch unmißverständlich die Existenz von Poleis in der Milyas, und ein Blick auf die Karte bestätigt dies: Auch kleinere Gemeinwesen wie Pogla, Andeda oder Sibidunda gehören zur Milyas, und Pogla etwa begegnet bereits, wie wir sahen, in hellenistischer Zeit als entwickelte Polis mit den entsprechenden Institutionen.[648] Andererseits kennt Cicero ein "commune Milyadum",[649] und in einer 5/4 v. Chr. gesetzten Ehreninschrift für Roma und Augustus begegnen οἱ Μιλυαδεῖς als verantwortliche Körperschaft.[650]

Offenbar erhielt sich in Pisidien das Bewußtsein ethnischer Homogenität unter der (indigenen) Bevölkerung über Jahrhunderte hinweg, ungeachtet der Tatsache, daß sich andere, zeitgemäße Formen der sozialen Organisation längst etabliert hatten. Ein Indiz für Unterentwicklung und Zivilisationsferne liegt darin nicht, es ist eher Ausdruck eines (wert)konservativen Kulturverhaltens. Poliskultur und 'Stammesbewußtsein' bilden hier keinen Gegensatz und sind auch nicht als verschiedene Stufen eines teleologisch verlaufenden Fortschrittsprozesses anzusehen, sondern sie begegnen gleichzeitig und lassen sich historisch erklären. Auch mit Blick auf die Milyadeis besteht mithin kein Anlaß dazu, eine zurückgebliebene Siedlungs- und Lebensweise zu unterstellen und daraus einen "cultural gap between highland and lowland regions"[651] abzuleiten.

---

643 S.o.S.55.
644 Swoboda - Keil - Knoll Nr. 74 I; vgl.o.S.55.
645 Die wichtigsten Quellen: Hdt. I 173. III 90; Arr. Anab. I 24,5; Polyb. V 72,5. XXI 45,10; Cic.Verr. II 1,95; Strab. XIII 4,17 (C 631). XIV 3,9 (C 666); Plin. n.h. V 95. 147; zur Diskussion der einzelnen Stellen s. Hall, Milyadeis.
646 Ptol. V 2. 5.
647 Strab. XIII 4,17 (C 666).
648 SEG XIX 834; s.o.S.54 f.
649 Cic.Verr. II 1,95 (von Hall, Milyadeis, 148 f. zu Unrecht als Koinon begriffen, s. bereits B. Levick, Art. Pogla, RE Suppl. XIV, 1974, 416).
650 Hall, Milyadeis, 137 ff.
651 Greenhalgh, 71.

3. Das nicht-agrarische Wirtschaftsleben

Ungeachtet der Tatsache, daß die Landwirtschaft den eindeutig dominierenden Wirtschaftszweig darstellte, und trotz des Fehlens jeglicher statistischer Untersuchungen, welche erst eine vergleichende Gewichtung der verschiedenen Wirtschaftssektoren ermöglichen könnten, darf dennoch davon ausgegangen werden, daß bereits im hellenistischen Pamphylien und Pisidien eine Vielzahl von Erwerbstätigen in nicht-agrarischen Berufszweigen beschäftigt war. Schon die (oben dargestellte) Entwicklung des Siedlungswesens in Pamphylien und Pisidien setzt die Existenz einer beträchtlichen Zahl von Spezialisten voraus. Die Architekten mögen dabei noch die kleinste Gruppe gebildet haben,[652] aber daneben wirkte "eine fast unermeßliche Zahl vorzüglicher Handwerker und Künstler"[653] an der Planung, Materialbeschaffung und Errichtung von Bauten aller Art mit, die, wie zufällig erhaltene Dokumente aus dem griechischen Mutterland zeigen, sehr arbeits- und personalintensiv vonstatten ging.[654] Darüber hinaus muß mit einer breiten Palette weiterer handwerklicher und gewerblicher Tätigkeiten[655] gerechnet werden, die leider nur ganz vereinzelt durch antike Quellen dokumentiert werden, und Entsprechendes gilt für die Bereiche Handel und Transport. Nicht nur sämtliche Baumaterialien, von den verschiedenen Gesteinsarten bis hin zu Farben und Dekorationsstoffen, mußten meistens, da am Ort nicht in ausreichender Menge vorhanden, aus anderen Gegenden herangeschafft werden, sondern auch zum täglichen Leben notwendige Güter, von Grundnahrungsmitteln bis hin zu Luxusartikeln, wurden häufig importiert beziehungsweise, im Falle lokaler Überschußproduktion, exportiert. Schließlich gedieh, nicht zuletzt im Zusammenhang der bereits angesprochenen, zunehmenden Bedeutung des Gymnasions, auch das geistig-kulturelle Leben im südwestlichen Anatolien und schuf mannigfaltige Beschäftigungsmöglichkeiten: Ärzte, Künstler, Wissenschaftler etc. lassen sich in wachsender Zahl in den hier gelegenen Poleis nachweisen. Mögen die für Pamphylien und Pisidien auf uns gekommenen Zeugnisse auch sehr spärlich sein und nicht annähernd einen repräsentativen Querschnitt des Wirtschaftslebens und der -Berufsvielfalt liefern, so lohnt es dennoch, im folgenden einmal eine bislang fehlende Zusammenstellung und Auswertung des verfügbaren Materials vorzunehmen, wobei ein Berufszweig - das Söldnerwesen - zunächst ausgeklammert und später in einem gesonderten Kapitel behandelt wird.

Über handwerkliche Berufe erfahren wir generell aus den antiken Quellen wenig Genaues. Und die spärliche epigraphische Dokumentation, die uns zur Verfügung steht, erweist sich überdies als regional sehr unausgewogen. Besonders deutlich wird dies in den Quellen der Kaiserzeit und der Spätantike: Wenn etwa vor allem in Gallien Handwerker auf kaiserzeitlichen Grabreliefs dargestellt sind und die mit Abstand reichste Dokumentation zum spätantiken Handwerk aus dem kilikischen Korykos stammt, so wird man daraus kaum ableiten dürfen, daß sich dort jeweils die reichsweit dominierenden Zentren handwerklicher Produktion befanden; vielmehr muß man mit lokal und regional verschiedenen 'Moden' bei der inschriftlichen Selbstdarstellung einzelner Berufsgruppen rechnen, so daß aus dem Fehlen entsprechender Zeugnisse kei-

---

[652] Müller-Wiener, 18.

[653] Ebd.

[654] Ebd. 15-40.

[655] An allgemeinen Überblicken für die hellenistische Zeit zu diesem Thema seien hier nur die folgenden genannt: Rostovtzeff, SEHHW, 855-869; Walbank, Hellenistische Welt, 167 ff.; K. Davies, Social and Economic Features of the Hellenistic World, CAH VII 1^2, Cambridge 1984, 287-320.

neswegs automatisch auf das Fehlen von Handwerkern zu schließen ist. Für die hellenistische Zeit wird man Ähnliches annehmen können, so daß es kaum verwundern kann, daß die hellenistischen Inschriften nur wenige Informationen über die handwerklichen Berufe dieser Zeit liefern:[656] Nur ein Steinmetz aus Aspendos[657], ein aus Alexandria stammender Kunsthandwerker in Termessos,[658] zwei Skulpteure aus Side, von denen einer auf Rhodos wirkte,[659] sowie pamphylische Töpfer auf Rhodos[660] vermitteln einen sporadischen Eindruck von der Bandbreite und Bedeutung dieser Erwerbszweige. Gewiß nicht zufällig üben gleich mehrere dieser τεχνῖται ihre Arbeit auf Rhodos aus, denn Rhodos nahm, wie wir noch sehen werden, eine zentrale Position in den außenwirtschaftlichen Kontakten Südwestanatoliens ein. Es liegt daher nahe, die Anwesenheit weiterer auf Rhodos bezeugter Pamphylier mit wirtschaftlichen Funktionen irgendwelcher Art in Handwerk oder Handel zu erklären,[661] aber da aus den Inschriften keinerlei Indizien zu gewinnen sind, muß dies ebenso offen bleiben wie im Fall der recht zahlreichen, auch nicht mit Berufs- oder Funktionsangaben versehenen Pisider auf Rhodos.[662] Daß im übrigen für handwerklich beschäftigte Pisider kaum inschriftliche Zeugnisse existieren, mag Zufall sein oder mit den angesprochenen Eigentümlichkeiten der Überlieferungssituation zusammenhängen und berechtigt kaum zur Annahme eines im Vergleich zu Pamphylien generell niedrigeren Niveaus dieses Berufsfeldes in Pisidien.

Für den Bereich von Wissenschaft und Medizin hingegen läßt sich ein deutliches Gefälle zwischen beiden Regionen beobachten: Während für Pisidien keine entsprechenden Nachweise vorliegen, brachte Pamphylien auffallend viele, auch international angesehene Mathematiker, Philosophen und Ärzte[663] hervor, so daß man eine besondere Bedeutung dieser Disziplinen in Pamphylien unterstellen darf. Aus Perge stammen der berühmte, später in Alexandria lehrende Mathematiker Apollonios[664] sowie der Arzt Asklepiades,[665] der in Athen wirkende Philosoph Erymneus dürfte pamphylischer Herkunft sein,[666] in Aspendos lebte (wohl zur Zeit Alexanders d.Gr.) der Pythagoräer Diodoros,[667] und in der offenbar kulturell renommierten und daher mit der Erziehung des Seleukidenprinzen Antiochos VII."Sidetes" beehrten Stadt Side[668] besaß die

---

656 Zu der Überlieferungsproblematik s. Kolb, Stadt, 242 f.; zu Korykos und der Spätantike s. ferner u.S.190; zur Quellenlage für die hellenistische Wirtschaft generell s. Gehrke, Hellenismus, 172 ff. Eigentlich sollte es selbstverständlich sein, daß nur hellenistische Zeugnisse herangezogen werden, dies ist jedoch keineswegs immer der Fall. So erweist sich etwa das Kapitel "Handwerk und Handel" bei Kreissig, Wirtschaft (74-89) als völlig wertlos, da ausschließlich kaiserzeitliche Dokumente behandelt und diese ohne jeglichen Vorbehalt für die seleukidische Zeit zugrundegelegt werden.

657 Brixhe, Dialecte, Nr. 154.

658 TAM III 26.

659 Bean, IvSide Nr. 81 (4./3. Jh. v. Chr.); IvLindos Nr. 189 (ca. 170 v. Chr.?).

660 Robert, Noms, 378 (Pamphylier auf Amphorenhenkeln aus Lindos); Brixhe, Dialecte, 217 A.8; vgl. dazu O. Masson, Les anses d'amphores et l'anthroponymie grecque, in: Y. Empereur - Y. Garlan (Hgg.), Recherches sur les amphores grecques (BCH Suppl. XIII), Paris 1986, 37 ff.

661 So ebenfalls Morelli, 135.

662 Zu den auf Rhodos belegten Pamphyliern und Pisidern s. die Nachweise u.S.79 ff.

663 Zu letzteren s. F. Kudlien, Der griechische Arzt im Zeitalter des Hellenismus. Seine Stellung in Staat und Gesellschaft (Abh.d.Akad.d.Wiss.Phil.-Hist.Kl.Nr. 6), Mainz 1979.

664 J. Mau, Art. Apollonios (2), Der Kleine Pauly I, 1979, 451 f.; ProsPtol VI 16524.

665 IvPerge Nr. 5; s.o.S.42 f.

666 Athen. V 211 e, vgl. Robert, Noms, 379.

667 Diog.Laert. VI 13; vgl. H. Dörrie, Art. Diodoros (8), Der Kleine Pauly II, 1979, 40.

668 Nollé, Inschriften, 61.

Heilkunst einen besonderen Rang: Prominente Vertreter dieser Zunft, wie Memnon[669] oder der als Schüler des alexandrinischen Mediziners Erasistratos ausgewiesene Arzt Artemidoros[670], waren in Side beheimatet.

Von der Medizin und ihrer Blüte profitierte die ebenfalls bereits im hellenistischen Pamphylien und Pisidien (Selge) mit Gewinn betriebene Produktion und Ausfuhr von Salben, Aromata und Parfümen, vor allem auf der Grundlage des bei Selge gewonnenen Styrax-Harzes.[671] Gerade in diesem Fall zeigt sich die gewiß generell enge wirtschaftliche Verflechtung von Pisidien, wo das Material gewonnen wurde, und Pamphylien, über dessen Häfen der Export abgewickelt wurde.

Den Kristallisationskern aller letztgenannten Berufssparten und Produkte bildete das Gymnasion, diese für die hellenistischen Poleis so charakteristische Institution.[672] Dessen zunehmende Bedeutung und das wachsende Renommé von Wissenschaft, Kunst und Agonistik bedingten einander, und so verwundert es nicht, daß auch pamphylische Künstler und Athleten in der epigraphischen Dokumentation vertreten sind, etwa ein aspendischer Olympionike[673] oder ein aus Perge stammender Kitharöde, der gar zum Proxenos in Olus (Kreta) ernannt wurde;[674] bei den anläßlich der Panathenäen in Athen veranstalteten Agonen errang im 2. Jh. v. Chr. auch ein Bürger aus Sillyon einen Sieg,[675] und unter den frühesten ausländischen Epheben in Athen befindet sich möglicherweise auch ein Pamphylier aus Magydos.[676] Auch die nach einer offenbar in Aspendos gebräuchlichen, speziellen Greiftechnik musizierenden 'Ασπένδιοι κιθαρίσται[677] genossen zweifellos überregionales Ansehen. Die Einseitigkeit der vielleicht nicht nur mit der Fundzufälligkeit zu erklärenden, fast ausschließlich Pamphylier bezeugenden Dokumentation läßt sich möglicherweise mit der Vermutung begründen, daß sich der gymnasiale Sektor in den exponiert gelegenen, stärker in den internationalen (Kultur-) Verkehr einbezogenen (Hafen-)Poleis zügiger entwickelt hatte als in den mehr im Hinterland gelegenen Siedlungen Pisidiens. Allerdings muß beispielsweise an die 'Oroandeis' in den athenischen Ephebenlisten erinnert werden,[678] und überdies finden sich diverse Pisider in anderen griechischen Poleis, deren Beruf in den Inschriften nicht angegeben ist - auch darunter mag sich der eine oder andere Künstler, Gelehrte oder Athlet befinden.[679]

Auf einem anderen, wirtschaftlich bedeutenderen Feld wirkte sich die Küstenlage pamphylischer Siedlungen zweifellos zugunsten dieser Orte aus und ließ demgegenüber die pisidischen Poleis deutlich in den Hintergrund treten. Die Rede ist vom Handel, und dabei primär vom Seehandel. Mag der epigraphische Niederschlag dieses Wirtschaftszweiges auch ähnlich schwach ausfallen wie für andere Bereiche, so stehen hier immerhin noch weitere, aussagekräftige Quel-

---

669 Nollé, Charaktere, 85-98.
670 Ebd. 96.
671 E. Paszthory, Laboratorien in ptolemäischen Tempelanlagen, AW 19, 1988, H.2, 19; ders., Salben, Schminken und Parfüme im Altertum, AW 21, 1990, Sondernr., 46 ff.
672 S.o.S.47 u.ö.
673 Robert, Noms, 405.
674 SGDI 5104; vgl. C. Marek, Die Proxenie, Frankfurt - Main 1984, 330.
675 IG II 966.
676 So Robert, Noms, 405, mit Bezug auf IG II^2 1009 col. IV Z.105.
677 W. Boetticher, Art. Aspendioi Kitharistai, Der Kleine Pauly I, 1979, 650 f.
678 S.o.S.74.
679 S.u.S.93.

len zur Verfügung, in erster Linie die Münzen, wobei vor allem die geographische Verbreitung der Münzfunde von Interesse ist. Ferner liefern die im Falle Pamphyliens besonders aufschlußreichen Funde gestempelter Amphorenhenkel wertvolle wirtschaftsgeschichtliche Erkenntnisse.

Eine dominierende Rolle in den Außenhandelskontakten Pamphyliens und (wahrscheinlich via Pamphylien auch) Pisidiens spielte Rhodos, wobei die Insel kaum als Endabnehmer, sondern vielmehr als Handelsumschlagplatz fungiert haben dürfte.[680] Ein beredtes Zeugnis für die auch in Pamphylien selbst spürbare rhodische Handelsmacht bildet die 305/4 v. Chr. von Antigonos ausgesprochene Sicherheitsgarantie für die im östlichen Mittelmeerraum agierenden rhodischen Handelsagenten:[681]

Ἀντίγονος ἐπολιόρκει Ῥόδον ἐπιστήσας τῇ πολιορκίᾳ τὸν υἱὸν Δημήτριον, κηρύξας αὐτομόλοις Ῥοδίοις εἶναι πᾶσαν ἀσφάλειαν. ὁπόσοι δὲ περὶ Συρίαν, Φοινίκην, Κιλικίαν, Παμφυλίαν ἦσαν ἔμποροι καὶ θαλασσουργοί Ῥόδιοι, καὶ τούτοις ἐκήρυξεν ἀσφάλειαν τῆς θαλάσσης ἐπὶ τῷ μὴ καταίρειν εἰς Ῥόδον.

Wie diese Rhodier in Kleinasien und anderswo, so dürften umgekehrt auch die meisten der auf Rhodos selbst bezeugten Kleinasiaten, darunter Pamphylier und Pisider, direkt oder mittelbar - etwa als Hersteller von Amphoren oder im Bankengeschäft - mit dem Handel zu tun gehabt haben. Folgende, leider nicht mit Berufsangaben versehene Pamphylier und Pisider werden durch (freilich nicht immer zweifelsfrei) hellenistische Inschriften (neben den oben erwähnten Töpfern und Skulpteuren) auf Rhodos nachgewiesen:

a)Pamphylier:

- IvLindos Nr.78: Kasandros aus Aspendos, verheiratet mit der aus dem zypriotischen Salamis stammenden Aristotima. Die 'Internationalität' der Eheverbindung deutet vielleicht auf weitgespannte berufliche (Handels-)Tätigkeit des Aspendiers.

- SEG XXXI 734: Unbekannter Aspendier.

- IG XII 1,407: Charmostynos aus Attaleia.

- Morelli (SCO 5, 1955) s.v. Περγαῖοι· Δαμῶ αἷ ἔγτησις δέδοται, ἇς κύριος Ἄγησις Ξενόφωντος. Bemerkenswert und für ein gewisses Maß an Wohlstand und Sozialprestige sprechend ist hier das der Fremden konzedierte Recht auf den Besitz von Grund und Boden.

- IG XII 1,35: Ζηνόδοτος Κύδνου ὁ Περγαῖος εὐεργέτα[ς] ἀνέθηκε Σωτηριαστᾶν Ἡρ[ωιστᾶν] τῶι κοινῶι. Zenodotos aus Perge begegnet hier als Euerget für einen der zahlreichen Kultvereine, in denen sich die auf Rhodos lebenden Fremden zusammenfanden.[682]

- IG XII 1,464: Apollonios aus Side.

- IG XII 1,1444: Dionysodoros aus Side.

- Fraser, Rhodian Monuments, 91f.: Polyeuktos aus Side.

b)Pisider: Noch zahlreicher als Pamphylier sind gemäß den erhaltenen Zeugnissen die Pisider

---

[680] Zu dieser Bedeutung von Rhodos s. die immer noch maßgeblichen Ausführungen von M. Rostovtzeff, Rhodes, Delos and Hellenistic Commerce, CAH VIII, Cambridge 1930, 619-667; SEHHW, bes.173 ff.

[681] Polyaen. IV 6,16; vgl. R.M. Berthold, Rhodes in the Hellenistic Age, Ithaca-London 1984, 49 f.

[682] Dazu s. Rostovtzeff, SEHHW, 546; G. Sacco, Su alcuni etnici di stranieri di Rodi, RAL ser.8, 35, 1980, 525.

auf Rhodos vertreten. Neben den schon erwähnten 'Oroandeis' (o.S.74) und dem Bürger aus Neapolis (o.S.62) finden sich folgende Pisider auf Rhodos:

- Morelli s.v. Σαγαλασσεῖς: Eunous aus Sagalassos.

- Die mit weitem Abstand dominierende Gruppe stellen die Selgier: Apollonios (IvSelge T 54); Atalante (IG XII 1,548 = IvSelge T 58); Athana(goras?) (Maiuri, Silloge,Nr.186 = IvSelge T 56); Hymnos (IvSelge T 48); Aristogenes (Maiuri, Silloge, Nr.187 = IvSelge T 57); Hermaios (IvSelge T 60-61); On(a)simos (IG XII 1,462 = IvSelge T 64); Pistos (AM 21, 1896, 26 = IvSelge T 65); Ordo(s..(Clara Rhodos II, 1932, Nr.161 = IvSelge T 52; vgl. Robert, Noms, 431f.); Damatria (ASAA II, 21 = IvSelge T 59); bei zwei weiteren Personen ist nur das Ethnikon erhalten (Maiuri, Silloge,Nr.189 = IvSelge T 67; IvLindos Nr.275 Z.41 = IvSelge T 68); schließlich stammen noch zwei weitere Belege aus der rhodischen Peraia (IvSelge T 43-44). Während für die bisher genannten Selgier keine exakten Indizien hinsichtlich ihrer sozialen Position oder der von ihnen ausgeübten Tätigkeiten zu ermitteln sind, können bei einigen weiteren Selgiern wenigstens vage Vermutungen angestellt werden:

- - SEG III 674 (=IvSelge T 53): In dieser sechzig Zeilen langen Inschrift firmiert der Selgier Zenon als der große Wohltäter einer der erwähnten kultischen Vereine von Fremden, dem hier unter anderen Phaseliten angehören. Zenon dürfte über entsprechenden Besitz verfügt und ein hohes Sozialprestige besessen haben, um als Euerget für dieses Koinon auftreten zu können. Ähnliches gilt für Damatrios von Selge, der vielleicht einen Soteriastenverein gegründet hatte (IvSelge T 55).

- -Eine weitere, auch in den Zusammenhang der kultischen Vereinigungen zu stellende Gruppe von (allerdings späteren) Inschriften unterstreicht die starke Präsenz von Selgiern auf Rhodos: Philokrates aus Ilion, exponiertes Mitglied eines derartigen Koinon und mit der Epidamie versehen, war mit Hermorode, einer Selgierin, verheiratet (IG XII 1,157 = IvSelge T 50).[683] Auch deren Vater, der Selgier Hermogenes, lebte als Metöke auf Rhodos (IG XII 1,461. IvSelge T 49.51), ebenso wie der Bruder des Philokrates, Philo, dessen Ehefrau wiederum aus dem kilikischen Soloi stammte (IG XII 1,542).

- Neben den Selgiern siedelten auch Termessier in recht großer Zahl auf Rhodos: Artemis (Maiuri, Silloge, Nr.199); Philistion (IvLindos Nr.143); Artemon (Maiuri, Silloge, Nr.431); Herakleitos (Ebd. Nr.200); Doris (SACCO, 527); Aphrodisios, verheiratet mit einer Rhodierin (IG XII 1,544); Aristobulos (IG XII 1,385) sowie ein weiterer Termessier, dessen Name nicht erhalten ist (ASAA XIV-XVI, 1952-4, 63 Nr.11). Aus der gesamten Gruppe ansonsten unbekannter Termessier und Termessierinnen ragt nur der an vorletzter Stelle aufgelistete Aristobulos heraus: Dieser wird ebenso wie seine Frau, die gebürtige Ephesierin Isigone, als Euerget (wohl wiederum eines kultischen Vereins) bezeichnet.

- IG XII 1, 685: Kanous, Pisider; IG XII 1,879: Diskos, ebenfalls nur als Pisider bezeichnet. Nach J. Martha[684] besitzt der Mann einen "nom rare qui se retrouve sur des anses d'amphores rhodiennes" - Diskos war also möglicherweise im Töpfergewerbe tätig.

Von diesen - mit Ausnahme der beiden zuletzt genannten Personen - durch die Ethnika ihrer Heimatpolis identifizierbaren Pamphyliern und Pisidern, deren Präsenz auf Rhodos sicherlich

683 Zur Epidamie s.o.S.74 A.635.

zumindest in ihrem Ursprung mehrheitlich auf die literarisch belegten Wirtschaftsbeziehungen zwischen Rhodos und dem südwestlichen Anatolien zurückgeht, ist eine andere Gruppe zu differenzieren: die Sklaven. Letztere, auf Rhodos in großer Zahl vorhanden, kamen meist aus der Fremde und wurden in ihren Grabinschriften häufig mit der Angabe ihres Herkunftslandes versehen (Lyder, Phryger etc.) - auch aus unseren Gebieten dürften etliche Sklaven nach Rhodos verkauft worden sein, wie möglicherweise besagter Diskos, die bereits genannten Pistos und Onasimos oder die Pisiderin Starta.[685]

Die dominierende Rolle von Rhodos im internationalen Seehandel der damaligen Zeit, besonders im lukrativen Gütertransport von und nach Ägypten,[686] spiegelt sich in den Funden gestempelter Amphorenhenkel wider: Über neunzig Prozent der in Alexandria gefundenen Exemplare stammen aus Rhodos (ca. 80.000), die anderen kommen aus Knidos (ca. 6.800), Kos (1.480) und aus Pamphylien (650 Stücke).[687] Berücksichtigt man ferner, daß große Teile des südwestlichen Anatolien lange Zeit zu den ptolemäischen Außenbesitzungen gehörten, so stellt sich fast zwangsläufig die Erkenntnis ein, daß die (literarisch belegte) Präsenz von Rhodiern im Küstenbereich des südlichen Kleinasien, die (epigraphisch dokumentierte) Anwesenheit von Pamphyliern und Pisidern auf Rhodos und die neben den rhodischen Amphoren recht beachtliche Zahl pamphylischer Gefäße im ptolemäischen Ägypten Facetten eines einzigen komplexeren Geflechts von Wirtschaftsbeziehungen darstellen. An diesem gewiß profitablen Geschäft partizipierten nachweislich auch Teile der indigenen südanatolischen Bevölkerung, die nach Einschätzung von M. Rostovtzeff von allen überregionalen Wirtschaftsaktivitäten ausgeschlossen war.[688] Pamphylische Amphorenhenkel aus Alexandria weisen nämlich diverse Personennamen im pamphylischen Dialekt auf.[689] Daneben dokumentieren weitere Quellen zumindest indirekt die engen wirtschaftlichen Kontakte zwischen Pamphylien und Ägypten, wie etwa die im ägyptischen Emporion Naukratis gesetzte Weihung an die Artemis Pergaia: "Son culte a du être apporté par les marchands de Sidé, le grand port pamphylien, dont les relations avec Naukratis sont attestées par ses monnaies trouvées dans les fouilles."[690] Die Art der von und nach Ägypten transportierten Güter läßt sich nur annähernd bestimmen: Ägypten exportierte (auch mittels rhodischer Schiffe) in erster Linie Getreide;[691] zu den wichtigsten, aus Anatolien bezogenen Importgütern gehörten Holz, Pech und Teer von der Südküste,[692] ferner die schon erwähnten Aromata[693] sowie Wein und Honig (letzterer vor allem aus Korakesion).[694]

---

684 J. Martha, Inscriptions de Rhodes, BCH 2, 1878, 619 f.

685 Sacco, 525; allgemein zu Sklaven auf Rhodos: Rostovtzeff, SEHHW, 546.

686 Zum ptolemäischen Außenhandel s. nur M. Rostovtzeff, The Foreign Commerce of Ptolemaic Egypt, Journal of Economic and Business History 4, 1930, 728-769. Zur besonderen Rolle von Rhodos im Ägyptenhandel s. ferner P.M. Fraser, Ptolemaic Alexandria, Oxford 1972, 161 ff.; L. Casson, Die Seefahrer der Antike, München 1979, 287 ff.

687 Fraser, Alexandria, 165.

688 Rostovtzeff, SEHHW, 880.

689 Brixhe, Dialecte, Nr. 177c-f.

690 Robert, OMS II, 973 f. A.5 mit Bezug auf SGDI 5772. Neuausgabe dieser Inschrift mit Kommentar bei Bernand, Delta, 746 Nr. 8.

691 L. Casson, The Grain Trade of the Hellenistic World, TAPhA 85, 1954, 168-187; D. Rathbone, The Grain Trade and Grain Shortages in the Hellenistic East, in: P. Garnsey - C.R. Whittaker (Hgg.), Trade and Famine in Classical Antiquity, Cambridge 1983, 45-55.

692 Braunert, Mittelmeer, 143.

693 S.o.S.78.

694 SB III 6779; PCZ 59014. 59680. Daher mag man auch die Weihung an Serapis aus Korakesion (J. Nollé -

Pamphylische Amphorenhenkel markieren noch einen zweiten wichtigen, auswärtigen Handelspartner Südwestanatoliens in späthellenistischer Zeit, die Insel Delos.[695] Delos profitierte auf Kosten der Insel Rhodos von ihrem seit 167 v. Chr. seitens der Römer konzedierten Status als Freihafen[696] und avancierte zu einem blühenden Handelszentrum, in welchem sich zahlreiche Fremde niederließen,[697] darunter auch zwei aus Side stammende Pamphylier.[698] Zu besonderem Ansehen (und Wohlstand ?) auf Delos brachte es ein Pamphylier aus Aspendos, dem die Delier öffentliche Ehren und den Status eines Proxenos zuteil werden ließen.[699] Nachweislich residierten auch Pisider auf Delos, wie eine Subskriptionsliste aus Delos mit der Erwähnung von zwei Selgiern belegt (IvSelge T 73). Überdies sind mehr als vierzig Fremde als 'Αντιοχεῖς dokumentiert,[700] wobei nicht zu erkennen ist, um welches Antiochia es sich jeweils handelt. M. Couilloud vermeidet jegliche Festlegung, sie vermutet nur, daß die überwiegende Mehrzahl aus dem syrischen Antiochia am Orontes stammt.[701] Darin ist ihr zweifellos zuzustimmen, aber der nur einmal in dieser Liste von Antiochiern vertretene, theophore Personenname Μῆνας[702], abgeleitet von dem anatolischen Gott Men, könnte dafür sprechen, daß dieser Mann in dem pisidischen Antiochia beheimatet war, wo sich das berühmte Heiligtum des Men Askaenos befand.[703] Ein wichtiges Handelsgut auf Delos bildeten Sklaven, darunter auch Pamphylier, die im Zusammenhang mit dem Piratenwesen zu behandeln sein werden.[704]

Rhodos, Delos und Ägypten nahmen in den auswärtigen Wirtschaftskontakten des südwestlichen Anatolien zweifellos die vordersten Ränge ein; weitere Orte, an denen nur sporadische Funde von pamphylischen Amphorenhenkeln zu verzeichnen sind - Kos, Paphos auf Zypern, Nessana in Palästina und auch Athen[705] -, spielten wohl keine größere Rolle.

Schließlich ergeben sich aus dem Verbreitungshorizont hellenistischer Münzen wichtige Rückschlüsse auf Verlauf und Intensität von Handelsbeziehungen. Schon Xenophon hatte die Akzeptanz einer Währung als unabdingbare Voraussetzung für einen florierenden Handel erkannt,[706] und diese Formel läßt sich auch umkehren: Großräumige Zirkulation ein- und desselben Nominals spricht für hohe Akzeptanz und damit für die Konsistenz eines lebhaft genutzten Wirtschaftsraumes. Eine derartige Situation herrschte im östlichen Mittelmeerraum seit der Zeit

---

S. Şahin - C. Vorster, Katalog der Inschriften im Museum von Alanya, EA 5, 1985, Nr. 4 = SEG XXXV 1417) mit den Handelskontakten nach Ägypten in Verbindung bringen.

695 V. Grace, Imports from Pamphylia, in: Etudes Déliennes (BCH Suppl. I), Paris 1973, 183-208; vgl. auch Brixhe, Dialecte, Nr. 176. 177 a.b.g.h.i.k. Zwar datiert Grace den größeren Teil der Amphoren in die Zeit kurz nach 100 v. Chr., aber da eine auf das Jahrzehnt genaue Datierung natürlich nicht möglich ist, gehören die Handelskontakte Pamphyliens mit Delos noch in den vorliegenden Rahmen.

696 Rostovtzeff, SEHHW, 615 ff.; Casson, Seefahrer, 291 ff.

697 M. Lacroix, Les étrangers à Délos, in: Mélanges G. Glotz II, Paris 1932, 501-525; M.-F. Baslez, Déliens et étrangers domiciliés à Délos, REG 89, 1976, 343-360.

698 Couilloud, Nr. 319.

699 IG XI 4,684.

700 Zusammengestellt bei Couilloud in ihrem Kommentar zu Nr. 31.

701 Ebd.

702 Ebd. Nr. 31.

703 S.o.S.71 f.

704 S.u.S.85 f.

705 Grace, Imports, 191 f. Auch Amphorenhenkel mit dem für Pamphylien und Pisidien typischen Personennamen Zoilos (IG XII 3,1619; SB IV 6713; IvEphesos Nr. 4113; SEG XX 127; SEG VI 726; MAMA IV 172; SEG XIX 786), die außer in Ägypten noch in Pergamon gefunden wurden, sind vielleicht hier einzuordnen: G. Nachtergael, La collection Marcel Hombert I. Timbres amphoriques et autres documents, Brüssel 1978, 32.

706 Xen. Poroi 3,2.

Alexanders d.Gr.: Die nach dem attischen Fuß geprägten Tetradrachmen wurden von Alexander als 'Reichswährung' übernommen und, nach seinem Tode, von den Nachfolgereichen - mit Ausnahme der Ptolemäer - weitergeführt, so daß für nahezu 150 Jahre eine Art Weltwährung im östlichen Mittelmeerraum existierte; erst nach 188 v. Chr. wurde diese Währungseinheit durch die Einführung der pergamenischen Kistophorenprägung erschüttert, ohne freilich völlig zu zerbrechen.[707]

Eine zentrale Bedeutung kam im Rahmen dieser Währungsstrukturen den pamphylischen Poleis Side, Aspendos und Perge zu. Side und Aspendos hatten, wie wir sahen, bereits zu Zeiten der persischen Herrschaft in großem Umfang geprägt,[708] und beide prägten auch unter Alexander d.Gr.; Perge trat erst im 3. Jh. v. Chr. hinzu,[709] ebenso, freilich mit einem weitaus bescheideneren Prägevolumen, Sillyon.[710] Von den pisidischen Poleis prägten bis zum Ende des 2. Jhs. v. Chr., abgesehen von ephemeren Emissionen aus Etenna und Isinda,[711] nur Selge und Termessos, ebenfalls in recht geringem Umfang - die im Seehandel besonders engagierten pamphylischen Poleis dominieren eindeutig.

Die umfangreichste Tetradrachmenprägung in hellenistischer Zeit weist Side auf:[712] Schon unter Alexander d.Gr. eine bedeutende Münzstätte, prägte Side noch bis weit über das Ende des 2. Jhs. v. Chr. hinaus Tetradrachmen nach dem attischen Standard. Zahlreiche sidetische Tetradrachmen mit (ihre Akzeptanz garantierenden) Gegenstempeln der Seleukiden wie auch westkleinasiatischer Poleis belegen darüber hinaus die Qualität und die hohe Wertschätzung der sidetischen Emissionen sowie die weitreichenden Handelskontakte der Sideten:"Die Herkunft der Gegenstempel zeigt die Handelswege der damaligen Zeit auf, die von Side aus nicht nur nach Osten ins Seleukidenreich führten, sondern auch nach Westen die kleinasiatische Küste entlang bis nach Kyzikos."[713]

Die Verteilung der Hortfunde mit sidetischen Tetradrachmen bestätigt die 'Weltgeltung' dieser Münzen und die Bandbreite der Wirtschaftskontakte: Im Westen erstreckt sich das Einzugsgebiet bis nach Thessalien, Makedonien und erfaßt auch die Peloponnes,[714] in Kleinasien zirkulieren die Münzen allerorten,[715] sie finden sich auf Zypern[716] sowie in Ägypten[717] und begeg-

---

707 M. R.-Alföldi, Antike Numismatik I, Mainz 1978, 109 ff.; E. Schönert-Geiss, Das Geld im Hellenismus, Klio 60, 1978, 131 ff.; W. Leschhorn, Ein Schatzfund sidetischer Münzen, in: Franke u.a., Side, 23-42; G. Le Rider, La politique monétaire du royaume de Pergame après 188, JS 1989, 163-191. Die Einführung der Kistophoren ist auf jeden Fall nach 188 v. Chr. zu datieren, s. den Überblick der Forschungspositionen bei Le Rider, ebd. 164 ff. Le Rider (177 f.) hat überdies gezeigt, daß die Attaliden für die reibungslose Abwicklung von Geschäften, die über das pergamenische Reichsterritorium hinausgingen, wohl auch weiterhin in gewissen Mengen herkömmliche Tetradrachmen nach attischem Fuß emittierten.

708 S.o.S.34 ff.

709 Brixhe, Dialecte, 160.

710 Boehringer, 52.

711 S.o.S.36.

712 Dazu s. Leschhorn, Schatzfund, 24 ff. Bagnalls (Administration, 196) 'minimalistische' Einschätzung der sidetischen Silberprägung ist abwegig.

713 Leschhorn, Schatzfund, 39.

714 IGCH 81-84.144.414.445.458.

715 IGCH 1395.1410.1413 (Phrygien). 1398 (Lykaonien). 1423 (Kilikien). 1432.1440.1443.1453.

716 IGCH 1469.1470.

717 IGCH 1664.1665.1670.1678.

nen insbesondere auch in den östlichen Regionen (Syrien, Babylonien, Mesopotamien).[718]

Ähnliche Bedeutung wie Side dürfte zumindest zeitweise auch Aspendos erlangt haben, allerdings sorgte die in Aspendos stärker fühlbare ptolemäische Herrschaft im 3. Jh. v. Chr. für eine längere Prägepause, und ab der Mitte des 2. Jhs. v. Chr. verlor die geringer werdende aspendische Emission ihre ökonomische Bedeutung.[719] In der Zwischenzeit freilich, vor allem mit den postumen Alexander-Tetradrachmen zwischen ca. 210 - 180 v. Chr.,[720] erstreckte sich die Zirkulation der aspendischen Münzen im Osten auf einen den sidetischen Prägungen vergleichbaren Raum; hingegen finden sich, mit Ausnahme eine Hortes in der Propontis,[721] kaum aspendische Alexandreier in westlichen Regionen - Phrygien und Lydien in Kleinasien,[722] Syrien, Mesopotamien sowie die noch weiter östlich gelegenen Regionen dominieren.[723]

Perge[724] bietet ein dem aspendischen stark ähnelndes Bild in dieser Zeit: Die Prägung Perges setzt erst Mitte des 3. Jhs. v. Chr. ein, unter den Ptolemäern versiegt die Emission für ca. zwei Jahrzehnte, zwischen 219/8 und 187/6 v. Chr.[725] ist dann ein kontinuierlich hoher Ausstoß von ps.-alexandrischen Tetradrachmen zu verzeichnen, die in Hortfunden Kleinasiens, Syriens, Mesopotamiens und aus der Susiana stark vertreten sind.[726]

Die Münzen aus Sillyon, Termessos und Selge, in sehr viel kleineren Mengen geprägt, liefen fast ausschließlich in Kleinasien um.[727] Daraus ist nun freilich nicht a priori zu folgern, pisidische Poleis wie Termessos und Selge hätten keinen Handel getrieben - schon der im Rahmen unseres Siedlungsüberblicks entstandene Eindruck beträchtlicher Prosperität beider Städte ließe einen derartigen Schluß nicht zu, und die Ausfuhr von Wein und Styrax-Harz aus dem hellenistischen Pisidien steht außer Frage.[728] Wenn dennoch relativ wenige Prägungen aus dieser Gegend zirkulieren, wird die nächstliegende Erklärung dafür lauten, daß Export und Import von und nach Pisidien primär über die pamphylischen Poleis erfolgte und, soweit man nicht Tauschhandel praktizierte, in pamphylischer Münze abgewickelt wurde.

Ein kurzer Blick muß noch der ptolemäischen Herrschaft und ihren Konsequenzen auf dem Währungssektor gelten. Bislang galt es gemeinhin als ausgemacht, daß im Zuge der Autarkiebestrebungen der Ptolemäer außerhalb Ägyptens kein Umlauf ptolemäischer Prägungen zugelassen wurde,[729] allenfalls sei mit eher zufällig in den Umlauf geratenen Einzelstücken zu rechnen.[730] Aufgrund eines aufsehenerregenden Neufundes aus jüngster Zeit scheint hier nun

---

718 IGCH 1756.1761.1763.1773.1774.1806.1830.

719 Boehringer, 60; Seyrig, Scripta Numismatica, 56.

720 So die Datierung von Boehringer, 59 f.; vgl. dazu die kritischen Kommentare und die nur um ca. zwei Jahre von der Datierung Boehringers abweichenden Vorschläge von O. Moerkholm, The Era of the Pamphylian Alexanders, ANSMusN 23, 1978, 69-75.

721 IGCH 888.

722 IGCH 1318.1406.1410.1413.

723 Syrien: IGCH 1535.1537.1541. Mesopotamien/Babylonien/Persien (v.a. Susa und Umgebung): IGCH 1769.1772-1774.1792.1806.1808.1809.1813.1822.

724 Seyrig, Scripta Numismatica, 42 ff.

725 So Boehringer, 58, mit geringfügiger Herabdatierung im Vergleich zu Seyrig, Scripta Numismatica, 47.

726 S. die Liste bei Boehringer, 197.

727 Sillyon: IGCH 1302.1537. Selge: IGCH 1408.1409.1429. Termessos: IGCH 1405.1406.1411.1806.

728 S.o.S.81.

729 R.-Alföldi, Numismatik I, 118.

730 So noch jüngst P.R. Franke, Rez. zu Bagnall, Administration, Hamburger Beiträge zur Numismatik 30/32, 1976/8 (erschienen 1985), 310 f.

größere Vorsicht geboten:[731] Beim heutigen Meydancık, im westlichen Kilikien, gelang vor einigen Jahren die Bergung eines der größten hellenistischen Münzschätze überhaupt in Kleinasien, bestehend aus 5.215 Stücken, die zwischen 225-220 v. Chr. vergraben wurden. 2.400 Exemplare der eben behandelten Alexandreier stehen 2.158 ptolemäischen Münzen gegenüber. Dieser bislang einmalige Fund belegt natürlich noch nicht die reguläre oder gar längerfristige Zirkulation ptolemäischer Münzen in den südkleinasiatischen Außenbesitzungen der Ptolemäer, aber immerhin kann die Möglichkeit eines auch in ptolemäischer Währung abgewickelten, geldwirtschaftlichen Verkehrs zwischen Pamphylien und Kilikien sowie dem Ptolemäerreich in Ägypten nicht mehr gänzlich ausgeschlossen werden.

Abschließend sei hervorgehoben, daß die Dokumentation der Wirtschaftsaktivitäten südanatolischer Poleis anhand von Münzschätzen natürlich insofern ein schiefes Bild ergibt, als nur die überregionalen Kontakte erfaßt werden können, denn nur größere Geldbeträge, meist aus größeren Nominalen bestehend, wurden vergraben; diese höheren Summen ergaben sich aber nur bei entsprechend bedeutenden Transaktionen, vorwiegend im Fernhandel. Die Masse der kleinen Geschäfte hingegen, die über kurze Entfernungen (meist auf dem Landwege) hinweg getätigt oder auf den zahllosen lokalen Märkten in kleinen Aes-Nominalen abgewickelt wurden, haben naturgemäß keinen Niederschlag in Münzschätzen gefunden, waren aber, aufs Ganze gesehen, zweifellos von erheblicher wirtschaftlicher Bedeutung. Wegen der fehlenden numismatischen oder weiteren Quellen lassen sich diese wirtschaftlichen Tätigkeiten weder näher beschreiben noch quantifizieren. Nur wenige Bronzeprägungen des 3. und 2. Jhs. v. Chr. - aus Side, Sillyon[732] und dem erst im 2. Jh. v. Chr. gegründeten Attaleia[733] - sind auf uns gekommen, aber dies spricht nicht für einen unterentwickelten lokalen Handel, sondern läßt sich allein mit den eben genannten Gründen erklären.

4. Die Piraterie

Eng verknüpft mit dem eben behandelten Komplex des maritimen Fernhandels ist das auch wirtschaftsgeschichtlich bedeutsame Phänomen des Seeräuberwesens, welches zugleich die historische Verbindung zu dem nächsten großen, der römischen Herrschaft im südwestlichen Anatolien gewidmeten Teil dieser Arbeit bildet. Denn es waren die für die internationale Seefahrt und damit für den überregionalen Handel verheerenden Konsequenzen der kilikisch-pamphylischen Piraterie, welche die Römer zur direkten militärischen Intervention in diesem Gebiet veranlaßten und schließlich zu einer grundlegenden Neuorganisation der dortigen Herrschaftsstrukturen führten. Zwar finden die letztgenannten Ereignisse im 1. Jh. v. Chr. statt und bilden folglich erst ein Thema des nächsten Abschnittes, die Ursachen und Anfänge dieser Entwicklung liegen jedoch im 2. Jh. v. Chr. und stehen in direktem Zusammenhang mit dem bereits angesprochenen Aufschwung von Delos als Handelshafen.[734]

Die Hochkonjunktur der 167 v. Chr. zur Freihandelszone avancierten Insel Delos ging eindeu-

---

731 E. Laroche - A. Davesne, Les fouilles de Meydancık près de Gülnar et le trésor monétaire hellénistique, CRAI 1981, 356-370; J.-F. Bommelaer, Meydancık Kalesi, place forte de Cilicie Trachée, au IIIe siècle av. J.-C., in: E. Frézouls (Hg.), Sociétés urbaines, sociétés rurales dans l'Asie Mineure et la Syrie hellénistiques et romaines, Straßburg 1987, 5-13.

732 Bagnall, Administration, 196 mit A.87.

733 N. Baydur, Die Münzen von Attaleia in Pamphylien. Teil I, JNG 25, 1975, 36.

tig zu Lasten der bisher im östlichen Mittelmeerraum dominierenden See- und Handelsmacht Rhodos. Die einstmals beherrschende Stellung der Rhodier hatte neben wirtschaftlichen Aspekten jedoch auch eine sicherheitspolitische Komponente besessen, denn die naturgemäß an einem möglichst störungsfreien Seehandel interessierten Rhodier hatten lange Zeit als eine Art 'Meerespolizei' der Piraterie zumindest gewisse Grenzen gesetzt.[735] Dies galt in besonderem Maße für die im engsten Einzugs- und Interessenbereich der Rhodier gelegene Südküste Kleinasiens, welche aufgrund guter Häfen und direkt hinter der Küste aufsteigender, vorzüglichen Schutz bietender Gebirgszüge geradezu ideale naturgeographische Voraussetzungen für die Piraterie bot.

Folgerichtig entstand schon wenige Jahre nach der Zäsur von 167 v. Chr. im südlichen Anatolien das Zentrum eines expandierenden Seeräuberunternehmens, zusätzlich begünstigt durch den im gesamten Mittelmeerraum blühenden Sklavenhandel, an dem die Piraten in erster Linie partizipierten. Denn weit größere Gewinnmöglichkeiten als das Kapern von Handelsschiffen bot der Verkauf von Sklaven, der zusehends Delos, dem Hauptumschlagplatz für Sklaven, zu wachsendem Wohlstand verhalf.[736] Als Hauptstützpunkte der Piraten begegnen in den Quellen die beiden Hafenorte Korakesion und Side. In Korakesion residierte kurz nach der Mitte des 2. Jhs. v. Chr. der seleukidische Thronprätendent Diodotos Tryphon, der nach Aussage Strabons die Ausbildung der Piraterie entscheidend begünstigte: τοῖς δὲ Κίλιξιν ἀρχὴν τοῦ τὰ πειρατικὰ συνίστασθαι Τρύφων αἴτιος κατέστη.[737] Explizit führt Strabon im weiteren die gedeihliche Fortentwicklung dieser Piraten auf den profitablen Sklavenhandel zurück,[738] denn Delos sei von der anatolischen Küste aus leicht und schnell zu erreichen, und die nach der Bezwingung von Karthago und Korinth noch reicher gewordenen Römer bräuchten viele Sklaven.[739]

Die große Bedeutung von Side für die Piraterie erhellt ebenfalls aus Strabons Worten:[740]

ἐν Σίδῃ γοῦν πόλει τῆς Παμφυλίας τὰ ναυπήγια συνίστατο τοῖς Κίλιξιν, ὑπὸ κήρυκά τε ἐπώλουν ἐκεῖ τοὺς ἁλόντας ἐλευθέρους ὁμολογοῦντες.

Der in einer auf Delos gefundenen Inschrift genannte, zusammen mit zahlreichen anderen Sklaven einem Mann namens Protarchos gehörende Sklave Asklepiades, der als Sidete bezeichnet wird, dürfte dagegen wohl kaum aus einer von den pamphylisch-kilikischen Piraten veranstalteten Sklavenauktion stammen;[741] vielleicht war er als Kriegsgefangener in die Sklaverei verkauft worden.

---

734 S.o.S.82.

735 E. Ziebarth, Beiträge zur Geschichte des Seeraubs und Seehandels im alten Griechenland, Hamburg 1929, 20; s. ferner Rostovtzeff, SEHHW, 609 ff.; Magie, RRAM, 281 ff.; Bosch, Studien, 76; P. Brule, La piraterie crétoise,Paris 1978, 29 ff.; Casson, Seefahrer, 321; Davies, Social and Economic Features, 285 f.; H. Kaletsch, Seeraub und Seeräubergeschichten des Altertums, in: Studien zur Alten Geschichte. Festschrift S. Lauffer II, Rom 1986, 484.

736 R. Maroti, Der Sklavenmarkt auf Delos und die Piraterie, Helikon 1969/70, 24-42.

737 Strab. XIV 5,2 (C 668); zu Diodotos Tryphon s. nur H.A. Ormerod, The Piracy in the Ancient World (ND v. 1924), Chicago 1967, 204 f.; Ziebarth, Beiträge, 32.

738 Strab. ebd.

739 Strab. ebd.

740 Strab. XIV 3,2 (C 664).

741 Couilloud, Nr. 418 Z.6.

Wie ist die Piraterie ökonomisch zu bewerten? Für den Ägäishandel insgesamt bildete die ständige Piratengefahr gewiß eine Belastung und dürfte so manches geplante Geschäft erschwert, wenn nicht gar verhindert haben. Gilt das jedoch auch für die von den Piraten selbst bewohnten Gegenden? Nach einer jüngst geäußerten Auffassung führte dort ebenfalls das Seeräuberwesen zu wirtschaftlichem Niedergang: "Pamphylien...verlor...in der Folgezeit seinen wirtschaftlichen Wohlstand, da die Piraterie mit Stützpunkten im gebirgigen Nachbar- und Hinterland ungeheure Ausmaße annahm. Alle früheren Selbstschutzmaßnahmen der Städte, z.B. eine Seepolizei, versagten. Schließlich gestand Side den Piraten sogar zu, auf den städtischen Werften ihre Schiffe zu bauen und auf der Agora ihre Beute zu verkaufen."[742]

Eine derart pessimistische Einschätzung verkennt die ökonomische Ambivalenz des Phänomens: Zumindest die Stadt Side selbst, wahrscheinlich aber auch die benachbarten Siedlungen dürften zeitweise durchaus von den Seeräubern profitiert haben und damit für möglicherweise entgangene Handelsgeschäfte entschädigt worden sein. Wenigstens für gewisse Produktionszweige wird man dies mit einiger Zuverlässigkeit annehmen dürfen: Die Werften stellten neue Schiffe her oder waren mit Reparaturarbeiten beschäftigt, die Holzhändler vom nahgelegenen Hinterland werden gute Gewinne erzielt haben, und die Verkäufe der erbeuteten Waren auf der sidetischen Agora dürften weniger als Konzession der Polis gegenüber den Piraten, sondern vielmehr als willkommene Erweiterung des Güterangebotes zu gelten haben, welche überdies fremde Käufer, Zwischenhändler etc. angelockt haben könnte. Ferner ist damit zu rechnen, daß die Piraten zumindest einen Teil ihrer offensichtlich beträchtlichen Gewinne aus dem Sklavenhandel in Side, Korakesion und anderswo umsetzten, sicherlich zum Nutzen der lokalen Wirtschaft. Als ökonomisches Krisenphänomen wird man die Piraterie also nicht so ohne weiteres werten dürfen, wenn es auch angesichts der Quellenlage unmöglich erscheint, die potentiellen Vor- und Nachteile gegeneinander aufzuwiegen.

5. Die Söldner

Wie die südkleinasiatische Piraterie, die ihre vorübergehende Blüte vor allem der Schwächung der rhodischen Seeherrschaft und der nur sporadischen Präsenz der hellenistischen Zentralmächte im südwestlichen Kleinasien verdankte, so stellt auch das Söldnerwesen ein wirtschafts- und sozialgeschichtlich bedeutsames, im 1. Jh. v. Chr. aber ebenfalls weitgehend verschwundenes Ergebnis einer historischen Konstellation dar, die durch die besonders auf Kleinasien konzentrierte Rivalität zwischen den hellenistischen Monarchien gekennzeichnet wurde. Von dem Fehlen einer stabilen Herrschaft und dem daraus resultierenden Machtvakuum profitierten die Piraten, von den permanenten kriegerischen Konflikten die Söldner - beide Phänomene verschwanden mit dem machtvollen Eingreifen der Römer im 1. Jh. v. Chr.

Bereits zur Zeit der persischen Herrschaft nutzten, wie wir sahen,[743] Pamphylier und Pisider ausgiebig die offenbar lukrativen Beschäftigungsmöglichkeiten als Söldner, und die zahlreichen Auseinandersetzungen zwischen den hellenistischen Armeen boten Pamphyliern und Pisidern wiederum ein breites Tätigkeitsfeld. Die bei weitem überwiegende Zahl der epigraphischen und papyrologischen Zeugnisse für außerhalb ihrer Heimat belegte Pamphylier und Pisider bezieht

---

742 Müller, 18 f.

743 S.o.S.32 f.

sich auf Söldner, wie die folgende Zusammenstellung der Dokumente zeigt. Eine ähnliche Liste findet sich bereits in dem für diese Thematik grundlegenden Werk von M. Launey aus den Jahren 1949/50;[744] Launey ermittelte insgesamt 41 Pamphylier und 18 Pisider in ptolemäischen oder seleukidischen Diensten,[745] im folgenden werden nur die bei Launey noch nicht vertretenen Personen aufgeführt, die, wie wir sehen werden, freilich nicht immer mit absoluter Sicherheit als Söldner identifiziert werden können (Name-Fundort-Datierung-Nachweise):

a) Pamphylier:

- aus Arsinoe in Pamphylien: 1) Theodoros, 'Αρσινοεὺς τῆς ἐπὶ Παμφυλίας; Soloi (Zypern); 240-220 v. Chr.; SEG XX 293 = ProsPtol 15110 = Michaelidou-Nicolaou Θ 11.

- aus Aspendos: 2) Balos; Philai (Ägypten); vor 115 v. Chr.; SEG XXXI 1526 c.

3) Dionysios; El-Kanais (Ägypten); 2. Jh. v. Chr.(?); A. Bernand, Le Paneion d'El-Kanais: Les inscriptions grecques, Leiden 1972, Nr.84.

4) Unbekannter Aspendier; Laodikeia (Syrien); 2. Hälfte 3. Jh. v. Chr.; SEG XXVIII 973 bis; vgl. Bull.ep. 1979 Nr.611.

5) Orophatidas; Amathous (Zypern); 3./2. Jh. v. Chr.; Brixhe, Dialecte, 208.

6) Koiranos; Anaphe; 4./3. Jh. v. Chr.; SEG XXV 910.

7) Unbekannter Aspendier (Apollonios ?), Sohn eines Koiranos;[746] Ios; 3. Jh. v. Chr.; IG XII Suppl. 171; Robert, Noms, 387 f.

8) Meas; Meydancık (Kilikien); 3. Jh. v. Chr.; Bull.ep. 1982 Nr.452.

- aus Perge: 9) Unbekannter Pergaier; El-Kanais (Ägypten); 3./2. Jh. v. Chr.; Bernand, Paneion, Nr.78.

10) Artemidoros aus Perge (?); El-Kanais (Ägypten); 3./2. Jh. v. Chr.; Bernand, Paneion, Nr.44.

- aus Side: 11) Mnemon; Alexandria; 2. Hälfte 3. Jh. v. Chr.; ProsPtol 16619.

- aus Sillyon: 12-13) (Mindestens zwei) Unbekannte aus Sillyon; El-Kanais (Ägypten); 3./2. Jh. v. Chr.; Bernand, Paneion, Nr.89.

- Pamphylier aus unbekanntem Ort: 14) Megalles; Thera; 2. Jh. v. Chr.; IG XII 3, 327 Z.84; Brixhe, Dialecte, 188.

15-16) (Mindestens zwei) unbekannte Pamphylier; Fayum (Ägypten); 2. Jh. v. Chr.; SB VIII 9819 = E. Bernand, Recueil des inscriptions grecques du Fayoum III, Paris 1981 Nr.199.

b) Pisider:

- aus Adada: 17-18) Komon und Bianor; Amathous (Zypern); 2. Jh. v. Chr.; Michaelidou-Nicolaou B 4. K 51.

---

[744] M. Launey, Recherches sur les armées hellénistiques, 2 Bde. Repr. avec additions et mise à jour par Y. Garlan - P. Gauthier - C. Orrieux, Paris 1987. Die völlig unzulänglichen Nachträge erfassen allerdings so gut wie gar nicht die seit dem Erscheinen von Launeys Werk bekanntgewordenen Zeugnisse - nur zwei Launey noch unbekannte pisidische Söldner aus Adada (s.u.S.88) werden erwähnt.

[745] Launey, 1221-1225.

[746] S.u.S.91 (zu Koiranos).

- aus Etenna: 19) Unbekannter Etennäer; Laodikeia(Syrien); 2. Hälfte 3. Jh. v. Chr.; SEG XXVIII 973 bis.

20) Apollonios; Laodikeia (Syrien); 2. Hälfte 3. Jh. v. Chr.; SEG XXVIII 973 bis.

- Pisider aus unbekanntem Ort: 21) Herakleitos; Laodikeia (Syrien); 2. Häfte 3. Jh. v. Chr.; SEG XXVIII 973 bis.

22) Phaidros; Arsinoites (Ägypten); 3. Jh. v. Chr.; Uebel, Nr.161.

23) Ein weiteres indirektes Zeugnis könnte ein Grabgedicht für die Pisiderin Hedule liefern: Memphis (Ägypten); 3./2. Jh. v. Chr.; SEG XV 876 = E. Bernand, Inscriptions métriques de l'Egypte gréco-romaine, Paris 1969, Nr.32. Der Ehemann der Hedule dürfte als Söldner bzw. Kleruche in Ägypten gewesen sein.

Zusammen mit den bei M. Launey aufgeführten Dokumenten ergibt sich eine stattliche Liste von außerhalb ihrer Heimat belegten Pamphyliern und Pisidern, die in den meisten Fällen durch ihre Rangbenennung, die Bezeichnung als στρατιῶται, bildliche Darstellungen (auf Stelen wie den in Sidon gefundenen[747]) oder durch den Kontext der Inschrift bzw. des Papyrus deutlich als Armeeangehörige zu erkennen sind. In den übrigen, nicht eindeutigen Fällen liegt es meist sehr nahe, diesen Status anzunehmen, auch wenn dabei die eine oder andere Fehlzuweisung einkalkuliert werden muß;[748] von den in unserer Liste erfaßten 23 Personen sind immerhin 15 mit einiger Sicherheit als Militärbedienstete zu identifizieren.[749] Über die insgesamt etwa achtzig relativ zuverlässig als Söldner anzusprechenden Pamphylier und Pisider hinaus muß noch auf acht weitere, meist als aktive oder ehemalige Soldaten belegte Personen im ptolemäischen Ägypten hingewiesen werden, deren Heimat L. Robert aufgrund ihrer Personennamen in Pamphylien oder Pisidien sucht.[750] Somit bilden die in den hellenistischen Armeen beschäftigten Söldner aus Pamphylien und Pisidien die mit Abstand größte in den Quellen dokumentierte Berufsgruppe, und schon dies berechtigt zu der Annahme, daß der Söldnerdienst sehr vielen Menschen Lohn und Brot verschaffte, ein Eindruck, der durch die bei Diodor, Polybios und Appian überlieferten Zahlen für pamphylische und pisidische Kontingente in den hellenistischen Armeen nachhaltig bestätigt wird.[751]

Leider lassen sich aufgrund fehlender Zeugnisse Lebensläufe und berufliche Karrieren einzelner Söldner nicht verfolgen; so wäre es natürlich interessant zu wissen, ob diese nach einiger Zeit des militärischen Engagements, möglicherweise mit einem gewissen Vermögen versehen, in ihre Heimat zurückkehrten, um dort vielleicht Land zu erwerben oder einer Tätigkeit im Handel oder Gewerbe nachzugehen. Zumindest bei den in ptolemäischen Diensten stehenden Pisidern und Pamphyliern freilich ist eher damit zu rechnen, daß der überwiegende Teil der Söldner

---

747 S.u.S.90 A.760.

748 Vgl. die Bemerkungen von D. Hennig, Böoter im ptolemäischen Ägypten, in: H. Beister - J. Buckler (Hgg.), Boiotika. Vorträge vom 5. Internationalen Böotien-Kolloquium zu Ehren von S. Lauffer, München 1989, 175.

749 Nr. 1.4-8.9 (aufgrund der Affinitäten zu) 10.14.17-22.

750 Robert, Noms, 420 (sieben Personen mit dem Namen Eumelos bzw. dem Patronymikon Εὐμήλου. 428 (zu P.Cair.Zen.729 Z.3).

751 Im Jahr 314 v. Chr. gehören zum Heer des Demetrios in Syrien 500 Pamphylier und Lykier (Diod. XIX 69,1), im Jahr 302 wechseln 800 pamphylische und lykische Söldner von Lysimachos zu Antigonos über (Diod. XX 113,3), und bei Magnesia sollen im Heer Antiochos d.Gr. mehrere tausend Pisider, Pamphylier, Lykier, Karer und Kilikier gekämpft haben (App. Syr.32; Liv. 37,40,14).

nicht nach Kleinasien zurückkehrte, denn sie wurden zumeist mit Landzuweisungen in Ägypten entlohnt und siedelten sich dort als Militärkolonisten, sogenannte Kleruchen, an.[752] Als Konsequenz dieser Praxis verfügten die Ptolemäer über eine stets aktivierbare militärische Reserve, und zugleich förderten sie die Kultivierung und Melioration von brachliegendem oder unzulänglich genutztem Land. Diverse Pamphylier und Pisider werden in dieser Funktion in ptolemäischen Papyri belegt, etwa der wohl aus Perge stammende Chaireas,[753] der Selgier Artemidoros[754] oder der Aspendier Athenion.[755] Die Größe der den Kleruchen konzedierten Parzellen richtete sich nach dem militärischen Rang und schwankte zwischen 25 und 100 Aruren.[756] Auf dieser Grundlage dürften es die Militärsiedler bisweilen durchaus zu einem gewissen Wohlstand gebracht haben, zumal sie den Kleros häufig weiter verpachteten und die Pachterträge gewinnbringend weiterverwendeten.[757] Auch der im Arsinoites ansässige Pisider Leptines wird in dieser Weise verfahren sein und einen erklecklichen Besitz angehäuft haben, denn in seiner Steuerdeklaration begegnet er als Besitzer von mindestens sechzehn Sklaven, und seine Söhne gehörten zum engeren Umkreis des wohlhabenden Zenon, der als Finanzagent des ptolemäischen Dioiketen Apollonios tätig war.[758] Einen Eindruck von den wirtschaftlichen Möglichkeiten eines Kleruchen in Ägypten vermittelt auch der aus dem kilikischen Nagidos stammende Apollodoros, der in dem Ort seines Kleros, Samareia, ein Gymnasion erbauen ließ und es dem König weihte.[759]

Die Aussicht auf wirtschaftlichen Gewinn bildete zweifellos das wesentliche Motiv für die am Söldnerberuf offenbar lebhaft interessierten Pamphylier und Pisider, und zwar unabhängig von den politischen Machtverhältnissen im südwestlichen Anatolien. So finden wir Soldaten aus beiden Gegenden sowohl in ptolemäischen wie in seleukidischen Diensten,[760] und wenn die eine Seite mehr bot als die andere,[761] so wurde kurzerhand die Partei gewechselt: Der wohl aus Pisidien stammende Offizier Keraias, der von den Ptolemäern zu Antiochos d.Gr. überwechselte und diverse ranghohe Angehörige des ptolemäischen Aufgebots zu demselben Vorgehen bewog,[762] bildete gewiß keinen Einzelfall; erinnert sei nur an die 800 wegen höherer Zuwendun-

---

752 Grundlegend: Uebel, passim; s. ferner Walbank, Hellenistische Welt, 110 f.; Hennig, Böoter, 169 ff.; J.K. Winnicki, Das ptolemäische und das hellenistische Heerwesen, in: L. Criscuolo - G. Geraci (Hgg.), Egitto e storia antica dall' ellenismo all' età araba. Bilancio di un confronto, Bologna 1989, bes. 220 ff.

753 ProsPtol 8860 = Uebel Nr. 382.

754 ProsPtol 2292 = Uebel Nr. 187.

755 ProsPtol 3726 = Uebel Nr. 421.

756 Winnicki, 226.

757 Belegt etwa für den böotischen ἑκατοντάρουρος Trochinides (ProsPtol 2828 = Uebel Nr. 406), s. Hennig, Böoter, 172 f.

758 Uebel Nr. 158 mit Kommentar; zu den Sklaven des Leptines s.o.S.68.

759 Uebel Nr. 660. Bei Nagidos legten die Ptolemäer eine Kolonie an, s. Opelt-Kirsten, 55 ff.

760 Ptolemäisches Heer: G.T.Griffith, The Mercenaries of the Hellenistic World, Princeton 1935, 131 ff.; SEG XVII 639 (aus Aspendos); Robert, Noms, 411 ff.; seleukidisches Heer: Bikermann, Institutions, 55 ff. 88 ff.; B. Bar-Kochva, The Seleucid Army, Cambridge[2] 1979, 48 ff. Besonders interessant sind die Stelen aus dem phönizischen Sidon (Rostovtzeff, SEHHW I, Taf. XIX), auf denen inschriftlich verzeichnete Söldner vor allem aus Pisidien abgebildet sind. Es ist nicht einwandfrei zu klären, ob sie in seleukidischen oder ptolemäischen Diensten standen, s. Bagnall, Administration, 16 f.

761 Die Entlohnung der Söldner muß einen wesentlichen Posten in den hellenistischen Etats beansprucht haben. Dies schlägt sich sogar in der Münzprägung nieder, denn bisweilen läßt sich die Koinzidenz von militärischen Unternehmungen und erhöhter Münzprägung beobachten: M. Thompson, Paying the Mercenaries, in: Festschrift für Leo Mildenberg, Wetteren 1984, 241 ff.

762 Polyb. V 70,10; ProsPtol 15050.

gen von Lysimachos zu Antigonos übergelaufenen Pamphylier und Lykier.[763]

Eine besonders prominente Rolle spielten Pamphylier in den militärischen Außenposten der ptolemäischen Herrschaft auf Zypern[764] und im Ägäisraum.[765] Die höheren militärischen Chargen wurden dabei in auffallend großer Zahl von Aspendiern bekleidet, die in den Augen der Ptolemäer offensichtlich besondere Qualifikationen (wahrscheinlich vor allem in der Seefahrt) besaßen. Auf Kreta, Thera und Ios begegnen diese (vorwiegend aspendischen) Söldner nicht nur als hochrangige Funktionäre, sondern auch als Proxenoi kretischer und ietischer Poleis. Der angesehenste unter ihnen war im 2. Jh. v. Chr. zweifellos der Aspendier Apollonios, Sohn eines Koiranos, Proxenos von Lappa und Aptera, höchstwahrscheinlich ptolemäischer Garnisonskommandant auf Thera und überdies, trotz der Bedenken von L. Robert, Proxenos von Ios.[766] Im politisch unruhigen Leben des Ägäisraums in dieser Zeit genossen die ptolemäischen Offiziere demnach hohes Ansehen, die sie ehrenden Poleis - außer den bisher genannten noch das kretische Dreros sowie das östlich von Thera gelegene Anaphe[767] - wollten sich möglicherweise ihrer potentiellen Hilfe in Krisensituationen versichern. Überdies treten pamphylische Söldner als Euergeten und Förderer des gesellschaftlich-kulturellen Lebens in Erscheinung, so etwa als Stifter und Financiers des Gymnasions auf Thera;[768] ein in exponierter Position bei den Ptolemäern beschäftigter Aspendier namens Thraseas begegnet als Gönner und Wohltäter der delphischen Festgesandten (θεωροδόκος).[769]

Der Söldnerdienst verschaffte also so manchem Pamphylier und Pisider[770] nicht nur gute Einkünfte, sondern mitunter auch, wie etwa die Proxeniedekrete zeigen, Sozialprestige, internationale Kontakte oder gar politischen Einfluß. Die Ehrenstellung als Proxenos resultierte zweifelsohne aus der (sicherheits)politisch relevanten Funktion der in ptolemäischen Diensten stehenden Militärs, nicht jedoch aus wirtschaftlichen Motiven, die für Proxenieverleihungen generell wohl allenfalls von nebensächlicher Bedeutung waren.[771] Denkbar wäre natürlich, daß sich diese überregionalen Kontakte langfristig erhielten oder gar ausweiteten und möglicherweise auch wirtschaftliche Aspekte hinzutraten, aber dies muß mangels entsprechender Zeugnisse dahingestellt bleiben.

---

763 S.o.S.89 A.751.

764 S. die Liste bei Bagnall, Administration, 262 ff.

765 Zum folgenden s. vor allem Robert, Noms, 382 ff.; Bagnall, Administration, 117 ff.

766 S. nur ProsPtol 14889, wo alle Inschriften genannt sind. Das Proxeniedekret von Ios (IG XII Suppl.171) gilt einem Aspendier, dessen Vater Koiranos hieß; der Name des Aspendiers ist nicht erhalten. Robert (Noms, 387) scheute davor zurück, auch dieses Dekret auf Apollonios zu beziehen, da der Herausgeber der Inschrift aufgrund der Buchstabenform eine Datierung des Beschlusses in die zweite Hälfte des 3. Jhs. v. Chr. vorschlug. Da aber vor dem Patronymikon exakt Platz für den Namen Apollonios ist, verdient die Auffassung von C. Marek (Proxenie, 327) Zustimmung, nach welcher die weitgehende Namensidentität schwerer wiegt als die sehr unsichere Datierung aufgrund der Schriftform.

767 Dreros: Als Proxenos geehrt wird der Aspendier 'Ορέστας 'Ερυμνέως, BCH 1936, 281; Robert, Noms, 376; Anaphe: SEG XXV 910.

768 IG XII 3,327.

769 ProsPtol 14977. SEG XXX 494.

770 Erwähnt sei hier beispielsweise noch der hohe ptolemäische Offizier Apoasis aus Etenna, der als Stifter im ptolemäischen Ägypten belegt ist: Bernand, Pan Nr. 85.

771 Zu diesem Komplex s. vor allem C. Marek, Handel und Proxenie, MBAH IV/1, 1985, 67-78 (mit der älteren Literatur). Die ohne nähere Anhaltspunkte aufgestellte Vermutung von A. Petropoulou bezüglich etwaiger Handelsbeziehungen zwischen den als Proxenoi geehrten Aspendiern und den kretischen Poleis entbehrt jeder Grundlage (Beiträge zur Wirtschafts- und Gesellschaftsgeschichte Kretas in hellenistischer Zeit, Frankfurt am

6. Zusammenfassung

Die wirtschaftlichen und sozialen Verhältnisse im hellenistischen Pamphylien und Pisidien weisen eine bedeutend größere Konvergenz auf, als bislang angenommen wurde. Dies gilt in erster Linie auch für das Siedlungswesen, also für den Sektor, auf dem die vermeintliche Rückständigkeit Pisidiens gegenüber Pamphylien nach herkömmlicher Auffassung besonders eklatant ausfiel. Demgegenüber stellt sich bei einem vergleichenden Survey der erkennbar bereits in hellenistischer Zeit existierenden Siedlungen heraus, daß keine nennenswerten Divergenzen zwischen dem urbanistischen Niveau der im Küstenbereich und im Hochland gelegenen Orte bestehen.

Die leider kaum in ausreichendem Maße zu beurteilende Wirtschafts- und Sozialstruktur in den ländlichen Bereichen bietet ebenfalls keinen Anlaß zu einer qualitativen Differenzierung zwischen Pamphylien und Pisidien, zumal die häufig als Indiz für Zivilisationsferne gewertete 'Stammesorganisation' in Pisidien keinesfalls zu einer derartigen Einschätzung berechtigt.

Es überwiegt sogar der Eindruck sehr weitgehender Gemeinsamkeiten zwischen beiden Regionen. Das Verhältnis weniger großer, vorzüglich ausgestatteter Städte zu einer Reihe kleinerer, bescheidener entwickelter Siedlungen fällt in beiden Gebieten nahezu identisch aus, und die Kolonisationstätigkeit der hellenistischen Herrscher begünstigte eher noch den pisidischen Raum. Trotz der instabilen Herrschaftsverhältnisse und ungeachtet zahlreicher, auch im südwestlichen Anatolien ausgetragener militärischer Auseinandersetzungen scheinen die entsprechenden Belastungen (auch fiskalischer Natur) von den Gemeinwesen und Bewohnern Pamphyliens wie Pisidiens ohne allzu große Probleme bewältigt worden zu sein. Hier wie dort dominiert der Eindruck, daß Herrschaft und Einfluß der fremden Mächte keine übermäßige Intensität erlangten, von "hellenistischer Planwirtschaft"[772] oder der "Allgegenwart des Staates"[773] kann mit Blick auf diese Gegenden jedenfalls keine Rede sein. Im Gegenteil, einigen pamphylischen und pisidischen Poleis boten sich in dieser Zeit sogar erweiterte Möglichkeiten zu eigenen Aktivitäten. Dies gilt primär für die am internationalen Handels- und Geldverkehr partizipierenden pamphylischen Hafenpoleis, aber mittelbar auch für die Pisider, denen sich via Pamphylien ähnliche Gelegenheiten eröffneten; besondere Beachtung verdient in diesem Zusammenhang die für Pamphylier wie Pisider gleichermaßen typische Präsenz auf Rhodos. Ebenso verhält es sich mit dem Söldnerwesen, einem aufgrund der labilen Herrschaftsstrukturen besonders gedeihenden und von Pamphyliern wie Pisidern ausgiebig genutzten Betätigungsfeld.

An der für die hellenistische Zeit allgemein charakteristischen Zunahme der Mobilität[774] hatten mithin nicht nur die geographisch begünstigten Pamphylier, sondern ebenso die Pisider Anteil. Diese Einschätzung ergibt sich nicht allein aufgrund der zahlreichen bereits behandelten Zeugnisse, sie läßt sich zusätzlich bestätigen durch einen Blick auf weitere Dokumente, die Pamphylier und Pisider außerhalb ihrer Heimat belegen, ohne daß ihre Funktion oder Tätigkeit näher bestimmbar wäre.

Main u.a. 1985, 35).

772 T. Pekáry, Die Wirtschaft der griechisch-römischen Antike, Wiesbaden[2] 1979, 46.

773 De Martino, 225.

774 Signifikant für dieses Zusammenwachsen der hellenistischen Welt und die Erweiterung des Horizontes ist der Aufschwung der geographischen Wissenschaft, s. nur Walbank, Hellenistische Welt, 211 ff.

So wurden der Aspendier Moschion und der Pisider Xanthippos zu Proxenoi der böotischen Polis Tanagra ernannt,[775] ein weiterer aspendischer Proxenos begegnet in einer neuen hellenistischen Inschrift aus der Nähe von Argos,[776] Oropos ehrte einen Selgier mit der Proxenie,[777] und im Oropos gegenüber gelegenen Eretria treffen wir wiederum auf je einen Pamphylier (aus Aspendos) und Pisider (aus Etenna);[778] Epidauros verlieh einem Bürger aus Side die Proxenie,[779] in Thermos, dem zentralen Heiligtum des ätolischen Bundes, wurde dieses Privileg dem Pergaier Artemidoros zuteil.[780] Diverse Pisider finden sich auf hellenistischen Inschriften in Athen,[781] vielleicht auch ein Pamphylier aus Magydos.[782] Internationales Renommée von Side bezeugt die Bestellung sidetischer Richter im karischen Mylasa,[783] auf Lesbos ist ein weiterer Pergaier bezeugt,[784] und schließlich begegnen Bürger der neben Termessos bedeutendsten pisidischen Stadt, Selge, auf Telos sowie in Knidos und in Iasos.[785]

Es ist unverkennbar: Pamphylier und Pisider waren, häufig gemeinsam oder in auffallend enger räumlicher Nachbarschaft auftretend, aktive Teilnehmer am wirtschaftlichen, kulturellen, sozialen und politischen Leben der hellenistischen Welt, so daß schon aus diesem Grunde kein Anlaß dazu besteht, Pisidien aus der Gemeinschaft der Kulturvölker auszugrenzen - die Römer dürften seit dem 1. Jh. v. Chr. in Pisidien kaum als 'Zivilsationsimporteure' gewirkt und dort barbarische Bergnomaden angetroffen haben, sondern sie werden dort eine zum großen Teil bereits hellenisierte Bevölkerung vorgefunden haben.

---

775 IG VII 508. 520.

776 R.S. Stroud, An Argive Decree from Nemea Concerning Aspendos, Hesperia 53, 1984, 193-216.

777 IG VII 286 (= IvSelge T 79).

778 IG XII 9,826. IG XII Suppl. 630.

779 W. Peek, Inschriften aus dem Asklepieion von Epidauros, Berlin 1966, Nr. 42.

780 IG IX 1^2 25 Z.26.

781 IG II^2 10079-10081.10084.10245 (= IvSelge T 74).

782 So Robert, Noms, 405: Εὔμηλ[ος 'Α]ρίστωνος Μα[γύδιος].

783 IvMylasa (I.K. 34) I 363. Zu den fremden Richtern s. L. Robert, Les juges étrangers dans la cité grecque, in: Xenion.Festschrift Pan.J. Zepos, Athen 1973, 765-782; P. Herrmann, Die Selbstdarstellung der hellenistischen Stadt in den Inschriften: Ideal und Wirklichkeit, in: Akten des VIII. Epigraphiker-Kongresses, Athen 1984, 117.

784 IG XII 2, 308.

785 GIBM 795. Kaibel, Epigrammata Graeca, 1878 Nr. 199 (= IvSelge T 71); IvSelge T 45.46.

V. DIE RÖMISCHE ZEIT (I): 100 V. CHR. - 284 N. CHR.

Mit der Einleitung römischer Maßnahmen gegen die anatolischen Seeräuber beginnt die, im eigentlichen Wortsinne, Provinzialisierung auch des südwestlichen Kleinasien, die bis zum Ende der Antike die Basis der politisch-administrativen Organisation in diesem Raum bildete. Von den ersten militärischen Unternehmungen der Römer gegen die Piraten und ihren im 1. Jh. v. Chr. zwecks Integration des Gebietes in das Imperium Romanum ergriffenen Maßnahmen führt eine kontinuierliche Linie zur Kolonisationspolitik des Augustus, welche wiederum die Weichen stellt für die politische und verwaltungstechnische Struktur dieser Region während der Kaiserzeit. Es bietet sich daher an, den Zeitraum von ca. 100 v. Chr. bis zum gemeinhin 284 n. Chr. angesetzten Beginn der Spätantike als erste Phase der römischen Zeit zu behandeln, die mit dem Herrschaftsantritt Diokletians beginnende spätrömische Zeit wird dann den zweiten Teil der mit der römischen Herrschaft befaßten Abschnitte dieser Arbeit ausfüllen.

1. Der historisch - politische Rahmen

Die bereits erwähnte "lex de piratis" (101/100 v. Chr.), deren Bestimmungen in zwei großen, recht gut erhaltenen Inschriften aus Delphi und Knidos verzeichnet sind,[786] liefert den ersten klaren Beleg für ein direktes, gegen die Piraten im südwestlichen Anatolien gerichtetes Eingreifen der Römer[787] und markiert den Anfang dauerhafter, militärisch fundierter Präsenz der Römer in diesem Gebiet. Denn in der "lex" wird explizit die zweifelsohne neben Pamphylien auch Pisidien umfassende Einrichtung der ἐπαρχεία στρατηγική 'Cilicia' dekretiert, wobei es im vorliegenden Zusammenhang irrelevant ist, ob die "provincia Cilicia" als separate administrative Einheit etabliert[788] oder als Operationsbezirk dem Statthalter der Provinz Asia unterstellt wurde.[789] Entscheidend ist hier allein, daß jetzt die in den kommenden Jahrhunderten permanente römische Herrschaft im südwestlichen Anatolien definitiv beginnt und veränderte Bedingungen für das Leben in dieser Region schafft.[790]

Nach der nicht durchschlagenden Operation des Prätors M. Antonius führten in der Folgezeit

---

786 S.o.S.39; SEG III 378. XXVI 1227. XXVII 720. Neben Magie, RRAM, 283 ff., seien hier nur noch die neuesten Arbeiten genannt, über welche die breite ältere Literatur bequem zu ermitteln ist: A.N. Sherwin-White, Rome, Pamphylia and Cilicia, 133-70 B.C., JRS 66, 1976, 1 ff.; R. Bernhardt, Polis und Imperium in der späten Republik (149-31 v. Chr.), Berlin u.a. 1985, 83; Freeman, 253 ff.

787 Unklar ist, ob eine metrische Inschrift aus Korinth (Corinth VIII/2 Nr. 1 = CIL I^2 2662 = Sherk Nr. 54), welche ein römisches Flottenunternehmen unter einem Prokonsul verzeichnet, das namentlich auch Side betraf, auf M. Antonius und die Jahre 102/101 v. Chr. zu beziehen ist - von Sherwin-White etwa (Rome, 4 f.) wird dies bezweifelt.

788 So die Mehrzahl der an der Diskussion beteiligten Gelehrten, s. den Forschungsüberblick bei Freeman, passim.

789 So Sherwin-White, Rome, 7 und T.B. Mitford, Roman Rough Cilicia, ANRW II 7.2, 1980, 1235. Die überaus enge Verbindung der Provinzen Cilicia und Asia erhellt sowohl aus der weiteren Geschichte der Region im 1. Jh. v. Chr. als auch aus der jüngst bekannt gewordenen Tatsache, daß im Zollgesetz der Provinz Asia vom Jahr 75 v. Chr. die pamphylischen Hafenpoleis dem "portorium Asiae" unterstanden: Engelmann - Knibbe, Zollgesetz, Z.26.

790 Die Auffassung von Sherwin-White (Rome, 3), Pamphylien und Pisidien seien als Bestandteile des attalidischen Reiches bereits 129 v. Chr. in die Provinz Asia integriert worden, stellt bestenfalls eine plausible Vermutung dar. Belege dafür gibt es bislang nicht, was Sherwin-White auch selbst einräumt (Roman Foreign Policy in the East. 168 B.C. to A.D. 1, London 1984, 91): "In Pisidia and Pamphylia, there is little trace of Roman con-

die sich ausweitenden Probleme und Unruhen im inneren Kleinasien zu einer Intensivierung des römischen Engagements, und die Piraterie stellte dabei nur einen Krisenherd neben anderen dar, die freilich, insbesondere durch zunehmend enge Kontakte zwischen dem römischen Hauptgegner Mithradates VI. und den Seeräubern, zu einem einzigen großen Komplex zusammenwuchsen.[791] So operierte bereits 97-96 oder 93-92 v. Chr. Sulla als 'kilikischer' Statthalter, wahrscheinlich von Pamphylien aus startend, in Kappadokien,[792] ähnlich wie der 'kilikische' Gouverneur Q. Oppius in den Jahren 89/88 v. Chr.;[793] kurz darauf mußten die Pamphylier Lucullus Schiffe zur Verfügung stellen.[794]

Schon frühzeitig machten die Pamphylier und Pisider einschlägige Erfahrungen mit den auch negativen Auswirkungen der römischen Provinzialadministration, denn Verres, Legat des kilikischen Proprätors Cornelius Dolabella (80/79 v. Chr.), trieb sein bekanntes Unwesen im gesamten Amtsbereich Dolabellas: "Proquaestore vero..commune Milyadum...Lyciam Pamphyliam Pisidiam Phrygiam totam frumento imperando aestimando adflixerit."[795] Den Aktivitäten seines Untergebenen Verres gebot Dolabella genausowenig Einhalt wie dem weiterhin gedeihenden Piratenwesen, so daß sein Nachfolger P. Servilius Vatia (Isauricus) in den Jahren 78-74 v. Chr. ausgedehnte, hier nicht im einzelnen nachzuzeichnende militärische Anstrengungen gerade auch in Pamphylien und Pisidien unternahm, wobei er unter anderem Attaleia eroberte, ohne jedoch die Seeräuber entscheidend schwächen zu können.[796] Letzteres gelang erst dem mit einem außerordentlichen Imperium nach Osten gesandten Pompeius, der die Piratengefahr in kürzester Zeit nach einem Seesieg (67 v. Chr.) vor Korakesion beseitigte.[797]

Die Vermutung liegt nahe, daß die zahlreichen militärischen Auseinandersetzungen, die sich während der ersten Hälfte des 1. Jhs. v. Chr. im südwestlichen Anatolien abspielten,[798] bisweilen erhebliche Belastungen für die jeweils betroffenen Regionen nach sich gezogen haben, aber ein genaueres Urteil lassen die Quellen nicht zu.

In der Folgezeit, die nun nicht mehr ganz so stark durch die Häufung militärischer Unternehmungen bestimmt wird, finden mehrere, nicht klar erkennbare Modifikationen der Verwaltungsbezirke statt. Aus der zweiten Hälfte der 50er Jahre kennen wir drei konsulare Statthalter der Provinz Cilicia, P. Cornelius Spinther, Ap. Claudius Pulcher und schließlich M. Tullius

---

trol before the naval campaign of Antonius in 102."

791 S. dazu, neben den in A.786 genannten Arbeiten, noch besonders E. Olshausen, Mithradates VI. und Rom, ANRW I 1, 1972, 806 ff.; A.N. Sherwin-White, Roman Involvement in Anatolia, 167-88 B.C., JRS 67, 1977, 62 ff.; E.S. Gruen, The Hellenistic World and the Coming of Rome II, Berkeley u.a. 1984, 605 ff.

792 Auct. de vir.illustr. 75, 4: "Praetor Ciliciam provinciam habuit." Vgl. E. Badian, Sulla's Cilician Command, Athenaeum 37, 1959, bes. 284 ff.; Sherwin-White, Rome, 8 f.

793 Sherwin-White, ebd.; Bernhardt, Polis, 35.50. Poseidonios (FGrHist 87 F 36) nennt Oppius sogar στρατηγὸς Παμφυλίας.

794 App. Mithr. 56 f.

795 Cic. Verr. II 1, 95; vgl. Sherwin-White, Rome, 9 f.

796 Zu den Operationen im einzelnen und den in der gelehrten Literatur kontrovers diskutierten, exakten Marschrouten des Servilius Vatia s. H.A. Ormerod, The Campaigns of Servilius Isauricus against the Pirates, JRS 12, 1922, 35-56; ders., Piracy, 213 ff. (ebd. 216 A.1 mit Auflistung der einschlägigen Quellen); Ziebarth, Beiträge, 34 f.; Bosch, Studien, 78 f.; Magie, RRAM, 287 ff.; Levick, Colonies, 22 f.; Syme, Observations, 121 f.; Sherwin-White, Roman Foreign Policy, 152 ff.

797 S. vor allem Cic.imp.Cn.Pomp. 35 und dazu Ormerod, Piracy, 234 ff.; Magie, RRAM, 299 ff.; Mitford, Cilicia, 1236 ff., M. Gelzer, Pompeius (ND) Stuttgart 1984, 67 ff.

798 Den bislang geschilderten Vorgängen ist noch die kurzzeitige Invasion Mithradates' VI. in den Jahren 74-73 v. Chr. hinzuzufügen: Memnon FGrHist 434 F 27; App.Mithr. 75.

Cicero.[799] Cicero, 51-50 v. Chr. Provinzgouverneur in Cilicia,[800] betrat als erste Stadt während seiner Amtszeit das phrygische Laodikeia, wo er im August 51 v. Chr. Gericht hielt[801] - Laodikeia, wie auch Synnada und Apameia,[802] waren in der Zwischenzeit also der Provinz Cilicia zugeschlagen worden. Auch im Winter 51/50 v. Chr. residierte Cicero noch in Laodikeia, wo er im Februar wiederum Jurisdiktion ausübte, und zwar (im März) auch für den Gerichtsbezirk Pamphylien: "Id. Febr., quo die has litteras dedi, forum instituteram agere Laodiceae Cibyraticum et Apamense, ex Id.Mart. ibidem Synnadense, Pamphylium...Lycaonium, Isauricum."[803] Nicht nur bezeugt diese Stelle explizit die Zugehörigkeit Pamphyliens zu Ciceros Provinz 'Cilicia',[804] sie belegt überdies, wie unzureichend die Rechtsprechung für die Provinzialen organisiert war, denn Pamphylier mußten zur Klärung von Rechtsstreitigkeiten, wie die Briefstelle zeigt, nach Phrygien reisen. Doch nicht allein dieser Mißstand, auch weitere Unruhen dürften den Provinzbewohnern in dieser Zeit zugesetzt haben; so erwähnt Cicero für das Jahr 50 v. Chr. "magna in Cilicia latrocinia", die er mit unter anderem in Galatien und Pisidien rekrutierten "auxilia" bekämpfte.[805]

Wenige Jahre darauf scheint die Provinz Cilicia aufgelöst worden zu sein. Die letzten bekannten Statthalter amtierten in den Jahren 45/44 v. Chr.,[806] im Jahr 43 v. Chr. bezeichnet P. Cornelius Lentulus Spinther, proquaestor pro praetore in der Provinz Asia, Side als den äußersten (d.h. östlichsten) Punkt seines Amtsbezirkes.[807] Zumindest die Küste Pamphyliens war also aus der Provinz 'Cilicia' ausgegliedert worden, wenn die Provinz nicht sogar gänzlich aufgelöst worden ist, denn nach 44 v. Chr. ist sie nicht mehr bezeugt, und in Ciceros 11. "Philippica" taucht eine kilikische Provinz in der Umschreibung des für C. Cassius beantragten Ostkommandos nicht mehr auf.[808] Nach der Entscheidung zuungunsten der Caesarmörder nahm dann Antonius eine Neuordnung des Ostens vor und machte in diesem Zuge Amyntas zum König von Galatien, wozu auch Pisidien und zumindest der größte Teil Pamphyliens zählten.[809]

Eine neuerliche Zäsur bedeutete der Tod von Amyntas im Jahr 25 v. Chr., denn für die Römer stellte sich das Problem, wie mit dem großen Gebiet des Klientelkönigreiches nun zu verfahren wäre. Nach Auskunft von Cassius Dio (53,26,3) überließ Augustus die Herrschaft nicht den Söhnen des Amyntas, sondern errichtete die neue Provinz Galatia, in die freilich Pamphylien nicht einbezogen worden sei:

καὶ οὕτω καὶ ἡ Γαλατία μετὰ τῆς Λυκαονίας Ῥωμαῖον ἄρχοντα ἔσχε, τά τε χωρία τὰ

---

799 Syme, Observations, 124 f.; Freeman, 266 f.

800 Vgl. dazu A.J. Marshall, The Lex Pompeia de provinciis (52 B.C.) and Cicero's Imperium in 51-50 B.C.: Constitutional Aspects, ANRW I 1, 1972, 887-921.

801 Cic. Att. V 15, 1: "Laodiceam veni pridie kal.Sextiles; ex hoc die clavum anni movebis."

802 Syme, Observations, 122; A.J. Marshall, Governors on the Move, Phoenix 20, 1966, 234; Ameling, Drei Studien, 21 f.

803 Cic. Att. V 21, 9.

804 S. daneben noch Cic. Fam. III 6, 1. 12, 4.

805 Cic. Att. VI 4, 1. 5, 3.

806 Freeman, 267.

807 Cic. Fam. XII 15, 5: "classem fugientem persecuti sumus usque Sidam, quae extrema regio est provinciae meae."

808 Cic. Phil. XI 30.

809 Strab. XII 5, 3-XII 7 (C 567-569). Dio 49, 32, 3. Für die Zugehörigkeit auch des östlichen Pamphylien zum Reich des Amyntas sprechen aller Wahrscheinlichkeit nach in Side geprägte Silbermünzen mit der Legende ΒΑΣΙΛΕΩΣ ΑΜΥΝΤΟΥ: Levick, Colonies, 26 mit A.6.; Atlan, Amyntas, 597 ff.

ἐκ τῆς Παμφυλίας πρότερον τῷ Ἀμύντᾳ προσνεμηθέντα τῷ ἰδίῳ νομῷ ἀπεδόθη.

Während die Einrichtung der Provinz Galatia, als deren erster Statthalter M. Lollius (wohl 25-22 v. Chr.)[810] amtierte, zweifelsfrei feststeht,[811] muß nach der communis opinio der zweite Teil der Äußerung Dios als Irrtum gelten, denn Strabon, Zeitgenosse des Geschehens, erklärt unmißverständlich, daß das gesamte Königreich des Amyntas (ἡ Ἀμύντου βασιλεία πᾶσα) in einer Provinz (εἰς μίαν ἐπαρχίαν) zusammengefaßt wurde,[812] Pamphylien und Pisidien blieben also aller Wahrscheinlichkeit nach administrativ vereint.

Auch eine zweite Äußerung Dios wirft Probleme auf: Zum Jahr 14/13 v. Chr. überliefert er, daß L. Calpurnius Piso (Konsul 15 v. Chr.) zwecks militärischer Aufgaben nach Makedonien berufen wurde, und zwar von Pamphylien aus, wo er Statthalter war: ἐκ Παμφυλίας, ἧς ἦρχε.[813] Die im Anschluß an die (freilich, wie wir sahen, wohl irrtümliche) Nachricht Dios zum Jahr 25 v. Chr. von der Existenz einer eigenständigen Provinz Pamphylia überzeugten Gelehrten[814] haben diese Stelle natürlich aufgegriffen und in ihrem Sinne gedeutet, aber auch dieses Zeugnis spricht wohl kaum für eine separate, da ansonsten nicht gut belegbare Provinz Pamphylia. Zwar muß Dios Aussage nicht einfach, wie Syme meint,[815] falsch sein, aber mit dem Namen Pamphylia könnte Dio im Sinne einer 'pars pro toto' eben die Provinz Galatien gemeint haben, zu der Pamphylien gehörte.[816] Demnach dürfte schließlich auch die Ehrung für den einfach (ohne Benennung der Provinz) als "legatus Augusti pro praetore" bezeichneten M. Plautius Silvanus (Consul 2 v. Chr.; Statthalter 6 n. Chr. ?)[817] aus dem pamphylischen Attaleia keinen Anhaltspunkt für eine nur pamphylische, sondern ein weiteres Indiz für die Pamphylien mitumfassende galatische Provinz darstellen. Denn wollte man Silvanus als Gouverneur nur Pamphyliens begreifen, so wäre er, neben dem allenfalls noch ins Feld zu führenden L. Calpurnius Piso, einer von insgesamt nur zwei, überaus fragwürdig dokumentierten Statthaltern einer Provinz Pamphylia, die von 25 v. Chr. bis zumindest 43 n. Chr. (oder eher noch darüber hinaus)[818] existiert haben müßte. Dies wird man kaum ernsthaft annehmen wollen, und da nach Strabons glaubhafter Auskunft Pamphylien zu der neuen Provinz Galatia gehört hat, allein für die Zeit zwischen 13-33/34 n. Chr. sechs Statthalter Galatiens bezeugt sind[819] und überdies Plinius die Attaleier zu den galatischen Gemeinwesen rechnet,[820] spricht sehr viel für die Exi-

---

[810] Eutr. VII 10, 2.

[811] Levick, Colonies, 29 ff. 193 ff.; Syme, Observations, 145; R.K. Sherk, Roman Galatia: The Governors from 25 B.C. to A.D. 114, ANRW II 7.2, 1980, 955 ff.; B. Thomasson, Laterculi Praesidum I, Göteborg 1984, 253 Nr. 1; B. Remy, L'évolution administrative de l'Anatolie aux trois premiers siècles de notre ère, Lyon 1986, 21.

[812] Strab. XII 5, 1 (C 567). 6, 5 (C 569). Laut W. Ameling (Drei Studien, 22 f.) könnten vielleicht periphere Teile von Amyntas' Reich nicht der Provinz Galatia, sondern der Provinz Asia zugeteilt worden sein. Aber Amelings Überlegungen basieren in diesem Fall auf nur sehr hypothetischen, chronologisch überdies nicht gesicherten Annahmen, die ferner für Pamphylien ohnehin wohl nicht zutreffen würden; vgl. auch Belke - Mersich, 76.

[813] Dio 54, 34, 6.

[814] Nachweise bei Levick, Colonies, 30 f.

[815] Syme, Observations, 146.

[816] So auch Magie, RRAM, 1304 f. A.4; Sherk, Roman Galatia, 964 f.; Thomasson, 253 Nr. 2; B. Remy, Les fastes sénatoriaux des provinces romaines d'Anatolie au Haut-Empire (31 av. J.-C. - 284 ap. J.-C.), Paris 1988, 95.

[817] SEG VI 646; AE 1974, 634.

[818] Dazu s. gleich u.S.98.

[819] Sherk, Roman Galatia, 971 ff.; Thomasson, 253 f.; Remy, Les fastes, 95 f.

[820] Plin. n.h. V 147.

stenz einer auch Pamphylien und Pisidien umfassenden Provinz Galatia seit 25 v. Chr. bis mindestens 43 n. Chr.[821]

Im Jahr 43 n. Chr. hat, so die einhellige Lehrmeinung,[822] Claudius eine Neuordnung vorgenommen und die Doppelprovinz Lycia-Pamphylia eingerichtet, wie aus den Nachrichten bei Cassius Dio und Sueton zu folgern sei. Trotz der herrschenden Einmütigkeit scheinen mir jedoch einige Überlegungen der communis opinio zu widersprechen: Sueton verliert kein Wort über eine Doppelprovinz, sondern überliefert nur: "Lyciis ob exitiabiles inter se discordias libertatem ademit (sc. Claudius)."[823] Allein Dios Zeugnis könnte die allgemein etablierte Auffassung stützen: τούς τε Λυκίους στασιάσαντας, ὥστε καὶ Ῥωμαίους τινὰς ἀποκτεῖναι, ἐδουλώσατό τε καὶ ἐς τὸν τῆς Παμφυλίας νομὸν ἐσέγραψεν (sc. ὁ Κλαύδιος).[824] Dio freilich zeichnet sich, wie wir sahen, nicht als unbedingt zuverlässiger Zeuge aus, er könnte überdies die zu seiner Zeit als selbstverständlich empfundene Verbindung von Lycia und Pamphylia einfach in die Zeit um 43 n. Chr. zurückprojiziert haben, und daß der den Geschehnissen zeitlich bedeutend näher stehende Sueton nichts von einem Lycia und Pamphylia umfassenden Verwaltungsbezirk zur Zeit des Claudius schreibt, wertet Dios Nachricht zusätzlich ab. Vor allem aber, und darin liegt wohl das wichtigste Argument, gibt es neben der fragwürdigen Information Dios kein einziges Dokument, welches die Existenz einer Provinz Lycia et Pamphylia vor den 70er Jahren belegt. Sämtliche in den neuesten Fasten aufgelisteten Statthalter von Lycia-Pamphylia vor der Zeit Vespasians[825] sind nur allgemein, ohne Provinzangabe, als Statthalter oder als Gouverneure allein von Lykien bezeugt. Claudius könnte also durchaus nur eine neue Provinz Lycia geschaffen und Pamphylien bei Galatien belassen haben - genau dieser Zustand spiegelt sich auch in den Quellen der 50er Jahre wider, was von der Forschung bislang als kurzfristige, freilich durch nichts belegte Reorganisation Neros erklärt werden mußte.[826] Folgerichtig ergab sich die Notwendigkeit, auch die unter Galba erkennbare Zugehörigkeit Pamphyliens zur Provinz Galatia auf diese vermeintliche Neuerung zurückzuführen oder gar eine zwischenzeitliche, noch von Nero veranlaßte Restitution der Doppelprovinz Lycia-Pamphylia und nun, unter Galba, ein neues Revirement zu postulieren,[827] wozu aber aufgrund der Quellen ebenfalls gar keine Veranlassung besteht.[828] Sehr viel näherliegend erscheint es daher, ein kontinuierliches Fortbestehen der alten Provinz Galatia (mit Pamphylien und Pisidien) seit

---

[821] So auch R. Syme, Pamphylia from Augustus to Vespasian, Klio 30, 1937, 227 ff.; ders., Observations, 146; Levick, Colonies, 31 f.; Remy, L'évolution, 34.

[822] Genannt seien hier nur Syme, Pamphylia, 228; ders., Observations, 146; Jameson, Lycia and Pamphylia, 64f.; Thomasson, 275; Remy, L'évolution, 34 ff.; ders., Les fastes, 167 ff.

[823] Suet. Cl. 25, 3.

[824] Dio 60,17, 3.

[825] S. nur Thomasson, 275 f.; Remy, Les fastes, 167 f.

[826] So (stellvertretend für alle anderen) jüngst Remy, L'évolution, 40. ILS 215 (50 n. Chr.) belegt nicht die Provinz Lycia-Pamphylia, sondern dokumentiert sogar, wie Syme (Pamphylia, 228 f.) gezeigt hat, die Tätigkeit des galatischen Finanzprokurators in Pamphylien, was auch vorzüglich zu der hier vertretenen These paßt. Tac. ann. XIII 33,3, AE 1956, 186, Plin. n.h. XII 9 f. XIII 88 und CIL III 14181 verzeichnen alle die Existenz einer Provinz Lycia!

[827] Remy, L'évolution, 43 ff.

[828] Tacitus spricht denn auch gar nicht von einer Neuordnung unter Galba, sondern setzt die Verbindung von Pamphylien und Galatien wie selbstverständlich voraus (hist. II 9): "Galatiam ac Pamphyliam provincias Calpurnio Asprenati regendas Galba permiserat." Bestätigung liefert eine Inschrift für L. Nonius Calpurnius Asprenas (IRT 346) aus den Jahren 68/69 oder 69/70 n. Chr., in welcher dieser als "legatus (Augusti) pro pr. provinciae Galateae (sic) Paphlagoniae, Pamphyliae, Pisidiae" erscheint.

25 v. Chr. und daneben (seit 43 n. Chr.) die Existenz einer Provinz Lycia anzunehmen,[829] bis zu der unter Vespasian erfolgten Neustrukturierung.[830] Denn erst jetzt, zur Zeit Vespasians, treffen wir mit L. Luscius Ocrea auf einen πρεσβευτὴς καὶ ἀντιστράτηγος Λυκίας καὶ Παμφυλίας,[831] ein zweiter derartiger Amtsträger aus vespasianischer Zeit ist durch eine vor wenigen Jahren publizierte Inschrift belegt; möglicherweise galt sie M. Hirrius Fronto Neratius Pansa, der 70-72 oder 73/74-75/76 n. Chr. als Statthalter von Lycia-Pamphylia amtiert haben könnte, aber sicher behaupten läßt sich dies nicht.[832] Gewiß ist dagegen, daß unter Vespasian der administrative Verbund Pisidiens mit Pamphylien (vorerst) beendet wurde - Pisidien blieb Teil der Provinz Galatia, Pamphylien bildete nun mit Lykien eine Einheit.

Die nächste wichtige Änderung[833] fällt in die Zeit Hadrians oder des Antoninus Pius, denn der Großteil Pisidiens wird, wie Inschriften aus den pisidischen Siedlungen Komama und Sagalassos für Statthalter von Lycia-Pamphylia nahelegen, nun der Doppelprovinz zugeschlagen worden sein, wovon im 3. Jh. n. Chr. eine Inschrift für einen πρεσβευτὴς Λυκίας Παμφυλίας Πεισιδίας klares Zeugnis ablegt.[834] Nur ein kleiner Teil (im Nordosten) Pisidiens blieb Bestandteil der Provinz Galatia,[835] und diese territoriale Struktur, welche durch den unter Mark Aurel vollzogenen Statuswechsel der ehemals kaiserlichen zur nun senatorischen Provinz wohl nicht modifiziert wurde,[836] dürfte im wesentlichen bis ins späte 3. Jh. n. Chr. von Bestand gewesen sein;[837] auch die dann erfolgende Neubesetzung der Statthalterposten mit ritterlichen Gouverneuren (ἡγεμόνες), von denen wir nur zwei kennen,[838] zog zunächst keine erkennbare Neuformierung der Provinzgrenzen nach sich.

---

829 Ein Problem - freilich nicht für unsere Rekonstruktion - bereitet Suet. Vesp. 8,4: "Achaiam, Lyciam, Rhodum, Byzantium, Samum libertate adempta, item Trachiam Ciliciam et Commagenen dicionis regiae usque ad id tempus, in provinciarum formam redegit." Prima vista ließe sich daraus schließen, daß Lycia kurzzeitig nicht Provinz war, was angesichts des noch für 68/69 n. Chr. (CIL III 14181) bezeugten Statthalters von Lycia jedoch kaum angängig ist - die Frage muß offen bleiben, wie auch jüngst noch einmal M. Wörrle (Stadt und Fest, 97 mit A.99) konstatiert hat.

830 Dazu passen vielleicht die Überlegungen von Wörrle (ebd. 96 ff.) bezüglich einer vespasianischen "lex provinciae", die möglicherweise anläßlich der Etablierung der neuen Provinz Lycia-Pamphylia auf die nur für Lycia geltende, eventuell anzunehmende "lex provinciae" des Claudius gefolgt wäre.

831 AE 1981, 829 (74-76 n. Chr.?).

832 Zur Inschrift: A.S. Hall, An Unidentified Governor of Lycia-Pamphylia under Vespasian, EA 4, 1984, 27-35; K. Strobel, Ein neues Zeugnis für die Statthalterschaft des M. Hirrius Fronto Neratius Pansa in Lycia-Pamphylia aus Oinoanda?, ZPE 61, 1985, 173-180; Wörrle, Stadt und Fest, 74 f. A.141; M. Heil, M. Hirrius Fronto Neratius Pansa, legatus exercitus Africae, Chiron 19, 1989, 165-184.

833 Zur zwischenzeitlichen Entwicklung s. Remy, L'évolution, 65 ff.

834 IG Bulg 884.

835 Marginale Änderungen in der Zwischenzeit - MAMA VI 79 etwa nennt Pisidien nicht - bleiben möglich, vgl. Remy, L'évolution, 85.

836 Remy, L'évolution, 93 ff.; ders., Les fastes, 199 ff.; zu einer kurzfristigen Modifikation im Jahr 175 n. Chr. s. W. Eck, Bemerkungen zum Militärkommando in den Senatsprovinzen der Kaiserzeit, Chiron 2, 1972, 429 ff. Das vieldiskutierte Problem eines eventuell schon einmal unter Hadrian bewirkten senatorischen Ranges der Provinz Lycia-Pamphylia (dazu Remy, L'évolution, 76 ff.) kann hier unberücksichtigt bleiben.

837 Auf die im vorliegenden Zusammenhang weniger interessanten, da nur einen sehr kleinen (nordöstlichen) Teil Pisidiens (ohnehin allenfalls indirekt) berührenden Änderungen der Verwaltungsräume in Galatien - mit temporären Schöpfungen wie der dreiteiligen Einheit aus Kilikien-Lykaonien-Isaurien - gehe ich hier nicht näher ein, s. dazu Remy, L'évolution, 65 ff.

838 Remy, Les fastes, 193. Zu dem neuen Dokument für Terentius Marcianus aus Pisidien s. H. Brandt, Probus, pacator Pamphyliae et Isauriae? Historisch-epigraphische Notizen zu SHA, Pr 16, 4-17, 1, in: Historia-Augusta-Colloquium, Paris 1990 (im Druck); S. Mitchell, The Siege of Cremna, in: D.H. French - C.F. Lightfoot (Hgg.), The Eastern Frontier of the Roman Empire I, Ankara 1990, 311-328.

In dem gesamten, von der endgültigen Provinzialisierung (25 v. Chr.) bis zum ausgehenden 3. Jh. n. Chr. sich erstreckenden Zeitraum dürfte das Gebiet von Pamphylien und Pisidien verhältnismäßig friedliche Zeiten erlebt haben, ausgenommen den Krieg gegen die Homonadenses am Ende des 1. Jhs. v. Chr.[839] und die für Pamphylien jedoch recht glimpflich abgelaufenen Einfälle der Perser, Goten und Isaurer vor allem im 3. Jh. n. Chr.[840] In der dazwischenliegenden Zeit war die Region allenfalls indirekt als Aufmarschgebiet von (im einzelnen noch näher zu betrachtenden)[841] militärischen Operationen im Osten betroffen, kaum jedoch selbst als Kriegsschauplatz. Die (nicht immer nur wohltuenden) Bedingungen der "pax Augusta" und die feste Zugehörigkeit des südwestlichen Anatolien zum Imperium Romanum in dieser Zeit veränderten und prägten dort neben dem ökonomischen Sektor auch die meisten übrigen Lebensbereiche und führten zur Ausbildung neuer sozialer Gruppen (Ritter und Senatoren), bislang unbekannter Wirtschaftseinheiten (etwa in Form kaiserlicher Domänen), neuartiger Rechtsformen (z.B. durch die römischen Kolonien), neuer administrativer Strukturen und zur Stationierung römischer Militärs. Diese Entwicklungen sollen in den nun folgenden Kapiteln genauer nachgezeichnet und beurteilt werden.

2. Stadt und Land

2. 1. Städtische Siedlungen

Als eines der bemerkenswertesten Charakteristika der römischen Herrschaft gilt gemeinhin die Urbanisierung, von der alle Reichsregionen in mehr oder weniger hohem Maße betroffen gewesen seien. Insbesondere hätten nun auch bislang eher benachteiligte Binnenregionen die vorher unbekannten Segnungen städtischer Zivilisation erfahren, Differenzen zwischen schon vorher intensiver urbanisierten Gebieten und ländlicher strukturierten Gegenden seien eingeebnet oder zumindest erheblich verringert worden.[842] Der folgende, auf der nun breiteren epigraphischen und archäologischen Basis gründende Survey der pamphylischen und pisidischen Siedlungen hat daher vor allem der Frage nachzugehen, ob und inwieweit diese generellen Beobachtungen auch für das südwestliche Anatolien zutreffen, wobei Aspekte der rechtlichen, politischen und administrativen Funktion der Poleis wiederum vernachlässigt werden können;[843] die Erörterung der wirtschaftlichen Grundlagen des städtischen Lebens wird zunächst ebenfalls weitgehend ausgeklammert[844] und der Blick vorerst primär auf das urbanistische Niveau der Siedlungen gerichtet.

---

[839] Dazu s. nur Levick, Colonies, 203-214.

[840] Vgl. Nollé, Pamphylische Studien 6-10, 254 ff.

[841] S.u.S.160 ff.

[842] D. Nörr, Imperium und Polis in der hohen Prinzipatszeit (Münchener Beitr. zur Papyrusforsch. und antiken Rechtsgesch. 50), München 1966, 9 ff.; J. Bleicken, Verfassungs- und Sozialgeschichte des Römischen Kaiserreiches 2, Paderborn[2] 1981, 9-47 ("Urbanisierung und Romanisierung"); W. Dahlheim, Die Funktion der Stadt im römischen Herrschaftsverband, in: F. Vittinghoff (Hg.), Stadt und Herrschaft (HZ N.F. Beih. 7), München 1982, 13-74; Kolb, Stadt, 169 ff.; C. Wells, Das römische Reich, München 1985, 166 ff.; K. Christ, Geschichte der römischen Kaiserzeit von Augustus bis zu Konstantin, München 1988, 445 ff.; P. Garnsey - R. Saller, Das römische Kaiserreich. Wirtschaft, Gesellschaft, Kultur, Hamburg 1989, 41 ff.; A. Gara, Il mondo greco-orientale, in: M. Crawford (Hg.), L'impero romano e le strutture economiche e sociali delle province, Como 1986, 99 ff.

[843] Dazu s. etwa (für die frühere Zeit der römischen Herrschaft) Bernhardt, Polis, Teil II (140-280); Nörr, Imperium, 15-43.

Die bereits in hellenistischer Zeit bedeutende Stadtanlage von Aspendos erfährt in römischer Zeit einen eindrucksvollen Ausbau. Insbesondere das große, wohl aus dem 2. Jh. n. Chr. stammende Theater[845] und das stark an den entsprechenden Bau von Milet erinnernde Nymphäum am Nordende der Agora[846] bestimmen jetzt das Stadtbild. Das Nymphäum bildete zugleich den Abschluß eines weiteren aufwendigen Bauwerks von Aspendos, des über zwanzig Kilometer langen, ebenfalls im 2. Jh. n. Chr. errichteten Aquäduktes.[847] Aus einer Ehreninschrift für den Sohn des sonst unbekannten Ti. Claudius Italicus geht hervor, daß letzterer für diesen Bau (εἰς τ[ὴν τ]οῦ ὕδατος εἰσαγ[ω]γ[ήν]) 2 Mill. Denare (= 8 Mill. Sesterzen) stiftete.[848] Dieses Zeugnis liefert nicht nur ein eindrucksvolles Beispiel des allerorten für den Siedlungsausbau in der Kaiserzeit grundlegenden Euergetismus, sondern es deutet zugleich auf den Wohlstand der später noch genauer zu untersuchenden lokalen Eliten. Bedenkt man etwa, daß der jüngere Plinius insgesamt nicht mehr als 5 Mill. Sesterzen für Bauvorhaben in verschiedenen Munizipien stiftete,[849] so erweist sich die einmalige Spende von Ti. Claudius Italicus als bedeutender Beitrag zur Verbesserung der aspendischen Bauausstattung. Mit dem noch einigermaßen erhaltenen Stadion,[850] einem epigraphisch dokumentierten Gymnasion,[851] zwei großen Thermenanlagen[852] sowie weiteren ἔργα τῆς πόλεως[853] besaß Aspendos in der Kaiserzeit die von allen größeren und wohlhabenderen Städten des Imperiums angestrebte "Standardausrüstung",[854] und zwar in besonders prächtiger und aufwendiger Form.

Ein vergleichbares Niveau wies die ebenfalls schon seit Jahrhunderten blühende Stadt Perge auf. In der hohen Kaiserzeit zeigt die Stadtanlage ein (fast) regelmäßiges Straßennetz, dominiert von zwei großen, sich rechtwinklig kreuzenden Kolonnadenstraßen, und der Ausbau der einzelnen Stadtteile ging wiederum zum Teil auf das Konto wohlhabender Stifter. So tat sich bereits im früheren 1. Jh. n. Chr. ein Angehöriger eines senatorischen Geschlechts, C. Iulius Cornutus,[855] als Mäzen (für die Erbauung von Palästra und Gymnasion) hervor,[856] die Wiedererrichtung (ἐπισκευή) des Buleuterions wurde privater Initiative verdankt,[857] und Mitglieder der vornehmen "gens" der Plancii[858] zeichneten für die Neugestaltung des hinter dem hellenistischen Doppeltor gelegenen Hofes als 'Gründersaal' verantwortlich.[859] Mit einem Theater

844 Dazu s.u.S.133 ff.
845 Bean, Kleinasien, 62 ff. Die Architekten des Theaters nennt die Inschrift IGR III 803.
846 H. Hörmann, Das Nymphäum zu Aspendos, JDAI 44, 1929, 263 ff.; Bean, Kleinasien, 66.
847 Bean, ebd. 66 f.; H. Fahlbusch, Aspendos, in: Die Wasserversorgung antiker Städte (= Geschichte der Wasserversorgung Bd. 2), Mainz 1987, 172 ff.
848 IGR III 804.
849 R. Duncan-Jones, The Economy of the Roman Empire. Quantitative Studies, Cambridge^2 1982, 31.
850 Bean, Kleinasien, 67.
851 SEG XVII 640.
852 Bean, Kleinasien, 69; E. Brödner, Die römischen Thermen und das antike Badewesen, Darmstadt 1983, Taf. 64b. Zweifelsfrei gesichert ist die Bestimmung beider Gebäude nicht, möglicherweise ist eines davon das erwähnte Gymnasion.
853 CIG 4342 d^3.
854 Kolb, Stadt, 177.
855 Zu ihm und seiner "gens" s.u.S.155.
856 IvPerge Nr. 18-21.
857 IvPerge Nr. 47.
858 Näheres zu ihr s.u.S.156.
859 IvPerge Nr. 24-28b; Bean, Kleinasien, 43f.; Weiss, Lebendiger Mythos, 181 ff.

und einem Stadion,[860] ferner mit dem laut Inschriften und Statuenprogramm in severischer Zeit errichteten, Propylon, Thermen und Brunnenhaus umfassenden 'severischen Bezirk',[861] zwei weiteren Nymphäen sowie einem Aquädukt[862] verfügte Perge über das komplette Arsenal einer blühenden kaiserzeitlichen Stadt und dokumentierte seinen enormen Wohlstand in dieser Zeit.

Wie Aspendos und Perge bewahrte auch Side den seit hellenistischer Zeit kontinuierlich bekleideten Rang als eine der hervorragendsten pamphylischen Siedlungen: "Das wohlhabende römische Side besaß alle typischen Großbauten, wie sie bei prosperierenden Städten dieser Zeit üblich waren."[863] Dazu gehörten in erster Linie, wie in Perge, zwei ausladende, allerdings hier keinen rechtwinkligen Stadtplan begründende Säulenstraßen, ein prächtiges, in der erhaltenen Form aus dem 2. Jh. n. Chr. stammendes Theater,[864] ferner die von Stoai und Portiken umgebene Agora, eine zweite, aufgrund der statuarischen Ausstattung als 'Kaisersaal' bezeichnete, wohl kaum als Gymnasion anzusehende 'zweite Agora',[865] ein Vespasian geweihtes Ehrenmonument, diverse Kultbauten, ein nach neuesten epigraphischen Erkenntnissen vielleicht erst ins 3. Jh. n. Chr. zu datierendes Nymphäum,[866] am Hafen gelegene Thermen und schließlich eine sich über eine Länge von fast 35 km erstreckende, vom Melas nach Side geführte Wasserleitung. Im Gegensatz zu Dokumenten aus Aspendos und Perge überliefern die sehr zahlreichen Inschriften Sides keine vergleichbar spektakulären Stiftungen einzelner Personen, sondern allenfalls kleinere Summen, wie etwa im Fall der von einem Privatmann zum Bau des Nymphäums beigesteuerten 5.000 Denare.[867] Daraus auf fehlenden Euergetismus in Side schließen zu wollen, hieße jedoch wohl, den Zufall der Überlieferung zu verkennen, zumal wir einschlägige Beispiele auch aus (dem spätantiken) Side noch kennenlernen werden. Immerhin könnte das (bisherige) Ausbleiben entsprechender spektakulärer Zeugnisse für die hohe Kaiserzeit darauf hindeuten, daß die Ausführung größerer Bauvorhaben in den wirtschaftlich leistungsfähigeren Poleis wie Side eben nicht allein von der Generosität potenter Einzelpersonen abhing, wie das in kleineren Orten eher der Fall war.

Das urbanistische Niveau der unter den Pergamenern neugegründeten Hafenstadt Attaleia läßt sich wegen der bis heute andauernden Besiedlung nicht beurteilen, und so stellt denn auch die Auffassung, Attaleia sei als "größte der pamphylischen Städte"[868] anzusehen, nur eine Spekulation dar, zumal außer dem Hadrianstor und einem großen, an das hadrianische Mausoleum in Rom erinnernden (Grab-?)Bau[869] keine Monumente erhalten sind. Den bislang für diese Frage nicht herangezogenen Inschriften aus Attaleia sind leider auch nur sporadische Hinweise zu

---

860 Bean, Kleinasien, 40 ff.

861 IvPerge Nr. 14; A. Mansel, Nymphäen von Perge, IstMitt 25, 1975, 368 f.; Özgür, Perge, 50 ff.

862 Mansel, ebd. 367-372; H. Fahlbusch, Perge, in: Wasserversorgung, 193.

863 H. Fahlbusch, Side, in: Wasserversorgung, 218. Der anschließende Überblick gründet auf folgenden Arbeiten: Mansel, Ruinen, passim; ders., Art. Side, RE Suppl. 10, 1965, 896 ff.; Bean, Kleinasien, 70 ff.; E. Akurgal, Ancient Civilizations and Ruins of Turkey, Istanbul^3 1985, 336 ff.; Fahlbusch, in: Wasserversorgung, 218 ff.

864 Diese aufgrund archäologischer Gesichtspunkte gemeinhin angenommene Datierung wird auch durch die Inschrift AE 1966, 480 gestützt.

865 Mansel, Side, 907 f.

866 P. Weiss, Ein agonistisches Bema und die isopythischen Spiele von Side, Chiron 11, 1981, 341 ff.

867 Bean - Mitford, Journeys 1964-1968, Nr. 21b; vgl. Weiss, Bema, 342. Die Stiftung eines Bankettsaales verzeichnet IvSide Nr. 51, vgl. dazu L. Robert, Inscriptions grecques de Side en Pamphylie (ND), in: OMS V, 1989, 165 ff.

868 S. Jameson, Art. Attaleia, RE Suppl. XII, 1970, 110.

entnehmen. Neben der Erwähnung zahlreicher Kulte, die zumindest zum Teil baulichen Niederschlag gefunden haben dürften,[870] berechtigt die mehrmalige Erwähnung der Gymnasiarchie γεραίων καὶ νεῶν καὶ παιδῶν[871] zur Annahme von Gymnasion und Palästra, zwei weitere, nur fragmentarisch erhaltene Inschriften verzeichnen private Stiftungen eines mit Apsiden versehenen Gebäudes[872] und einer ψάλις (eines mit Gewölben versehenen Bauwerks).[873] Natürlich ist mit diversen weiteren Bauwerken in dieser bedeutenden Stadt zu rechnen, aber Genaueres läßt sich aus den genannten Gründen nicht sagen.

Die zwischen Perge und Aspendos gelegene, in hellenistischer Zeit durch einen recht bedeutenden Baubestand ausgewiesene Stadt Sillyon scheint am wenigsten von der den anderen großen pamphylischen Siedlungen zugute gekommenen "pax Romana" profitiert zu haben. Aus römischer Zeit stammen nur ein kleines Theater und das Odeion, ein Stadion sowie ein Quellhaus;[874] ein weiteres Bauwerk, das Gymnasion, dürfte bereits auf einen hellenistischen Bau zurückgehen.[875] Die epigraphische Dokumentation läßt darauf schließen, daß es keine auf viele Köpfe verteilte und von vielen getragene Prosperität in dieser Siedlung gab, welche zu einem organischen Ausbau des Stadtbildes hätte führen können. Vielmehr gilt für Sillyon wie auch für einige noch zu betrachtende, kleinere pamphylische Siedlungen, daß jeweils die Freigebigkeit eines offenbar sehr wohlhabenden Euergeten und seiner Famlie kurzzeitig für eine erhebliche Verbesserung der Bausubstanz sorgte: Nur fünf Inschriften aus römischer Zeit beziehen sich auf Bauten und zeugen von derartigen privaten Stiftungen, und alle gelten sie ein- und derselben reichen Frau sowie ihren Kindern, die erkleckliche Summen für einen Tempel ('naos'), ein Tycheheiligtum (τὸ τῆς Τύχης ἱερὸν ἀκρελεφάντινον ἐπίχρυσον), Stoai und den dazugehörigen Bauschmuck spendeten.[876]

Ein erheblich höheres urbanistisches Niveau als Sillyon erlangte in römischer Zeit die nördlich von Side, bei Şihlar gelegene Stadtanlage, die, trotz fehlender eindeutiger Beweise, vielleicht mit dem pamphylischen Seleukeia zu identifizieren ist.[877] Mangels literarischer und epigraphischer Zeugnisse verbieten sich jegliche Hypothesen bezüglich der Urheberschaft der teilweise vorzüglichen Bauten, aber die aufwendig gestaltete, von Magazinen und Kellerräumen umgebene, durch eine große Markthalle im Norden begrenzte Agora, ein direkt an die Agora anschließendes (vielleicht als Buleuterion dienendes) Odeion,[878] ein Tempel sowie vor allem eine

---

869 So Jameson, ebd. 125 f.; Bean, Kleinasien, 33, vermutet in dem Bau eher einen Leuchtturm.

870 Vgl. die Liste bei Jameson, Attaleia, 122 ff., aus der allerdings vielleicht einige, allein aufgrund kaiserzeitlicher Münzen angenommene Kulte zu streichen sind; vgl. die methodologischen Bemerkungen bei Brandt, Kulte, 237 ff.

871 S. etwa SEG II 696 = AE 1922, 2.

872 SEG XVII 598.

873 C.E. Bosch - S. Atlan, Antalya Kitabeleri, Belleten 11, 1947, Nr. 3. Es kann nicht exakt festgelegt werden, um welche Art von Gebäude es sich hier handelt. In Ephesos (IvEphesos 2033) wird der gewölbeartige Zugang zum Theater als ψάλις bezeichnet - vielleicht ist für Attaleia hier also ebenfalls ein diskreter Hinweis auf ein ohnehin zu postulierendes Theater vorhanden. Ein neuer Beleg für diesen Terminus stammt aus Selge (IvSelge Nr. 61).

874 Bean, Kleinasien, 54 ff.

875 S.o.S.47.

876 IGR III 800-802; Lanckoroński I Nr. 61; IvSide Nr. 191 (von J.u.L. Robert, Bull.ep. 1967, Nr. 606, mit Recht Sillyon zugewiesen).

877 Vgl. die o.S.57 ff. dargelegte Forschungsdiskussion.

878 Eine vergleichbar enge Verbindung von Agora und Odeion/Buleuterion findet sich auch in anderen südwestanatolischen Siedlungen, etwa im lykischen Arykanda, dessen Stadtanlage derjenigen von Seleukeia (?) ohnehin

bislang nirgendwo gewürdigte, mit prächtiger Marmorinkrustation und Säulenschmuck versehene Thermenanlage belegen die hochentwickelte Siedlungskultur Seleukeias (?),[879] das mit dem südlich an der Küste gelegenen Side enge Kontakte gepflegt haben muß.

Neben diesen wenigen großen und prosperierenden Siedlungen, denen Sillyon freilich nur noch bedingt zuzurechnen ist, existierte auch im römischen Pamphylien eine Reihe kleinerer, häufig bereits in hellenistischer Zeit belegter Orte, deren bauliche Ausstattung sich in den meisten Fällen allenfalls sehr vage einschätzen läßt und nur bedingt Rückschlüsse auf etwaige Veränderungen der kaiserzeitlichen Siedlungskultur Pamphyliens im Vergleich zur hellenistischen Epoche erlaubt. Immerhin kann man konstatieren, daß alle seinerzeit existierenden Siedlungen auch unter römischer Herrschaft bestehen, die meisten und wichtigsten befinden sich im ostpamphylischen Raum, dem wir uns daher zunächst zuwenden.

Korakesion dürfte wie in den vorangegangenen Jahrhunderten als bescheiden ausgebaute Hafenstadt vor allem vom Seehandel gelebt haben, was auch in der inschriftlich überlieferten Stiftung eines - vielleicht mit Läden und dekorativer Architektur versehenen - "macellum" zum Ausdruck kommt.[880] Auch der als Ktistes geehrte Nikias[881] mag sein öffentliches Ansehen der Finanzierung von Bauten verdankt haben,[882] und ferner kann möglicherweise mit einer Spielstätte für die mehrfach bezeugten θέμιδες in Korakesion gerechnet werden.[883]

Korakesion könnte in römischer Zeit von dem nur wenige Kilometer von der Küste entfernt, auf einer hohen Bergkuppe gelegenen Hamaxia überflügelt worden sein, denn zahlreiche noch sichtbare (Wohn-)Gebäude[884] und mehrere inschriftlich belegte Kultbauten[885] sprechen für eine recht intensive Bautätigkeit.

In naturgeographisch vergleichbarer, freilich bedeutend weniger gut zugänglicher Lage als Hamaxia befindet sich Laertes, auf dem Plateau des Çebel Ires Dağ. Trotz der Abgeschiedenheit entwickelte sich dort ein bescheidenes Siedlungszentrum, mit einer kleinen Agora, einem Buleuterion (?) und Heilgtümern.[886] Die nicht unbeträchtliche epigraphische Dokumentation[887] zeugt überdies von der auf Privatinitiative gründenden Finanzierung einer Verbindung über den Melas, über welche der Kontakt mit Side erleichtert wurde;[888] das mehrfach belegte Amt der

---

stark ähnelt: C. Bayburtluoğlu, Das soziale und wirtschaftliche Leben in Arykanda, in: Palast und Hütte, Mainz 1982, 413 ff.

879 S. auch Bean, Kleinasien, 106 ff.

880 IGR III 828: Ἴνγαμιν Τροκοάρεως τὸν φιλοτειμησάμενον τὸ ἔργον τοῦ μακέλλου Αὐρ. Ἰνγαμιανὴ Θεοδώρα ἡ θυγάτηρ ... Als Beispiel eines durchaus anspruchsvoll gestalteten "macellum" sei hier auf die bekannte Anlage in Pompeji verwiesen: F. Coarelli, Guida archeologica di Pompeji, Rom 1976, s.v.

881 SEG XXXV 1416.

882 Zur Bautätigkeit von Ktistai s. etwa SEG XIX 835 (Pogla).

883 Heberdey - Wilhelm Nr. 224. SEG XXXV 1415.

884 Vielleicht nicht zufällig finden sich - ansonsten seltene - epigraphische Belege von ἰδίαι οἰκίαι in Hamaxia: Bean - Mitford, Journeys 1964-1968, Nr. 59 und SEG XX 62.

885 CIG 4401 = L. Vidman, Sylloge inscriptionum religionis Isiacae et Sarapiacae, Berlin 1969, Nr. 349; Bean - Mitford, Journeys 1964-1968, Nr. 69. Überdies legen Bruchstücke einer langen Liste von mindestens 64 Priestern des Hermes (IGR III 827. Heberdey - Wilhelm Nr. 228-233. Bean - Mitford, ebd. Nr. 54a-c) die Existenz eines großen, vielleicht überregional bedeutsamen Kultzentrums nahe. Vgl. jetzt auch Mitford, Cults, 2142.

886 Vgl. die Lagebeschreibung bei G.E. Bean - T.B. Mitford, Sites Old and New in Rough Cilicia, AS 12, 1962, 194 f.; Mitford, Cults, 2142.

887 SEG XX 69-86. AE 1972, 637-640. Bean - Mitford, Journeys 1964-1968 Nr. 72-74. 78-91. SEG XXXV 1425.

888 SEG XX 75. Der Mann wird dafür geehrt, την Μελανος ποταμοῦ διάβασιν ermöglicht zu haben. Gegen

Gymnasiarchie und die Veranstaltung von Agonen[889] sprechen für die Existenz von Wettkampfanlagen und unterstreichen überdies, daß Laertes ungeachtet seiner ungünstigen Position keineswegs von dem sozialen, kulturellen und wohl auch wirtschaftlichen Leben der Region abgeschnitten war.

Letzteres mag auch für Kolybrassos gelten, für das hellenistische Besiedlung, wie im Fall von Laertes, stark zu vermuten ist.[890] Beide Orte dürften im 1. und 2. Jh. n. Chr. vergleichbare, moderate Fortschritte beim Siedlungsausbau erzielt haben, zumal die kaiserzeitliche Anlage von Kolybrassos (mit Agora, Odeion bzw. Buleuterion, zwei Kultbauten und direkt um das Zentrum herumgelegter Wohnbebauung)[891] mit derjenigen von Laertes fast identisch ist. Die etwas mehr als dreißig Inschriften[892] verzeichnen immer wieder dieselben Personennamen und dokumentieren damit die Stabilität und Konsistenz einer kleinen lokalen Elite, die wohl auch maßgeblich für die Stiftung einzelner Bauten und des dazugehörigen Schmucks (etwa in Form von Statuen) verantwortlich zeichnet.[893] Hingewiesen sei überdies auf die Tatsache, daß ein Gymnasion in Kolybrassos existierte.[894]

Der Weg von der Küste zu dem sehr isoliert gelegenen Kolybrassos führt, etwa nach der Hälfte der Strecke, direkt an Karallia vorbei. Karallia, wahrscheinlich auch schon jahrhundertelang besiedelt,[895] besitzt das normale Repertoire ostpamphylischer Kleinstädte in römischer Zeit: Ein kleines, von Agora und (neuerdings epigraphisch gesichertem) Buleuterion[896] geprägtes Zentrum, ferner ein kleines Brunnenhaus und ein eigenes Gebäude für den Kaiserkult (Καισάρειον).[897] Überdies fanden in Karallia Kampf- und Wettspiele statt,[898] und es erscheint nicht ausgeschlossen, daß Kolybrassos, dessen Territorium direkt an dasjenige von Karallia angrenzte, sich an der Ausrichtung dieser Agone beteiligte. Diese Art der Kooperation zwischen beiden Poleis gewinnt noch an Wahrscheinlichkeit angesichts der offenbar engen Kontakte zwischen den Angehörigen beider lokaler Eliten.[899]

Kasai beschließt die Reihe der ostpamphylischen Siedlungen, deren Wurzeln bis in die hellenistische Zeit zurückreichen.[900] Im Vergleich zu allen bislang behandelten Orten nimmt Kasai die verkehrsgeographisch bei weitem ungünstigste Position ein:[901] Hoch oben auf dem Asar Tepe gelegen, auch heute noch durch keine irgendwie befahrbare Wegverbindung und überdies nur

Bean - Mitford, die hier einen Brückenbau vermuten, wenden J.u.L. Robert ein, daß 'diabasis' einfach nur 'Überfahrt' bedeute (Bull.ep. 1965 Nr. 424. 1967 Nr. 615).

889 SEG XX 76. 84. 85 (u.ö.).

890 Vgl.o.S.95.

891 Siedlungsplan: Bean - Mitford, Journeys 1962-1963, 9.

892 Bean - Mitford, ebd. Nr. 5-25. AE 1965, 311-315. AE 1972, 635 f. AE 1973, 540. 541. SEG XX 54. 55. SEG XXVI 1456. Bean - Mitford, Journeys 1964-1968 Nr. 43-52.

893 Bean - Mitford, Journeys 1962/3 Nr. 14 (Stiftung eines ἄγαλμα τοῦ Ἡρακλέους). Nr. 24 (Stiftung zweier εἰλήματα d.h. von Bögen, die Interkolumnien überspannen).

894 Bean - Mitford, ebd. Nr. 23; diess., Journeys 1964-1968, Nr. 44. 45; AE 1965, 311.

895 S.o.S.50; zur Siedlungsanlage s. Nollé, Pamphylische Studien 6-10, 237 f. 268 (Plan); ferner Mitford, Cults, 2144.

896 Nollé, ebd. 242.

897 AE 1972, 631.

898 AE 1972, 632; Bean - Mitford, Journeys 1964-1968, Nr. 34; eine noch unpublizierte Inschrift belegt überdies einen Herakles-Tempel auf der Chora von Karallia: Mitford, Cults, 2144.

899 S. zu den engen Kontakten dortiger Eliten Nollé, Pamphylische Studien 6-10, 244 f.

900 Vgl.o.S.49.

901 Vgl. Bean - Mitford, Journeys 1964-1968, 48 f.

von einer Seite aus zugänglich, ist Kasai bislang nur von G.E. Bean und T.B. Mitford aufgesucht und kurz beschrieben worden, die zwar "extensive ruins" sahen, aber keine nähere Bestimmung auch nur eines einzigen Bauwerks vornehmen konnten.[902] Die von ἡ βουλὴ καὶ ὁ δῆμος τῆς Κασατῶν πόλεως für den als Euergeten auch in Side tätigen M. Aurelius Obrimianus Konon[903] gesetzte Ehreninschrift, welche unter anderem die von Konon in Kaisai würdig erfüllte Position eines Kaiserpriesters hervorhebt, eröffnet freilich die Möglichkeit, auch in Kasai wenigstens mit Buleuterion und Kaisareion rechnen zu können. Und eine zweite, nur fragmentarisch erhaltene Inschrift (3. Jh. n. Chr.) für einen verdienten Bürger Kasais, der unter anderem das Amt eines Agoranomen[904] versehen hat, deutet auf eine baulich entsprechend ausgestaltete, wirtschaftlich wie politisch genutzte Agora in Kasai.[905]

Abgesehen von den in römischer Zeit nicht mehr existenten oder gänzlich bedeutungslos gewordenen ptolemäischen Neugründungen Arsinoe und Ptolemais finden sich somit sämtliche nachweislich oder vermutlich bereits in hellenistischer Zeit bestehenden Siedlungen auch auf der Karte des römischen Pamphylien, zumal Magydos[906] und das wahrscheinlich als Hafen für Karallia dienende Cibyra Minor[907] ebenfalls für diese Zeit belegt sind.

Nur vier kleinstädtische oder immerhin als Zentralorte weniger bedeutender Poleis anzusprechende Siedlungen treten in den ersten drei nachchristlichen Jahrhunderten ergänzend zu der Reihe älterer Orte hinzu: die beiden im nordpamphylischen Hochland, dicht benachbart gelegenen Gemeinwesen Erymna und Kotenna, die kaum Siedlungsreste aufweisen, aber mindestens gemäß einigen von 'bule' und 'demos' gesetzten Inschriften mit Kultgebäuden versehen waren,[908] sowie Lyrbe und Sennea. Die Lage der durch ihre Münzprägung[909] und die in einer sidetischen Inschrift[910] auftauchende Nennung eines Λυρβείτης βουλευτής als eigene Polis ausgewiesenen Siedlung Lyrbe ist nicht gesichert, aber die Liste von Ptolemaios, der Lyrbe zusammen mit Laertes, Kolybrassos, Kasai und Kibyra (Minor) nennt, deutet auf den ostpamphylischen Raum.[911] Sennea wird mit guten Gründen ebenfalls in dieser Gegend gesucht, und zwar bei Gölcük Ören (etwa auf der Mitte des Weges von Side nach Kotenna), wo sich in den Ruinen eine von [βουλή / δῆμος Σεν]νέων gesetzte Ehreninschrift für einen βουλευτής fand.[912] Schon Swoboda, Keil und Knoll konstatierten, daß "die Ruinenstätte von Geldschik

---

902 Ebd. 49.

903 AE 1972, 628.

904 AE 1972, 627; vgl. zu diesem Amt etwa Wörrle, Stadt und Fest, 111 f. 214 f.

905 Zur Entsprechung von Marktfunktion und Marktarchitektur s. J. Nollé, Nundinas instituere et habere (Subsidia Epigraphica 9), Hildesheim u.a. 1982, 57; unpublizierte Inschrift: Mitford, Cults, 2143.

906 Ptolem. V 5, 2.

907 Nollé, Pamphylische Studien 6-10, 245 ff.; Mitford, Cults, 2141 mit A.41.

908 Kotenna: Bean - Mitford, Journeys 1964-1968, Nr. 12. 13 (=AE 1972, 625). Erymna: Swoboda - Keil - Knoll Nr. 105. 106. Für nicht ausgeschlossen halte ich die schon hellenistische Existenz von Erymna, denn der möglicherweise von diesem Ort abgeleitete Personenname Erymneus ist mit großer Wahrscheinlichkeit auf einer hellenistischen Inschrift als Patronymikon eines Aspendiers (IG XII 3, 168 Z.22; vgl. Robert, Noms, 373 ff.) zu lesen.

909 K. Kraft, Das System der kaiserzeitlichen Münzprägung in Kleinasien. Materialien und Entwürfe (IstForsch 29), Berlin 1972, 82 ff.

910 SEG XXXI 1287.

911 Ptolem. V 5, 8; vgl. Nollé, Pamphylische Studien 1-5, 206 ff.; Mitford, Cults, 2143. Nollé lokalisiert Lyrbe bei Şihlar (Nollé - Schindler, 27 T 2 mit A.3), vgl.o.S.57 ff.

912 Swoboda - Keil - Knoll, Nr. 109 col. III; Bean, Etenna, 14. S. auch Bean - Mitford, Journeys 1964-1968 Nr. 14: ἡ βουλὴ καὶ ὁ δῆμος. Zur Zeit der Veröffentlichung dieser Inschrift hatten Bean - Mitford die Ruinenstät-

Ören...nach ihrem ganzen Charakter zweifellos einer Stadt" angehöre,[913] und die inschriftliche Nennung städtischer Finanzbeamter (ταμίαι), eines ἀγορανόμος und eines Gymnasiarchen[914] unterstreicht dies noch, denn die Ämter präjudizieren zweifellos ein gewisses Zivilisationsniveau und möglicherweise auch entsprechende, das Siedlungsbild bereichernde Bauten.

Der nur marginale Zuwachs neuer, überdies eher kleinerer Siedlungen im Vergleich zur pamphylischen Siedlungsstruktur der hellenistischen Zeit, verbunden mit dem aufgrund des vorstehenden Überblicks gesicherten Befund eines im wesentlichen unverändert gebliebenen Verhältnisses zwischen wenigen großen Städten und diversen kleineren Orten, ist auffällig, da insgesamt für den kaiserzeitlichen Osten "eine beschleunigte Entwicklung zu Großpoleis und damit verbunden zur Entstehung oder Fortentwicklung echter urbaner Zentren auf Kosten zahlreicher kleiner Poleis mit ihren eher dorfartigen Siedlungen" beobachtet wird.[915] Daß in Pamphylien erkennbar keine derart prinzipielle Modifizierung der Siedlungsstruktur im Zuge der römischen Herrschaft vonstatten geht, spricht für die Stabilität der autogenen, organisch gewachsenen, den naturgeographischen Bedingungen offenbar adäquaten urbanen Ordnung bereits des hellenistischen Pamphylien. Hinzu kommt freilich, daß die meisten pamphylischen Poleis offenbar über recht große Territorien verfügten, so daß hier kein Zusammenschluß von kleineren Siedlungen zur Bildung städtischer Zentralorte geboten erschien. Ähnlich wie in den übrigen Reichsregionen läßt sich auch im römischen Pamphylien die allgemeine Tendenz zu einer anspruchsvolleren Ausstattung der Siedlungen feststellen, was als ein geradezu zwangsläufiger Effekt der im einzelnen noch näher zu beleuchtenden Prosperität der Region zu begreifen ist. Vorerst stellt sich erst einmal die Frage nach etwaigen Auswirkungen der römischen Herrschaft auf das Siedlungsnetz Pisidiens, dessen in hellenistischer Zeit dominierenden Städte Selge und Termessos am Beginn unseres Überblicks stehen.

Selge, das schon vor der römischen Ostexpansion alle an eine Stadt zu stellenden Ansprüche erfüllte, erfreute sich in den ersten drei nachchristlichen Jahrhunderten eines enormen Prosperitätszuwachses, der sich nachhaltig im Siedlungsbild niederschlägt.[916] Die offenbar beträchtliche Ausweitung wirtschaftlicher Aktivitäten erforderte dic Anlage einer zweiten, ca. 25.000 qm großen, mit Säulenhallen und Läden versehenen 'Unteren Agora';[917] auch die im 3. Jh. n. Chr. erbaute 'Stoa Plageia' "diente wohl vorwiegend dem Warenverkehr."[918] Weitere der hohen Kaiserzeit entstammende Bauten - die Säulenstraße, ein Nymphäum, Theater und Stadion sowie zwei Thermenanlagen[919] - illustrieren die Blüte städtischer Zivilisation in Selge, zu welcher auch zwei Wasserleitungen, neue Kultbauten (darunter ein dem 138 n. Chr gestorbenen Adoptivsohn Hadrians, L. Aelius Caesar, geweihter Tempel) sowie ein Ὠδεῖον σὺν τοῖς ἀγάλμασιν maßgeblich beitrugen. Neue Inschriften aus Selge belegen, daß die Familie der Plancii

te von Gölcük Ören noch mit Etenna identifiziert, was durch Beans 1972 (Etenna) geführten Nachweis, daß Etenna bei Şirtköy liegt, hinfällig wurde; vgl. jetzt noch Mitford, Cults, 2142 f.

913 Swoboda - Keil - Knoll, 51.

914 Ebd. Nr. 109 col. I.

915 Kolb, Stadt, 174.

916 Für dic von Nollé - Schindler (IvSelge 14 f.) postulierte wirtschaftliche Krise Selges im 1. Jh. n. Chr. fehlen überzeugende Indizien - die in diesem Sinne angeführte Auswanderung von Handwerkern aus Selge spricht vielmehr für die generell in Handel und Gewerbe zu beobachtende hohe Mobilität, die bis hin zu dauerhafter Umsiedlung führt.

917 Machatschek - Schwarz, 48. 60 ff.

918 Ebd. 54; vgl. auch IvSelge Nr. 62 (Stiftung eines 'zygostasion').

Magniani im 3. Jh. n. Chr. als 'Ktistai' und Euergeten für einen Teil der genannten und für weitere Bauprojekte verantwortlich zeichneten. Sie bilden das selgische Pendant zu den Plancii aus Perge, mit denen sie wahrscheinlich verwandt waren.[920]

Eine vergleichbare Qualitätssteigerung der Bauausstattung läßt sich in Termessos beobachten, und zwar wiederum sowohl hinsichtlich kommunaler Nutzbauten als auch bezüglich der Verbesserung des Lebenskomforts und der Bauästhetik: Die städtische Wasserversorgung, in hellenistischer Zeit nur durch einfache Zisternen gewährleistet, wurde im 2. Jh. n. Chr. durch eine individuell finanzierte Anlage (mit mehreren Bassins und Verteilungskanälen) erheblich verbessert,[921] der bereits existierenden, von Attalos II. gestifteten Stoa fügte der Termessier Osbaras eine zweite hinzu;[922] Theater, Odeion und ein dem 1. Jh. n. Chr. entstammendes Gymnasion[923] bilden die baulichen Voraussetzungen für die Pflege griechisch geprägter Kultur. Besondere Beachtung verdient überdies die Tatsache, daß nicht nur in Pamphylien (etwa in Side),[924] sondern auch hier in Pisidien in der 'Krisenzeit' des 3. Jhs. n. Chr. noch neue Großbauten entstehen, wie zum Beispiel in Termessos ein zweites, großzügig angelegtes Gymnasion.[925] Breiten Raum in der reichen, fast eintausend Zeugnisse umfassenden epigraphischen Dokumentation von Termessos nehmen die agonistischen Inschriften ein[926] - üblicherweise im Stadion veranstaltete Läufe[927] sowie im Hippodrom abgehaltene Pferderennen[928] berechtigen zu der Annahme, auch diese bislang nicht gefundenen Anlagen hätten im kaiserzeitlichen Termessos existiert. Zahlreiche, zum Teil epigraphisch dokumentierte Tempelgebäude[929] und die prachtvollen, im Stile korinthischer Tempel ausgeführten Grabbauten[930] runden das Bild einer wohlhabenden Stadt im römischen Kleinasien ab.

Die dritte in der Siedlungshierarchie des hellenistischen Pisidien auf den vordersten Rängen zu findende Stadt Sagalassos fügt sich bruchlos in dieses Bild ein. In auffälliger Parallelität zur Erweiterung des Stadtzentrums von Selge (durch die 'Untere Agora') erfordert die evidente Prosperität von Sagalassos seit frühaugusteischer Zeit ebenfalls den Ausbau der Unterstadt,[931] verbunden mit der Monumentalisierung und baulichen Komplettierung der hellenistischen Oberstadt.[932] Letztere wird mit Säulenportiken im Agorabezirk ausgestattet, und drei römischen Kaisern (darunter Claudius) geweihte Ehrenbögen sowie ein durch private Aufwendung von 13.000 Denaren finanziertes "macellum" verleihen diesem älteren Stadtbezirk ein zeitgemäßes

---

919 Ebd. 62-88.

920 Ebd. 89-96. 121 f.; Stiftung des Odeions: Lanckoroński II Nr. 250 = IvSelge Nr. 17. Weitere Inschriften zur Bautätigkeit der genannten Euergeten: IvSelge Nr. 15. 18.

921 TAM III 16. Einen weiteren, aus Syrien stammenden Euergeten in Termessos verzeichnet TAM III 138.

922 TAM III 20.

923 Heberdey, Termessos, 745 f.; Bean, Kleinasien, 117 ff.

924 Nollé, Pamphylische Studien 6-10, 254 ff.

925 TAM III 21; vgl. die überzeugende Herstellung und Begründung der Lesung bei Heberdey, Termessische Studien, 77-81. Abgesichert werden Heberdeys Ergänzungen durch TAM III 31. 57. 58. 121. 122 (Ehrungen für das als κτίσται τοῦ γυμνασίου belobigte Stifterehepaar).

926 Vgl. die Zusammenstellung TAM III S. 293; Heberdey, Termessische Studien, 36-58.

927 TAM III 199.

928 TAM III 212.

929 Heberdey, Termessos, 742 ff.

930 R. Heberdey - W. Wilberg, Grabbauten von Termessos in Pisidien, ÖJh 3, 1900, 177-210.

931 Mitchell - Waelkens 1988, 60.

932 Ebd. 60 ff.

Aussehen.[933] Der untere, jüngere Bezirk wird seit augusteischer Zeit systematisch ausgebaut und mit einem Odeion sowie einem aus hadrianischer Zeit stammenden Nymphäum architektonisch aufgewertet.[934] Als Indiz einer kontinuierlich gewachsenen und weiterhin gedeihenden Prosperität hat neben der über lange Zeit zu registrierenden Bauaktivität die Beobachtung zu gelten, daß diverse, aufgrund ihrer Namen als Angehörige verschiedener Familien zu erkennende Personen sich an der erforderlichen Finanzierung beteiligen. So leisteten zur Errichtung und Verzierung des in der Unterstadt gelegenen Tempels des Apollon Klarios zum einen ein Priester dieser Gottheit namens Gbaimos[935] sowie andererseits T. Flavius Collega und weitere seiner Verwandten Geldbeiträge.[936] Ferner verfügte die Stadt über inschriftlich angedeutete Spielstätten (Amphitheater, Stadion?)[937] und, den bislang einzigen derartigen, durch Grabungen gesicherten Beleg Südwestanatoliens bietend, über ein separates Gewerbeviertel nordöstlich der oberen Agora, das wohl im wesentlichen von Töpferwerkstätten gebildet wurde.[938]

Selge, Termessos und Sagalassos stellen in urbanistischer Hinsicht wie in hellenistischer, so auch in römischer Zeit zweifellos die drei bedeutendsten Städte Pisidiens dar, und dies, obwohl direkte Impulse in Form kaiserlicher Unterstützung, römischer Zuwanderung oder, umgekehrt, des Aufstiegs lokaler Familien in die neue Reichselite[939] für diese drei Metropolen Pisidiens kaum zu verzeichnen sind, ganz im Gegensatz etwa zum pisidischen Antiochia, einer der von Augustus in dieser Region angelegten römischen Kolonien (Antiochia, Kremna, Komama, Olbasa und Parlais; die in Lykaonien gelegene Kolonie Lystra liegt außerhalb des hier behandelten Raums).[940] Mit dem städtebaulichen Niveau der drei altpisidischen Großstädte konnte keine dieser Kolonien ernsthaft konkurrieren, und dies unterstreicht noch einmal die Qualität der in den vorhergehenden Jahrhunderten gewachsenen Siedlungskultur Pisidiens.

Am nächsten kam diesem Niveau noch Antiochia, wo gleich nach dem Tode des Amyntas im Jahr 25 v. Chr. eine römische Kolonie angelegt wurde, wie Cassius Dio und eine zum Jahr 76 n. Chr. geprägte, die Hundertjahrfeier der Koloniegründung bezeugende Münze bestätigen.[941] Die dorthin entsandten italischen Kolonisten wurden in der bereits bestehenden, von den Seleukiden angelegten Stadt angesiedelt, zusätzlich wurden wohl die Ländereien des altanatolischen Men-Heiligtums konfisziert und den Neusiedlern zugeteilt.[942] Dem römischen Charakter des 'neuen' Antiochia entsprachen ihre (vielleicht am stadtrömischen Vorbild orientierten) sieben "vici",[943] die hier nicht näher zu betrachtenden Organe und Magistrate,[944] die hohe Zahl

---

933 Ebd. 64; IGR III 351: Stiftung von δηνάρια μύρια καὶ τρισχείλια εἰς κατασκευὴν τοῦ μακέλ[λου]; vgl. zur Stiftung eines "macellum" in Korakesion o.S.104.

934 Mitchell - Owens - Waelkens, 67 ff.

935 Lanckoroński II Nr. 201; zum Namen s. Zgusta, Personennamen, § 205.

936 IGR III 342.

937 IGR III 362. CIG 4369.

938 Zu ersten, sehr vorläufigen Ergebnissen von Grabungen, die künftig ausgeweitet werden sollen, s. Mitchell - Owens - Waelkens, 74 ff.

939 Näheres dazu s.u.S.154 ff.

940 Grundlegend zu den augusteischen Kolonien: Levick, Colonies, passim.

941 Dio 53,26,3; zur Münze und dem Gründungsdatum s. B. Levick, Art. Antiocheia (Pisid.), RE Suppl. XI, 1968, 49 f.

942 Strab. XII 8, 14 (C 577); vgl. Levick, ebd. 51; Lane, CMRDM III, 58; Debord, Aspects, 58. 151; E.N. Lane, Men: A Neglected Cult of Roman Asia Minor, ANRW II 18. 3, 1990, 2161 ff.

943 CIL III 6810-6812. 6835-6837. AE 1914, 130.

944 Levick, Antiochia, 53 f.

italischer Bewohner (und daher der lateinischen Inschriften)[945] und vor allem die Stadtanlage:[946] Das von einer vielleicht aus kaiserlichen Ressourcen finanzierten Mauer[947] umgebene Siedlungsareal wurde von den beiden Hauptachsen des "cardo" und "decumanus maximus" gegliedert, letzterer am Nordende durch ein monumentales Nymphäum begrenzt. Das Zentrum der durch ein großes, wohl Ende des 2. Jhs. n. Chr. errichtetes Tor zu betretenden Stadt bildeten zwei Foren (die "Augusta Platea" und die "Tiberia Platea"), deren eines von einem wahrscheinlich dem Kaiserhaus geweihten Tempel geprägt wurde.[948] Antiochia besaß ferner ein kleines Theater, ein Stadion und wurde über einen Aquädukt mit Wasser versorgt.[949] Private Stiftungen sind ausgesprochen selten: Neben der Stiftung eines Waaghauses (ζυγοστάσιον)[950] wird inschriftlich noch das Versprechen eines Landbesitzers vermerkt, "ex superabundanti messe intra duos menses amphitheatrum ligneum"[951] zu errichten - von einer Realisierung dieser Ankündigung hören wir nichts. Möglicherweise galt im römisch geprägten Antiochia die Tradition des Euergetismus nicht so viel wie in den griechischen Poleis; an entsprechend potenten Einwohnern bestand in Antiochia, das diverse Angehörige des senatorischen Standes hervorbrachte,[952] jedenfalls kein Mangel. Für ein insgesamt eher durchschnittliches urbanistisches Niveau Antiochias spricht schließlich auch die Beobachtung, daß nach einer Auf- und Ausbauphase zwischen 25 v. Chr. und dem Ende der iulisch-claudischen Zeit für das 1. und 2. Jh. n. Chr., die eigentliche 'Reichsblüte' im Städtebau, kaum Bauaktivitäten registriert werden, erst im 3. Jh. n. Chr., das in Pamphylien und Pisidien offenbar keine Zeit der Krisen und des Verfalls darstellte, läßt sich wieder eine intensivere Bautätigkeit feststellen.[953]

Wie Antiochia, "in a splendid position"[954] an der verkehrsgeographisch wichtigen Verbindung von Apollonia nach Iconium gelegen und sicherlich aus strategischen Erwägungen zur Kolonie erklärt,[955] so beruhte gewiß auch die Erhebung Kremnas zur Kolonie auf militärischen, freilich im Detail anders gearteten Überlegungen. Kremna, hoch im pisidischen Bergland gelegen, erwies sich wohl allein aufgrund dieser festungsähnlichen Lage als nützlich; es schützte nicht, wie Antiochia, wichtige Verkehrswege, sondern war vielmehr selbst auf deren Neubau durch die Römer angewiesen.[956] In Kremna existierte bereits eine vor allem im 1. Jh. v. Chr. gut ausgebildete Siedlung, in die sich die römischen Neuankömmlinge eingliederten; der politische

---

945 S. nur CIL III 6803-6865. Näheres zu einzelnen Bevölkerungsgruppen s.u.S.140 f.

946 Die folgenden Ausführungen beruhen zum Teil auf den Vorberichten neuerer Surveys von S. Mitchell, Pisidian Antioch 1982, AS 33, 1983, 7-9. Pisidian Antioch 1983, AS 34, 1984, 8-10. Angekündigt ist ein bislang noch nicht erschienenes Buch von S. Mitchell - M. Waelkens, Pisidian Antioch. The Site and its Monuments (S. Mitchell, Imperial Building in the Eastern Roman Provinces, HSCPh 91, 1987, 339 A.36).

947 So die Vermutung von Mitchell, Imperial Building, 339.

948 Tuchelt, Bemerkungen, 514 ff., plädierte für eine Zuweisung des Tempels an vorrömisch-anatolische Gottheiten, aber laut Mitchell (AS 34, 1984, 9) "there is nothing in the remains to support a recent theory that the temple was originally dedicated to two Anatolian deities, Men and Cybele." Zu den Friesen des Tempels s. J. Inan - E. Rosenbaum, Roman and Early Byzantine Portrait Sculpture in Asia Minor, London, 1966, 36.

949 Levick, Antiochia, 52.

950 IGR III 304; zum Begriff vgl. noch CIG 3705 (aus Apollonia am Rhyndakos).

951 AE 1926, 78.

952 Dazu s.u.S.155 ff.

953 Mitchell, AS 33, 1983, 8.

954 Levick, Colonies, 43.

955 Die weitere Begründung Levicks (Antiochia, 51), die Kolonie sollte "Zivilisation, d.h. Romanisierung, in ein Gebiet bringen, in dem die Hellenisierung versagt hatte", ist angesichts obiger Ausführungen, welche den hohen Zivilisationsgrad dieser Region schon in früheren Jahrhunderten erkennen lassen (o.S.51 ff.), abzulehnen.

956 Levick, Colonies, 46 f.

und urbanistische Nucleus, die mit Säulen umkränzte Agora, war spätestens im 1. Jh. v. Chr. entstanden.[957] Bildete Kremna demnach eine genuin hellenistische Siedlung, so profitierte sie in römischer Zeit dennoch von dem Zuzug römischer Bürger, die sich auch als Stifter hervortaten: So sorgte der Duovir L. Fabricius Longus im späten 1. oder frühen 2. Jh. n. Chr. für die Errichtung einer "basilica [ad] forum" mit "exhed[rae e]t statuae"[958]; direkt an dieses 'Forum des Longus' südlich anschließend entstand in hadrianischer Zeit eine große, bislang als 'Bibliothek' bezeichnete Anlage, versehen mit künstlerisch hochwertigen, von der Colonia und ihren Organen finanzierten Statuen.[959] Ferner gehören ins 2. und 3. Jh. n. Chr. drei Tempelbauten, eine Säulenstraße, das Theater, zwei Aquädukte sowie Thermen und ein Nymphäum; die beiden letztgenannten Anlagen wurden im 3. Jh. errichtet und dokumentieren einmal mehr die ansonsten unübliche, aber für diese Region typische Prosperität in diesem Zeitraum.[960] Schließlich erinnern eine griechische und zwei lateinische Inschriften aus dem römischen Kremna noch an die Finanzierung eines 'naos' für Artemis sowie an die Stiftung (?) einer "porticus"[961] und an die von einer vermögenden Frau senatorischen Geschlechts "in confectionem oecobasilici" aufgewandten 12.000 Denare.[962]

Erwies sich für das römerzeitliche Pamphylien das Nebeneinander sehr weniger, im eigentlichen Sinne als Städte anzusprechender Großsiedlungen und diverser kleinerer Orte als charakteristisch, so weist das römische Pisidien eine deutlich breitere Streuung von Kristallisationspunkten urbaner Zivilisation auf. Denn neben den bislang beschriebenen fünf Städten - Selge, Termessos, Sagalassos, Antiochia Pisidiae und Kremna - existieren mit den im folgenden vorzustellenden Siedlungen Adada, Apollonia, Ariassos und Etenna vier weitere, schon in hellenistischer Zeit deutliche Ansätze zur Stadtwerdung zeigende Poleis, die unter der römischen Herrschaft kontinuierlich diese Tendenz fortsetzen und dabei ein urbanistisches Niveau erreichen, das nur wenig unter demjenigen der fünf oben genannten Großsiedlungen liegt.

Adada, in der modernen Literatur fast völlig vernachlässigt,[963] besitzt noch eine Fülle z.T. vorzüglich erhaltener Monumente, darunter ein Theater, vier Tempel und eine mit zahlreichen Statuenbasen bedeckte Agora. Das schon durch die Ruinenstätte vermittelte Bild gediegenen Wohlstandes runden diverse Inschriften ab, die individuelle Beiträge zur architektonischen Verschönerung der Siedlung verzeichnen. Aus diesen privaten Ressourcen resultieren ein Gymna-

---

957 Mitchell - Waelkens 1986, 44.

958 CIL III 6874. Den dort als C. f. Longus bezeichneten Duovir haben Mitchell - Waelkens (1987, 54) jetzt aufgrund einer noch unpublizierten Orakelinschrift identifiziert und seinen korrekten Namen - L. Fabricius Longus - erkannt.

959 J. Inan, 1970 Kremna Kazısı Raporu, TürkAD 19/20, 1970, 51-73. Von Inan stammt auch der Vorschlag, in dem Gebäude eine Bibliothek zu sehen; die Statuen befinden sich jetzt im Burdur-Museum. Die Inschriften auf den Statuenbasen sind jüngst publiziert worden: G.H.R. Horsley, The Inscriptions from the So-Called 'Library' at Cremna, AS 37, 1987, 49-80. Horsley (78 ff.) zweifelt die Bestimmung als Bibliothek an, es handele sich wohl eher um einen Bäderkomplex.

960 Mitchell - Waelkens 1987, 43 ff.; diess., 1987, 55 ff.

961 CIL III 6877; Horsley Nr. 1.

962 Horsley Nr. 15:... c.m.f. consular(em), quae / in confectionem oeco- / basilici reliquit ✕ XII / Col. patria sua. "Oecobasilicus" (oder - um ?) ist ein Hapax, das griechische Äquivalent οἰκοβασιλικός explizit nur in Thyateira belegt (TAM V 2, 982. 991), ferner vielleicht auch in Aphrodisias (CIG 2782 Z.25 f. nach der Lesung von J.u.L. Robert, Bull.ep. 1973 Nr. 475 S. 183). Horsley (74) schlägt in Anlehnung an den "Liddle-Scott-Jones" s.v. die Übersetzung "meeting-house" vor.

963 Die einzigen jüngeren Ausnahmen bilden die Behandlung der Münzprägung durch v. Aulock (Münzen und Städte I 20 ff.) und die knappen Bemerkungen von Greenhalgh (429 f.).

sion,[964] mit Statuen verzierte Kultgebäude ('naoi'),[965] darunter ein ναὸς σὺν ταῖς περικειμέναις στοαῖς καὶ ἐργασ[τ]ηρίο[ι]ς,[966] ein Gewölbebau[967] sowie eine Reihe von Statuen, die zusammen mit der Stiftung von Wettspielen finanziert werden.[968] In fast allen Inschriften dieser Art begegnen jeweils verschiedene Personen, die meisten mit einheimischen Namen und ohne römisches Bürgerrecht,[969] wodurch die Breite der zahlungskräftigen und -willigen lokalen Elite dokumentiert wird, die offenbar ihren Wohlstand aus am Ort verrichteten Tätigkeiten bezog - ein weiteres Zeichen für die kaum als römisches Importgut anzusehende Siedlungskultur.[970]

Das Stadtbild der vermutlich von den Seleukiden angelegten Kolonie Apollonia in römischer Zeit läßt sich mangels erhaltener Ruinen und wegen der modernen Überbauung kaum exakt beschreiben. Die ungewöhnlich reiche epigraphische Dokumentation[971] läßt mit der Erwähnung von Stiftungen und Bauten jedoch auf einen recht beträchtlichen Baubestand schließen, der möglicherweise durch die Ansiedlung von Fremden begünstigt wurde. Denn die bereits erwähnten kaiserzeitlichen Münzen mit der Legende ΑΠΟΛΛΩΝΙΑΤΩΝ ΛΥΚΙΩΝ ΘΡΑΚΩΝ ΚΟΛΩΝΩΝ[972] indizieren möglicherweise neben dem frühen Zuzug von Thrakern und Lykiern (in seleukidisch-pergamenischer Zeit) auch die Zuwanderung von Römern (im Sinne von "'non-colonial' Roman colonists")[973], was überdies die nicht geringe Zahl lateinischer Inschriften aus Apollonia erklärte. Das Siedlungszentrum des römischen Apollonia wurde nach Ausweis der epigraphischen Zeugnisse geprägt durch ein großes Ehrenmonument mit Statuen von Augustus, Livia, Tiberius, Germanicus und Drusus, in deren gemeinsames Fundament die "Res gestae divi Augusti" eingemeißelt waren,[974] ferner von einer Agora und Kultgebäuden.[975] Eine nur sehr fragmentarisch erhaltene Architravinschrift vermeldete vermutlich die aus privaten Ressourcen finanzierte Errichtung einer Portikus mit Exedren.[976] Herausragenden Anteil an der Verbesserung der städtischen Bausubstanz besaß offenbar ein Bürger namens Olympichus mit seiner Familie, denn er begegnet in diversen Inschriften; unter anderem stiftete er Statuen und ließ τούς τε κήπους καὶ τὰ οἰκήματα καὶ ἐργαστήρια[977] errichten. Die

---

964 WE 426.
965 CIG 4379 h.i. IGR III 366.
966 IGR III 364 = Vidman Nr. 339.
967 WE 431: ψάλις (?) (vgl. dazu o.S.103).
968 IGR III 371.
969 Die hier anzuführenden Zeugnisse (WE 423. 426. 431. CIG 4379 h.i. IGR III 364-366. 371) listen neun als Stifter benannte Personen auf, davon besitzen sieben indigene Namen und verfügen nicht über das römische Bürgerrecht; nur zwei mit dem Aureliergentiliz versehene Euergeten werden genannt (WE 426. IGR III 371).
970 Näheres s.u.S.133 ff.
971 S. vor allem MAMA IV Nr. 136-225.
972 S.o.S.60.
973 SEG XXIX 1736. Die These von diesen im nicht-technischen Sinne als Kolonisten zu bezeichnenden Römern stammt ursprünglich von J. u. L. Robert, Bull.ep. 1958 Nr. 467: "Sans vouloir nous engager définitivement, nous croirions volontiers que les κολώνες à la fin du titre (sc. von Apollonia auf den Münzlegenden) marquent le dernier élément de la population, introduit à coté des autres, colons romains sans colonie comme à Amisos, Attaleia, Samos..."
974 MAMA IV 143.
975 IGR III 323. Lane, CMRDM I 130.
976 MAMA IV 139. Erhalten sind sechs Fragmente, das fünfte (ΞΕΔΡΑ) spricht für die Stiftung von [ἐ]ξέδρα[ι], vielleicht ließ der Spender [τὴν στοὰν καὶ τὰς ἐ]ξέδρα[ς] errichten.
977 MAMA IV 142. 171; s. ferner MAMA IV 141. 160-162. 172. 222.

mehrmalige Nennung der Gymnasiarchie[978] und die Abhaltung von international renommierten Καισάρεια[979] sprechen überdies für die Existenz eines Gymnasions und möglicherweise auch eines Stadions.

Ariassos, nach jüngsten Erkenntnissen bereits "a modest pre-Roman city",[980] entwickelte in der römischen Zeit seine vorhandenen urbanen Ansätze weiter fort, freilich in den von den naturgeographischen Gegebenheiten bestimmten, relativ engen Grenzen, denn Ariassos liegt in einer Senke zwischen zwei hohen Bergrücken und wird überdies im Nordwesten von einem steil abfallenden Hang abgeschlossen. Das Siedlungszentrum der hellenistischen Zeit wurde während des Prinzipats durch Kolonnadenschmuck und einen kleinen Tempel optisch aufgewertet;[981] hinzu kamen ein Nymphäum und ein gymnasialer, aus Thermen und Palästra konstituierter Baukomplex, ein kleines Theater sowie ein monumentales, dreibogiges Stadttor.[982] Unterstreichen diese Bauten den hohen Stellenwert des kulturellen und agonalen Sektors im sozialen und gewiß auch wirtschaftlichen Leben des kaiserzeitlichen Ariassos, so belegen Siegerinschriften aus den Jahren 262-268 n. Chr. und das Dossier für den als Gymnasiarchen zwischen 236-242 n. Chr. amtierenden Diotimos[983] einmal mehr die ungewöhnliche Blüte städtischen Lebens im 3. Jh. n. Chr. In Diotimos begegnet uns offenbar die exponierteste Persönlichkeit von Ariassos in dieser Zeit, denn er firmiert auf weiteren Inschriften als angesehener Kaiserpriester und Euerget[984] und zeichnete vielleicht auch für weitere finanzielle Zuwendungen an die Polis verantwortlich.[985]

Der letzte in dieser Reihe mittelgroßer pisidischer Siedlungen zu nennende Ort ist Etenna, die südlichste der pisidischen und schon stark nach Pamphylien orientierten Städte.[986] Etenna verfügte über ein sehr großes Territorium, und die ca. acht Kilometer von dem Siedlungszentrum entfernt gelegene, mit einigen großen Grabmonumenten ausgestattete Nekropole (bei Salur)[987] zeugt von der in Etenna herrschenden Prosperität. Inschriften mit Nennung eines Gymnasiarchen und eines Agoranomos[988] lassen auf die Existenz entsprechender öffentlicher Bauten in Etenna schließen.

Über diese recht stattliche Anzahl größerer und mittelgroßer Siedlungen hinaus finden sich auf der Karte des römischen Pisidien auch noch alle anderen, von Strabon/Artemidoros bereits für die (spät-)hellenistische Zeit aufgelisteten Orte:[989] Anabura, Timbriada, Amblada, Isinda und wohl auch Pednelissos.

In Anabura, im nördlichen Pisidien gelegen, haben sich keine Ruinen erhalten; aber zwei

---

978 IGR III 320. MAMA IV 152. 154.
979 MAMA IV 152. 154. Eine Inschrift auf Chios verzeichnet die 'Kaisareia in Apollonia': IGR IV 949.
980 Mitchell - Owens - Waelkens, 66; vgl.o.S.53.
981 Ebd. 66.
982 Ebd. 64. Zu erwähnen ist überdies die aufwendige Sepulchralarchitektur, s. nur S. Cormack, A Mausoleum at Ariassos, AS 39, 1989, 29-41.
983 Mitchell - Owens - Waelkens, 65.
984 Berard 430 f. Nr. 60. IGR III 422 = SEG XIII 546.
985 Berard 431 f. Nr. 61; der Name des Kreditgebers ist nicht erhalten (... ἱκανὸν ἀργύριον εἰς ἐκδανισμὸν ἔδωκεν).
986 Nollé, Etenna, pass.; vgl.o.S.54.
987 Nollé, ebd. 149 ff.; vgl. SEG XXXIV 1302.
988 Lanckoroński II Nr. 259; SEG XXXIV 1302.
989 Strab. XII 7, 2 (C 570); s.o.S.53 ff.

kaiserzeitliche Inschriften, welche Stiftungen eines Kultgebäudes sowie eines mit Standbildern versehenen Rundbaues (τὸ ἔργον ... τοῦ ... θόλου σὺν τοῖς ἀγάλμασι)[990] dokumentieren, stützen die Annahme eines wenigstens bescheidenen Siedlungsausbaus, der durch die Nachbarschaft zum pisidischen Antiochia begünstigt worden sein dürfte.[991]

Ambladas Siedlungszentrum befand sich auch in römischer Zeit auf dem Rücken des Asar Dağı. Ruinen aus dieser Epoche sind in der gelehrten Literatur bislang nicht verzeichnet worden, aber bei einem Besuch im Sommer 1989 gelang die Identifizierung der (durch zahlreiche Statuenbasen und Inschriftenstelen gekennzeichneten) Agora sowie des Buleuterions (?). Die Erwähnung eines Panegyriarchen sowie eines Agons[992] bestätigt zusätzlich die Existenz und Lebenskraft dieser Polis in römischer Zeit.

Die nicht einwandfrei geklärte Lokalisierung von Isinda (bei Korkuteli?)[993] verbietet jegliche Spekulationen bezüglich des etwaigen Siedlungsniveaus, aber die kaiserzeitlichen Belege für das Ethnikon Ἰσινδεύς,[994] verbunden mit der an der mutmaßlichen Stelle der alten Siedlung (Kişlar bei Korkuteli) vermauerten Inschrift, in welcher ein penteterischer Agon vermerkt wird,[995] sichert das Weiterbestehen Isindas in der Kaiserzeit.

Pednelissos gehört ebenfalls zu den Städten, deren Lage bislang nicht vollständig gesichert ist, aber der bislang plausibelste Vorschlag (Kozan) spräche, im Falle seiner Richtigkeit, für eine bescheidene Blüte des Ortes in römischer Zeit, der auch sämtliche dort gefundenen Inschriften entstammen, welche neben einer entwickelten Polisverfassung die Abhaltung von Spielen und die Finanzierung eines ναὸς καὶ τὸ πρόναον durch einzelne, als Ktistai verehrte Bürger überliefern.[996]

Über Timbriada schließlich, "in true Pisidian fashion, high in the mountains" (bei Mirahor)[997] gelegen, lassen sich bislang aufgrund fehlender Forschungen keine gesicherten Erkenntnisse formulieren. Immerhin bürgen die Münzprägung der über ein riesiges Territorium verfügenden Polis,[998] eine von der Polis dem Flußgott Eurymedon geweihte und in einem dieser Gottheit gewidmeten Heiligtum aufgestellte Staue, das von dem Kaiserpriester und Agonotheten M. Aurelius Abas für einen Wettkampfsieger errichtete Ehrenstandbild sowie schließlich eine von der Polis organisierte Gesandtschaft an den Kaiser in Rom für die Weiterexistenz Timbriadas im Prinzipat.[999]

---

990 WE 332. MAMA VIII 375.

991 Dafür spricht neben der Anwesenheit von Italikern in Anabura (MAMA VIII 374. 387) vor allem die Lage Anaburas an der von Antiochia am Westufer des Beyşehir-See südwärts führenden Straße (s. die Karte am Ende des Buches von Levick, Colonies).

992 Swoboda - Keil - Knoll Nr. 76; Hall, Notes Nr. 37.

993 Zum Problem vgl.o.S.53 und Hall, Milyadeis, 144 mit A.19.

994 W.M. Ramsay, Notes and Inscriptions from Asia Minor, AM 10, 1885, 340 = A.H. Smith, Notes on a Tour in Asia Minor, JHS 8, 1887, Nr. 8.

995 H.A. Ormerod - A.M. Woodward, A Journey in South-Western Asia Minor, ABSA 16, 1909/10, Nr. 4.

996 Zum hellenistischen Baubestand s.o.S.53. Inschriften: SEG II 710-734 (712: Erfüllung von Liturgien. 716.722 u.ö.: 'bule' und 'demos'; 717: Agone; 718: Zeus- und Kaiserpriester; 724: Stiftungen der Ktistai).

997 Greenhalgh, 486; vgl.o.S.53.

998 v. Aulock, Münzen und Städte II 49 f.; zum Territorium: D. Kaya, The Sanctuary of the God Eurymedon at Tymbriada in Pisidia, AS 35, 1985, 42.

999 AE 1985, 796-798 = SEG XXXV 1407-1409; vgl. jetzt auch Brixhe - Hodot Nr. 7 ff.; Brixhe - Drew-Bear - Kaya, 122 ff.

Den aufgrund des bisherigen Überblicks entstandenen Eindruck einer uneingeschränkten Kontinuität der Siedlungsstrukturen zwischen dem hellenistischen und dem römischen Pisidien bestätigt ein Blick auf die weiteren, nicht von Strabon, aber durch andere Autoren und Dokumente für die hellenistische Zeit belegten Siedlungen Pisidiens: Kormasa, Kretopolis, Lysinia, Misthia, Olbasa, Pogla, Prostanna, Sibidunda sowie die vermutlich seleukidischen Neugründungen Neapolis und Seleukeia Sidera bewahren unter römischer Ägide ihren Status als eigenständige Siedlungen und (in den meisten Fällen auch münzprägende) Poleis; außerdem scheinen sie zumindest zum Teil, wie die anschließenden Bemerkungen zeigen werden, eine Qualitätssteigerung ihrer Bausubstanz vorweisen zu können.

Kormasa, nach neuesten Erkenntnissen östlich des Lysis-Flusses, bei Gavur Ören (wo bislang Hadriani lokalisiert wurde) anzusetzen,[1000] ist wegen fehlender Überreste in seinem Siedlungsniveau nicht einzuschätzen, eine Münzprägung der Polis kennen wir ebenfalls nicht. Inschriftliche Nennung von 'bule' und 'demos' beweisen jedoch die kommunale Selbstverwaltung,[1001] und eine etwas südlich von Gavur Ören, bei Bozlar entdeckte, vielleicht aus Kormasa stammende Inschrift verzeichnet die private Spende von 150 Denaren zur baulichen Verschönerung eines 'naos'.[1002]

Noch weniger wissen wir über das bislang nicht lokalisierte Kretopolis, aber auf einem aus Komama verschleppten Stein findet sich eine in das 2. oder 3. Jh. n. Chr. zu datierende Ehrung für einen unbekannten Euergeten, der unter anderem für die Gabe von 4.000 Denaren εἰς ἐπισκευὴν καὶ σκούτλωσιν τοῦ ἐν Κρητωπόλει βαλανείου belobigt wird.[1003] Die ehrenden Personen oder Institutionen lassen sich wegen des fragmentarischen Zustandes des Steins nicht mehr ermitteln, aber da der Wohltäter als Inhaber des Duumvirates erscheint, muß das Dokument aus der römischen Kolonie Komama stammen. Kretopolis gilt hier als eigenständige Siedlung und war möglicherweise (Z.11 f.) der Geburtsort des Stifters. Diese Inschrift ist zugleich der einzige kaiserzeitliche Beleg für Kretopolis.

Lysinia und Misthia entziehen sich aufgrund spärlicher epigraphischer Dokumentation und fehlender Ruinen gänzlich der Beurteilung; allein die für Lysinia gesicherten Magistraturen (ἐπιμελητής; λογιστής) und Polisinstitutionen ('bule', 'demos')[1004] sowie die für Misthia belegte Titulatur Κλαυδιοκαισαρέων Μισθεανῶν 'Ορουνδέων βουλή - δῆμος[1005] künden von dem Polisstatus der seit hellenistischer Zeit bekannten Siedlungen, wobei Misthia unter dem Kaiser Claudius offenbar bevorzugte Aufmerksamkeit genoß und sich als (nominelle) Neugründung versteht. Diese Statusaufwertung könnte mit der Funktion Misthias als Schnittpunkt der von Antiochia Pisidiae und Pappa-Tiberiopolis kommenden Straßen zusammenhängen.[1006]

Der letztgenannte Aspekt bestimmt auch die Rolle des römischen Olbasa, denn aufgrund ihrer verkehrsgeographisch bedeutsamen Position dürfte diese schon jahrhundertelang bewohnte

1000 Hall, Milyadeis, 10.
1001 SEG XIX 813.
1002 SEG XIX 820.
1003 SEG XIX 830.
1004 SEG XIX 757. 758. Zum kaiserzeitlichen Epimeleten s. nur Wörrle, Stadt und Fest, 111 f. 162.
1005 SEG XVIII 564 = AE 1961, 22.
1006 A.S. Hall, The Site of Misthia, AS 9, 1959, 122 f.; zu Misthia und den Oroandeis s.o.S.73 f.

Siedlung zur Colonia Iulia Olbasena erhoben worden sein.[1007] Ob der Ort, dessen Position an der von Nordosten nach Südwesten führenden Route den hier veranstalteten Spielen einigen Zulauf beschert haben dürfte,[1008] auch hinsichtlich seines urbanistischen Niveaus von dem neuen Status und den Neusiedlern profitiert hat, entzieht sich unserer Kenntnis, da sich, abgesehen von einigen, möglicherweise zu einem größeren Tempel gehörigen Gebälkstücken, keinerlei bauliche Überreste am Ort befinden und Bauinschriften, Stiftungen o.ä. nicht auf uns gekommen sind.

Neben Olbasa gehörten auch Pogla und Sibidunda bereits zum hellenistischen Siedlungsbild dieser der Milyas zuzurechnenden Gegend, und beide begegnen ebenfalls noch in römischer Zeit. Dabei steht Pogla in der nun relativ dicht mit weiteren (noch zu behandelnden), kleineren Orten bedeckten Region an der Spitze der Siedlungshierarchie, was sich in heute noch sichtbaren Monumenten - einer Markthalle, einem Podiumsbau und einigen recht aufwendigen Grabbauten[1009] - niederschlägt. In den Inschriften aus Pogla begegnen denn auch mehrere als Ktistai bezeichnete Bürger,[1010] die sich durch finanzielle Zuwendungen an ihre Heimatstadt öffentliches Ansehen erworben haben. Daß diese Summen auch und gerade der Verbesserung der städtischen Bausubstanz dienten, lehren Angaben, laut welchen Geldspenden εἰς κατασκευὴν ἔργων bestimmt wurden.[1011] Einige weitere Dokumente, in denen Agone, Wettkampfsieger und ξένοι erwähnt sind,[1012] sprechen ferner für ein gewisses Renommé der hier möglicherweise in einem Stadion oder einer ähnlichen Anlage ausgetragenen Spiele.

Zweifellos im Schatten Poglas stand die direkt benachbarte Polis Sibidunda, die freilich von der potentiellen Anziehungskraft Poglas zugleich profitiert haben könnte. Zu welchem möglicherweise auch im Siedlungsbild erkennbaren Resultat dies führte, läßt sich allerdings nicht beurteilen, da weder Monumente noch Stiftungen, die über die Finanzierung von Kultstatuen hinausgehen, überliefert sind.[1013]

Neben den nur durch ihre Münzprägung sowie (im Falle von Prostanna) die Nennung von 'bule' und 'demos' als selbstverwaltete Gemeinwesen auch unter römischer Herrschaft ausgewiesenen Poleis Prostanna und Seleukeia Sidera[1014] verdienen schließlich noch zwei weitere, bereits im hellenistischen Pisidien belegte Siedlungen aufgrund ihres kaiserzeitlichen Baubestandes und der inschriftlichen Überlieferung Aufmerksamkeit, Neapolis und die Ruinenstätte von Melli.

Neapolis liegt an der römischen Straße, die von den kilikischen Toren über das pisidische Antiochia ins Mäandertal führte und damit eine der wichtigsten West - (Süd)Ost - Verbindungen

---

1007 CIL III 6891; zur Lage und den Verbindungen von Olbasa: Levick, Colonies, 48 f.
1008 IGR III 411-414.
1009 G.E. Bean, Notes and Inscriptions from Pisidia II, AS 10, 1960, 55 ff.; Levick, Pogla, 415 f.
1010 IGR III 407-409. SEG XIX 836.
1011 IGR III 407. Vgl. auch SEG XIX 835: Der geehrte Bürger erscheint unter anderem als κτίζων ἔργα τῇ πόλει (Z.6).
1012 IGR III 407-409. Berard, 424 Nr. 53. SEG XIX 836.
1013 SEG VI 614: τὸ ἄγαλμα τῆς 'Αφροδίτης. SEG XIX 851: τὸ ἄγαλμα [θε]οῦ Διονύσ[ου].
1014 Prostanna: v. Aulock, Münzen und Städte II 41 f. SEG XVIII 565; M.H. Ballance, The Site of Prostanna, AS 9, 1959, 125 ff. Seleukeia Sidera: v. Aulock, ebd. 44. Zu erwähnen ist überdies ein in jüngster Zeit durch bislang nicht publizierte Grabungen freigelgtes, römisches Theater in Seleukeia, von dem G. Hirschfeld im 19. Jh. nur wenige Reste gesehen hatte (s. v. Aulock, ebd.).

bildete.[1015] Zweifellos verdankte Neapolis dieser verkehrsgeographisch und logistisch exponierten Position seine Bedeutung und den heute allein anhand der epigraphischen Quellen vage zu ermessenden Siedlungsausbau, der neben Kultbauten auch Ergasterien einschloß.[1016]

Die ihrer antiken Bezeichnung nach unbekannte, möglicherweise mit der bei Ptolemaios als Milyas überlieferten Siedlung zu identifizierende Anlage bei Melli[1017] bildete zweifellos den Mittelpunkt eines kleinen Gemeinwesens, von dessen Teilnahme an dem sozio-kulturellen Leben der Region inschriftlich belegte Agone und ein kleines Theater noch einen schwachen Eindruck vermitteln.[1018]

Das somit den Übergang von der hellenistischen in die römische Zeit komplett überdauernde Siedlungsbild Pisidiens vermehren unter römischer Ägide nur sehr wenige, erstmals in römischer Zeit nachweisbare und meist relativ unbedeutende Orte. Zu der um Pogla zentrierten Gruppe kleinerer Siedlungen in der Milyas gesellen sich, neben dem bereits früher belegten Sibidunda, die jeweils durch eigene Münzemission, Abhaltung von Agonen und sporadisch belegte Magistraturen sowie Priesterämter ausgewiesenen Poleis Andeda, Verbe und Komama, letztere als römische Kolonie, was ihr in urbanistischer Hinsicht jedoch keinen erkennbaren Wettbewerbsvorteil gegenüber den benachbarten Orten verschaffte.[1019]

Letzteres gilt auch für Parlais, die im 1. Jh. v. Chr. ebenfalls als münzprägende Polis bezeugte und dann unter Augustus in den Koloniestatus erhobene Siedlung am Eğridir-See. Neben der Ansiedlung von Italikern und der Übernahme kolonialer Institutionen dürfte der neue Rechtsstatus kaum nachhaltige Konsequenzen für die Gestalt der Siedlung gezeitigt haben,[1020] so daß Parlais sich nicht wesentlich von dem nahgelegenen Landstädtchen Konana unterschieden haben wird, das ebenfalls seit dem 1. Jh. v. Chr. mit einer eigenen Münzprägung begegnet und in welchem die anscheinend obligaten θέμιδες veranstaltet werden.[1021]

Unter Vernachlässigung einer Reihe weiterer, häufig nicht lokalisierter und bisweilen nur durch eigene Münzprägung als selbständige Gemeinden belegter Orte, die siedlungsgeschichtlich somit nicht zu bewerten sind,[1022] dürfen von den erst zur Zeit der römischen Herrschaft doku-

---

1015 Levick, Colonies, 39.

1016 MAMA VIII 346. 350. 356.

1017 Ptolem. V 5, 5; zu dem Problem der Identifikation s. Levick, Colonies, 47 mit A.5.

1018 IGR III 386. 388 f. 391 ('bule' und 'demos'). Agone: SEG XIX 859-860. Theater: Greenhalgh, 506.

1019 Zur Münzprägung: v. Aulock, Münzen und Städte I 25 (Andeda). 51 (Verbe); ders., JNG 20, 1970, 151 ff. (Komama). Inschriften: Andeda: Bule und Demos (Ramsay, Notes, 337 f.); Kaiserkult (IGR III 417); Men-Priester (SEG XIX 847); Agoranomos/Agone: AE 1913, 178; Ramsay, AJA 4, 1888, Nr. 7. Verbe: Bule und Demos: AE 1912, 1-3; Agone: AE 1912, 4.
Komama: Koloniestatus und Organe: CIL III 6885. 6886 (= IGR III 399). 6887 (= IGR III 401); Kaiserkult und Agone: SEG XIX 830. SEG XIX 832 verzeichnet überdies die Stiftung eines mit einem Kultbild versehenen Heiligtums.

1020 B. Levick, Art. Parlais, RE Suppl. XII 1970; 990 ff. Belegt ist die Veranstaltung von Festspielen (SEG II 745). Zur Münzprägung: v. Aulock, JNG 23, 1973, 7 ff.

1021 v. Aulock, Münzen und Städte I 34 ff.; θέμις: WE 472.

1022 Nicht lokalisiert sind die folgenden münzprägenden Orte: Kodrula (v. Aulock, Münzen und Städte I 32 f.), Palaiopolis (ebd. 40 f.), Panemoteichos (ebd. 41 f.) und Tityassos (ebd. Bd.II, 50 f.). Geklärt ist neuerdings die Lage von Kolbasa (v. Aulock, Münzen und Städte I, 34; S. Mitchell, Maximinus and the Christians in A.D. 312. A New Inscription, JRS 78, 1988, 105 ff.), Malos (v. Aulock, Münzen und Städte I 36 f.; N. Mersich, Malos in Pisidien, JOeByZ 35, 1985, 51 ff.) und Keraitai (v. Aulock, Münzen und Städte II 33), aber alle drei Orte weisen nur wenige, nicht interpretierbare Bauten auf, ebensowenig wie das neuerdings bei Eğnes anzusetzende Hadriani (SEG XIX 777-781; Hall, Milyadeis, 140 ff.), Hyia (SEG XIX 864 f.), Polyetta (SEG XIX 782-

mentierten Orte nur Baris, Pappa-Tiberiopolis sowie die Ruinenstätte bei Ilyas auch aus siedlungskundlicher Optik eine gewisse Aufmerksamkeit beanspruchen.

Die beim heutigen Kiliç noch sichtbaren, auf Baris zu beziehenden Ruinen sind zwar nicht "die einer großen Stadt",[1023] aber die verstreuten Gebäudeteile, die verschiedentlich erwähnten Festspiele, Poliseinrichtungen und Magistraturen (Agoranomie) sowie eine wohl [τὸν ναὸν σ]ὺν τῷ περὶ αὐτὸν κοσμῷ παντί zu lesende Stiftungsinschrift deuten im Verein mit der unter Hadrian beginnenden Münzprägung von Baris auf ein bescheidenes urbanes Niveau.[1024]

Eine erheblich anspruchsvollere und reichere Bauausstattung als Baris weist die einige Kilometer südlich von Kiliç, westlich des Burdur-See gelegene Ruinenstätte von Ilyas auf, die nur im 19. Jh. von J.R.S. Sterrett, W.M. Ramsay und A.H. Smith[1025] sowie in den 50er Jahren des 20. Jh. von G.E. Bean besucht und wissenschaftlich behandelt wurde.[1026] Zahlreiche Gebäude- und Mauerreste, ein Tempel, ein dreibogiges Tor, mehrere von Bule und Demos gesetzte Inschriften sowie Stiftungen eines 'naos', einer Säulengalerie, von Geldbeträgen sowie die Veranstaltung von Agonen[1027] zeugen von der Prosperität dieser Siedlung, deren Name und historischer Werdegang bislang freilich "a profound mystery" darstellen.[1028] Ein denkbarer Grund für die evidente Blüte dieses Ortes liegt in der (durch Funde von Meilensteinen begründeten)[1029] Annahme, Ilyas habe von seiner Lage an einer wichtigen Verkehrsverbindung profitiert, aber sicher ist dies nicht.

Pappa-Tiberiopolis hingegen dürfte seine Bedeutung in römischer Zeit vornehmlich seiner Einbindung in den Verlauf der (über Iconium führenden) Via Sebaste verdanken.[1030] Als urbanes Zentrum auf dem Gebiet der Oroandeis vielleicht schon in späthellenistischer Zeit entstanden,[1031] hat die Stadt möglicherweise von den Zuwendungen des Kaisers Tiberius nach dem kleinasiatischen Erdbeben profitiert und sich daher nach ihrem 'Neugründer' benannt.[1032] Von der Stadtanlage der nur zur Zeit des Kaisers Antoninus Pius prägenden Polis[1033] hat sich fast nichts erhalten; nur eine leise Ahnung von dem einstigen Baubestand vermittelt der mit einer Weihinschrift für Severus Alexander versehene Architrav eines Ehrenbogens, der vielleicht zur Erinnerung an den Persersieg des Kaisers errichtet wurde.[1034]

Die Siedlungsstruktur Pisidiens in römischer Zeit unterscheidet sich mithin nicht prinzipiell von

---

784) und Agrai (Greenhalgh, 430; WE 470).

1023 So freilich v. Aulock, Münzen und Städte II 26; s. ebd. 23 ff. zur Geschichte der verschiedenen Lokalisierungsversuche.

1024 Festspiele: WE 600-601. SEG XIX 763. Die bei W.M. Ramsay, The Cities and Bishoprics of Phrygia (ND v. 1895-97), New York 1975, Nr. 152 ff. unter "Binda" aufgelisteten Inschriften gehören nach Kiliç/Baris. Bule und Demos: SEG XIX 761. Agoranomie: SEG XIX 762. Stiftungsinschrift: WE 606 = Ramsay, ebd. Nr. 159. In WE 601 wird ein Bürger von Baris als Ktistes geehrt, der mithin möglicherweise weitere Beiträge zur baulichen Ausstattung leistete. Münzprägung: v. Aulock, Münzen und Städte II 28.

1025 WE 610-621. Ramsay, Cities I Nr. 145-151; Smith, Notes Nr. 49.

1026 Bean, Notes I, 81 f.

1027 Bule und Demos: Ramsay, Cities Nr. 145. 146 (=WE 612). WE 618. ναός: WE 615. Säulengalerie: SEG XIX 760. Geldspende: WE 612. Agone: Smith, Notes, Nr. 49.

1028 Bean, Notes I 82.

1029 CIL III 7174. 7176.

1030 Levick, Colonies, 19. 39 f.; vgl. CIL III 14401 c.

1031 Robert, Hellenica XIII, 1965, 74 ff.

1032 Vgl. Tac. ann. IV 13.

1033 v. Aulock, Münzen und Städte I 44.

derjenigen des hellenistischen Pisidien. Vor allem aber nötigt die Masse der anspruchsvoll ausgestatteten Städte in Pisidien zu einer Korrektur etablierter Lehrmeinungen. So läßt sich keine qualitative Differenz zwischen dem Niveau der städtischen Zivilisation Pamphyliens und derjenigen Pisidiens nachweisen, und die Auffassung von A.H.M. Jones, auch im kaiserzeitlichen Pisidien bildeten "village or tribal communities" die vorherrschenden Siedlungsformen,[1035] erweist sich als unzutreffend. Unterstrichen wird dies ferner durch die Tatsache, daß eine Reihe neuer, wenn auch meist bescheidener und bisweilen noch nicht lokalisierter Siedlungen in römischer Zeit neu hinzukommen.[1036] Angesichts des enormen Ausmaßes diverser pisidischer Polisterritorien begegnen wir hier möglicherweise dem von F. Kolb beschriebenen Phänomen, daß "im Zuge der Neugründung von Poleis bereits existierenden Poleis mit besonders großen Territorien Teile derselben entzogen und den neu enstandenen Gemeinwesen zugeteilt wurden."[1037] Freilich führte dies in Pisidien nicht zu einer nennenswerten Veränderung der Siedlungshierarchie; die großen, möglicherweise von einer Dezimierung ihres Territoriums betroffenen Siedlungen wie Sagalassos, in dessen Nähe eine Reihe der neu dokumentierten Orte liegt, wurden offenbar in ihrer Entwicklung und Bedeutung dadurch nicht beeinträchtigt. Wenn etwa H. Hellenkemper konstatiert, "die Grundlagen für den Aufschwung des kilikischen Städtewesens werden mit der Eingliederung der Landschaften in den römischen Staatsverband geschaffen,"[1038] so läßt sich für Pisidien keine vergleichbar deutliche Zäsur, aber auch kein entsprechender Nachholbedarf feststellen. Denn der kontinuierliche Ausbau des Siedlungswesens findet auf der Basis des bisher unterschätzten, im Hellenismus entwickelten Siedlungsrepertoires statt; die im Prinzipat dominierenden Städte Selge, Termessos, Sagalassos, Antiochia, Kremna, Adada, Apollonia, Ariassos und Etenna bildeten bereits in vorrömischer Zeit die Spitze der Siedlungshierarchie. Ein eindeutig auf Auswirkungen der römischen Herrschaft zu beziehender Urbanisierungsschub läßt sich allenfalls für wenige, vornehmlich an wichtigeren Straßenverbindungen gelegene Siedlungen feststellen, die großen Städte mit der üppigsten Bauausstattung mögen zwar von den generellen Bedingungen der "pax Romana" profitiert haben, aber eine Adaption vorher unbekannter Stadtkultur fand in Pisidien nicht statt. Im Gegenteil, Pisidiens hoher urbanistischer Standard wurde offenbar ausschließlich der Erwirtschaftung und Bereitstellung lokalen Kapitals verdankt; die in anderen Regionen des östlichen Imperium Romanum so wichtigen Impulse durch kaiserliche Unterstützung sucht man in Pisidien, mit Ausnahme vielleicht von Antiochia und der von Tiberius der Stadt Apollonia nach dem Erdbeben konzedierten Hilfe, vergebens.[1039]

Wenn kürzlich (unter anderem) mit Blick auf das nahe Apollonia gelegene, durch kaiserliche Konzession mit dem Stadtrecht versehene Tymandos[1040] auf die den Römern zu verdankende "Förderung von Neugründungen in dem wenig urbanisierten Hinterland"[1041] verwiesen wird, so bietet dies ein nicht untypisches Beispiel für die Verwechslung von politisch-rechtlicher

---

1034 AE 1968, 494.
1035 Jones, Cities, 145.
1036 S.o.S.117 f. mit A.1022.
1037 Kolb, Stadt, 173.
1038 H. Hellenkemper, Zur Entwicklung des Stadtbildes in Kilikien, ANRW II 7.2, 1980, 1273.
1039 Mitchell (Imperial Building, 333-365) nennt außer Antiochia kein einziges Beispiel aus Pisidien, dagegen etwa zahlreiche aus Lykien.
1040 ILS 6090 = MAMA IV 236; s. ferner u.S.180.
1041 Garnsey - Saller, 45 ff., Zitat: 49.

Statusänderung und siedlungsgeographischer Entwicklung. Denn 'urbanisiert' wurde die kleine Siedlung Tymandos durch diesen rein administrativen Akt genausowenig wie Komama oder Parlais durch ihren seit augusteischer Zeit bestehenden Rang einer römischen Kolonie. Denkbar wäre allenfalls, daß die Statuserhöhung von Tymandos den Anlaß zu einer Verbesserung der Bausubstanz gebildet hat, aber dies läßt sich mangels epigraphischer Quellen und angesichts fehlender Ruinen nicht beurteilen.[1042]

2.2. Der ländliche Raum

Während die etablierte Lehrmeinung bezüglich der städtischen Zivilisation des römischen Pisidien die (im vorangegangenen Abschnitt dargelegte) Kontinuität zur hellenistischen Zeit bislang nicht oder allenfalls unzureichend zur Kenntnis nahm und von einem durchgreifenden Urbanisierungsprozeß in der römischen Kaiserzeit ausging, so postuliert sie hinsichtlich des ländlichen Raumes im Gegenteil eine strukturelle Gleichartigkeit der römischen und der vorrömischen Verhältnisse: Die ältere, insbesondere von W.M. Ramsay, O. Hirschfeld und M. Rostovtzeff[1043] repräsentierte Forschung vertritt mit Nachdruck die Auffassung, Art und Ausmaß der ländlichen Besiedlung und Besitzungen der hellenistischen Zeit seien weitgehend erhalten geblieben, nur die Eigentümer des Landes hätten gewechselt. Denn insbesondere Antonius und Augustus hätten als Rechtsnachfolger und Erben der hellenistischen Könige und Dynasten einen Großteil des Königslandes (der γῆ βασιλική) ihrem persönlichen Besitz zugeschlagen, der dann unter den römischen Kaisern weitervererbt und zusätzlich vergrößert worden sei; überdies sei der Grund und Boden der alten Tempel säkularisiert und ebenfalls in kaiserliche Domänen umgewandelt worden, so daß schließlich die überwiegende Menge des verfügbaren Landes, das nicht Teil der städtischen Territorien gewesen sei, Domanialbesitz dargestellt hätte und somit die vorrömischen Strukturen im wesentlichen konserviert worden seien.

Diese Thesen sind in den nachfolgenden Jahrzehnten zwar modifiziert worden, indem besonders T.R.S. Broughton, D. Magie und B. Levick einige stets als kaiserliche Güter betrachtete Ländereien als private Besitztümer zu identifizieren suchten,[1044] aber grundsätzlich neigt man auch heute noch der Auffassung zu, es habe eine allgemeine Tendenz zur kaiserlichen (und daneben zur privaten) Latifundienbildung vorgeherrscht.[1045]

Im folgenden werden auf der Basis der verfügbaren Quellen zunächst die kaiserlichen und privaten Domänen in Pamphylien und Pisidien untersucht, um eine adäquate Einschätzung der Besitzverhältnisse vornehmen zu können. Anschließend werden die Komen, die Gehöfte, die landwirtschaftliche Produktion und die Arbeitsorganisation erörtert, um schließlich einige allgemeine Aussagen zum Verhältnis von Stadt und Land im römischen Südwestanatolien zu ermöglichen.

[1042] Ein umgekehrtes Beispiel liefert Orkistos in Phrygien: Das dort bereits vorhandene, hohe urbanistische Niveau führt zu einer Statuserhöhung unter Konstantin: Demandt, Spätantike, 400; Garnsey - Saller, 45.

[1043] Ramsay, Cities, 281 ff.; O. Hirschfeld, Der Grundbesitz der römischen Kaiser in den ersten drei Jahrhunderten, in: ders., Kleine Schriften, Berlin 1913, 562 ff.; Rostovtzeff, Kolonat, 291 ff.

[1044] T.R.S. Broughton, Roman Landholding in Asia Minor, TAPhA 65, 1934, 207-234; Magie, RRAM, bes. 1325 ff. A.44; Levick, Colonies, 215-226.

[1045] W. Dahlheim, Geschichte der Römischen Kaiserzeit, München 1984, 66 ff.; Christ, Kaiserzeit, 488 ff. J. Strubbe (A Group of Imperial Estates in Central Phrygia, AncSoc 6, 1975, 229-250) nimmt zu dieser grundsätzlichen Frage nicht Stellung.

Die mit Abstand am besten dokumentierte Domäne der Ormeleis[1046] liegt im westlichen Pisidien, um die modernen Orte Tefenni und Karamanli herum zentriert (Karte), wo sich zahlreiche Inschriften gefunden haben, die durch Nennung eines ἐπίτροπος, mehrerer πραγματευταί und von μισθωταί die Identifizierung einer Domäne gewährleisten.[1047] Ungeklärt ist, ob es sich hier um kaiserlichen Besitz handelt. Die Erwähnung von Faustina Ummidia Cornificia,[1048] der Tochter des Konsuls von 167 n. Chr., M. Ummidius Quadratus, und der Schwester Mark Aurels, Annia Cornificia Faustina,[1049] sowie von weiteren Nachkommen der Familie - darunter Annia Faustina, Großnichte (?) Mark Aurels, und ihr Mann Ti. Claudius Severus Proculus (Konsul 200 n. Chr.)[1050] sowie Pomponia Ummidia und deren Gatte Flavius Antiochianus (Konsul von 270 n. Chr.)[1051] - bewog einige Gelehrte dazu, hier eine kaiserliche Domäne zu vermuten.[1052] Dieser Deutung widersprachen T.R.S. Broughton und, unter Berufung auf Broughton, D. Magie und B. Levick,[1053] wobei sie darauf verwiesen, daß die inschriftlich belegten Verwalter und Pächter nicht explizit als kaiserliche Funktionäre (durch den ansonsten üblichen Genitiv "Augusti"/Σεβαστοῦ) gekennzeichnet seien; wahrscheinlich habe sich die Domäne daher im Besitz wohlhabender senatorischer Landeigner befunden. Dieser berechtigte Einwand läßt sich abstützen durch eine naheliegende, überraschenderweise bislang nie angestellte Überlegung: Eine kaiserliche Domäne wird nicht innerhalb der Familie, sondern von Kaiserhaus zu Kaiserhaus weitervererbt. Wir treffen jedoch in den Inschriften der Ormeleis keine Angehörigen verschiedener "domus Augustae" an, sondern über einen Zeitraum von hundert Jahren mehrere Mitglieder der "gens Ummidia", in deren Familienbesitz sich daher diese Domäne wahrscheinlich befand.[1054] Letztere muß immense Ausmaße besessen und sehr viele Bauernstellen umfaßt haben, denn die Inschriften verzeichnen Hunderte von Personen mit epichorischen Namen, darunter Mysten und Priester verschiedener Zeus-Kulte (vor allem des Ζεὺς Σαυάζιος).[1055] Dieser enormen Dimension entsprechen ein recht umfänglicher Verwaltungs- und Funktionärsstab, zu dem wohl als Polizisten und Fiskalbeamte tätige ὀροφύλακες und παραφυλακῖται gehören[1056] sowie eigens auf der Domäne tätige Handwerker (etwa

---

1046 Mehrfach in den Inschriften belegt ist der Name des δῆμος Ὀρμελέων (z.B. IGR IV 888 ff.).

1047 Die Inschriften sind zusammengestellt bei W. Ruge, Art. 'demos Ormeleon', RE XVIII 1, 1939, 1098 f. Hinzugekommen sind seitdem SEG XIV 804 und SEG XXXI 1285. Neue, noch unpublizierte Funde stellte der inzwischen verstorbene A.S. Hall in Aussicht: AS 35, 1985, 10 f. AS 36, 1986, 10.

1048 IGR IV 887.

1049 Vgl. Ramsay, Cities, 286 ff.

1050 IGR IV 888-890; vgl. Magie, RRAM, 1326; H. Halfmann, Die Senatoren aus dem östlichen Teil des Imperium Romanum bis zum Ende des 2. Jhs. n. Chr. (Hypomnemata 58), Göttingen 1979, 181.

1051 IGR IV 893.

1052 Ramsay, Cities, 286 ff.; E. Kornemann, Art. Domänen, RE Suppl. 4, 1924, 257 f.; Hirschfeld, 562; Ruge, Ormeleis, 1100.

1053 Broughton, Landholding, 224 f.; Magie, RRAM, 1326; Levick, Colonies, 225.

1054 H. Halfmann, Die Senatoren aus den kleinasiatischen Provinzen des römischen Reiches vom 1. bis 3. Jahrhundert (Asia, Pontus-Bithynia, Lycia-Pamphylia, Galatia, Cappadocia, Cilicia), in: Epigrafia e ordine senatorio, Rom 1982, 643, stellt die Vermutung auf, die Güter der Ormeleis "scheinen ehemals kaiserliche Domäne gewesen und von Marcus Aurelius seiner Nichte Ummidia Cornificia Faustina...als Privatbesitz geschenkt worden zu sein." Zwar ist diese Hypothese nicht zu widerlegen, aber sie beruht einzig und allein auf der Tatsache, daß die Nichte Mark Aurels in den Inschriften auftaucht. Dies reicht freilich zur Bestimmung des Besitzes als ehemaliges kaiserliches Gut nicht aus, und da ansonsten alle diesbezüglichen Anhaltspunkte fehlen, sollte man die näherliegende These von einer privaten Domäne bevorzugen.

1055 Die längsten Personenlisten finden sich in CIG 4366w. EJ 47-50. 53-55.

1056 Ramsay, Cities, 281; zur Tätigkeit von "paraphylakes" s. Wörrle, Stadt und Fest, 148 f.

Steinmetze und Gerber).[1057]

In unmittelbarer Nachbarschaft zu den Ormeleis befand sich eine zweite Domäne (bei Alastos), wie Inschriften, die in dem einige Kilometer nördlich von Tefenni gelegenen Dorf Sazak gefunden wurden, belegen, darunter vor allem IGR IV 894:

['A]πὸ κοίτης Μ. Κ[α]λπουρνίου Λόγγου πατρῶνος ἰδίου Μ. Καλπούρνιος Ἐπίνεικος, μισθωτὴς τῶν περὶ Ἄλαστο[ν] τόπων, Διὶ Μεγίστῳ.

Unter Hinweis auf den Pächter und die postulierte Bedeutung von τόποι als 'Domäne' hat man auch hier einen kaiserlichen Besitz lokalisieren wollen,[1058] wiederum ohne ersichtlichen Grund. Denn weder der zitierte μισθωτής noch der ['Αρ]τέμων Μ. Καλπουρ[νί]ου Λόγγου δοῦλος οἰκονόμος (IGR IV 895) erscheinen als kaiserlicher Freigelassener oder Sklave, vielmehr wird man in M. Calpurnius Longus den Eigentümer der Güter sehen müssen,[1059] zumal die Termini 'topos/topoi' keineswegs auf ein kaiserliches Gut hinweisen, sondern mehrfach als Ortsbezeichnung im Zusammenhang mit Privatbesitz belegt sind.[1060] Die Zuweisung der Domäne von Alastos an M. Calpurnius Longus liegt schließlich auch deswegen besonders nahe, weil die Calpurnii eine über ganz Kleinasien verteilte "gens" bildeten, mit führenden senatorischen Mitgliedern in Attaleia und Antiochia Pisidiae, die auch in anderen Gegenden Pisidiens über Grundbesitz verfügten.[1061]

W.M. Ramsay hatte zunächst in diesem westpisidischen Raum auch den von Plinius genannten "tractus Cyllanicus" gesucht,[1062] nahm dann jedoch davon Abstand aufgrund einer im nordöstlichen Pisidien (bei Neapolis) entdeckten Inschrift, welche "Cillanenses" verzeichnet.[1063] Später gefundene Dokumente aus der Gegend um Neapolis (Karaağaç) bestätigten, daß sich hier ein größeres Besitztum befunden hat (s. Karte): Ein [ἐπίτρο]πος τοῦ Κιλλανί[ου πεδίου[1064] sowie ein nach L. Robert hier vielleicht als "saltuarius" zu verstehender Funktionär (ὀροφύλαξ)[1065] sprechen für eine Domäne, die offenbar einen zentralen Ort besaß, wie die Erwähnung einer "civitas Cillanensium" andeutet.[1066] Die wieder einmal (in diesem Falle von J. Greenhalgh) angestellte Überlegung, es könne sich um Besitz der Kaiser handeln, bleibt auch hier pure Spekulation.[1067] Einen Hinweis auf eine möglicherweise wichtige Einkommensquelle des Gutsbesitzes liefert der heutige türkische Ortsname: Karaağaç bedeutet Ulme (eigentlich: 'schwarzer Baum') und könnte für einen einst reichen (heute nur noch spärlich vor-

1057 Ruge, Ormeleis, 1101; EJ 38.

1058 Hirschfeld, 563; Kornemann, Domänen, 247; so jüngst auch noch Wörrle, Stadt und Fest, 143 A.375. Greenhalgh (119) will sich nicht festlegen. Ruge (Ormeleis, 1101) behandelt die Domäne von Alastos gemeinsam mit derjenigen der Ormeleis, offenbar wegen der relativen Nähe beider Besitztümer. Eine derartige Verbindung verbietet sich jedoch angesichts der klaren Beziehung zwischen Alastos und den Calpurnii (s. auch IGR IV 895) einerseits, der "gens Ummidia" und den Ormeleis andererseits.

1059 So auch bereits Broughton, Landholding, 227 f.; Magie, RRAM, 1326; Levick, Colonies, 225.

1060 Genannt seien hier nur die Inschriften der Lyrboton Kome auf dem Territorium von Perge (IvPerge Nr. 152 Z.3) und aus Ariassos (IGR III 422 Z.14).

1061 Halfmann, Senatoren I, 31 f. 54 f. Näheres s.u.S.156.

1062 Ramsay, Cities, 280 ff.; Plin. n.h. V 147.

1063 Vgl. die Hinweise bei Ruge, Ormeleis, 1105.

1064 MAMA VIII 364.

1065 MAMA VIII 354; vgl. Robert, Hellenica XIII, 1965, 98 ff.

1066 MAMA VIII 348; zur quasiurbanen Zivilisation auf großen Domänen s. Kolb, Stadt, 253; Strubbe, Estates, 249.

1067 Greenhalgh, 115.

handenen) Baumbestand sprechen.[1068]

Nicht mit absoluter Sicherheit zu klären ist die Frage, ob der östlich von der Killanischen Ebene gelegene Komplex des "ager Oroandicus", im 1. Jh. v. Chr. durch Servilius Isauricus erobert und zum "ager publicus" geworden,[1069] zum kaiserlichen Domanialland um Kıreli Kasaba (am Ostufer des Beyşehir-Sees) zu zählen ist oder eine separate kaiserliche Domäne bildet. Die Gegend um Kıreli kann aufgrund des Zeugnisses für einen kaiserlichen Freigelassenen (Θεόφιλος Σεβαστοῦ ἀπελεύθερος ἐπίτροπος)[1070] mit Gewißheit als kaiserlicher Besitz gelten, der auf dem Gebiet der Oroandeis um den Hauptort Pappa-Tiberiopolis zu suchende "ager Oroandicus" ebenfalls, denn ein epigraphisch dokumentierter "proc(urator) Orondici" erscheint als "Aug(usti) lib(ertus)".[1071] L. Robert neigt dazu, den ἐπίτροπος Theophilos als einen der "procuratores Orondici" zu verstehen,[1072] was wahrscheinlich zutrifft und somit auf eine sehr ausgedehnte Domäne deutet, die sich folglich vom Beyşehir-See nach Osten wohl bis Pappa-Tiberiopolis erstreckt.

Nur ein (vermeintliches) Beispiel konnten die Verfechter der eingangs erwähnten Meinung ins Feld führen, auch die altanatolischen Tempelländereien seien dem Fundus kaiserlicher Ländereien zugeführt worden. Es handelt sich dabei um das nordöstlich von Antiochia Pisidiae bei Sağir gelegene, den nördlichsten Punkt Pisidiens bildende Kultzentrum der sogenannten Xenoi Tekmoreioi.[1073] Das vereinzelte Auftauchen eines πραγματευτής unter den Dedikanten[1074] spricht jedoch keineswegs für die Existenz einer Domäne in diesem Gebiet, zumal viele der weihenden Kultanhänger aus anderen Komai und Poleis kommen,[1075] und gar von kaiserlichen Freigelassenen oder Sklaven fehlt jede Spur, so daß die seit Broughtons Einwänden vorherrschende Ablehnung dieser These von einer auf Tempelgrund basierenden Krondomäne zweifellos zu Recht besteht.[1076] Im übrigen dürfte, wie jüngere Forschungen ergeben haben, der Kultbezirk von Sağir zum Territorium von Antiochia Pisidiae gehört haben.[1077]

Von den zahlreichen vermeintlichen Domänen des römischen Kaiserhauses hat bislang nur die bei Kıreli Kasaba und dem "ager Oroandicus" einer kritischen Prüfung standgehalten. Wie steht es nun mit den anderen Gütern? Als nahezu gesichert gelten die kaiserlichen Besitzungen im

---

1068 Vgl. Robert, Hellenica XIII, 1965, 90 A.1.

1069 Cic de leg.agr. II 50; zu Servilius Isauricus s.o.S.95.

1070 MAMA VIII 341 (=IGR III 243).

1071 AE 1927, 104; zu den Oroandeis s.o.S.73 f.

1072 Robert, Hellenica XIII, 1965, 84.

1073 Besonders W.M. Ramsay und M. Rostovtzeff verfochten diese These: W.M. Ramsay, Studies in the History and Art of the Eastern Provinces, Aberdeen 1906, 305-377; vgl. AE 1907, 63; Rostovtzeff, Kolonat, 301. Zu dem immer noch reichlich mysteriösen Kult und den Xenoi Tekmoreioi s. die neuere Bestandsaufnahme bei Lane, CMRDM III, 1976, 58 ff. Die wichtigsten Inschriften: WE 366-388; vgl. ferner SEG XXXI 1664.

1074 Vgl. die Hinweise auf die Inschriften in der vorigen Anmerkung. Ein weiteres Zeugnis bietet jetzt SEG XXXI 1143.

1075 Vgl.u.S.128 f.

1076 Broughton, Landholding, 231 f.; Magie, RRAM, 1326 f. Levick (Colonies, 226) und Greenhalgh (119) wollen die Existenz eines kaiserlichen Besitzes nicht ausschließen, dies wird jedoch unumgänglich sein.

1077 SEG XXXI 1664. Ein neues, scheinbar gegen die hier präsentierte Auffassung und für die alte These von Ramsay sprechendes Dokument - eine dem Bezirk von Antiochia Pisidiae zugeschriebene Inschrift eines δοῦλος τῶν κυρίων (SEG XXXI 1282) - ist nur falsch lokalisiert worden und hat nichts mit der im SEG angesprochenen "area of Antiochia" zu tun. Die Inschrift stammt aus Baladiz am Burdur-See und gehört zu der noch zu erörternden Domäne in der Nähe von Sagalassos.

Norden des Söğüt-Sees (s. Karte), bei Lagbe.[1078] Doch wiederum belegen die Dokumente nichts als einfache Pächter (μισθωταί), die zwar als Kleinpächter auf einem größeren (privaten) Gut angesehen werden müssen, nicht jedoch zwangsläufig auf einer kaiserlichen Domäne.[1079]

Hirschfeld, Rostovtzeff und Swoboda glaubten auch um Pogla herum eine der Krone gehörende Besitzung nachweisen zu können, und zwar aufgrund einer kaiserzeitlichen Inschrift, welche Gerichtshöfe der 'topoi' (τοπικὰ δικαστήρια) überliefert; die 'topoi' kennzeichneten angeblich kaiserliche Domänen, und, so Rostovtzeff, Pogla liefere ein anschauliches Beispiel dafür, wie aus einer Kome auf einer kaiserlichen Besitzung mit der Zeit eine Polis geworden sei.[1080] Nun läßt sich der zweite Teil der referierten Deutung schon deswegen nicht aufrechterhalten, weil, wie wir sahen (und was Rostovtzeff noch nicht wissen konnte), Pogla bereits in hellenistischer Zeit eine vollausgebildete Polis darstellte;[1081] aber auch die Argumentation mit den τόποι vermag nicht zu überzeugen: Die τόποι bezeichnen nur ganz allgemein "subdivisions of a village area", ohne jede Konnotation mit den "saltus Augusti", und die τοπικὰ δικαστήρια belegen nur die auch andernorts zu beobachtende Selbstverwaltung von Dörfern (hier auf dem Felde des Justizwesens).[1082] Es gibt bei und in Pogla und sonst keinen Hinweis auf die Existenz einer kaiserlichen Domäne etwa in Form einer Erwähnung von kaiserlichen Freigelassenen oder Sklaven, so daß auch Pogla nicht in die Liste der kleinasiatischen Besitzungen des römischen Kaiserhauses gehört.[1083]

Dagegen läßt sich die Existenz zweier den Kaisern gehörender Landstücke bei Bademli und nahe dem Burdur-See nicht bestreiten: Bei Bademli liefert das Zeugnis für einen "Aug(usti) disp(ensator)" (=διοικήτης) einen unzweideutigen Beweis,[1084] und beim Burdur-See verbürgen die durch einen Neufund in ihren Lesungen abgesicherten Grenzsteine mit der Aufschrift "Finis Caesaris N(eronis)"[1085] die Existenz einer kaiserlichen Besitzung; die ebenfalls aufgrund der Entdeckung eines bereits antiken Duplikats unanfechtbare Erwähnung eines ἐπίτροπος Νέρωνος Κλαυδίου Καίσαρος[1086] bestätigt dies noch zusätzlich.

Die letztgenannten Inschriften stammen aus Düver, wo G.E. Bean mit guten Gründen die in den Texten erwähnte κώμη Τυμβριανασσέων lokalisiert.[1087] Nur etwa fünf Kilometer von Düver entfernt liegt das Dorf Yarisli, wo sich der antike Ort Takina befand. Ein kürzlich publiziertes Dokument aus Takina enthält ein Reskript des Kaisers Caracalla an die Bewohner von

---

1078 IGR III 477 f. IGR IV 927; Ramsay, Cities, 267 f. 272 f. Nr. 191-192; Greenhalgh, 119; Wörrle, Stadt und Fest, 143 mit A.375. Levick, Colonies, 215 ff. geht in ihrem Überblick gar nicht auf dieses Problem ein.

1079 Auch weitere, von L. Robert (Documents d'Asie Mineure, Paris 1987, 437 ff.) erörterte Inschriften, die unter anderem das Ethnikon Λαγβεύς belegen, deuten nirgends auf kaiserlichen Grund und Boden.

1080 M. Rostovtzeff, Die Domäne von Pogla, ÖJh 4, 1901, 37-46; ders., Kolonat, 300 mit A.3; Hirschfeld, 563; Swoboda, Kome, 972. Inschrift aus Pogla: IGR III 409 = SEG XIX 835.

1081 SEG XIX 834; vgl.o.S.54 f.

1082 Broughton, Landholding, 229; vgl.o.S.122 und Wörrle, Stadt und Fest, 141 mit A.361; zur dörflichen Selbstverwaltung: Wörrle, ebd. 138 f.

1083 So auch Broughton, Landholding, 229. Levicks vorsichtige Bemerkung (Colonies, 226), "the estates at Pogla...must at present be regarded as putative", ist unangebracht.

1084 CIL III 12143.

1085 CIL III 6872; vgl. H. Waldmann, Neue Inschriften aus Pisidien, ZPE 44, 1982, 101 Nr. 9 sowie ebd. 99 Nr. 6 (= SEG XXXI 1282, s.o.S.123 A.1077).

1086 IGR III 335; bestätigt durch das Duplikat bei Bean, Notes I, 85 Nr. 30.

1087 Bean, ebd. 88.

Takina, die sich über Drangsalierungen durch römische Soldaten beschwert hatten.[1088] Der Prinzeps verspricht seinen als "coloni dominici" (Z.16. 32) bezeichneten Pächtern Entschädigung und sagt ihnen zu, künftig Schutz vor ähnlichen Vorkommnissen zu gewährleisten. Takina bildete demnach den Hauptort einer kaiserlichen Domäne, und wegen der Nähe zu Düver bietet es sich an, hier von einem einzigen großen Besitzkomplex auszugehen.

Insgesamt gesehen können also nur recht wenige kaiserliche Domänen in unseren Regionen als gesichert betrachtet werden: Während in Pamphylien offenbar gar kein kaiserlicher Grundbesitz existierte, gab es in Pisidien nach bisherigem Wissensstand drei bis vier Latifundien, so daß wohl kaum noch davon gesprochen werden kann, daß "sich der größte Teil des inneren Kleinasiens, welcher nicht zu Stadtgebieten wurde, direkt in kaiserliche Domänen verwandelte."[1089] Eine adäquate Einschätzung der kaiserlichen Güter und damit der Besitzverhältnisse überhaupt wird jedoch erst möglich durch einen Vergleich von kaiserlichem und privatem Landbesitz, und es muß Verwunderung erregen, daß eine Zusammenstellung und Erörterung der entsprechenden Quellen seit Broughtons vor fast sechzig Jahren ermittelter und daher längst überholter Dokumentation nicht mehr erfolgt ist.[1090]

Von den bislang behandelten Großbesitzungen können diejenigen der Ormeleis, bei Alastos und in der Killanischen Ebene wahrscheinlich als private Ländereien angesprochen werden, auch die Domäne bei Lagbe bildete möglicherweise einen Familienbesitz. In den fruchtbaren Hochebenen Pisidiens müssen weitere größere Güterkomplexe in römischer Zeit entstanden sein, über deren Genese und Eigentümer leider keinerlei Informationen zu ermitteln sind; nur auf ihre bloße Existenz deuten vereinzelte Inschriften mit der Erwähnung von Gutsverwaltern und/oder Pächtern hin. In der Gegend um Anabura, nördlich des Beyşehir-Sees (s. Karte), begegnen ein πραγματευτής und ein πρόοικος, beide zusammen offensichtlich im Dienste derselben Landeigner, der eine als Domänenverwalter und der andere als Leiter der häuslichen Wirtschaft.[1091] Ebenfalls aus dieser Gegend stammt der singuläre Beleg für eine weibliche Gutsaufseherin, die Εἰρήνη Λονγιλλιάνου καὶ Σεουήρου οἰκονόμισσα, die ihrem Mann Stachys einen Grabstein setzt.[1092] Hervorhebung verdient die gewiß zu verallgemeinernde Beobachtung, daß die Landeigner, Longillianus und Severus, römische Namen tragen und daher als Nachkommen römischer Kolonisten (vielleicht des nahegelegenen Antiochia Pisidiae) oder römischer "negotiatores" anzusehen sind, die ihr erworbenes Vermögen in Grundbesitz investier-

---

1088 S. Şahin - D.H. French, Ein Dokument aus Takina, EA 10, 1987, 133-142.

1089 Rostovtzeff, Kolonat, 298.

1090 Broughton, Roman Asia, 663 ff. Unzureichend und lückenhaft sind die knappen Listen bei Jameson, Lycia and Pamphylia, 266 und bei Greenhalgh, 117, die nicht über die folgenden, sämtlich schon bei Broughton erfaßten Zeugnisse hinausgelangen:
- aus Termessos: IGR III 451. TAM III 185.
- aus Ariassos: IGR III 422.
- aus Selge: SEG VI 458 (fragliches Zeugnis, s. Broughton, ebd. 669).
- aus Olbasa: CIL III 6892.
- aus Perge: SEG VI 673 f. (Lyrboton Kome = IvPerge Nr. 152 f.)
- aus Aspendos: LW 1381.

Levick, Colonies, 96, fügt noch einige Belege aus den römischen Kolonien Antiochia Pisidiae und Komama hinzu, dazu s.u.S.126 f.

1091 MAMA VIII 385; zum πρόοικος als "majordome de la maison" s. Robert, Hellenica XIII, 1965, 105 f.; vgl. auch MAMA VIII 386 (Nennung eines [οἰ]κονόμος). Ein weiteres Zeugnis für einen 'prooikos' liefert Polyetta (SEG XIX 784).

1092 MAMA VIII 399.

ten.

Eine ähnliche Beobachtung ergibt sich aufgrund der aus Antiochia Pisidiae stammenden Inschrift IGR III 306: [K]οίντος Μο[υν]ή[τι]ος Εὐτυχ[ὴ]ς Κοίντου Μουνήτιου Πωλίωνος πραγματευτής. Q. Munatius Eutyches erscheint als "libertus" und Gutsverwalter des Q. Munatius Pollio; Angehörige der noch mehrfach im pisidischen Antiochia bezeugten "gens Munatia" hatten also größeren Besitz angehäuft und ließen diesen in der üblichen Form organisieren.[1093] Bemerkenswert ist überdies die Verbindung der Munatii mit der "gens Flavonia", welche durch die Inschrift WE 360 nahegelegt wird: Κοίντο[ς Φλαβ]ώνιος Τ[ίτος Μουνή]τιος Σκάμ[ανδρος]: Die Flavonii gehörten zu einem der führenden Geschlechter in Antiochia Pisidiae, das unter Mark Aurel oder Commodus erstmals Senatoren stellte.[1094]

Als weiterer Landbesitzer aus Antiochia Pisidiae begegnet Dottius Marullinus, ein einflußreicher und offiziell geehrter Bewohner der Kolonie,[1095] dessen Sklave (?) Νεικηφόρος Μαρυλλείνου οἰκονόμος als Urheber einer Dedikation für Zeus dokumentiert ist.[1096]

Die senatorische Familie der Iulii, in Antiochia Pisidiae prominent vertreten durch Iulius Paulus, dessen Tochter Iulia Agrippina mit dem cos.suff. von 113 n. Chr., Ser. Cornelius Dolabella Metilianus Pompeius Marcellus, verheiratet war, besaß offenbar ebenfalls in dieser Gegend Ländereien.[1097]

Die bislang behandelten Dokumente sowie zwei weitere, aus den römischen Kolonien Olbasa und Komama stammende Belege für 'oikonomoi'[1098] könnten den Eindruck vermitteln, als hätte der private Landbesitz größeren Ausmaßes gänzlich in den Händen eingewanderter Römer bzw. ihrer Nachkommen gelegen, überdies stets in der Nähe der von diesen Gruppen natürlich besonders stark frequentierten Kolonien. Aber es gibt deutliche Anzeichen für eine breitere Streuung des Eigentums an Grund und Boden. Das wohl markanteste Beispiel für einen einheimischen Großgrundbesitzer liefert Diotimos, Sohn eines Samos, aus Ariassos, der seine Güter mit Weingärten, verstreuten Getreideäckern und bewohnten (d.h. wohl vermieteten) Gebäuden seiner Vaterstadt vererbt:[1099]

Δίδωμι καὶ χαρίζομαι τῇ γλυκυτάτῃ πατρίδι μου κτῆσίν μου [τὴ]ν οὖσαν τόπῳ Πανυάλλοις ἐν ὑπερ[ορί]οις σύν τε ἀμπελικοῖς καὶ σειτοσπόροις πεδε[ι]νοῖς τε καὶ ὀρεινοῖς καὶ τοῖς ἐποικίοις, πᾶσαν, ὥς ἐστιν, μηδενὸς ὑφ[η]ρημένου.

Aus dem nördlich von Olbasa und Pogla gelegenen Dorf Akören stammen Belege für den δῆμος Μακροπεδείτων,[1100] und ein dort gefundener Epitaph belegt die Existenz einer priva-

---

1093 Vgl. noch WE 353. 360. AE 1967, 502: [L. Muna]tio Planco, [IIvi]ro bis, auguri, [vic]us Pa[t]r[ici]us [d.d.?]; vgl. Levick, Colonies, 96.
1094 Halfmann, Senatoren I, 81.
1095 CIL III 6835-6837.
1096 B. Levick, Unpublished Inscriptions from Pisidian Antioch, AS 17, 1967, 117 Nr. 45; dies., Colonies, 96.
1097 AE 1960, 35; vgl. Halfmann, Senatoren I Nr. 20; zu weiteren senatorischen Familien mit Landbesitz auch in Pisidien s.u.S.153 ff.
1098 SEG XIX 786. 833.
1099 IGR III 422 = SEG XIII 546.
1100 Bean, Notes I Nr. 64 + SEG XIX 796. Der Name deutet schon auf das Vorhandensein 'großer Ebenen' und damit auf günstige Voraussetzungen für eine Domänenwirtschaft hin.

ten Domäne: Εὐτάξια Ἀπολλωνίου οἰκονόμῳ ἀνδρὶ ἰδίῳ μνίας χάριν.[1101] In Termessos wird ein χωρίον weitervererbt,[1102] ein Gedicht aus Sagalassos erinnert an den reichen Landbesitzer Tertullus,[1103] und dem uns schon bekannten, reichen Ktistes M. Aur. Midianus Platonianus Platon, dem Stifter eines Gymnasions in Termessos, setzt sein πραγματευτής, der Freigelassene Aur. Soterichos, eine Ehreninschrift.[1104] Diese Beispiele, denen noch ein ἐπίτροπος aus Konana hinzugefügt sei,[1105] belegen hinlänglich die breite Verteilung des privaten Landbesitzes im römischen Pisidien, der offenbar nicht von Angehörigen einer genuin römischen Elite monopolisiert wurde.

Pamphylien, bedeutend kleiner als Pisidien und daher kaum geeignet für die Entwicklung zahlreicher Großgüter, liefert denn auch nur wenige diesbezügliche Belege - die reicheren (senatorischen) Familien Pamphyliens investierten, wie wir noch genauer sehen werden, eher in Pisidien und anderen Binnenregionen, in denen reichlich Acker- und Weideland zur Verfügung stand. Immerhin bestätigen die - neben einem fragmentarischen Zeugnis für eine Landschenkung aus Attaleia[1106] - einzigen einschlägigen Quellen aus Pamphylien den aus der pisidischen Dokumentation gewonnenen Befund, nach welchem die Einheimischen durchaus erklecklichen Grundbesitz erwerben konnten. Die Rede ist von den Texten aus der Lyrboton Kome, einem auf dem Territorium von Perge gelegenen Dorf.[1107] Die dem 1. und 2. Jh. n. Chr. entstammenden Inschriften geben Kenntnis von einer über mehrere Generationen zu verfolgenden Familie, deren Mitglieder nach Ausweis ihrer indigenen Namen (Trokondas, Moas, Kotes, Les, Kille etc.[1108]) keine römischen Immigranten und auch nicht im Besitz des römischen Bürgerrechts waren. Diese offenbar sehr vermögenden Landeigner taten sich als Euergeten für die bauliche Ausstattung der Kome hervor,[1109] und ihre Güter lagen, dem Usus größerer Domänen entsprechend, weit verstreut, denn eine Stiftung der Familie zugunsten der Hauptgottheit des Dorfes (Apollon Lyrboton) umfaßt ein μο[νά]γριον τόπῳ Βαίῳ, Ölbaumplantagen an einem zweiten Ort (mit dem sprechenden Namen τόπος Τρισὶν Ἐλέαις) sowie, drittens, Güter ἄλλῳ τό[π]ῳ λεγομένῳ πρὸς Καλλικλῆδος Ἄρμακα.[1110] Daß der gesamte Besitz sich keineswegs auf diese drei Ländereien beschränkte, ist nicht nur aufgrund allgemeiner Erwägungen wahrscheinlich (es wird kaum der komplette Grund und Boden weggegeben worden sein), sondern vor allem wegen eines dritten Zeugnisses, welches die von einem Mitglied derselben Familie vollzogene Übereignung eines weiteren χωρίον an den Apollon-Tempel verzeichnet.[1111] Mit dieser Generosität erweisen sich pamphylische Landeigner nicht nur als bisweilen sehr vermögend; sie demonstrieren überdies ihr am traditionellen griechischen Muster orientiertes Streben nach Sozialprestige, das sich ebenfalls in der mit den Stiftungen verbundenen Anweisung artikuliert, aus den Erträgen der abgetretenen Ländereien agonistische

1101 Bean, Notes I Nr. 63.
1102 TAM III 185.
1103 IGR III 362.
1104 TAM III 123.
1105 IGR III 326.
1106 SEG XVII 588; vgl.u.S.129 mit A.1127.
1107 J. Keil, Die Lyrboton Kome in Pamphylien, ÖJh 23, 1926, Beibl. 89-106; SEG VI 672 674 = IvPerge Nr. 151-153.
1108 Zu den Namen s. jeweils Zgusta, Personennamen s.v.
1109 SEG VI 672 = IvPerge Nr. 151.
1110 SEG VI 673 = IvPerge Nr. 152.
1111 SEG VI 674 = IvPerge Nr. 153; vgl. auch SEG VI 676 = IvPerge Nr. 154.

Veranstaltungen zu Ehren der Mäzene sowie Dorffeste zu finanzieren.[1112]

Die römischen Kaiser haben also keineswegs den Großteil des zur Verfügung stehenden Acker- und Weidelandes konfisziert und dem Kronvermögen zugeführt, was letztlich auch darin zum Ausdruck kommt, daß etwa unter Hadrian ein einziger "proc. Lyc. Pamp. Galat. Paphl. Pisid. Pont." genügte, um die kaiserlichen Güter zu kontrollieren.[1113] Deren Genese dürfte im übrigen kaum, wie noch die eingangs dieses Kapitels zitierten Gelehrten vermuteten, mit der Säkularisierung von Tempelländereien zusammenhängen. Von den beiden primär in Frage kommenden Tempeln des Men bei Antiochia Pisidiae und der Artemis von Perge hat der erstere zweifellos erhebliche Teile seines sakralen Territoriums zugunsten der römischen Kolonisten abtreten müssen,[1114] und das Artemis-Heiligtum bildete in römischer Zeit ersichtlich keine eigene territoriale Einheit, sondern war integraler Bestandteil des Territoriums (und Wirtschaftslebens) von Perge: "There is no evidence that would make it possible to separate the prosperity and prestige which must have derived from the temple of Artemis and its festival from the natural results of the city's favorable situation and contacts. There is no evidence to show whether or not the temple of Artemis possessed land or property in the Roman period."[1115]

Von einer Kontinuität der ländlichen Besitzstrukturen zwischen hellenistischer und römischer Zeit in Form der Überführung ehemaligen Königslandes in kaiserlichen Domänenbesitz kann also keine Rede sein. Es erscheint dennoch kaum möglich, die wesentlichen Linien der sich in diesen Jahrhunderten vollziehenden Entwicklungen deutlich nachzuzeichnen. Die Quellenbasis vor allem für die früheren Epochen ist zu schmal, um etwa eine im Vergleich zur hellenistischen Zeit erheblich vermehrte Zahl mittelgroßer und kleinerer Landeigner unter der römischen Herrschaft nachweisen zu können. Allerdings scheint aufgrund des vorstehenden Überblicks, der immerhin diverse römische und einheimische Grundbesitzer nachwies, die Annahme einer im Verhältnis zur hellenistischen Zeit doch etwas breiteren Besitzstreuung angezeigt, eine Einschätzung, zu der jüngst auch P. Garnsey und R. Saller mit Blick auf das Imperium Romanum generell neigen: "Das Grundeigentum des Reiches war weit mehr zerstückelt, als bislang angenommen worden ist."[1116] Dafür spricht im Fall Pisidiens nun auch ganz entschieden die immense Zahl von Dörfern, die etwa in den Dedikantenlisten der sogenannten 'Xenoi Tekmoreioi' nördlich von Antiochia auftauchen:[1117] Herkunftsangaben wie Καρβοκωμήτης, Λυκιοκωμήτης, Ψεριοκωμήτης, Ὀλυμπιοκωμήτης etc. - insgesamt lassen sich weit über fünfzig 'Kometika' nachweisen - vermitteln einen nachhaltigen und wohl zu verallgemeinernden Eindruck von der Menge der in den Quellen verständlicherweise sonst nicht auftauchenden Kleinsiedlungen, in denen gewiß die sowohl marktorientierte als auch am familiären Bedarf ausgerichtete, freie Bewirtschaftung von Kleingütern dominierte.

Die fehlende Repräsentation der dörflichen Siedlungen und ihrer gewiß fast ausschließlich mit

---

[1112] Vgl. die in IvPerge Nr. 152 Z.5 ff. und IvPerge Nr. 153 Z.4 (εἰς εὐωχίαν τῶν κατοικούντων τὴν κώμην ἐνηλίκων) erlassenen Anweisungen.

[1113] ILS 1449 = IvEphesos Nr. 666.

[1114] Vgl.o.S.109; s. jetzt überdies E.N. Lane, Men: A Neglected Cult of Roman Asia Minor, ANRW II 18. 3, 1990, 2164.

[1115] MacKay, 2081.

[1116] Garnsey - Saller, 103.

[1117] S. bes. WE 366. 373. 377. 382.

der Landwirtschaft befaßten Bewohner in den Quellen[1118] verhindert eine genauere Beleuchtung ihrer Lebens- und Wirtschaftsbedingungen. Neben den auf großen kaiserlichen und privaten Domänen gelegenen Komai befand sich zweifellos eine sehr große Zahl von Dörfern auf den Territorien der Städte, und die dort arbeitenden Bauern, Pächter und Tagelöhner waren den Städten steuerlich und rechtlich unterworfen.[1119] Einen bislang singulären, in den großen Zügen gewiß auch für Pamphylien und Pisidien aufschlußreichen Einblick in das Verhältnis der auf der Chora gelegenen Komen zu dem Poliszentrum gewährt das von M. Wörrle veröffentlichte Dokument aus dem lykischen Oinoanda:[1120] Die Inschrift belegt den souveränen, durch übergeordnete (römische) Behörden nicht beeinträchtigten Umgang der Polisorgane mit den Komen, denen beispielsweise Abgabenverpflichtungen auferlegt werden und die dem Kompetenzbereich der Polisbeamten unterliegen, wie dies auch das Amt des in Termessos begegnenden εἰρηνάρχης τῶν ἄνω κωμῶν καὶ δρυμοῦ andeutet.[1121] Trotz des ausführlichen neuen Zeugnisses aus Oinoanda bleibt selbst für diese Polis unklar, "zu welchen Teilen sich die Landbevölkerung etwa aus Sklaven und Freien, Tagelöhnern, Pächtern und eigenes Land bewirtschaftenden Bauern zusammengesetzt haben könnte,"[1122] und es kann daher kaum verwundern, daß sich für Pamphylien und Pisidien noch weniger Erhellendes beibringen läßt.[1123] Immerhin darf eine sehr geringe Zahl von Sklaven und Freigelassenen konstatiert werden: Insgesamt konnte ich knapp zweihundert inschriftliche Belege für Pamphylien und Pisidien ermitteln, in denen explizit Sklaven und Freigelassene erwähnt werden.[1124] Der weitaus größte Teil stammt aus Pisidien, und dort wiederum dominieren Termessos[1125] und der Bezirk des Men-Kultes bei Antiochia, wo sich Listen von Dedikanten erhalten haben.[1126] Nur in den seltensten Fällen sprechen klare Indizien für eine landwirtschaftliche Tätigkeit der Sklaven oder Freigelassenen: So vermacht ein unbekannter Euerget der Polis Attaleia ein Landstück mit den dazugehörigen Sklaven;[1127] von dem Freigelassenen, der als πραγματευτής einer privaten Domäne in Termessos begegnet, war bereits ebenso die Rede wie von den kaiserlichen Gütern; hier sei nur an einen als ἐπίτροπος agierenden ἀπελεύθερος in Takina und an einen δοῦλος οἰκονόμος (Alastos) erinnert.[1128] Die große Masse der ansonsten in den inschriftlichen Do-

[1118] Vgl. die allgemeinen Bemerkungen von G. Alföldy, Römische Sozialgeschichte, Wiesbaden[3] 1984, 121 ff.

[1119] Vgl. allgemein dazu H. Galsterer, Stadt und Territorium, in: F. Vittinghoff (Hg.), Stadt und Herrschaft (HZ Beih.7 N.F.), München 1982, 75-106; Nörr, Imperium, 50; Dahlheim, Geschichte, 65: "Der Boden, auf dem der Bauer lebte, war in der Regel städtisches Territorium."

[1120] Wörrle, Stadt und Fest, 135-150.

[1121] TAM III 104; vgl. Heberdey, Termessische Studien, 5-15. Die freie Verfügungsgewalt der Polis über das sie umgebende Land artikuliert sich auch in dem Fragment einer aus Amblada stammenden Inschrift, welche (mit Bezug auf Verkauf oder Verpachtung?) öffentliches Land (δημοσία γῆ) erwähnt: Hall, Notes, Nr. 24.

[1122] Wörrle, Stadt und Fest, 143.

[1123] Bezeichnenderweise verliert S. Mitchell in seinem wichtigen, auch große Teile Pisidiens behandelnden Artikel über "Population and Land in Roman Galatia", ANRW II 7.2, 1980, 1053-1081, kaum ein Wort über Sklaven, Paroikoi etc.

[1124] Hinzu kommen noch vor allem diejenigen Freigelassenen, die durch Gentilnomina von Kolonisten, verbunden mit griechischen oder orientalischen und indigenen "cognomina", zu identifizieren sind. Diese Freigelassenen, deren Vorkommen sich erwartungsgemäß weitgehend auf die römischen Kolonien und deren nächste Umgebung beschränkt, verändern das hier entworfene Bild nicht, da für sie so gut wie nie eine agrarische Tätigkeit nachgewiesen werden kann. Zu einem ähnlichen Befund gelangt etwa für Antiochia Pisidiae auch Levick, Colonies, 98.

[1125] Vgl. TAM III Index XII (S. 351).

[1126] Zusammengestellt bei Lane, CMRDM.

[1127] SEG XVII 588: ... κατὰ διαθῆκας τῇ πόλει ἀγρὸν Σιοῦντα καὶ σώματα.

[1128] TAM III 123 (vgl.o.S.127); Şahin - French, 137 Z.4; IGR IV 895.

kumenten begegnenden Sklaven läßt keinerlei Verbindung mit der Landwirtschaft erkennen, was auch für die besonders zahlreichen, meist als Anhänger des Men-Kultes in und bei Antiochia Pisidiae vermerkten θρεπτοί (die häufig wegen Armut der Eltern ausgesetzten und von ihren Findern als Sklaven aufgezogenen Kinder) gilt.[1129] Vereinzelten Versuchen, mit Verweis auf die kleinasiatischen θρεπτοί für dieses Gebiet ein auf der Sklaverei beruhendes Agrarsystem zu postulieren, hat zuletzt P. Debord mit Recht eine klare Absage erteilt.[1130] Auch die bisweilen in den Quellen auftauchenden πάροικοι lassen sich nicht ohne weiteres als unfreie, rechtlose Landarbeiter klassifizieren, auch wenn ihre enge Assoziation zu Freigelassenen in den zur Verfügung stehenden, aus Sillyon und Termessos stammenden Inschriften ihnen einen unteren Rang in der politisch-sozialen Hierarchie zuzuweisen scheint; vielleicht sind sie zumindest in manchen Regionen mit Metöken zu identifizieren.[1131]

Es spricht also, insgesamt gesehen, wohl doch einiges für eine - stärker als bislang angenommen - auf Pacht und freiem Eigentum und weit weniger auf Großbesitzungen (mit Sklaven) beruhende Landwirtschaft im römerzeitlichen Südwestanatolien. Unter den zahlreichen, in ländlichen Regionen gefundenen Kleinstelen mit Inschriften, die indigene und griechische Namen ohne weitere Berufs- oder Statusangaben enthalten, dürften sich mehrheitlich Denkmäler für einfache Kleinbauern befinden, die für den Eigenbedarf, den innerdörflichen Tausch und kleinere lokale Märkte produzierten.

Die Palette der landwirtschaftlichen Erzeugnisse wird sich kaum wesentlich von derjenigen der hellenistischen Zeit unterschieden haben. Die für die nachchristlichen Jahrhunderte reicher zur Verfügung stehenden Quellen liefern nun freilich vereinzelte Angaben über bestimmte Anbauprodukte, die vorher nicht explizit belegt waren.

Zweifellos dominierten auf dem Agrarsektor weiterhin Getreide (vor allem Weizen), Wein und Olivenöl, die Hauptprodukte des traditionellen Anbaus in Anatolien, deren besonderer Vorzug darin besteht, nicht auf künstliche Bewässerung angewiesen zu sein.[1132] Überdies darf auch bereits mit der Zucht von Mandeln und Pistazien gerechnet werden.[1133] Ferner sichern literarische Nachrichten für die römische Zeit den Anbau und Gewinn von Hirse, Sesam und Rosinen sowie Baumwolle.[1134]

Die zweite landwirtschaftliche Säule neben den verschiedenen Fruchtsorten bildete, wie noch

---

1129 Immer noch grundlegend: A. Cameron, ΘΡΕΠΤΟΣ and Related Terms in the Inscriptions of Asia Minor, in: Anatolian Studies Presented to W. Buckler, Manchester 1939, 27-62; s. ferner Finley, Sklaverei, 180; Alföldy, Sozialgeschichte, 118. 'Threptoi' bei Antiochia Pisidiae: SEG XXXI 1154. 1192. 1194. 1248 f. Lane, CMRDM I Nr. 192. 202. 208. 245. 260. 263 f. 273. 287. Auch in den anderen pamphylischen und pisidischen Poleis begegnen 'threptoi', etwa in Side (IvSide Nr. 74), Apollonia (MAMA IV 177 f.), Kremna (WE 445) und Tymandos (MAMA IV 256). Den "locus classicus" für Threptoi bietet Plin. ep. X 65-66. Hingewiesen sei noch auf die besonders von Cameron herausgearbeitete Heterogenität des Begriffes 'threptos': Die (im Text zugrundegelegte) Äquivalenz zu den lateinischen "alumni" ist nur eine von mehreren Bedeutungsvarianten, zu denen etwa auch diejenige des Adoptivkindes (ohne jede Assoziation zur Unfreiheit) gehört.

1130 Debord, Populations, 66 f.

1131 IGR III 800-801. TAM III 214 f. 258. 284. 293; vgl. auch Wörrle, Stadt und Fest, 144 mit A.382; vgl.u.S.151.

1132 Hütteroth, 361 f.

1133 Ebd., 184.

1134 Colum. XI 2, 56: "Quibusdam regionibus, sicut in Cilicia et Pamphylia, hoc mense sesama seruntur." Baumwolle: Philostr. Apoll. III 15; Rosinen: Galen. de alim.fac. II 10, 2.

heute, die Kleinviehzucht, die in unseren Regionen "fast ganzjährig möglich" ist[1135] und vor allem in der Ziegen- und Schafhaltung bestand, wie besonders anschaulich zahlreiche kleine Grabmonumente aus der Nähe von Timbriada belegen, auf denen Schaf- und Ziegenhirten abgebildet sind.[1136] Begünstigt durch den weitverbreiteten Landschaftstyp der 'Ova', der fruchtbaren Becken,[1137] bot gerade das pisidische Hochland ideale, agrarisch nutzbare Räume, in denen daher auch bisweilen eine gewisse Siedlungskonzentration zu verzeichnen ist. So liegen etwa Komama, Pogla, Sibidunda, Verbe und Andeda in derartigen 'Kammern', die zweifellos die wirtschaftliche Basis dieser kleineren Poleis bildeten. Wenn die natürliche Ausstattung keine ausreichenden Bedingungen für ertragreiches Wirtschaften bot, so wurden bisweilen auch Maßnahmen zur Verbesserung der Anbauvoraussetzungen ergriffen, beispielsweise durch künstliche Bewässerung in Form von Flußverbreiterungen, wie sie eine durch W. Peeks Lesungen erst recht verständliche Versinschrift aus Termessos überliefert.[1138]

Es bestanden also in Pamphylien mit dem fruchtbaren Schwemmland und in Pisidien mit den vielen Beckenebenen (Ova) und Bergweiden (Yayla) günstige Bedingungen für eine reiche Nahrungsmittelproduktion, die vor allem den Getreidebedarf der Bevölkerung hätte garantieren sollen. Sporadische Nachrichten über Nahrungsmittelkrisen, insbesondere aber die mehrfach belegte Einrichtung separater, für die Beschaffung und Bereitstellung von Getreide zuständiger Polismagistraturen (σιτῶναι) dokumentieren jedoch, wie prekär sich die Situation auf diesem Sektor mitunter darstellte. Beispielsweise überliefert Philostrat in seiner Vita des Apollonius von Tyana, daß es im pamphylischen Aspendos zu Versorgungsproblemen gekommen sei.[1139] Bemerkenswert an dieser Anekdote über das wunderbare Wirken des auch in dieser schwierigen Lage hilfreichen Apollonius ist im vorliegenden Zusammenhang vor allem, daß die Engpässe nicht von Mißernten oder fehlenden Anbauflächen herrührten, sondern von dem Spekulantentum der Großgrundbesitzer, welche das Getreide auf ihren Gütern horteten, um es zu höheren Preisen nach auswärts verkaufen zu können. In der Regel dürfte also die Getreideproduktion in und um Aspendos zur Versorgung der städtischen Bevölkerung ausgereicht haben, ähnlich wie vielleicht in dem weiter östlich gelegenen Side.[1140] Auch für das pisidische Antiochia sollte man von einer ähnlichen Vermutung ausgehen dürfen, da die Stadt über ein großes und zugleich fruchtbares Territorium verfügte.[1141] Die Auffassung M. Rostovtzeffs, laut welcher "die griechischen Städte, auch diejenigen mancher Teile Kleinasiens, ihren eigenen Bedarf an Getreide niemals decken" konnten,[1142] mag daher übertrieben sein, im Kern verdient sie eher Zustimmung. Denn selbst die naturgeographisch begünstigte Kolonie Antiochia Pisidiae litt unter der Krisenanfälligkeit auf dem Nahrungsmittelsektor, wie ein aus domitianischer Zeit erhaltener Erlaß des Statthalters L. Antistius Rusticus zeigt, der "propter hiemis asperitatem" die Konfiskation von Getreide und dessen Verkauf an die "emptores" (='sitonai'?) zu einem fixen

1135 Hütteroth, 202.
1136 E. Gibson - C. Brixhe, Kadmos 21, 1982, 130-169; s. auch SEG XIX 782 (Polyetta), wo ein ἀρχιποιμήν aufgeführt ist.
1137 Vgl. dazu Hütteroth, 57 ff.
1138 TAM III 907-908. SEG XXX 1511; s. auch Heberdey, Termessische Studien, 8.
1139 Philostr. Apoll. I 15.
1140 J. Nollé, Zum Landbau von Side, EA 1, 1983, 119-129.
1141 Levick, Antiochia, 55; dies., Colonies, 97.
1142 M. Rostovtzeff, Gesellschaft und Wirtschaft im römischen Kaiserreich (ND), Aalen 1985, 123.

Preis dekretiert.[1143] Die kleinasiatischen Belege für 'sitonai' hat jüngst J.M. Strubbe zusammengestellt und dabei für Pisidien nur eine Inschrift aus Ilyas, für Pamphylien vier Dokumente (eine Inschrift aus Sillyon, drei aus Side) ermittelt.[1144] Abgesehen davon, daß die von Strubbe aufgeführte Dokumentation Lücken aufweist,[1145] vermittelt vor allem seine Konzentration allein auf Quellen, in denen explizit 'sitonai' beziehungsweise σιτωνικὰ χρήματα erwähnt werden,[1146] ein etwas schiefes Bild. Denn beschriftete Statuensockel wie diejenigen aus Parlais und Selge, in denen jeweils ein Bürger als 'Ernährer' (τροφεύς) der Stadt belobigt wird,[1147] gehören ebenfalls zu dem hier einschlägigen Quellenmaterial und zeigen, daß die Notwendigkeit einer von einzelnen, zahlungsfähigen Politen getragenen Nahrungsmittelversorgung ein wohl auch in Pamphylien und Pisidien stärker verbreitetes Phänomen darstellt als es in Strubbes Übersicht den Anschein hat.

Aus den zuletzt erörterten Quellen geht überdies deutlich hervor, wie sehr die zentralen Siedlungen der Poleis von den auf ihrer Chora gewonnenen Produkten abhingen. Besonders die von Philostrat geschilderten Vorkommnisse in Aspendos, auf dessen Territorium die Gutsbesitzer die Ernte horteten und dem städtischen Markt vorenthielten, unterstreichen diese Interdependenz von Zentralort und Umland und markieren damit ein bestimmendes Element in dem Verhältnis von Stadt und Land, dem abschließend noch einige Überlegungen gewidmet seien.

Schon die hier betonte, gegenseitige Verzahnung von Stadt und Land auf dem Versorgungssektor liefert einen positiven Beleg für das in der neueren Forschung herausgearbeitete Bild einer wechselseitigen Ergänzung des ländlichen und des städtischen Raumes; frühere, besonders vehement von M. Rostovtzeff vertretene Auffassungen waren noch von einem scharfen Gegensatz zwischen Stadt und Land ausgegangen.[1148] Neuerdings hat sich dagegen mit Recht die Einschätzung durchgesetzt, daß Stadt und Land sich gegenseitig ergänzten und bis zu einem gewissen Grade sogar eine wechselseitige Abhängigkeit bestand.[1149] Für diese eher symbiotische als antagonistische Beziehung zwischen Stadt und Land sprechen auch vereinzelte, in Pamphylien und Pisidien zu ermittelnde Indizien für die Residenz von politisch und gesellschaftlich in der Stadt exponierten Bürgern auf dem Lande. So wohnten Mitglieder des Stadt-

---

1143 AE 1925,126 (+ AE 1926,1); vgl. dazu zuletzt Duncan-Jones, Economy, 38; H. Pavis D'Escurac, A propos de l'approvisionnement en blé des cités de l'orient romain, in: Frézouls, Sociétés, 129; H.-P. Kohns, Hungersnot und Hungerbewältigung in der Antike, in: H. Kloft (Hg.), Sozialmaßnahmen und Fürsorge. Zur Eigenart antiker Sozialpolitik (Grazer Beiträge Suppl. 3), Graz 1988, 116.

1144 J.H.M. Strubbe, The Sitonia in the Cities of Asia Minor under the Principate I, EA 10, 1987, 45-82. Ein zweites von Strubbe unter 'Pisidien' aufgeführtes Zeugnis aus Tabai bleibt hier unberücksichtigt, da der Ort eher Karien oder Phrygien zuzurechnen ist, vgl. etwa Robert, Carie II. 80 ff. Die wichtigste literarische Quelle zur "sitonia" im kaiserzeitlichen Kleinasien ist Dio Chrys. or. 46, 8.

1145 So fehlen bei Strubbe etwa der erwähnte Erlaß aus dem pisidischen Antiochia, in welchem die "emptores" genannt sind, sowie eine von Bule und Demos von Adada mitgetragene Ehreninschrift für einen Bürger, der zweitausend Denare εἰς παρασκευὴν σε[ί]του spendete (WE 414). Im zweiten Teil seiner Studie über die Sitonia (EA 13, 1989, 101 A.10) begründet Strubbe die Nichtberücksichtigung des Erlasses aus Antiochia mit der Vermutung, daß die "emptores" wohl private Getreidehändler seien. Dies stellt eine reine Vermutung dar, und da keine Eindeutigkeit zu erlangen ist, hätte Strubbe dieses zentrale Zeugnis berücksichtigen sollen. In der Zwischenzeit neu hinzugekommen ist eine Ehreninschrift aus Selge, in der eine Frau geehrt wird, deren Vater sich schon als σειτοδοτήσας ἐκ τῶν ἰδίων um das Gemeinwohl verdient gemacht hatte (IvSelge Nr. 16).

1146 WE 612 (Ilyas).

1147 Parlais: Levick, Parlais, Nr. 9; Selge: Lanckoroński II Nr. 250 (= IvSelge Nr. 17).

1148 Gegen Rostovtzeff s. nur Kolb, Stadt, 253.

1149 Vgl. Garnsey - Saller, 269.

rates von Antiochia Pisidiae auf der Chora außerhalb der zentralen Siedlung,[1150] und für Pamphylien erhellen noch unpublizierte, jüngst bekannt gewordene Inschriften dieses Phänomen: Eine in dem Dorf Hacılar Tepesi gefundene Ehrung gilt einem Bewohner der κώμη, der als πολείτης ... τῆς λαμπρᾶς καὶ ἐνδόξου Σιδητῶν πόλεως qualifiziert wird,[1151] und in einem noch unpublizierten Dokument aus Sarnicbeleni, ca. 30 km östlich von Side gelegen, "Side honours a resident of the κώμη for holding with distinction the office of gymnasiarch surely at Side itself."[1152] Auch der umgekehrte, vielleicht typischere Fall, daß Grundbesitzer auf der γῆ πολιτική Land besitzen, aber im städtischen Zentrum leben, findet Niederschlag in den Quellen. So wohnen etwa die reichen Landeigner von Aspendos in der Stadt, ihre Güter und Vorratsspeicher befinden sich aber auf der städtischen Chora.[1153] Analog zu diesen höher in der sozialen Hierarchie angesiedelten Gruppen werden auch die einfachen Landarbeiter teils auf dem Lande (vor allem natürlich die Besitzer eigener Landstücke), teils in der Stadt gelebt haben. Unzutreffend wäre ferner die Annahme eines generellen Wohlstandsgefälles zwischen Stadt und Land. Ein einschlägiges Beispiel für eine offenbar über mehrere Generationen hinweg in einer Kome lebende, sehr vermögende Personengruppe bieten die Inschriften aus der Lyrboton Kome, welche Gebäudestiftungen, Landschenkungen und die Finanzierung von Festen durch Angehörige ein und derselben Familie dokumentieren.[1154]

Statt der vermeintlichen Zäsur zwischen Stadt und Land herrschen vielmehr beide Räume umfassende Lebens- und Arbeitsbedingungen, wirtschaftliche Aktivitäten wie der Güteraustausch zwischen städtischem Markt und ländlicher Gegend sowie die administrative, fiskalische und juristische Verklammerung beider Räume sorgen für vielfältige Kontakte. Überdies muß daran erinnert werden, daß viele Siedlungen zur Zeit der "pax Romana" keine Stadtmauern besaßen - sie fehlen etwa in den vielen kleineren pisidischen Orten wie Pogla, Andeda, Komama, Verbe und Sibidunda, es bestand somit auch in dieser Hinsicht eher ein fließender Übergang zwischen Stadt und Land. Daß beide Räume sich gegenseitig ergänzten und durchaus als ein arbeitsteilig organisiertes Ganzes sowie als sozialer, ökonomischer und kultureller Verband betrachtet werden können, wird auch der folgende, mit den nicht-agrarischen Wirtschaftsaktivitäten befaßte Abschnitt unterstreichen können. Denn zweifellos wurden bestimmte Leistungen, wie die ärztliche Behandlung, Darbietungen musischer oder sportlicher Natur etc., auch von der Landbevölkerung nachgefragt, die zur Wahrnehmung dieses Angebotes in die städtischen Zentren kommen mußte.

3. Das nicht - agrarische Wirtschaftsleben

Um die Bedeutung und das Niveau des nicht-agrarischen Wirtschaftslebens, von Handel, Handwerk und Gewerbe sowie Dienstleistungen, im römischen Südwestanatolien adäquat beurteilen zu können, bedarf es zunächst einiger genereller Überlegungen und Bemerkungen, denn die Provinzialisierung und somit die Zugehörigkeit dieser Region zu einem Imperium bislang unbekannter Größe führten zur Ausbildung neuer und für diese Wirtschaftssektoren be-

---

1150 WE 373.376; vgl. Mitchell, Population, 1072.
1151 Mitford, Cults, 2141 A.41.
1152 Ebd., 2141 A.39.
1153 Philostr. Apoll. I 15: τὸν γὰρ σῖτον ἀπολαβόντες φυλάττουσι κατ' ἄλλος ἄλλο τῆς χώρας.
1154 IvPerge Nr. 151-153; vgl.o.S.127 f.

sonders bedeutsamer Rahmenbedingungen.

Die spürbarste Auswirkung der neuen politischen Verhältnisse bildete zweifellos die prinzipiell allen außeritalischen Provinzen und Reichsbewohnern auferlegte Abgabenpflicht, die unter römischer Ägide mit einer der hellenistischen Zeit noch unbekannten Systematik und Effizienz realisiert wurde.[1155] Die in Geld zu entrichtenden Steuern, das "tributum soli" und das "tributum capitis",[1156] wurden im 1. Jh. v. Chr. und in der frühen Kaiserzeit von "publicani" (die auch in der für Termessos gültigen "Lex Antonia" von 72/68 v. Chr. erwähnt werden)[1157], später dann von Prokuratoren und ihrem Personal erhoben. Weitere von den Römern etablierte, regelmäßig anfallende Abgaben - vor allem die Verkaufs- und Auktionssteuern ("centesima rerum venalium" und die "ducentesima auctionum") sowie die "vicesima libertatis" - und diverse Sonderumlagen wie das "aurum coronarium", Beiträge zur Instandhaltung von Straßen sowie die Stellung von Wagen und Zugtieren[1158] oder fakultativ verordnete "collationes" bzw. "indictiones"[1159] verdichten sich zu einem Bündel von Belastungen, deren exakte Höhe und wirtschaftliche Bedeutung für die Steuerzahler sich freilich fast vollständig der Beurteilung entziehen. Immerhin überliefert Appian für das unseren Regionen benachbarte Kilikien, daß dort (wie in Syrien) jedem Steuerzahler eine jährliche Abgabe in Höhe von einem Prozent des geschätzten Geldwertes (τοῦ τιμήματος) der zu versteuernden Einheiten abverlangt wurde.[1160] Leider bleibt unklar, welche Steuerkategorie Appian hier meint; die Mehrzahl der Gelehrten neigt angesichts der generalisierenden Terminologie bei Appian der Annahme zu, hier handele es sich um die allgemeinste Abgabenform, das "tributum soli".[1161] Selbst wenn Appian hier auf das "tributum capitis" anspielen sollte, so vermittelt seine Nachricht jedenfalls einen ungefähren Eindruck von der Höhe dieser allgemeinsten Form der steuerlichen Belastung.

Neben den genannten Titeln ragen aus den weiteren (indirekten) Steuern die "portoria" hervor, denen nicht nur Gebühren an den Grenzen der Zollbezirke, sondern auch Wegegelder, Passiergebühren (etwa an Brücken oder Furten) u.ä. zu subsumieren sind.[1162] Bezüglich Kleinasiens bürgt Cicero für die wirtschaftliche Bedeutung dieser Einnahmen, denn neben den römischen Gewinnen "ex decumis" und "ex scriptura" insistiert er auf dem "ex portu" gezogenen "vectigal".[1163] Das in Ephesos gefundene und jüngst publizierte Zollgesetz von Asia (νόμος τέλους Ἀσίας εἰσαγωγῆς καὶ ἐξαγωγῆς)[1164] erhellt nicht nur diverse Details dieser Zollerhebung, sondern es überliefert auch eine Liste der zum "portorium Asiae" gehörigen Häfen (Z.22-26),

---

1155 Aus der Fülle der einschlägigen Literatur seien hier nur als neuere und wichtigere Arbeiten folgende Titel aufgeführt: L. Neesen, Untersuchungen zu den direkten Staatsabgaben der römischen Kaiserzeit (27 v. Chr. - 284 n. Chr.) (Antiquitas I 32), Bonn 1980; Bleicken, Verfassungs- und Sozialgeschichte I, 193 ff.; H.-U. Freyberg, Kapitalverkehr und Handel im römischen Kaiserreich (27 v. Chr.-235 n. Chr.), Freiburg 1988; Garnsey - Saller, 36 ff.; Christ, Kaiserzeit, 110 f. 439 ff.

1156 Zu den vielen unterschiedlichen Termini für Abgaben s. Neesen, 25 ff.

1157 ILS 38 Z.36.

1158 Zu den "angareia" sowie dem "hospitium" s. H. Halfmann, Itinera principum. Geschichte und Typologie der Kaiserreisen im römischen Reich (HABES 2), Stuttgart 1986, 70 ff.

1159 Neesen, 142 ff. 157 ff.

1160 App. Syr. 8, 50.

1161 Zur Forschungsdiskussion s. Neesen, 54 f. 232 A.63, 2.

1162 Grundlegend: F. Vittinghoff, Art. Portorium, RE XXII, 1953, 346-399 (zu Kleinasien: 371 ff.).

1163 Cic. imp.Cn.Pomp. 15.

1164 Engelmann - Knibbe, EA 14, 1989.

darunter explizit Perge, Magydos, Side und (das hier zu Pamphylien gezählte)[1165] Phaselis; in der vor der Nennung Perges verlorenen Textpartie dürften auch Attaleia und Aspendos aufgeführt worden sein. In allen diesen Orten befanden sich mithin "stationes" der "publicani", und da "allein wirtschaftliche Gründe darüber entschieden, ob sich ein Zollamt in einem bestimmten Hafen lohnte oder nicht",[1166] indiziert schon die hohe Zahl der hier vertretenen pamphylischen Siedlungen die Intensität des über diese Häfen abgewickelten Handels. Die Zollhöhe betrug in der Regel 2,5 % des Warenwertes, wie schon die übliche Bezeichnung "quadragesima portuum Asiae" nahelegt,[1167] und diese Summe bildete natürlich für den Händler einen gewichtigen Faktor bei der Kalkulation der auf den Warenpreis umzulegenden Transportkosten. Überdies existieren einige Belege für Zölle an Polisgrenzen,[1168] und es wäre daher von Interesse, etwas über das Verhältnis der verschiedenen Zölle zueinander zu erfahren, aber die wenigen einschlägigen Zeugnisse ermöglichen keine eindeutige Antwort auf diese Frage.[1169] Immerhin belegt die "Lex Antonia", welche die Termessier als "leiberi amicei socieique populi Romani" qualifiziert und ihnen das Recht zur Erhebung lokaler Zölle einräumt,[1170] die Koexistenz von verschiedenen "portoria" auch in Pisidien und Pamphylien.

Die zweite grundlegende Neuheit neben dem fiskalischen System betrifft den Währungssektor. Während die monetären Verhältnisse der hellenistischen Zeit und auch noch des 1. Jhs. v. Chr. durch ein Nebeneinander vieler verschiedener Polis- und Dynastenprägungen (vor allem in Silber) gekennzeichnet waren, entsteht in der römischen Kaiserzeit erstmals ein großer und einheitlicher Wirtschaftsraum mit zentral kontrollierten Reichs- und Provinzialprägungen in Gold und Silber, während sich die vor allem in Kleinasien und besonders auch in Pamphylien und Pisidien florierende Lokalprägung nun auf Bronze und folglich auf die Produktion von Kleingeld für lokale Bedürfnisse beschränkt.[1171] Da ein Großteil der wirtschaftlichen Transaktionen und des Abgabensystems in Geld abgewickelt wurde, darf ein insgesamt recht hoher Monetarisierungsgrad (auch in ländlichen Regionen) unterstellt werden, und die (auch währungstechnische) Homogenität des Imperium Romanum förderte und begünstigte zweifelsohne die Entwicklung regionaler und überregionaler Wirtschaftsbeziehungen.[1172]

Das dritte innovative, wirtschaftsgeschichtlich relevante Element der römischen Herrschaft betrifft die Verbesserung der Infrastruktur in den Provinzen, vor allem den in Pisidien besonders

1165 S. auch Plin. n.h. V 96; Pomp. Mela I 14, 79.
1166 Engelmann - Knibbe, 56.
1167 Vittinghoff, Portorium, 380.
1168 Für die Colonia Augusta Troas belegt im neuen Zollgesetz von Ephesos (Z.103 ff.); vgl. ferner die Diskussion um die Zollbestimmungen von Myra in Lykien: M. Wörrle, Zwei neue Inschriften aus Myra zur Verwaltung Lykiens in der Kaiserzeit, in: J. Borchhardt (Hg.), Myra. Eine lykische Metropole in antiker und byzantinischer Zeit, Berlin 1975, 286 ff.; H. Engelmann, Die Zollinschrift von Myra, ZPE 59, 1985, 113 ff.; H. Brandt, Die Zollinschriften von Myra und Kaunos und ein neues Zeugnis aus Xanthos, EA 10, 1987, 91 ff.; Wörrle, Stadt und Fest, 213 f. Zu Lokalzöllen s. bereits Vittinghoff, Portorium, 398 ff.
1169 Zur Diskussion, ob etwa in Lykien eine Zollunion bestand und folglich eine Mehrfachverzollung an Polis- und Zollbezirksgrenzen vermieden worden ist, vgl. die in der vorigen Anmerkung verzeichnete Literatur.
1170 ILS 38 Z.8 f. 30 f.
1171 K. Christ, Antike Numismatik, Darmstadt[2] 1967, 73 ff.; Kraft, passim; Christ, Kaiserzeit, 482 ff.; Freyberg, 81 ff. Zu Kleinasien, Pamphylien und Pisidien im besonderen s. neben Kraft noch Baydur, Münzen I und II; v. Aulock, Münzen und Städte I. II; W. Leschhorn, Die kaiserzeitlichen Münzen Kleinasiens: zu den Möglichkeiten und Schwierigkeiten ihrer statistischen Erfassung, RN ser.6, 27, 1985, 200 ff.; D. Klose, As und Assarion. Zu den Nominalsystemen der lokalen Bronzemünzen im Osten des römischen Reiches, JNG 36, 1986, 101 ff.

gedeihenden Ausbau des Straßennetzes.[1173] Die wichtigsten Quellen zum Verlauf und zur Datierung der neuen Verkehrswege bilden die Meilensteine,[1174] denen zunächst die umfassenden Neuerungen unter Augustus, vor allem in Form der Verbindung der römischen Kolonien in Pisidien durch die Via Sebaste, zu entnehmen sind:[1175] Meilensteine mit Nennung des Augustus aus der Gegend nordöstlich von Apollonia (Esendere, Gencalı),[1176] aus Pappa-Tiberiopolis,[1177] aus der Nähe von Kıreli (Kıyakdede, Selki Saray),[1178] aus Yariköy am Südende des Burdur-Sees,[1179] aus Komama[1180] und aus der Nähe von Hadriani (Boğazıcı)[1181] dokumentieren die Anlage dieser Straßen, die, vom Ausgangspunkt Antiochia Pisidiae in zwei Seitenlinien südöstlich und südwestlich verlaufend, in der nachaugusteischen Zeit zu zentralen Verbindungsadern wurden.

Offenbar erfüllte das augusteische Straßennetz zunächst die angestrebten logistischen und verkehrstechnischen Zwecke, denn aus der unmittelbaren Folgezeit ist nur noch eine der claudischen Zeit entstammende Inschrift aus Attaleia zu erwähnen, welche Straßenreparaturen vermerkt.[1182] Im 2. Jh. n. Chr. dann kümmerte sich die kaiserliche Zentrale augenscheinlich lebhaft um die Instandhaltung und den Ausbau der südwestanatolischen Straßen. Laut einer Inschrift aus Fele (südlich von Antiochia Pisidiae) sorgte der unter Trajan amtierende Statthalter Galatiens, Q. Orfitasius Aufidius Umbrus, für den Neubau einer "taberna cum porticibus" an der Via Sebaste;[1183] in die Regierungszeit von Hadrian und Antoninus Pius gehören einige Meilensteine aus dem nördlichen Pisidien,[1184] und unter Mark Aurel und L. Verus findet sich neben einem aus der Gegend von Hadriani stammenden Meilenstein[1185] mit einem Meilenstein bei Sillyon auch ein neuerliches Indiz für die Einbeziehung Pamphyliens in das Wegenetz.[1186]

In recht großer Zahl begegnen Meilensteine Pisidiens auch aus dem späten 2. sowie dem 3. Jh. n. Chr., vorwiegend aus der Zeit des Septimius Severus und Caracallas, aber auch Gordian,

---

1172 Vgl. die erschöpfenden Ausführungen von Freyberg, 74 ff.

1173 Allgemein s. T. Pekáry, Untersuchungen zu den römischen Reichsstraßen, Bonn 1968; G. Radke, Art. Viae publicae romanae, RE Suppl. XIII, 1973, 1417-1686; Christ, Kaiserzeit, 485; zu Kleinasien s. D.H. French, The Roman Road-System of Asia Minor, ANRW II 7. 2, 1980, 698 ff.; Straßensystem und Wirtschaft (vor allem Handel): H.-C. Schneider, Die Bedeutung der römischen Straßen für den Handel, MBAH I 1, 1982, 85 ff.; H. Bender, Transportwege, Mittel des Transports und Nachrichtenwesens in der römischen Antike, Humanistische Bildung 6, 1983, 137 ff.; Belke - Mersich, 148 ff.

1174 D.H. French, Roman Roads and Milestones of Asia Minor, 2 Bde. (BAR Int.Ser. 392), Oxford 1988.

1175 Vgl. auch Levick, Colonies, 39 f.; French, Road-System, 707; Belke - Mersich, 152 ff.

1176 French, Milestones Nr. 391. 395 (= Waldmann Nr. 7).

1177 CIL III 14401c = French, Milestones Nr. 670.

1178 CIL III 14185. 14401a.b (= French, Milestones Nr. 663. 665); French, ebd. Nr. 633-636; zu den bei Kıreli gelegenen kaiserlichen Domänen s.o.S.123.

1179 French, Milestones Nr. 298.

1180 CIL III 6974. 12217 (= French, Milestones Nr. 292 f.).

1181 French, Milestones Nr. 267.

1182 CIL III 6737 = IGR III 768 = French, Milestones Nr. 183. Das Zeugnis gehört zu den überaus seltenen Fällen, in denen Kaiser durch ihre Prokuratoren Straßenausbesserungen durchführen ließen: Pekáry, Reichsstraßen, 79 ff.; P. Herrmann, Chresimus, procurator lapicidinarum. Zur Verwaltung der kaiserlichen Steinbrüche in der Provinz Asia, Tyche 3, 1988, 127.

1183 AE 1979, 620.

1184 Aus Tymandos und der Gegend um Apollonia: CIL III 6967 (= French, Milestones Nr. 393). 6968 (= French, ebd. Nr. 389). 6970 (= French, ebd. Nr. 405); aus Dedecam (bei Antiochia Pisidiae): French, ebd. Nr. 383; aus Bayafsar (südlich von Beyşehir): French, ebd. Nr. 606.

1185 AE 1978, 788 = French, Milestones Nr. 268.

1186 Aus Solak (bei Sillyon): CIL III 13626 = French, Milestones Nr. 194.

Philippus Arabs, Valerian und Gallienus, Claudius Gothicus und Carus, Carinus sowie Numerianus sind vertreten.[1187] Zwar mag D. French mit seiner Vermutung richtig liegen, daß die Kaiser des späteren 2. und 3. Jhs. n. Chr. kaum noch neue Straßen angelegt, sondern vor allem die Funktionsfähigkeit der bereits existierenden Routen gewährleistet hätten,[1188] aber dies zeigt immerhin, daß auch während des gesamten 3. Jhs. n. Chr. im wesentlichen gute Landverbindungen im südwestlichen Anatolien vorausgesetzt werden dürfen.

Wie sich auf der Basis dieser unter der römischen Herrschaft gewandelten Rahmenbedingungen die einzelnen Zweige des nicht-agrarischen Wirtschaftslebens entwickelten, soll im folgenden untersucht werden, wobei unsere Aufmerksamkeit zunächst den im ureigenen Sinn handwerklichen Berufen gilt.[1189]

Sowohl die materielle wie auch die literarische oder epigraphische Hinterlassenschaft Südwestanatoliens vermittelt nur ein hoffnungslos unzulängliches Bild von der Bandbreite und wirtschaftlichen Bedeutung dieses Wirtschaftszweiges, aber die Zusammenstellung der vor allem epigraphischen (und auch papyrologischen) Belege, verbunden mit der Heranziehung archäologischer Denkmäler, ermöglicht einen im Vergleich zu der bislang einzigen (von T.R.S. Broughton erstellten) Dokumentation sehr viel detaillierteren Einblick in die Vielfalt der handwerklichen Tätigkeiten.[1190]

Das ausführlich dargestellte, hohe urbanistische Niveau pamphylischer und pisidischer Siedlungen berechtigt bereits a priori zu der Vermutung, daß sämtliche mit dem Bauwesen verbundene Berufssparten besonderes Gewicht besaßen, und dementsprechend zahlreich sind die epigraphischen Zeugnisse für Steinbrucharbeiter (ορρεοι λατύποι, gleichbedeutend wohl mit ὀρείοι λατύποι = "Steinbrucharbeiter in den Bergen"),[1191] Baumeister und Architekten[1192] sowie Bildhauer und Erzgießer, die für den Bauschmuck und die dekorative Innenausstattung (etwa in Form von Statuen) verantwortlich zeichneten.[1193] Ferner mögen auch unter den nur allgemein in den Inschriften als τεχνῖται bezeichneten Beschäftigten diverse direkt oder indi-

1187 Severus/Caracalla: Korakesion (Nollé u.a., Katalog Nr. 5 = French, Milestones Nr. 182); Attaleia (French, ebd. Nr. 184); Ece (bei Tefenni: IGR IV 924 = French, ebd. Nr. 277); Seydi (südlich von Sagalassos: French, ebd. Nr. 286); Yaraslı und Yarıköy (Nähe Burdur-See: French, ebd. Nr. 296 f.); Keciborlu (Nähe Baris: CIL III 14201 = French, ebd. Nr. 402); Gencalı (bei Apollonia: French, ebd. Nr. 394. 398); Apollonia (MAMA IV 148 = French, ebd. Nr. 404); Sagalassos (G.H.R. Horsley, Two New Milestones from Pisidia, AS 39, 1989, 77 ff.). - Gordian: Amblada (Swoboda - Keil - Knoll Nr. 90 = French, Milestones Nr. 595). - Philippus Arabs: Gencalı (French, ebd. Nr. 399). - Valerian/Gallienus: Kremna (Horsley, 77 ff.); Dedecam (bei Antiochia Pisidiae: French, ebd. Nr. 272. 383). - Claudius Gothicus: Yarıköy (Nähe Burdur-See: French, ebd. Nr. 299).- Carus/Carinus/ Numerianus: Esendere (bei Apollonia: French, ebd. Nr. 392).

1188 French, Road-System, 711 ff.

1189 Zum Begriff und dem Bedeutungsspektrum des antiken Handwerkers, dem auch der (nach heutigem Sprachgebrauch) 'Künstler' zu subsumieren ist, da die Antike keine Differenz zwischen beiden Arbeitsformen kannte, s. A. Burford, Künstler und Handwerker in Griechenland und Rom, Mainz 1985, 14.

1190 Broughton, Roman Asia, 817 ff. In den Arbeiten von Jameson (Lycia and Pamphylia, 250 ff.) und Greenhalgh (121 ff.) spielt die Wirtschaft nur eine marginale Rolle, die dort zitierten Belege bleiben durchweg noch hinter der Zahl der von Broughton erfaßten Stellen zurück.

1191 TAM III 872 Nr. 30 (Termessos); dazu s. Heberdey, Termessos, 739. Nicht nur auf dem Territorium von Termessos gab es Steinbrüche, sondern auch in der Nähe von Antiochia Pis. (WE 351 mit dem Kommentar zu Kara Kuyu) sowie bei Sagalassos und Kremna (Greenhalgh, 133).

1192 IGR III 803 (Aspendos). CIG 4342 d-d^3 (Aspendos).

1193 Swoboda - Keil - Knoll Nr. 106 (Erymna); Bean - Mitford, Journeys 1964-1968, Nr. 69 (Hamaxia); diess., ebd. Nr. 52 (Kolybrassos); IvSide Nr. 86 (Side); MAMA VIII 388 (Anabura); SEG VI 557 (Antiochia Pisidiae); SEG XVII 550 (Isinda); Lane, CMRDM I Nr. 126 (Makropedion); SEG XVII 545 (wohl aus Sagalassos); J.u.L.

rekt mit dem Bauwesen verbundene Handwerker vertreten sein.[1194] Der größte Teil dieser Handwerker bestand zweifellos aus Einheimischen und Ortsansässigen, wie neben den Personennamen auch die bisweilen angegebenen Ethnika[1195] oder die Fundorte der Inschriften[1196] bestätigen; von vielen fremden, im südwestlichen Anatolien tätigen, "wandernden Facharbeitergruppen" kann also keine Rede sein.[1197] Vielmehr dokumentieren die Zeugnisse mit Herkunftsangaben, daß es vorwiegend pamphylische und pisidische Baumeister und Kunsthandwerker sind, die ihre Tätigkeiten in ihren Heimatregionen ausüben - eine gewisse Mobilität freilich war schon immer in der Antike Kennzeichen und notwendige Eigenschaft von Künstlern, Architekten etc. gewesen.[1198]

Gewiß in den allermeisten Poleis vertreten und dennoch nur in wenigen Quellen direkt belegt sind weitere traditionelle Berufszweige wie Töpfer (κεραμεῖς),[1199] Steinmetze (ebenfalls, wie die Steinhauer, als λατύποι bezeichnet),[1200] die Schmiede[1201] sowie Gerber und Schuster (τεχνεῖται σκυτεῖς).[1202] Nicht explizit belegen lassen sich die gewiß ebenfalls nirgendwo entbehrlichen Bäcker, aber aus Side stammt eine interessante Inschrift, in welcher Kollegien von Mehlsiebern (ἀλευροκαθάρται) und Brotformern (ἀβακῖται) begegnen.[1203] Die spezifischen Berufsbezeichnungen verdeutlichen, daß in einer größeren Stadt wie Side die Arbeitsteilung weit entwickelt war und den Betrieb von Großbäckereien ermöglichte.[1204]

Ein bevorzugtes Augenmerk verdient das Textilgewerbe, das nicht zuletzt aufgrund der reichen Baumwollkulturen in Pamphylien und Pisidien[1205] einen herausragenden Wirtschaftszweig bildete.[1206] In Sagalassos findet sich daher ein Zeugnis für die in einer Gilde zusammengeschlossenen Färber (συντεχνία βαφέων),[1207] und für die Bedeutung südwestanatolischer Baum-

---

Robert, Bull.ep. 1968 Nr. 514 (Skulpteur aus Perge im lykischen Choma).

1194 TAM III 4. 62 (Termessos); SEG XXXV 1420 (Korakesion); MAMA IV 240 (Apollonia oder Tymandos).

1195 Einheimische Personennamen: Ιαζημας (Hamaxia: Bean - Mitford, Journeys 1964-1968, Nr. 69); Μουνας (Apollonia oder Tymandos: MAMA IV 240). Ethnika: Κολυβρασσεύς (Bean - Mitford, Journeys 1964-1968, Nr. 52); Παππῆνος (MAMA VIII 388); Δοκιμεύς (SEG VI 557); Κιβυράτης (Lane, CMRDM I Nr. 126); Πωγλεύς (SEG XVII 550); Περγαῖος (Bull.ep. 1968 Nr. 514).

1196 Wenn etwa auf den Sitzstufen des Theaters von Termessos Plätze für die λατύποι reserviert werden (TAM III 872 Nr. 30), so geht daraus klar hervor, daß es sich hier um Ortsansässige handelt.

1197 So Burford, 75 (ohne einen einzigen Beleg!): "Die monumentalen Befestigungen und öffentlichen Einrichtungen von Perge, Selge, Telmessos (sic!), Termessos und Aspendos an der Südküste Kleinasiens müssen weitgehend von wandernden Facharbeitergruppen errichtet worden sein."

1198 Müller-Wiener, 18 ff.

1199 Belegt in Baris (WE 609). Besondere Bedeutung dürfte das Töpfergewerbe in Sagalassos besessen haben, wo neueste Grabungen auf die Existenz eines eigenen größeren Töpferviertels deuten, das möglicherweise für den regionalen Markt ganz Pamphyliens und Pisidiens produzierte (mündliche Mitteilung von M. Waelkens in Sagalassos im August 1989); s. auch u.S.189.

1200 Ormeleis (EJ 38); s. auch SEG XIX 786 (Olbasa) und Bean - Mitford, Journeys 1962-1963, Nr. 1 (Seleukeia in Pamphylien). Eine große Gruppe von aus Selge stammenden Steinmetzen begegnet in Lamos im Rauhen Kilikien: IvSelge T 34-40.

1201 Pogla: H. Metzger, Catalogue des monuments votifs du Musée d'Adalia, 1952 Nr. 7; Anabura: MAMA VIII 384. Ein Grabepigramm aus Konana (SEG XXXI 1284) besingt poetisch einen Schmied als πυρὶ ἐργοπόνον πολυποίκιλον Ἡφαίστοιο τεχνείτην.

1202 TAM III 114 (Termessos); Swoboda - Keil - Knoll Nr. 101 (am Beyşehir-See, in der Nähe von Misthia).

1203 J. Nollé, Die Eintracht der Mehlsieber und Brotformer in Side, EA 1, 1983, 131 ff. SEG XXXIII 1165.

1204 Nollé, ebd. 138 f.

1205 S.o.S.130.

1206 Vgl. zu Selge Tertull. de Pall.3,6.

1207 IGR III 360. Zu den "collegia", die weniger wirtschaftliche als vielmehr kultische und soziale Funktionen erfüllten, s. etwa Burford, 191 ff.

wolle auch als Exportgut könnte ein fragmentarisch erhaltenes Inventar einer ägyptischen Weberwerkstatt sprechen, welches unter anderem 'Ἀσπένδ[ια ἔρια?] enthält.[1208]

Vor allem im pamphylischen Perge gedieh ein weiterer Handwerkszweig, die Silber- und Goldschmiedekunst, denn den Silberschmieden (ἀργυροκόποι) standen gesonderte Verkaufsräume in den Gewölben des Stadions zur Verfügung.[1209] Zweifellos beruhte die Prominenz dieses Berufsstandes in Perge auf der Anziehungskraft des Artemis-Pergaia-Kultes, denn das dem 1.Jh. v. Chr. entstammende Inventar des Artemis-Tempels listet viele kleine, aus Gold und Silber gefertigte Kunstgegenstände auf,[1210] die wohl am Ort produziert und an die vorwiegend aus Selge, Aspendos und Side stammenden Dedikanten verkauft wurden; sie erbrachten gewiß einen ähnlich guten Gewinn wie die berühmten Erzeugnisse der Silberschmiede beim Artemision von Ephesos.[1211] Auch in den meisten anderen Poleis werden Gold- und Silberschmiede ihr Gewerbe ausgeübt haben, aber ausdrücklich erwähnt werden sie nur noch in Termessos.[1212] Als weitere, nur sporadisch bezeugte Sparten des (Kunst-) Handwerks begegnen noch die in Südwestanatolien beheimateten Mosaikwerkstätten[1213] und die Maler;[1214] ferner ist noch ein 'Bogenmacher' (τοξοποιός) aus Termessos zu erwähnen.[1215]

Abschließend gilt es noch, einen Blick auf die lokale Produktion von Sarkophagen und Ostotheken zu werfen. Zwar gehören Pamphylien und Pisidien vor allem zu den wichtigsten Regionen des (noch genauer zu betrachtenden) Sarkophagimports, aber da die kostbaren, aus Gebieten mit Marmorvorkommen zu beziehenden Sarkophage nur für einen kleinen Teil der Bevölkerung erschwinglich waren, behalf man sich häufig mit der am Ort erfolgenden Herstellung von Sarkophagen und Ostotheken aus billigerem lokalem Gestein, welche die Haupttypen der aus Marmor gefertigten Originale, vor allem Girlanden- und Säulensarkophage, imitierten.[1216] Solche der hohen Kaiserzeit und dem 3. Jh. n. Chr. zuzuweisenden Exemplare aus lokaler Produktion fanden sich in großen Städten wie Side, aber auch auf dem Lande in der Lyrboton Kome, ferner in Etenna und Selge sowie vor allem, in unvergleichlich hoher Zahl, in Termessos.[1217]

Die Sarkophage, wie gesagt ein bedeutendes Handelsgut im kaiserzeitlichen Pamphylien und Pisidien, leiten über vom Handwerk zu einem weiteren bedeutenden Wirtschaftszweig, dem Handel. Doch bevor die einzelnen Handelsobjekte und die Rolle des Sarkophagimports und -exports genauer betrachtet werden, bedarf es zunächst wieder einiger allgemeiner Bemerkungen.

1208 P.Aberd. 186 (2. Jh. n. Chr.).
1209 IvPerge Nr. 58.
1210 IvPerge Nr. 2.
1211 Apg., 19,21-41.
1212 TAM III 810. 917.
1213 Aus dem pamphylischen Seleukeia stammt ein heute im Museum von Antalya befindliches Orpheus-Mosaik, von dem zwei Dubletten in Kilikien (Adana, Tarsos) existieren, so daß mit einer in dieser Gegend ansässigen, einen regionalen Kundenkreis bedienenden Mosaikwerkstatt zu rechnen ist: S.D. Campbell, Roman Mosaic Workshops in Turkey, AJA 83, 1979, 287 f.
1214 TAM III 33. 521 (Termessos); Lane, CMRDM I 217 (Antiochia Pisidiae).
1215 TAM III 937.
1216 G. Koch, Asia Minor, in: G. Koch - H. Sichtermann, Römische Sarkophage (HdArch), München 1982, 540 ff.
1217 Ebd., 542-547.

Wie für das Handwerk, so gilt auch in diesem Fall, daß die durch die Quellen ausdrücklich dokumentierten Handelsaktivitäten nicht annähernd deren tatsächliche Dimensionen widerspiegeln. Insbesondere der lokal und regional begrenzte Kleinhandel, der sich auf zahlreichen kleinen Märkten abspielte, von denen wir nur die allerwenigsten kennen,[1218] hat in den zeitgenössischen Zeugnissen fast gar keinen Niederschlag gefunden; in der Regel wird dabei 'Produzetenhandel' betrieben worden sein, d.h. der Hersteller brachte seine Erzeugnisse selbst auf den Markt, um sie dort zu verkaufen oder gegen andere Güter einzutauschen.[1219] Besser dokumentiert ist der überregionale Handel, und auf diesem Feld hat sich das Ausgreifen der Römer in den östlichen Mittelmeerraum sofort nachhaltig bemerkbar gemacht. Denn bereits im frühen 1. Jh. v. Chr. betätigten sich römische "negotiatores" in dieser Gegend, häufig agierten in den neuen römischen Provinzen Asia und Cilicia dieselben Leute zugleich als "publicani", "negotiatores" und Bankiers.[1220] So rechnet Cicero vor Antritt seiner kilikischen Statthalterschaft damit, zahlreiche römische Steuerpächter und "negotiatores" in seinem Amtsbereich anzutreffen;[1221] als amtierender Gouverneur hatte er es dann nicht nur mit den dubiosen Geldgeschäften eines Brutus zu tun,[1222] sondern er unterhielt auch recht intensive und keineswegs uneigennützige Kontakte zu erfolgreichen Financiers und "publicani", darunter zu dem in Phrygien tätigen "argentarius" und "negotiator" L. Egnatius Rufus.[1223] Zwar erfahren wir aus Ciceros Korrespondenz nichts über primär in Pamphylien und Pisidien tätige Ῥωμαῖοι, aber sie dürften sich dort zu dieser Zeit schon in recht beträchtlicher Zahl befunden haben, auch wenn J. Hatzfeld noch anderer Meinung war: "Les pays de la côte méridionale de l'Asie Mineure n'ont jamais été très fréquentés par les Ῥωμαῖοι. Régions pauvres et malsaines, séparées des riches vallées lydiennes et phrygiennes par l'âpre chaîne du Taurus, elles n'étaient pas des centres de production, et leurs ports excellents, mais inutiles, ne servirent pendant longtemps qu' à abriter des flottilles de corsaires;" frühestens nach Pompeius' Sieg über die Piraten hätten sich die "negotiatores" in diese Gegend getraut.[1224] Letzteres trifft genausowenig zu wie Hatzfelds wirtschaftliche Einschätzung des südwestlichen Anatolien, denn das bereits erwähnte Zollgesetz von 75 v. Chr. belegt in (wahrscheinlich allen !) pamphylischen Häfen die Existenz von Stationen der "publicani", die nur angesichts eines florierenden Handels und entsprechend hoher Zolleinnahmen eingerichtet wurden.[1225] Hatzfeld ist nur insoweit recht zu geben, als sich die Präsenz römischer "negotiatores" im späteren 1. Jh. v. Chr. tatsächlich verstärkte, und aus dieser Zeit stammen denn auch epigraphische Zeugnisse für römische "negotiatores" im südwestlichen Anatolien: In Attaleia setzen Bule und Demos zusammen mit den συμπολιτευόμενοι Ῥωμαῖοι eine Ehreninschrift für den zwischen 5-7 n. Chr. amtierenden Statthalter Galatiens,

---

1218 Nollé, Nundinas instituere et habere, 1.

1219 Zum Produzentenhandel s. P. Kneissl, Mercator-negotiator. Römische Geschäftsleute und die Terminologie ihrer Berufe, MBAH II 1, 1983, 73; Christ, Kaiserzeit, 494.

1220 Grundlegend: J. Hatzfeld, Les trafiquants italiens dans l'Orient hellénique, Paris 1919; s. ferner C. Delplace, Publicains, trafiquants et financiers dans les provinces d'Asie Mineure sous la République, Ktèma 2, 1977, 233 ff.

1221 Cic. Att. VI 1, 15; vgl. Hatzfeld, 139 mit A.2.

1222 Cic. Att. V 21. VI 1; dazu s. Finley, Wirtschaft, 55.

1223 Cic. Fam. XIII 43; vgl. zu ihm und zu weiteren Geschäftsfreunden Ciceros N.K. Rauh, Cicero's Business Friendships: Economics and Politics in the Late Roman Republic, Aevum 60, 1986, 3-30 (17 f. zu Egnatius Rufus).

1224 Hatzfeld, 138 f.

1225 Engelmann - Knibbe, Z.26, mit Kommentar auf S. 56; vgl.o.S.135.

M. Plautius Silvanus,[1226] und der von dem sidetischen Demos im 1. Jh. v. Chr. belobigte C. Lucceius dürfte ebenfalls als "negotiator" gewirkt haben,[1227] denn mehrere Träger dieses seltenen italischen Gentilnomens identifizierte J. Hatzfeld als römische Kaufleute im östlichen Ägäisraum.[1228] Auch in Pisidien hielten sie sich in nicht geringer Zahl auf: "Most of the settlers were 'negotiatores'",[1229] vermutet B. Levick mit Blick auf die in Pisidien angelegten römischen Kolonien, und eine neugefundene, aus der Nähe von Hadriani stammende Inschrift, die für Augustus von den Μιλυαδεῖς καὶ οἱ πραγματευόμενοι [π]αρ' αὐτοῖς 'Ρωμαῖοι im Jahr 5/4 v. Chr. gesetzt wurde,[1230] unterstreicht diese Präsenz römischer Geschäftsleute in Pisidien. Dennoch vermitteln die wenigen unmißverständlichen Zeugnisse nur einen unzulänglichen Eindruck von der realiter viel höheren Zahl der in Pamphylien und vor allem in Pisidien agierenden "negotiatores". Fast alle im 1. und 2. Jh. n. Chr. hier nachgewiesenen römischen Bürger, die seltene Gentilnomina[1231] tragen und deren Namensgebung nicht auf Bürgerrechtsverleihung durch Kaiser oder Statthalter hindeutet, werden in der gelehrten Literatur auf die Niederlassung "italische(r) Einwanderer, die als Kaufleute kommerzielle Interessen verfolgten",[1232] zurückgeführt. Es erübrigt sich hier, umfangreiche Listen zu erstellen, die zwar einige bislang noch nicht erfaßte, wahrscheinlich von "negotiatores" abstammende Römer in Pamphylien und Pisidien enthalten könnten, aber an dem grundsätzlich bekannten Bild nichts ändern würden; daher sei für Attaleia und Perge auf die Listen von S. Jameson verwiesen,[1233] für möglicherweise auf "negotiatores" zurückzuführende Abstammung der im Laufe der Kaiserzeit in den senatorischen Rang gelangten "gentes" Pamphyliens und Pisidiens auf die Recherchen von H. Halfmann,[1234] für die Zugehörigkeit früher italischer Siedler der pisidischen Kolonien zur Gruppe der "negotiatores" schließlich auf das Buch von B. Levick.[1235] Als Paradigma italischer Kaufleute, die im 1. Jh. v. Chr. über die wichtige Handelsachse Italien - Delos - Pamphylien erfolgreiche Geschäfte machten, dann in Pamphylien und Pisidien ansässig wurden und dort schließlich zu einer der führenden Familien avancierten, seien die Creperei genannt:[1236] Am Ende des 2. Jhs. v. Chr. findet sich ein C. Crepereius in Athen,[1237] an der Wende vom 2. zum 1. Jh. v. Chr. begegnen Creperei auf Delos,[1238] und dann etablieren sie sich in Attaleia und Antiochia Pisidiae.[1239] Auf Delos gefundene pamphylische Amphoren, die Exporte (vor allem von Wein und Olivenöl) nach Delos im frühen 1. Jh. v. Chr. dokumentieren, können

---

1226 SEG VI 646 = AE 1941, 147 = AE 1974, 634; vgl. Remy, Les fastes, 95 Nr. 98. Ein weiteres von den in Attaleia ansässigen Römern veranlaßtes Ehrendokument stammt aus dem 2. Jh. n. Chr.: SEG XVII 578 = AE 1972, 614.

1227 AE 1966, 477.

1228 Hatzfeld, 47. 56. 59. 64.

1229 Levick, Colonies, 56.

1230 Hall, Milyadeis, 139; s. auch SEG II 744 (Konana).

1231 Diese sind übersichtlich zusammengestellt bei Hatzfeld, 383-407.

1232 Halfmann, Senatoren I, 24.

1233 Jameson, Attaleia, 113 ff.; dies., Perge, 378 f.

1234 Halfmann, Senatoren I, 28 ff.

1235 Levick, Colonies, bes. 56 ff.

1236 B. Levick - S. Jameson, C. Crepereius Gallus and his gens, JRS 54, 1964, 98 ff.; Levick, Colonies, 57 f.; Halfmann, Senatoren I, 30 f. 54.

1237 Hatzfeld, 42 A.6.

1238 Levick, Colonies, 58.

1239 AE 1915, 46; IGR III 777; AE 1964, 172-174.

geradezu als Illustration dieser Handelstätigkeiten angesehen werden.[1240]

Auch die Münzprägung und die Zusammensetzung von Münzfunden vermögen die Handelsaktivitäten im Südwestanatolien des 1. Jhs. v. Chr. zu erhellen, freilich in regional begrenzten Dimensionen. Denn es gibt zwar noch die (für die überregionalen Wirtschaftskontakte maßgebliche) Silberprägung in diesem 1. Jh. v. Chr.[1241] - von Selge und Kremna in Pisidien, von Side in Pamphylien[1242] -, aber nur in recht bescheidenem Ausmaß; in der Kaiserzeit besteht die lokale Emission dann nur noch in Aes-Münzen. Eine große Zahl pisidischer Poleis beginnt freilich schon im 1. Jh. v. Chr. mit diesen für den alltäglichen Wirtschaftsverkehr wichtigen Bronzeprägungen, und diese tauchen zusammen mit den pamphylischen Lokalbronzen in Fundhorizonten auf: Im 'Burdur-Fund' aus dem 1. Jh. v. Chr.,[1243] in einem weiteren, dem späteren 1. Jh. v. Chr. entstammenden Hort aus Südanatolien[1244] sowie in einem neuen, möglicherweise bei Attaleia entdeckten Münzschatz (ebenfalls aus dem 1. Jh. v. Chr.)[1245] finden sich zahlreiche Aes-Prägungen diverser pamphylischer und pisidischer Poleis nebeneinander und indizieren einen lebhaften Geld- (und Waren-)austausch in und zwischen den beiden Landschaften.

Diese Handelsaktivitäten profitierten auch von dem durch die Römer verbesserten Straßennetz, das zwar nicht aus wirtschaftlichen Gründen angelegt worden sein mag,[1246] aber dennoch auch für privatwirtschaftliche Interessen genutzt wurde. Letzteres geht unmißverständlich aus einem umfangreichen Edikt des galatischen Statthalters Sex. Sotidius Strabo Libuscidianus aus den Jahren 13-15 n. Chr. hervor, welches an die Polis Sagalassos u.a. die Aufforderung richtet, keine öffentliche Unterstützung für rein privaten Transport zu gewähren (Z.21-23): "Iis qui frumentum aut aliudq[u]id tale vel quaestus sui causa vel usus portant praestari nihil volo, neque cuiquam pro suo aut suorum libertorum aut servorum iumentu."[1247] Nicht die privatwirtschaftliche Nutzung der Routen wird demnach verboten, sondern nur die öffentliche Subventionierung derartiger Unternehmungen.

Die vorherigen Ausführungen haben gezeigt, daß sowohl der lokale und regionale als auch der überregionale Handel in und über Südwestanatolien bereits im 1. Jh. v. Chr. einen gewiß nicht zu unterschätzenden Wirtschaftszweig bildete. Für die Zeit des Prinzipats geht dies auch aus einer bislang weitgehend vernachlässigten Rede des Dio Chrysostomos hervor, in welcher dieser die zentrale Position von Kelainai in Phrygien preist, das von bevölkerungsreichen Landschaften, darunter Pamphylien und Pisidien, umgeben sei, mit denen intensive Handelsbeziehungen gepflegt werden:[1248]

... Πάμφυλοι καὶ Πισίδαι, καὶ τούτοις ἅπασιν ἀγορὰν ὑμεῖς καὶ ξύνοδον παρέχεσθε τὴν αὑτῶν πόλιν.

1240 Grace, Imports, 195.

1241 In der Kaiserzeit prägen die Poleis kein Silber mehr (s.o.S.135), und damit entfällt die noch für die hellenistische Epoche nützliche Möglichkeit, überregionale Handelsaktivitäten anhand der Hortfunde zu verfolgen.

1242 v. Aulock, Münzen und Städte I 45. 106 Nr. 887-891; Bosch, Studien, 77. 81; Coin Hoards III (1977) Nr. 80.

1243 IGCH Nr. 1420.

1244 Coin Hoards I (1975) Nr. 108.

1245 W. Weiser, Ein Schatzfund pamphylisch-pisidischer Bronzemünzen, SNR 61, 1982, 31 ff.

1246 So wohl richtig Schneider, 92.

1247 SEG XXVI 1392 = AE 1976, 653.

1248 Dio Chrys. or. 35, 14.

Welche Waren bildeten die bevorzugten Objekte dieser Handelstätigkeiten ? Was den Produzentenhandel und den lokalen Kleinhandel anbetrifft, so umfaßte er selbstverständlich sämtliche landwirtschaftlichen und gewerblichen Produkte Pamphyliens und Pisidiens, die hier nicht noch einmal aufgezählt werden sollen. Berufsangaben aus diesem Bereich begegnen nur selten in den Inschriften: In Side treffen wir auf einen ὀθονιακός (Leinenhändler),[1249] und in Antiochia Pisidiae finden sich unter den zahlreichen Dedikanten des Men-Heiligtums auch ein Gemüse- und Kräuterhändler (λαχανοπώλης)[1250] sowie vielleicht ein Pastetenverkäufer (κοπτοπώλης).[1251]

Der aufgrund höherer Transportkosten und zu entrichtender Zölle aufwendigere Handel über größere Strecken hinweg rentierte sich natürlich nur - beim Export - im Falle von besonders gefragten Gütern aus Pamphylien und Pisidien, beim Import konzentrierte man sich auf begehrte und hier nicht verfügbare Waren. Aus Pisidien (häufig über die pamphylischen Häfen) und Pamphylien wurden neben Wein und Olivenöl[1252] vor allem Salben, Parfüme[1253] und Holz[1254] exportiert, auch am Sklavenhandel partizipierte besonders Pamphylien.[1255]

Eines der wichtigsten und kostenintensivsten Importprodukte im südwestlichen Anatolien bilden die marmornen Sarkophage, die in hoher Zahl dort gefunden wurden.[1256] In bemerkenswertem Umfang wurden attische Sarkophage von offenbar sehr zahlungskräftigen Abnehmern in Pamphylien und Pisidien erworben, Exemplare aus attischen Werkstätten finden sich in Attaleia, Side, Korakesion und Termessos.[1257] Den zweiten prominenten Sarkphagtypus bilden genuin kleinasiatische Sarkophage, die in großen Mengen in Pamphylien und Pisidien aufgetaucht sind; sie lassen sich in Untergattungen aufteilen, die sämtlich in unseren Regionen repräsentiert sind: Girlandensarkophage,[1258] Friessarkophage (vor allem die in Phrygien, Lydien, Pisidien und Pamphylien vertretenen Amazonensarkophage[1259] und die Jagdsarkophage[1260]), Sarkophage der sogenannten Torre-Nova-Gruppe[1261] und schließlich die Säulensarkophage,

---

1249 IvSide Nr. 137; vgl. zu diesem selten belegten Terminus noch P. Oxy 933 Z.33.; s. ferner IvSide Nr. 156.

1250 SEG XXXI 1162.

1251 B. Levick, Dedications to Men Askaenos, AS 20, 1970, 43 Nr. 18. Die Lesung von Lane, CMRDM I 283 (σκοπτο / τώλης) ergibt dagegen keinen Sinn und ist offenbar am Stein nicht gesichert: Levick verzeichnet vor dem Kappa kein Sigma.

1252 Nicht nur auf Delos (s.o.S.141 f.), auch in Athen auf der Agora fanden sich pamphylische Amphoren: Grace, 198.

1253 Machatschek - Schwarz, 14. Die schon oben gewürdigte (s.o.S.78), herausragende Bedeutung des Styraxbaumes in und um Selge spiegelt sich auch in der Ikonographie der Münzen von Selge wider: O. Lange, Selge in Pisidien und der Styrax-Baum, in: Der Münzen- und Medaillensammler. Berichte 26, Nr. 152, 1986, 79 ff.

1254 Zum Holzhandel, der dem pamphylischen Toponym Hamaxia zugrundeliegt, s. R. Meiggs, Trees and Timber in the Ancient World, Oxford 1982, 358, und Nollé, Studien 6-10, 250 f.

1255 Zu ägypisch-pamphylischen (Handels-?)Beziehungen im 3. Jh. n. Chr. s. auch P. Oxy X Nr. 1271. Zwei Urkunden aus Ägypten belegen den Kauf von Sklaven auf dem Markt von Side im 2. Jh. n. Chr.: BGU 887. P. Turner 22. Pisidische Sklaven wurden auch nach Attaleia verkauft: Nollé, Studien 1-5, 208 A.63. In der Nähe von Side, in Lyrbe, wurde ein Sklave aus Pontos erworben: Nollé, ebd. 206 ff. Allgemein zum Ablauf des Sklavenhandels: F. Kudlien, Empticius servus. Bemerkungen zum antiken Sklavenmarkt, Historia 35, 1986, 240 ff.

1256 H. Wiegartz, Kleinasiatische Säulensarkophage (IstForsch 26), Berlin 1965; Koch, 540 ff.

1257 Koch, 461. 466. 540. 544.

1258 N. Asgari, Die Halbfabrikate kleinasiatischer Girlandensarkophage und ihre Herkunft, AA 1977, 349 ff.; M. Waelkens, Dokimeion. Die Werkstatt der repräsentativen kleinasiatischen Sarkophage (Arch.Forsch. 11), Berlin 1982, 7 ff.

1259 Waelkens, ebd. 42 ff.

1260 Waelkens, ebd. 48 ff.

1261 Waelkens, ebd. 50 ff.

die nicht nur in den größeren Siedlungen Pamphyliens und Pisidiens,[1262] sondern auch in kleineren Orten wie Pappa-Tiberiopolis, Misthia und Amblada gefunden wurden.[1263] Lange Zeit glaubte man, insbesondere aufgrund der Fundstatistik, diese kleinasiatischen Haupttypen seien in Pamphylien produziert worden, obwohl dort gar keine Marmorvorkommen existierten.[1264] Aufgrund einer neuen, auf einer erheblich erweiterten Materialbasis erstellten Fundkarte hat nun M. Waelkens überzeugend Dokimeion in Phrygien, wo auch der für die kleinasiatischen Haupttypen verwendete Marmor gewonnen wurde, als Produktionszentrum der Sarkophage ermittelt, die dann von dort primär nach Pamphylien und Italien exportiert wurden.[1265] Pamphylien und auch (freilich in geringerem Maße) Pisidien spielten also in zweierlei Hinsicht eine wichtige Rolle beim Sarkophaghandel: einmal als Abnehmer, daneben aber auch als Transitregionen,[1266] und vor allem die pamphylischen Hafenorte dürften an diesem Handelsverkehr nicht schlecht verdient haben. In begrenztem Umfang partizipierte Pamphylien freilich auch an der Produktion von Marmorsarkophagen, und daher ist als Nachtrag zu den bereits behandelten handwerklichen Berufen hier noch auf pamphylische Meister zu verweisen. Neben den dokimeischen, fertig produzierten Sarkophagen importierte Pamphylien nämlich auch aus der Propontis prokonnesische Halbfabrikate für Girlandensarkophage,[1267] die gelegentlich in den pamphylischen Orten "von einheimischen Meistern weiterverarbeitet"[1268] wurden. Zur Bestätigung sei auf einen Sarkophag aus Perge verwiesen, der eine Inschrift trägt. Deren Beginn verzeichnet die von der Besitzerin der Grabstelle noch zu Lebzeiten veranlaßte Errichtung einer βωμίς (eigentlich eines kleinen Altars, hier aber wohl mit J. und L. Robert als Sarkophagsockel zu verstehen) mit einem prokonnesischen Sarkophag, der, wie auch in zahlreichen anderen Inschriften, als ἀνγεῖον bezeichnet wird: ['Αντωνία ζῶσα κατεσκεύασα τὴν] βωμεῖδα μετὰ καὶ ἀνγείου Προκονησίου ἑαυτῇ μόνῃ.[1269]

Den dritten wirtschaftsgeschichtlich bedeutenden und abschließend hier zu behandelnden Komplex bilden die Bereiche Wissenschaft und Kunst, Erziehung und Agonistik. Alle diese Disziplinen, besonders die musische, mimische und dichterische Produktion sowie das Fest- und Wettkampfwesen, profitierten von der unter den Bedingungen der "pax Romana" wachsenden Prosperität und der Blüte der städtischen Kultur. Die Verbesserung der städtischen Bausubstanz verschaffte vor allem den schon behandelten Bildhauern, Erzgießern und Malern lukrative Aufträge. Das Prestigedenken und das Bedürfnis der Poleis und ihrer führenden gesellschaftlichen Gruppen nach gesteigerter Lebensqualität artikulierte sich jedoch nicht nur auf dem baulichen Sektor, sondern nährte ebenso den Wunsch nach kultivierter oder spannender Unterhaltung, nach gründlicher Ausbildung und nach fundierter ärztlicher oder juristischer Betreuung. So wurde in der römischen Kaiserzeit eine unübersehbare Zahl von Agonen etabliert, Grabsteine und Ehreninschriften verzeichnen Athleten, Gladiatoren, Musiker, Schauspieler und

---

1262 Wiegartz, Säulensarkophage, 143 ff.
1263 Koch, 548 f.
1264 Wiegartz, Säulensarkophage, 42. 44. 140 A.1; ders., Marmorhandel, Sarkophagherstellung und die Lokalisierung der kleinasiatischen Säulensarkophage, in: Festschrift A.M. Mansel, Ankara 1974, 381 ff.
1265 Waelkens, Dokimeion, 105-123.
1266 Waelkens, ebd. 124.
1267 Asgari, 329 ff.
1268 Ebd., 333; s. auch ebd. 355.
1269 IvPerge Nr. 71. Der Anfang ist durch den weiteren Text der Inschrift annähernd gesichert; zu βωμίς und ἀγγεῖον s. J. u. L. Robert, Bull.ep. 1950 Nr. 204 (S. 202 f.).

Ärzte mit ihren Berufsangaben, ihren Siegen und Leistungen - Ausdruck ihres hohen Ansehens und Selbstwertgefühls, aber auch ihres angesichts der vergleichsweise großen Menge dieser Denkmäler beträchtlich gewachsenen Anteils am - modern gesprochen - gesamten Sozialprodukt.

Diese reichsweit, primär freilich im griechischen Osten zu beobachtenden Tendenzen hinterlassen auch in Pamphylien und Pisidien unübersehbare Spuren. Nicht allein in den größeren, sondern auch in den kleineren Siedlungen finden sich Inschriften für Ärzte,[1270] (manchmal als σοφιστής bezeichnete) Philosophen,[1271] Rechtsexperten,[1272] Lehrer,[1273] Athleten,[1274] für Schauspieler und Dichter,[1275] Tänzer, Sänger und Musiker[1276] sowie Gladiatoren.[1277] Das wichtigste Erfordernis für die Ausübung gerade der letztgenannten Tätigkeiten bildete die Mobilität, und da immer mehr Orte Wert legten auf kulturelle Attraktionen und agonistische Veranstaltungen, so fanden die umherziehenden Künstler und Athleten vielfältige Betätigungs- und Verdienstmöglichkeiten, was sich in der wachsenden Zahl von in der Fremde bezeugten Pamphyliern und Pisidern oder etwa auch in der inschriftlichen Nennung der von Wettkampfsiegern besuchten Spiele niederschlägt: Philologen und Philosophen aus Aspendos, Perge, Side und Antiochia Pisidiae begegnen in Ephesos, Pergamon und Rom,[1278] Dichter, Tragöden und Komöden aus Aspendos, Side und Sillyon wirken im boiotischen Thespeia,[1279] in Oropos,[1280] in Ephesos und Pergamon[1281] sowie in Ägypten,[1282] Sänger, Mimen, Musiker und Tänzer aus Perge, Selge und Antiochia Pisidiae treten im lykischen Tlos, in Sparta und in Thyateira (Lydien) auf.[1283] Weitere pamphylische und pisidische Athleten sowie Gladiatoren lassen sich in Philadelphia[1284] und Iasos ermitteln.[1285] Zahlreiche Inschriften mit der Aufzäh-

---

1270 Karallia: Bean - Mitford, Journeys 1964-1968, Nr. 38; Pogla: W.M. Ramsay, Antiquities of Southern Phrygia and the Borderland, AJA 4, 1888, 12 Nr. 13; Olbasa: SEG XIX 794. XXVI 1390; Adada: IGR III 374. 376; Kremna: CIL III 6879; Antiochia Pisidiae: SEG VI 554. 563. 571. XXXI 1171. AE 1914, 127. 1927, 171. Literarisch belegt ist der aus Perge stammende, zu Verres Beziehungen unterhaltende Arzt Cornelius Artemidorus (Cic.Verr. III 54. 69), vgl. zu ihm F. Kudlien, Die Stellung des Arztes in der römischen Gesellschaft. Eingebürgerte, Peregrine, Sklaven, Freigelassene als Ärzte, Stuttgart 1986, 54 f.

1271 IGR III 786 (Attaleia). TAM III 882 (Termessos); IvSelge Nr. 17.

1272 Kolybrassos: Bean - Mitford, Journeys 1962-1963, Nr. 6. 7; Antiochia Pisidiae: IGR III 305.

1273 Aspendos: SEG XVII 662; Amblada: WE 297; Antiochia Pisidiae: WE 360.

1274 Hamaxia: Bean - Mitford, Journeys 1962-1963, Nr. 3; Laertes: SEG XX 69. 85 (= AE 1963, 5); Perge: IvPerge Nr. 56; Side: CIG 4352. 4353. 4355. IvSide Nr. 145; Adada: IGR III 370; Andeda: Ormerod - Woodward Nr. 18; Termessos: SEG XXXV 1406; Selge: IvSelge Nr. 46 ff.

1275 Perge: IvPerge Nr. 86; Side: IvSide Nr. 131 (Rhetor?). 149. SEG XXVII 901; Antiochia Pisidiae: SEG VI 562. XXXI 1283; Kremna: Horsley, Nr. 1; vgl. bereits J.u.L. Robert, Bull.ep. 1973 Nr. 475.

1276 Side: AE 1985, 13; Antiochia Pisidiae: SEG VI 564. AE 1907, 65. Bei dem ὀρχηστής aus Side handelt es sich um ein Kind, das als Tänzer arbeitete und im Alter von fünf Jahren starb: G. Prosperi-Valenti, Attori-bambini del mondo romano attraverso le testimonianze epigrafiche, Epigraphica 47, 1985, 78 ff.

1277 Attaleia: SEG XVII 599. 609. XXX 1514; Perge: IvPerge Nr. 59; Antiochia Pisidiae: AE 1914, 266. 1973, 537; Apollonia: MAMA IV 168; Sagalassos: IGR III 360. SEG XXX 1510; s. ferner L. Robert, Les gladiateurs dans l'Orient grec (ND), Amsterdam 1971, 141 ff. mit weiteren Belegen aus Adada, Selge und Side.

1278 IvEphesos Nr. 1548. 2202; Altertümer von Pergamon VIII Nr. 32; IGUR 371. 626.

1279 IG VII 1773. SEG III 334; auch ein Athlet aus Antiochia Pisidiae ist hier in Boiotien belegt: IG VII 1776.

1280 IG VII 416.

1281 SEG XXVII 901. IvEphesos Nr. 22; IGR IV 468.

1282 A.u.E. Bernand, Les inscriptions grecques et latines du Colosse de Memnon, Paris 1960, Nr. 11. 12.

1283 TAM II 585. IGR IV 1272; IvSelge T 78; ferner ist in Tralleis ein pamphylischer Mime bezeugt: IvTralleis Nr. 110.

1284 IGR IV 1652.

1285 IvIasos Nr. 210 (= IvSelge T 46).

lung siegreich beendeter Agone vermitteln einen Eindruck von den aufwendigen Reisen der Akteure: So rühmt sich auf einer Inschrift in Perge ein Läufer seiner Erfolge bei Veranstaltungen in Halikarnassos, im arkadischen Kleitor, in Ilion, Korinth, Plataiai, Tralleis, Epidauros und einem weiteren arkadischen Ort, Lusoi.[1286]

Pamphylische und pisidische Künstler und Athleten waren freilich nicht etwa wegen des Fehlens entsprechender Veranstaltungen in ihrer Heimat zu derart intensiver Reisetätigkeit gezwungen, sie befanden sich vielmehr als Teilnehmer in einem großen, internationalen 'Turnierzirkus', in welchem die bedeutendsten Spiele Pamphyliens, die Pythien in Side und Perge, ebenfalls einen prominenten Platz einnahmen.[1287] Letzteres äußert sich unter anderem in der Tatsache, daß auf einer beschrifteten Siegerbasis aus Olympia (261 n. Chr.) der als κήρυξ in zahlreichen Agonen erfolgreiche Valerius Eclectus aus Sinope sein hohes internationales Renommé durch Aufzählung seiner vielfältigen internationalen Ratsmitgliedschaften unterstreicht, zu denen auch diejenige in Perge zählt - neben derjenigen von Rom (wo er also dem Senat angehörte), Elis, Delphi, Sardeis, Smyrna, Philadelphia, Hierapolis und Tripolis.[1288]

Ein den pergäischen und sidetischen Spielen vergleichbares Ansehen besaßen die sonstigen in fast allen pamphylischen und pisidischen Poleis nachweisbaren Agone[1289] natürlich nicht; deren Teilnehmer und Besucher kamen vor allem aus der näheren Umgebung oder benachbarten Gebieten.[1290] Doch auch diese Feste eher lokalen Zuschnitts dürften stets neben der sozialen und kulturellen Dimension auch wichtige wirtschaftliche Aspekte besessen haben, denn in der Regel korrespondierte den Festveranstaltungen die Abhaltung spezieller Festmärkte, deren Anziehungskraft für auswärtige Händler und ökonomische Bedeutung für die als Festveranstalter agierenden Poleis aus der epigraphisch des öfteren belegten Abgabenbefreiung (ἀτέλεια) für Kaufleute anläßlich von πανηγύρεις erhellt.[1291] Die aus wirtschaftsgeschichtlicher Perspektive

---

1286 IvPerge Nr. 56.

1287 S. etwa die Siegesliste bei L. Moretti, Iscrizioni agonistiche greche, Rom 1953, Nr. 88; zur Bedeutung der sidetischen Spiele s. vor allem Weiss, Bema, 332 ff.; ferner Nollé, Studien 1-5, 204 ff.; K.W. Harl, Civic Coins and Civic Policies in the Roman East, A.D. 180-275, London 1987, 65; J. Nollé, Side, AW 21, 1990, 258 f.

1288 IvOlympia Nr. 243 = L. Semlinger, Weih-, Sieger- und Ehreninschriften aus Olympia und seiner Umgebung, (Diss.) München 1974, Nr. 67.

1289 Die umfangreiche einschlägige Dokumentation, zu der neben inschriftlichen vor allem numismatische Zeugnisse gehören, kann aus Raumgründen hier nicht in extenso aufgeführt werden. Für die (allein hier berücksichtigten) epigraphischen Belege der in RE-Artikeln behandelten Orte sei auf Levick (Komama, 870; Verbe, 836; Parlais, 990; Pogla, 419; Art. Andeda, RE Suppl. XII, 1970, 78; Art. Sibidunda, RE Suppl. XIV, 1974, 674), Ruge (Art. Perge, RE XIX, 1937, 701) und Jameson (Aspendos, 102; Attaleia, 122) verwiesen; zu den Agonen von Side s. Weiss, Bema, 334 ff., zu Termessos Heberdey, Termessische Studien, 36-58. In den weiteren Orten sichern folgende Inschriften die Abhaltung von Spielen: Bean - Mitford, Journeys 1962-1963, Nr. 3 (Hamaxia); diess., Journeys 1964-1968, Nr. 34 (Karallia); SEG XX 84 (Laertes). XXXV 1415 (Korakesion); WE 406.414 u.ö. (Adada). 600 f. (Baris). 619 (Ilyas). 472 (Konana); MAMA IV 152.154 (Apollonia); Hall, Notes, Nr. 37 (Amblada); V. Berard, Inscriptions d'Asie Mineure (2), BCH 16, 1892, Nr. 63-65 (Ariassos); Ormerod - Woodward, ABSA 16, 1909/10, Nr. 4 (Isinda); SEG II 717 (Pednelissos). XIX 859 f. (Melli). XXXV 1408 = AE 1985,797 (Timbriada); IGR III 360 f. (Sagalassos). 382 f. IvSelge Nr. 15. 16. 20. 46-60 (Selge); CIL III 6829.6837 (Antiochia Pisidiae). Nur für Kremna sei angesichts fehlender Inschriften auf Münzen verwiesen, welche die Abhaltung von Spielen belegen: Harl, Civic Coins, 65; Nollé, Side, AW 21, 1990, 265 A.85.

1290 So siegte in Adada beim Pankration ein Mann, der Mitglied der Bule im benachbarten Timbriada war (WE 420), in Baris stammt ein Sieger aus Apollonia (SEG XIX 763), und Termessier werden als Gewinner in Ariassos verzeichnet (TAM III p. 2 Nr. 4 β.γ.).

1291 Brandt, Zollinschriften, 92. Vgl. jetzt auch die detaillierte Überlieferung zum Festmarkt in Oinoanda (Wörrle, Stadt und Fest, 209 ff.), der von einem eigens dazu bestimmten Panegyriarchen beaufsichtigt wurde (Wörrle, ebd.), wie das ebenfalls bei den pamphylischen und pisidischen Festmärkten der Fall gewesen sein dürfte, s. etwa Swoboda - Keil - Knoll Nr. 76 (Panegyriarch in Amblada).

besonders interessierende Frage, ob die agonistischen Veranstaltungen das Polisbudget belastet oder eher eine zusätzliche Einkommensquelle dargestellt haben, läßt sich mangels einschlägiger Quellen nicht eindeutig beantworten. Die Ausgaben für Siegespreise, Festmahlzeiten etc. lassen sich immerhin aufgrund des Oinoanda-Dossiers und paralleler Dokumentation in groben Zügen erkennen,[1292] und für die häufig nach ihren Stiftern benannten Agone in Pamphylien und Pisidien dürfte wie im Falle der lykischen Demostheneia gelten, daß vor allem vermögende Privatleute den Löwenanteil der genannten, notwendigen Aufwendungen erbracht haben. Daher dürften sich, auch wenn genaue Angaben über die Größenordnung der Besucherzahlen und der auf den Festmärkten umgesetzten Waren fehlen, für die Poleis insgesamt und die kleinen Händler, Kaufleute sowie Gewerbetreibende im besonderen derartige Veranstaltungen wirtschaftlich stets gelohnt haben. Überdies läßt sich diese Einschätzung durch die von P. Weiss und R. Ziegler erarbeitete Erkenntnis stützen, nach welcher besonders die an Auf- und Durchmarschwegen römischer Truppen gelegenen Poleis von den Kaisern durch die Gewährung von Agonen und durch Privilegien bei der Benennung und Durchführung derselben für die aufgrund des Truppendurchzuges entstandenen Belastungen entschädigt wurden[1293] - als Ausgleich für entstandene Ausgaben machten diese Maßnahmen nur Sinn, wenn mit vermehrten Einnahmen durch die Organisation von Spielen gerechnet werden durfte.

Die Vielzahl von Agonen und von herumreisenden Akteuren unterstreicht, neben der bereits behandelten Dokumentation für die Mobilität auch anderer Berufsgruppen,[1294] daß im Imperium Romanum der herrschende Friede und die einheitlichen politisch-administrativen Rahmenbedingungen offenbar das Zusammenwachsen der einzelnen Regionen und die Intensivierung der Kommunikation, von lokalen, regionalen und überregionalen Kontakten, beförderten. Ein Blick auf die weitere inschriftliche Dokumentation für Fremde in pamphylischen und pisidischen Poleis sowie für außerhalb ihrer Heimat bezeugte Pamphylier und Pisider, der keine Informationen über den Anlaß der Umsiedlung und der Reisetätigkeit oder der beruflichen Tätigkeit der Einzelnen zu entnehmen sind, untermauert diesen Befund zusätzlich: In Aspendos finden sich Personen aus Pisidien (Selge), Phrygien (Synnada und Apameia) und Lykien (Myra),[1295] in Attaleia begegnen Pergaier und Limyräer;[1296] auch nach Laertes gelangten ξένοι,[1297] in Perge begegnen neben Dedikanten im Artemisheiligtum aus Side, Aspendos, Selge und Tarsos (Kilikien) auch Leute aus Termessos, Kremna, Claudiopolis (Kilikien) und Byzantion,[1298] und in den Inschriften aus Side sind Bürger von Aspendos und Perge sowie aus dem kilikischen Aigeai vertreten.[1299] Für die pisidischen Siedlungen ergibt sich ein ähnliches Bild: In Antiochia Pisidiae zieht wie in Perge das (hier dem Gott Men geweihte) Haupttheiligtum

---

[1292] Wörrle, Stadt und Fest, 234 ff. Allgemein zur wirtschaftlichen Bedeutung von Messen und Märkten, die anläßlich von Festen stattfanden, s. jetzt auch de Ligt - de Neeve, 391 ff.

[1293] Weiss, Bema, 346; R. Ziegler, Städtisches Prestige und kaiserliche Politik. Studien zum Festwesen in Ostkilikien im 2. und 3. Jh. n. Chr., Düsseldorf 1985, 125; vgl.u.S.161 f.

[1294] Vgl.o.S.138 ff. Zusätzlich anzuführen ist hier noch ein Zeugnis für einen aus Side stammenden und in Rom tätigen "medicus": CIL VI 9580. Zur daher offensichtlich bewahrten Blüte der hellenistischen Medizin in Side s.o.S.77 f.

[1295] C. Brixhe, Nouvelles épitaphes de Pamphylie, EAC III, 1965, Nr. 25 (= IvSelge T 29); A.W. van Buren, Inscriptions from Asia Minor, Cyprus and the Cyrenaica, JHS 28, 1908, Nr. 18; SEG XVII 662.

[1296] IvPerge Nr. 43; Heberdey - Wilhelm Nr. 219.

[1297] Bean - Mitford, Journeys 1964-1968 Nr. 79.

[1298] IvPerge Nr. 2. 49. 85. 87. 102.

[1299] CIG 4352. 4355. IvSide Nr. 152.

fremde Kultanhänger an (aus Synnada, Sagalassos und Adada);[1300] auch aus Dokimeion und der "Civitas Cillanensium" kommen Leute nach Antiochia Pisidiae,[1301] ein Smyrnäer wirkt in Amblada als Jugendlehrer der Ringkunst,[1302] die in Apollonia und Tymandos bezeugten Fremden kommen aus Phrygien (Synnada, Dokimeion), Pamphylien (Sillyon) und aus den nahegelegenen Poleis Timbriada und Antiochia Pisidiae,[1303] in den Inschriften der kleinen Poleis Baris, Hadriani und Anabura begegnen Ethnika der benachbarten Siedlungen Sagalassos, Kormasa und Amblada,[1304] und auch in den Dokumenten aus den großen Städten Sagalassos und Termessos dominieren unter den Fremden Bürger benachbarter Poleis.[1305]

Diese Zeugnisse für die Präsenz von Fremden in den pisidischen und pamphylischen Siedlungen könnten den Eindruck vermitteln, als beschränkten sich deren auswärtige Beziehungen auf Orte in der näheren oder ferneren Umgebung, was nicht zu der oben geäußerten Annahme passen würde, daß Pamphylien und Pisidien auch an der generellen Zunahme der überregionalen Kontakte Anteil hätte. Die Zusammenstellung der außerhalb ihrer Heimat belegten Pamphylier und Pisider spricht jedoch für die Richtigkeit dieser Einschätzung: Unter den Fremden im römischen Athen befinden sich Aspendier, Sideten, Pergaier sowie diverse Pisider (Oroandeis, Bürger aus Selge, Termessos und Antiochia Pisidiae);[1306] in Thessalien ließ sich ein Attaleier nieder,[1307] auf den griechischen Inseln Syros und Nisyros sind ein Pergaier und ein Pisider bezeugt,[1308] Selge verlieh die Proxenie an drei Gortynier (IvSelge Nr.14), und auf Rhodos gefundene Grabinschriften für Sideten und Selgier zeugen von der Kontinuität der in hellenistischer Zeit so wichtigen (nun freilich weniger stark ausgeprägten) rhodisch-pamphylisch-pisidischen Kontakte.[1309] Neu im Vergleich zur Epoche des Hellenismus, aber angesichts der gewandelten historischen Verhältnisse natürlich nicht überraschend sind Indizien für Kontakte zwischen Südwestanatolien und dem italischen Raum: Neben dem schon genannten sidetischen Arzt und dem pergäischen Philosophen[1310] finden sich ebenfalls in Rom noch ein Selgier und einige Termessier.[1311] Zwei Pergaier begegnen in der wichtigen Hafen- und Handelsstadt Puteoli,[1312] in Syrakus ein Sidete.[1313] Besondere Hervorhebung verdient das Grabgedicht für eine Frau in Pogla, in dem es heißt (Z.6): Ἰταλίην δ' εἶδον, πολλὴν δ' ἐπελήλυθα γαῖ-

---

1300 WE 366. 373. 374. 376.

1301 SEG VI 570. XXXI 1187. 1197. 1201; AE 1914, 127.

1302 WE 297.

1303 WE 548; MAMA IV 194. 202. 238. 248.

1304 WE 603; SEG XIX 777; MAMA VIII 370.

1305 Sagalassos zeigt zum Teil durch den Besitz von mehrfachem Bürgerrecht einzelner Politen Verbindungen mit Perge, Seleukeia Sidera, Timbriada und Apollonia (Lanckoroński II Nr. 193 f. 206), Termessos unterhält epigraphisch belegte Kontakte zu Isinda, Syedra und Sagalassos (TAM III 113. 130. 335).

1306 IG II^2 8392 f. 10031 f. 10083. 10247. 10264a. 10265. 10440 f. IG III 129. 2464. CIL III 7283. IvSelge T 75-77.

1307 IG X 2, 436.

1308 IG XII 5, 712. XII 3, 96.

1309 IvLindos II 668 = Sacco, 526. IvSelge T 62. 69. 70.

1310 S.o.S.145. Auch der in CIL VI 9595 verzeichnete "P. Plautius Eumelus medicus" in Rom könnte angesichts seines genuin pamphylischen Personennamens (Robert, Noms, 399 ff.; vgl.o.S.89) und der bekannten Prominenz der pamphylischen Heilkunst aus unserer Gegend stammen.

1311 IGUR 627. 789 (= IvSelge T 80).

1312 IGR I 426.

1313 IG XIV 2399, 1.

$\alpha\nu$.[1314] Möglicherweise hat die Frau, die neben Italien noch viele andere Länder gesehen hat, ihren (zur See auf einem Handelsschiff fahrenden?) Mann auf seinen Reisen begleitet.

Trotz der letztgenannten Zeugnisse muß beim Rückblick auf die in diesem gesamten Abschnitt behandelte Dokumentation doch konstatiert werden, daß nur mäßig entwickelte Kontakte Pamphyliens und Pisidiens nach Griechenland und - abgesehen von den italischen Kolonisten in Pisidien - nach Italien in den Quellen faßbar sind und daß vor allem die größeren pamphylischen und pisidischen Siedlungen daran Anteil haben. Signifikante Ausnahmen bilden nur die in der gesamten Oikumene herumziehenden Athleten, Künstler und Gladiatoren sowie die hier ausgeklammerten, aus Südwestanatolien stammenden Soldaten, Mitglieder der Reichsaristokratie sowie höhere Funktionsträger in der Reichsverwaltung.[1315]

Überaus rege entwickeln sich dagegen die innerkleinasiatischen Verbindungen, deren bislang schon ausgiebig gewürdigte Dokumentation hier noch um einige inschriftliche Angaben[1316] und numismatische Hinweise ergänzt werden können. Von den Münzen verdienen insbesondere die Homonoia-Prägungen hervorgehoben zu werden, auf welchen die herrschende (oder gewünschte) 'Eintracht' zwischen zwei Poleis propagiert wird.[1317] Die verschiedenen Anlässe und Konstituenten der Homonoia lassen sich kaum auf einen gemeinsamen Nenner bringen und dürften von Fall zu Fall variieren; unstrittig ist allein, daß in vielen Fällen neben politischen und/oder kultischen Aspekten auch wirtschaftliche Motive bei der Verkündung und Pflege von Homonoia-Verbindungen eine Rolle spielen,[1318] und in diesem Lichte kommt den zahlreichen Homonoiabeziehungen zwischen pamphylischen, pisidischen und lykischen Poleis natürlich besondere Bedeutung zu.[1319]

Der Aussagewert dieser Emissionen erhöht sich noch angesichts der Tatsache, daß sie fast sämtlich dem 3. Jh. n. Chr. entstammen,[1320] dem gemeinhin als Zeitalter der Krise und der Dekadenz geltenden Jahrhundert.[1321] So zutreffend diese Einschätzung für manche Reichsregionen sein mag, Kleinasien und besonders das südwestliche und südliche Anatolien zeigen, im

---

1314 SEG XIX 840.

1315 Dazu s. die beiden folgenden Kapitel.

1316 Im karischen Mylasa werden fremde Richter aus Attaleia, Side und Termessos berufen (IvMylasa Nr. 363. 364. 367; zu fremden Richtern s. Robert, Juges); im lykischen Choma wirkt ein Pergaier (J.u.L. Robert, Bull.ep. 1968 Nr. 514); in Olympos begegnen Leute aus Sillyon (TAM II 995) und aus Pisidien (TAM II 1147), zu Patara unterhielten Side (IGR III 673 = TAM II 425) und Selge (CIG 4287) Kontakte, Side ehrt überdies den lykischen Mäzen Opramoas als Euergeten (AE 1966, 481), und schließlich verdient noch eine in Ephesos von den Selgiern gesetzte Weihung Erwähnung (IvEphesos 3036).

1317 Vgl. dazu vor allem D. Kienast, Die Homonoiaverträge in der römischen Kaiserzeit, JNG 14, 1964, 51-64; A.R.R. Sheppard, Homonoia in the Greek Cities in the Roman Empire, AncSoc 15-17, 1984/86, 229-252; ferner Frank, Einleitung, 6.

1318 Dies wird von allen in der vorherigen Anmerkung zitierten Gelehrten bestätigt - kontrovers bleibt nur, welches Gewicht den einzelnen Faktoren jeweils zuzumessen ist. Im Fall der zwischen Perge und Delphi propagierten Homonoia etwa (SNG v. Aulock XI 4717) wird man natürlich kultischen Aspekten den eindeutigen Vorrang einräumen. Besonders hoch bewertet generell Kienast (Homonoiaverträge, 63) die ökonomische Seite der Homonoiabeziehungen: "Für den Abschluß derartiger Homonoiaabkommen wird man hauptsächlich wirtschaftliche Gründe verantwortlich machen." Wirtschaftlich bedingt war zweifellos die Homonoia zwischen Side und Alexandria: Nollé, Side, AW 21, 1990, 262.

1319 P.R. Franke - W. Leschhorn - A.U. Stylow, SNG Deutschland. Sammlung v. Aulock. Index, Berlin 1981, 161-163 s.v. Homonoia.

1320 Sheppard, 236; Franke, Einleitung, 6.

1321 S. nur Broughton, Roman Asia, 903-916; Magie, RRAM, Kap. 28 ("From Gold to Iron"). 29 ("Decay and Chaos"); Christ, Kaiserzeit, 600-702.

Gegensatz zur landläufig vertretenen Auffassung, keinerlei Verfallssymptome. Schon der Überblick über das Siedlungswesen offenbarte eine weitgehend ungetrübte städtebauliche Blüte im 3. Jh. n. Chr., der Straßenbau wurde nicht vernachlässigt, die Einrichtung diverser neuer Feste spricht für die ungebrochene Vitalität des wirtschaftlichen, sozialen und kulturellen Lebens,[1322] und schließlich illustrieren nicht nur die Homonoia-Münzen, sondern die lokalen Emissionen Pamphyliens und Pisidiens überhaupt die Funktionsfähigkeit der dortigen Wirtschaft. Letzteres erhellt bereits aus dem schlichten Tatbestand, daß zahlreiche Poleis noch im 2. und 3. Jh. n. Chr. mit neuen Prägungen beginnen[1323] und fast alle Poleis bis ins späte 3. Jh. n. Chr. kontinuierlich den Münzausstoß fortsetzen.[1324] Insbesondere die im 3. Jh. n. Chr. zunehmende Inflation des (unter zentraler Regie produzierten) Silbergeldes erhöhte die Attraktivität und den Wertbestand des für die alltäglichen Transaktionen wichtigen Aes-Geldes.[1325] Die in Pamphylien und Pisidien gleichermaßen konstant hohe Münzemission bis zum endgültigen Aufhören lokaler Prägungen im Imperium Romanum überhaupt bestätigt somit noch einmal nachdrücklich die Parallelität der wirtschaftlichen Entwicklung in beiden Regionen.

4. Neue und alte Eliten: Senatoren, Ritter und die lokale Oberschicht

Die aus der Provinzialisierung Südwestanatoliens resultierenden, fundamentalen Veränderungen der allgemeinen politischen und rechtlichen Verhältnisse beeinflußten nicht nur nachhaltig das wirtschaftliche Leben, sondern führten auch zu einer Modifizierung der Gesellschaftsordnung, primär in den oberen Rängen der sozialen Pyramide. Denn die Integration dieses Gebietes in ein großes, seit Augustus monarchisch regiertes Imperium der Römer bedingte einerseits das Ausgreifen der genuin römischen Sozialstruktur auf die Provinzen und andererseits das Eindringen provinzialer Elemente in die nun weniger 'römische', als vielmehr 'imperiale' Ordnung. Auf diesem Wege bildeten sich neue soziale Kategorien in den Provinzen und für die Provinzialen heraus.[1326]

Diese Prozesse unterscheiden sich grundlegend von den Entwicklungen der hellenistischen Zeit, als die Eingliederung Pamphyliens und Pisidiens in hellenistische Königreiche oder Dynastenherrschaften zwar die Präsenz einiger fremder Gouverneure, Beamten und Militärs bewirkte und umgekehrt einigen Pamphyliern und Pisidern den Weg zu höheren Posten in den

---

1322 Vgl. auch Weiss, Bema, 344; Nollé, Studien 6-10, 257 f. Für Kilikien gilt dies bis ca. 260 n. Chr. ebenfalls: Ziegler, Städtisches Prestige, bes. 124 ff.

1323 C.E. Bosch, Die kleinasiatischen Münzen der römischen Kaiserzeit, AA 1931, 434.

1324 S. die Prägetabellen Nr. 6. 8. 10. 11 bei Franke - Leschhorn - Stylow, 264 ff.

1325 Bosch, Münzen, 438: "Die Städte, das ist ganz klar, haben von der allgemeinen Inflation einen bedeutenden Nutzen gehabt, und das enorme Anschwellen der Stadtprägungen im 3. Jh. bedeutet auf alle Fälle, wie man es auch erklärt, einen Aufschwung der Wirtschaftslage der Provinzstädte." Für Bosch (ebd.) indizieren auch die später auf den Aes-Prägungen angebrachten Gegenstempel mit erhöhten Wertangaben die steigende Bedeutung des Bronzegeldes; gegen die ökonomische Überschätzung der Gegenstempel wendet sich jedoch M.C. Caltabiano, Politica monetaria dell' Asia Minore nel terzo secolo d.C. Le contromarche, AIIN 25, 1978, bes. 140. 168 ff. Signifikant für die Wertschätzung und folglich die 'Hortfähigkeit' der Aes-Münzen ist ein Schatzfund des 3. Jhs. n. Chr. aus Pamphylien, der 180 Prägungen aus 23 pamphylisch-pisidischen Poleis enthält: C. Foss, A Hoard of the Third Century A.D. from Pamphylia, Coin Hoards 5, 1979, 37 ff.

1326 Zu dem hier nur in knappster Form beschriebenen Prozeß s. ausführlicher Bleicken, Verfassungs- und Sozialgeschichte 1, 277-341; Alföldy, Sozialgeschichte, 85 ff.; ders., Die römische Gesellschaft. Ausgewählte Beiträge (HABES 1), Stuttgart 1986, 41-98; Christ, Kaiserzeit, 350-410. 431-433; Garnsey - Saller, 153-179; ferner s. jetzt F. Vittinghoff, Gesellschaft, in: ders. (Hg.), Wirtschafts- und Sozialgeschichte, 161-369.

hellenistischen Armeen oder bei Hofe ebnete, aber die inneren Strukturen der unterworfenen Regionen weitgehend unangetastet ließ. Daher bedurfte es bei unserer Behandlung der hellenistischen Epoche keines gesonderten Kapitels zur Gesellschaftsordnung, während dies im vorliegenden Fall unumgänglich ist, denn vor allem der Aufstieg von Provinzialen in den Senatoren- und Ritterstand sowie beider Gruppen Beziehungen zu den lokalen Eliten verlangen eine etwas eingehendere Betrachtung.

Bevor wir uns den genannten höheren, zugleich am besten in den Quellen repräsentierten Gruppen zuwenden, bedarf es noch einiger Bemerkungen zu den unteren Rängen der sozialen Pyramide. Die einzelnen Gruppen der gesellschaftlichen und politischen Hierarchie begegnen geradezu idealtypisch in drei Inschriften aus Sillyon,[1327] in denen die bereits erörterten Wohltaten der reichen Menodora und ihrer Angehörigen verzeichnet und unter anderem einzelne, nach Empfängergruppen differenzierte Spenden festhehalten werden:[1328] Bule und Demos von Sillyon ehren Menodora, die Geld und/oder Getreide stiftet (ἐπιδοῦσαν) [βουλ]ευτῇ μὲν ἑκάστῳ ..., γε[ραιῷ] δὲ ἑκάστῳ ..., ἐκκλησιαστ[ῇ] δὲ ἑκάστῳ ..., γυναιξὶ δὲ το[ύ]των ἑκάστῃ ..., πολείτῃ δὲ ἑ[κά]στῳ ..., οὐινδικταρίοις δὲ κ[αὶ] ἀπελευθέροις καὶ παροίκοις ...

Die Inschrift vermittelt paradigmatisch die (fast) vollständige Gesellschaftspyramide der Provinzbevölkerung: An der Spitze steht die lokale Elite, die unten noch näher zu behandelnden Vollbürger, welche Rat, Gerusie und Volksversammlung bilden und aus denen die Amtsträger der Polis rekrutiert werden; darunter rangieren die πολῖται, die freien, aber nicht rats-, amts- und stimmfähigen Stadtbewohner, allgemein (und aus zentralrömischer Sicht) gesagt, also die meist nicht mit römischem Bürgerrecht ausgestatteten[1329] Bewohner des Imperium Romanum, welche den Hauptteil der Reichsbevölkerung stellten und als Bauern, Händler, Gewerbetreibende etc. tätig und bereits Gegenstand unserer Überlegungen waren. Die einfachen Politen begegnen nicht nur hier in Sillyon in der unteren Hälfte der gesellschaftlichen Hierarchie, direkt oberhalb der Freigelassenen und Paröken, sondern auch in einer Inschrift aus Pogla (SEG XIX 835), welche die von einem Wohltäter den [β]ουλευταῖς τε καὶ ἐκλησιασταῖς κ[αὶ πᾶσι] πολείταις verteilten Spenden verzeichnet. In der kaiserzeitlichen Inschrift aus Oinoanda (Z.27)[1330] bilden die von den lokalen Eliten abgegrenzten, einfachen πολῖται ebenfalls zusammen mit den ἀπελευθέροι und den πάροικοι eine Gruppe, die mit geringen finanziellen Mitteln bedacht wird; da nur eine Gesamtsumme und keine nach Politen, Freigelassenen und nach Paröken aufgeschlüsselten Beträge genannt werden, sah man zwischen ihnen offenbar keine gravierenden Unterschiede.[1331]

Die nächste niedrigere Stufe nehmen die Freigelassenen ein, als deren höchste Kategorie die durch "vindicta" (den Freilassungsstab)[1332] in die Freiheit Entlassenen genannt werden. Auch über die Freigelassenen ist bereits das Notwendige gesagt worden; sie bilden eigentlich die

---

1327 IGR III 800-802; vgl.o.S.103. Ein ähnliches Bild vermittelt auch die neue Inschrift aus Oinoanda (Z.24-27), vgl. Wörrle, Stadt und Fest, 123 ff.

1328 IGR III 801. Die Lesungen sind durch die Parallelen von IGR III 800 bzw. 802 gesichert.

1329 Vgl. allgemein zur Bürgerrechtsvergabe Christ, Kaiserzeit, 378 ff.: zum griechischen Osten B. Holtheide, Römische Bürgerrechtspolitik und römische Neubürger in der Provinz Asia, Freiburg 1983, der auch einige römische Neubürger Pisidiens mitbehandelt (80 ff.).

1330 Wörrle, Stadt und Fest, 6.

1331 Vgl. Wörrle, ebd. 124. 144.

schillerndste soziale Gruppe, deren inferiorer politisch-rechtlicher Status durch ihren bisweilen großen Reichtum kompensiert werden konnte, für den als berühmtestes Beispiel der Parvenu Trimalchio genannt sei. Aus Pamphylien und Pisidien läßt sich vergleichbar Spektakuläres nicht berichten, die Freigelassenen begegnen sowohl in der Landwirtschaft wie in den anderen behandelten Berufssparten,[1333] ohne sich in besonderer Weise zu exponieren. Dem begreiflichen Bedürfnis der Freigelassenen nach höherem Sozialprestige entsprach allgemein ihr enormes (auch finanzielles) Engagement in Kollegien und kultischen Vereinigungen, besonders - als "seviri Augustales" - im Rahmen des Kaiserkultes.[1334] Diese genuin römische Institution begegnet fast ausschließlich in den westlichen Provinzen des Imperium Romanum;[1335] zu den wenigen, meist auf römische Kolonien beschränkten Belegen aus den östlichen Regionen[1336] steuert aus Pamphylien und Pisidien einzig Antiochia Pisidiae den in der gelehrten Literatur berücksichtigten VIvir Aug(ustalis) c(oloniae) C(aesariae) Ti. Claudius Epinicus sowie den bislang stets übersehenen VIvir L. Mordius Threptianus bei.[1337]

Den niedrigsten Rang in der sozialen Skala der Spendenempfänger aus Sillyon bekleiden schließlich die ebenfalls schon erörterten Paröken.[1338] Deren soziale und politische Qualität läßt sich angesichts des spärlichen einschlägigen Materials kaum detailliert beschreiben, und M. Wörrle warnt daher mit Recht vor jeder "generalisierenden Rekonstruktion".[1339] Sein wichtiger Hinweis, daß den in der Oinoanda-Inschrift genannten Paröken die μέτοικοι des kaiserzeitlichen Xanthos entsprechen[1340], läßt sich noch durch die Heranziehung einer weiteren Inschrift aus Pogla ergänzen:[1341] Darin wird ein lokaler Euerget geehrt, der πολείτας καὶ ξένους mit Wohltaten bedacht hat; die Fremden stehen hier möglicherweise für die nicht genannten Paröken, so daß man sich angesichts der genannten lykischen Parallelüberlieferung auch unter den pamphylischen Paröken wohl am ehesten freie Fremde vorzustellen hat. Unter ihnen sind schließlich nur noch die nicht von den Euergeten Sillyons bedachten Unfreien und Sklaven anzusiedeln.[1342]

Oberhalb der allgemeinen, aus Politen, Freigelassenen und Paröken gebildeten Bevölkerung rangiert in dem Dokument aus Sillyon eine begrenzte Schicht von Privilegierten. Wiederum bieten vor allem die Inschriften aus dem lykischen Oinoanda und dem pisidischen Pogla nützliche Analogien, die zum besseren Verständnis der Inschrift aus Sillyon beitragen. In Sillyon konstituieren drei Gruppen die lokale Elite: die Ratsmitglieder (βουλευταί), die Angehörigen der Gerusie (γεραιοί) und die ἐκκλησιασταί. Die Mitglieder von Bule und Gerusie stellten

---

1332 Vgl. Dig. 4, 1, 6. 40, 2, 5.

1333 S.o.S.130; angeführt sei hier etwa der "paedagogus" Q. Flavonius T. Munatius Scamander (WE 360), vgl. Levick, Colonies, 98. Allgemein zu den Freigelassenen und ihren Aufstiegsmöglichkeiten: Alföldy, Sozialgeschichte, 112 ff.; Christ, Kaiserzeit, 367-373.

1334 R. Duthoy, Les Augustales, ANRW II 16. 2, 1978, 1254-1309.

1335 R. Duthoy, Recherches sur la répartition géographique et chronologique des termes sevir augustalis, Augustalis et sevir dans l'Empire romain, Epigraphische Studien 11, 1976, 143-214.

1336 S.R.F. Price, Rituals and Power. The Roman Imperial Cult in Asia Minor, Cambridge 1986, 88.

1337 AE 1914,261 = AE 1966,452 = Lane, CMRDM I Nr. 160. Threptianus: D.M. Robinson, Greek and Latin Inscriptions from Asia Minor, TAPhA 57, 1926, Nr. 76.

1338 S.o.S.130.

1339 Wörrle, Stadt und Fest, 144 A.382.

1340 Ebd.

1341 IGR III 407.

1342 S.o.S.129 f.

gewiß auch in anderen pisidischen und pamphylischen Poleis eine wichtige Gruppe innerhalb der lokalen Oberschicht dar, nicht anders als in den lykischen Städten, wo die Lebenslänglichkeit der Ratszugehörigkeit nachweislich zur Herausbildung eines wahren 'Ratsherrenstandes' führte.[1343] Allerdings ist die Gerusie bislang bei weitem nicht für alle Städte Pamphyliens und Pisidiens belegt; auch darin erweisen sich die Verhältnisse in Lykien als analog, denn dort lassen sich ebenfalls deutliche Unterschiede zwischen der institutionellen Organisation der einzelnen Städte beobachten.

Besonderes Interesse verdient die dritte in Sillyon bezeugte Gruppe, die ἐκκλησιασταί. Erstaunlicherweise begegnen diese Mitglieder der lokalen Oberschicht nur noch in Pogla und neuerdings in Selge,[1344] ansonsten sind sie in Pamphylien und Pisidien nicht belegt; dies spricht für eine zumindest in Einzelfällen bemerkenswerte Affinität zwischen pamphylischen und pisidischen Poleis. Von den einfachen Politen unterschieden sich die Ekklesiasten zweifellos dadurch, daß nur sie das uneingeschränkte Bürgerrecht besaßen, mit dem Privileg, in der Volksversammlung abzustimmen.[1345] Aus der lykischen Dokumentation (Oinoanda, Xanthos) ist ersichtlich, daß Buleuten und Geronten eng mit einer weiteren Gruppe innerhalb der lokalen Elite assoziiert waren, den σιτομετρούμενοι.[1346] Man könnte daher angesichts der beachtlichen Analogien zwischen den lykischen und pamphylischen sowie pisidischen Städten geneigt sein, Verbindungslinien zwischen den ἐκκλησιασταί und den σιτομετρούμενοι zu ziehen, aber über den bescheidenen Befund hinaus, daß beide Gruppen innerhalb der lokalen Oberschichten offenbar eine gewisse Sonderstellung besaßen, läßt sich für die Ekklesiasten daraus nichts Genaueres ableiten.

Immerhin dürfte klar geworden sein, daß die städtischen Oberschichten hinsichtlich ihrer Zusammensetzung und der formalen Voraussetzungen kein völlig einheitliches Bild ergeben. Standardisierte Ämterkarrieren lassen sich denn auch weder für die pamphylischen noch für die pisidischen Poleis nachzeichnen; zwar begegnen in Ehreninschriften für Wohltäter und verdiente Bürger diese immer wieder als Gymnasiarchen, Damiurgen, Agonotheten, Kaiserpriester und Inhaber lokaler Priesterämter,[1347] aber unabdingbare Voraussetzung zur Erlangung hohen Ansehens scheint die Bekleidung dieser Posten nicht gewesen zu sein. So treffen wir beispielsweise in einer jüngst publizierten Inschrift aus Perge auf zwei Brüder, die einen monumentalen Bogen mit aufwendiger Säulenarchitektur stifteten; der eine von ihnen war immerhin Priester der Artemis (Pergaia), Damiurg und Gymnasiarch, der andere aber versah überhaupt kein Amt.[1348]

Angesichts der weitverbreiteten Homonymie gewähren die Personennamen und Patronymika keinen Einblick in die Verwandtschaftsverhältnisse innerhalb der lokalen Eliten, und es können auch keine gesicherten Aussagen über eventuelle Verflechtungen zwischen den Oberschichten verschiedener Poleis formuliert werden. Dies ist eher möglich bei den zwei Gruppen, deren Behandlung noch aussteht, beim Senatorenstand und beim Ritterstand, und wir beginnen mit

---

1343 Wörrle, Stadt und und Fest, 133.
1344 SEG XIX 835, s.o.S.151. IvSelge Nr. 17 Z.20.
1345 Vgl. Rostovtzeff, Domäne von Pogla, 46.
1346 Wörrle, Stadt und Fest, 123-135.
1347 Vgl. dazu jeweils die Ausführungen von Magie, RRAM (Index, s.v.); zu lykischen Ämtern s. ferner Wörrle, Stadt und Fest, 100 ff. 183 ff.
1348 J. Inan, Der Demetrios- und Apolloniosbogen in Perge, IstMitt 39, 1989, 237 ff.

den an der Spitze der Hierarchie befindlichen Angehörigen des "ordo senatorius."

Die Zugehörigkeit zu dieser exklusiven Gruppe zu erlangen, bedeutete für die meisten Angehörigen der führenden Schichten der Provinzen und ihrer Städte ein erstrebenswertes Ziel, nachdem durch die Etablierung der römischen Herrschaft das römische Sozialgefüge zur gültigen Norm avanciert war. Dennoch bedurfte es einiger Zeit, bis der Integrationsprozeß und das Zusammenwachsen römischer, italischer und provinzialer Eliten so weit gediehen war, daß von einer mehr oder weniger homogenen Senatorenschicht gesprochen werden kann.[1349] Die Modalitäten und Etappen dieser Entwicklung sind für den griechischen Osten ausführlich und mit Zusammenstellung der prosopographischen Details von H. Halfmann erarbeitet worden,[1350] und seine Darstellungen bilden die wesentliche Basis der folgenden Ausführungen.

Es kann angesichts des prinzipiell konservativen Charakters des "ordo senatorius" nicht überraschen, daß zunächst nur Familien italischen Ursprungs, deren Präsenz in Kleinasien auf die im Osten tätigen "negotiatores" oder die Ansiedlung von Veteranen in den Kolonien Pisidiens zurückzuführen ist, den Eintritt in diese oberste Etage der sozialen Hierarchie schafften. Prominenteste und früheste Vertreter der von "negotiatores" herzuleitenden, neusenatorischen Geschlechter sind die Calpurnii aus Attaleia[1351] und die Plancii aus Perge;[1352] die den Kolonisten entstammenden "homines novi" repräsentieren im 1. Jh. n. Chr. vor allem die Caristanii[1353] und Sergii[1354] aus Antiochia Pisidiae. Während die genauen Details des raschen sozialen Aufstiegs der von italischen Händlern und Kaufleuten abstammenden, neusenatorischen "gentes" mangels entsprechender Quellen unklar bleiben,[1355] ermöglichte den Kolonistenfamilien zweifellos der ritterliche Offiziersdienst ihr gesellschaftliches Avancement, das sie letztendlich in den "ordo senatorius" führte.[1356]

Der ritterliche (sowohl der militärische als auch der zivile) "cursus honorum" fungierte im 1. und auch im 2. und 3. Jh. n. Chr. als wichtigstes Medium sozialer Mobilität, und neben diesem wichtigen Aspekt läßt sich ein weiteres wesentliches Strukturelement der provinzialen Senatsaristokratie ebenfalls bereits im 1. Jh. n. Chr. beobachten: die vielfältigen Verflechtungen zwischen den führenden "gentes". Die markantesten und frühesten, noch ins 1. Jh. bzw. frühe 2. Jh. n. Chr. zu datierenden Beispiele dieser Familienverknüpfungen bieten zum einen die Heiratsverbindung zwischen dem aus Antiochia Pisidiae stammenden, 73/74 n. Chr. als "adlectus in senatum inter tribunicios" zum Senator erhobenen, 81/2-83/4 n. Chr. als leg.Aug. pr.pr. prov. Lyciae et Pamphyliae amtierenden und 90 n. Chr. als cos.suff. belegten C. Caristanius

---

1349 Zu den wesentlichen Elementen, Statusmerkmalen, Tätigkeiten und administrativen sowie militärischen Karriereschritten der Senatoren s. Alföldy, Sozialgeschichte, 101 ff.; Vittinghoff, Gesellschaft, 227 ff.

1350 Halfmann, Senatoren I; ders., Senatoren II, jeweils mit erschöpfenden Angaben zu den inschriftlichen Quellen.

1351 Jameson, Attaleia, 117 f.; Halfmann, Senatoren I, 31 f. 54 f.; ders., Senatoren II, 606. 641 f.; W. Eck, L. Marcius Celer M. Calpurnius Longus. Prokonsul von Achaia und Suffektkonsul unter Hadrian, ZPE 86, 1991, 97-106.

1352 Jameson, Perge, 379 f.; S. Mitchell, The Plancii in Asia Minor, JRS 64, 1974, 27 ff.; Halfmann, Senatoren I, 32. 54; ders., Senatoren II, 606. 642.

1353 G.C. Cheeseman, The Family of the Caristanii at Antioch in Pisidia, JRS 3, 1913, 253-266; Levick, Colonies, 111 f.; dies, Antiocheia, 56 f.; Halfmann, Senatoren I, 32. 54 f.; ders., Senatoren II, 645 f.

1354 Halfmann, Senatoren I, 55 ff.; ders., Senatoren II, 645.

1355 Halfmann, Senatoren II, 606.

1356 Ebd. 607.

Fronto[1357] und Sergia Paulla (aus der in Lykaonien über ausgedehnten Grundbesitz verfügenden Familie der Sergii),[1358] zum anderen die wohl per Adoption hergestellte Verwandtschaft zwischen den Plancii aus Perge und den Iulii Cornuti.[1359]

Ein prominentes Mitglied des letztgenannten Geschlechts, C. Iulius Cornutus Tertullus aus Perge,[1360] bildet das Verbindungsglied zu einer weiteren Gruppe, aus welcher sich "homines novi" rekrutierten. Es handelt sich um Familien, die direkte oder mittelbare Abstammung von kleinasiatischen Klientelkönigen aufwiesen, wie der von der galatischen Dynastie herzuleitende Cornutus Tertullus.[1361] Mit diesen ihrer Herkunft nach rein provinzialen Senatoren gingen bereits die anfänglich wenigstens noch indirekten genealogischen Verbindungen der "homines novi" nach Italien verloren, und dieser Prozeß setzte sich im späteren 2. und 3. Jh. n. Chr. fort, als zusehends Mitglieder neuer, einheimischer Familien senatorisches Niveau erlangten. Zu nennen wären hier etwa Vertreter der (anscheinend durch Heiratsverbindungen mit den Anicii 'promovierten') "gens Flavonia" aus Antiochia Pisidiae,[1362] Aur. Tuesianus aus Pamphylien (Side?), "der sich aus der städtischen Oberschicht einer kleinasiatischen Stadt durch loyalen Dienst offenbar unter mehreren Kaisern in die höchste Führungsschicht des Imperium Romanum emporarbeitete";[1363] ferner Claudius Apellinus aus Perge, der als Nachkomme eines namensgleichen Kaiserpriesters aus Perge stellvertretend für das zusehends bedeutsame Phänomen erwähnt sei, daß die Bekleidung von Provinzialpriesterschaften oder von lokal bzw. regional prominenten Priesterämtern auf längere Sicht ebenfalls den Weg in den Senatorenstand ebnen konnte.[1364]

Die wachsende Integration genuin provinzialer Oberschichten in den Senatorenstand verhalf deren Angehörigen nun auch bisweilen zum Erreichen der begehrten Spitzenstellung in der inneren Hierarchie des "ordo senatorius", des Konsulats: Der erste aus Pamphylien oder Pisidien stammende Konsul begegnet mit dem schon genannten C. Caristanius Fronto im Jahre 90 n. Chr.[1365]; er wies noch italische Abstammung auf, auch der cos.suff. (100 n. Chr.) Cornutus Tertullus unterschied sich, wie wir sahen, von den anderen Provinzialen durch seine Verwandtschaft mit der galatischen Dynastie;[1366] italische Abkunft zeigt ferner L. Sergius Paullus (aus Antiochia Pisidiae), cos.suff. 151 n. Chr. (?) und cos.ord. II 168 n. Chr.[1367] Dagegen bildeten die Licinnii ein rein provinziales Geschlecht,[1368] und sie stellten mit dem aus Side gebürtigen T. Licinnius Mucianus um 177/78 n. Chr. einen cos.suff.[1369] Bereits für die Antoninenzeit

---

1357 Halfmann, Senatoren I, 109 Nr. 13; W. Eck, Chiron 13, 1983, 222; Remy, Les fastes, 173 Nr. 48.

1358 Halfmann, Senatoren I, 101 Nr. 3. 105 Nr. 9.

1359 S. Jameson, Cornutus Tertullus and the Plancii of Perge, JRS 55, 1965, 54 ff.; Mitchell, Plancii, 35 f.; Halfmann, Senatoren I, 117 Nr. 22. 128 Nr. 31.

1360 Halfmann, ebd. 117 Nr. 22.

1361 Ders., Senatoren II, 608 f.

1362 Levick, Colonies, 113; Halfmann, Senatoren I, 30; ders., Senatoren II, 646.

1363 G. Alföldy, Zum Cursus Honorum des Aurelius Tuesianus, ZPE 34, 1979, 270 (mit zahlreichen Verbesserungen gegenüber I. Piso, Die Laufbahn eines Ritters aus Pamphylien, Chiron 8, 1978, 515 ff.).

1364 Claudius Apellinus: Halfmann, Senatoren II 642; zum sozialen Aufstieg via Priesteramt: ebd. 609 ff.

1365 S.o.S.155.

1366 S.o.S.155.

1367 Halfmann, Senatoren I 163 f. Nr. 77.

1368 Halfmann, ebd. 35. Besonders prominent sind die Licinnii aus dem lykischen Oinoanda (IGR III 500), s. Wörrle, Stadt und Fest, 62 ff.

1369 Halfmann, Senatoren I, 189 Nr. 113.

konstatiert G. Alföldy, daß die Homogenisierung der Reichselite weit vorangeschritten war,[1370] und im späteren 2. Jh. dürfte dieser Prozeß weitgehend abgeschlossen gewesen sein, denn wir treffen im 3. Jh. n. Chr. auch auf fünf Senatoren aus Orten, die vorher keine Senatoren gestellt hatten: aus Sagalassos, Kremna und der Milyas;[1371] zwei dieser Senatoren erreichten sogar konsularen Rang.[1372] Ein jüngst publizierter Neufund hat schließlich ergeben, daß auch Selge im 3. Jh. n. Chr. einen Senator hervorgebracht hat.[1373]

Die recht hohe Zahl senatorischer Geschlechter aus Pamphylien und Pisidien[1374] ist nun nicht nur sozialgeschichtlich von großem Interesse, sondern auch mit Blick auf die wirtschaftlichen Verhältnisse, und zwar in mehrfacher Hinsicht. Zum einen führten die zahlreichen, vor allem von H. Halfmann detailliert aufgeschlüsselten verwandtschaftlichen Verflechtungen innerhalb der Oberschicht, die neben Pamphylien und Pisidien auch andere Gebiete Kleinasiens und sogar westliche Reichsregionen berührten,[1375] zur Entstehung großer, durch Vererbung, Mitgift u.ä. beförderter Vermögenskomplexe. Signifikant ist besonders die Existenz umfänglichen, vor allem in Kleinasien zu lokalisierenden Streubesitzes: Verwiesen sei hier zunächst auf die schon erörterten privaten Domänen der aus Attaleia stammenden Calpurnii bei Alastos und in weiteren Teilen Pisidiens,[1376] ferner auf die Ländereien der in Perge beheimateten Plancii, die sich in der pisidischen Hochebene um Sibidunda, Andeda und Pogla sowie in Galatien (Germa, Tavium) befinden;[1377] die Sergii aus Antiochia Pisidiae besaßen in Lykaonien und im westlichen Galatien Grund und Boden.[1378] Ohne Zweifel vermittelt die erhaltene Dokumentation nur einen schwachen Eindruck von der realiter sehr viel dichteren Besitzstreuung im südlichen und südwestlichen Anatolien, die auch als Resultat der jahrhundertelangen, im Laufe unserer Ausführungen schon mehrfach angesprochenen, intensiven Kontakte zwischen Pamphylien und Pisidien betrachtet werden dürfte.

Ein zweiter wirtschaftsgeschichtlich bedeutsamer Aspekt der Integration von Provinzialen in die

---

[1370] G. Alföldy, Konsulat und Senatorenstand unter den Antoninen. Prosopographische Untersuchungen zur senatorischen Führungsschicht, Bonn 1977, 61.

[1371] Halfmann, Senatoren II, 641.

[1372] M. Ulpius Calippianus aus Sagalassos (CIG 4369; vgl. W. Eck, Art. Ulpius, RE Suppl. XIV, 1974, 936) und M. Ulpius Tertullianus Aquila aus Kremna, vgl. Eck, ebd. 943, und jetzt P.M.M. Leunissen, Konsuln und Konsulare in der Zeit von Commodus bis Severus Alexander (180-235 n. Chr.). Prosopographische Untersuchungen zur senatorischen Elite im römischen Kaiserreich, Amsterdam 1989, 368.

[1373] J. Nollé, Epigraphische und numismatische Notizen, EA 12, 1988, 134 ff. = IvSelge Nr. 12. Ferner ist zu erwähnen, daß P. Plancius Magnianus Aelianus Arrius Perikles, Angehöriger der lokalen Elite von Selge, mit einer Frau aus dem "ordo senatorius" verheiratet war: IvSelge Nr. 20. Im Kommentar zu dieser Inschrift (97 mit A.12) wird überdies auf ein noch unpubliziertes Zeugnis aus Etenna hingewiesen, welches eine weitere Angehörige des senatorischen Standes belegt.

[1374] Für die Zeit bis zum Ende des 2. Jhs. n. Chr. s. die "quantitative Untersuchung" (71-81) von Halfmann, Senatoren I. Insgesamt s. für die Zeit bis zum Ausgang des 3. Jhs. n. Chr. den prosopographischen Anhang bei Halfmann, Senatoren II, 624 ff., dem für Pamphylien und Pisidien noch der genannte Senator aus Selge (vgl. die vorige Anm.) und eventuell ein in Side geehrter Ignotus (AE 1969/70, 606. SEG XXXIV 1307; die Herkunft des Ignotus bleibt jedoch unklar) sowie vielleicht der "clarissimus vir consularis" Ulpius Marcellus hinzuzufügen sind. Letzterer hat in Side im Auftrag der Polis eine Weihinschrift gesetzt (AE 1960, 460. 1968, 500 = SEG XXXI 1289), stammte also möglicherweise aus Side.

[1375] Vgl. die allgemeinen Bemerkungen von Halfmann, Senatoren I, 28-51; Senatoren II, 613 ff.; die familiären Verknüpfungen zwischen den lokalen und provinzialen Aristokratien erhellen im Detail die Angaben im prosopographischen Teil B bei Halfmann, Senatoren I (99-213).

[1376] S.o.S.122; ferner Halfmann, Senatoren I, 54.

[1377] Mitchell, Plancii, 27 ff.

[1378] Halfmann, Senatoren I, 55.

Reichselite mag auf den ersten Blick überraschen. Denn es könnte die Vermutung naheliegen, daß der Aufstieg der lokalen und regionalen Oberschicht, verbunden mit administrativen Tätigkeiten in allen möglichen Teilen des Reichsgebietes, zu einer Entfremdung zwischen Heimatgemeinde und Senatoren und daher auch zu einem Abfluß von ökonomischen Ressourcen geführt haben müßte. Tatsächlich ergeben die einschlägigen, meist epigraphischen Quellen ein gegenteiliges Bild, und so hat W. Eck in einer Studie über "Die Präsenz senatorischer Familien in den Städten des Imperium Romanum bis zum späten 3. Jahrhundert" den klaren Nachweis für die stets enge Verbindung zwischen πατρίς und ihren prominenten Söhnen und Töchtern führen können.[1379] Für unsere Regionen ist hier etwa T. Licinnius Mucianus aus Side anzuführen, der Tierhetzen und Gladiatorenspiele in Side stiftete;[1380] in Perge treten M. Plancius Varus und seine Kinder C. Plancius Varus sowie Plancia Magna als Euergeten großen Stils hervor,[1381] und M. Ulpius Calippianus zeichnet für die Einrichtung eines Agons in seiner Heimatstadt Sagalassos verantwortlich.[1382] Einen adäquaten Ausdruck fanden diese intensiven und dauerhaften Beziehungen zwischen Patris und senatorischen Bürgern in der Form des Stadtpatronats - "patroni" einzelner Städte, wie der Pergaier C. Iulius Plancius Varus Cornutus als Patron von Perge[1383], machten sich als Euergeten in vielerlei Hinsicht um ihre Geburtsstadt verdient.[1384] Patronale Bindungen bestanden im übrigen nicht nur zwischen senatorischen Wohltätern und ihren Heimatorten, vielmehr begegnen in Ehreninschriften beispielsweise auch Statthalter als Patrone von Attaleia oder Antiochia Pisidiae, die sich zum Nutzen dieser Städte betätigt hatten.[1385]

Unterhalb des senatorischen Standes rangierten in der sozialen Hierarchie die Mitglieder des Ritterstandes, aus denen, wie wir bereits sahen, eine Reihe der "homines novi" hervorging. Der Ritterstand stellt sich im Vergleich zum "ordo senatorius" als wesentlich weniger homogen dar, zumal der nicht erbliche Status eines Ritters auf der kaiserlichen Rangverleihung beruhte. Ihre besondere Bedeutung in der Kaiserzeit beziehen die "equites" aus ihren wichtigen Funktionen im römischen Militär (durch Ableistung der "militiae equestres") und in der Zivilverwaltung (durch Absolvierung der prokuratorischen Laufbahnen), und diese Tätigkeitsbereiche bildeten zugleich ein wichtiges Mittel des sozialen Aufstiegs gerade auch für die Provinzialen. Daneben ergeben sich weitere Verbindungen zwischen den städtischen Eliten und dem Ritterstand aus der Tatsache, daß viele nicht an staatlichen Posten interessierte oder nicht zu diesen zugelassene Mitglieder des "ordo equester" Ämter im Rahmen der munizipalen Selbstverwaltung bekleideten.[1386]

1379 W. Eck, Die Präsenz senatorischer Familien in den Städten des Imperium Romanum bis zum späten 3. Jahrhundert, in: Studien zur antiken Sozialgeschichte. Festschrift F. Vittinghoff, Köln 1980, 283-322; s. ferner F. Quass, Zur politischen Tätigkeit der munizipalen Aristokratie des griechischen Ostens in der Kaiserzeit, Historia 31, 1982, 188-213.

1380 AE 1972, 626.

1381 IvPerge Nr. 28 a.b. 29-37.

1382 CIG 4369.

1383 IvPerge Nr. 57.

1384 Vgl. auch die Anmerkungen zur Prinzipatszeit von J.-U. Krause, Das spätantike Stadtpatronat, Chiron 17, 1987, 14.

1385 L. Antistius Rusticus, Patron von Antiochia Pisidiae (AE 1925,126); M. Plautius Silvanus, Patron von Attaleia (SEG VI 646); vgl. allgemein J. Nicols, Patrons of Greek Cities in the Early Principate, ZPE 80, 1990, 81-100.

1386 S. zu diesem Komplex H.G. Pflaum, Les carrières procuratoriennes équestres sous le Haut-Empire romain,

Auch aus den pamphylischen und pisidischen Poleis gelangten diverse Angehörige der lokalen Eliten in den "ordo equester", und wiederum waren es, wie im Falle der neuen Senatoren, zunächst vor allem Abkömmlinge der italischen "negotiatores" und Kolonisten, denen dieses Avancement glückte, später dann auch Personen rein provinzialer Herkunft.[1387] Das bevorzugte Tätigkeitsfeld für pamphylische und pisidische Funktionsträger ritterlichen Ranges bildeteten eindeutig die "militiae equestres", die in den von H. Devijver erstellten Listen bequem zu ermitteln sind:[1388] Die höchste Zahl derartiger "equites" stammt aus Antiochia Pisidiae,[1389] Attaleia brachte drei ritterliche Offiziere hervor,[1390] deren zwei kamen jeweils aus Side und Perge,[1391] jeweils ein ritterlicher Militär war in Timbriada, Termessos, Sagalassos, Konana, Komama und Kremna beheimatet,[1392] für einen weiteren pamphylischen Kohortenpräfekten läßt sich die genaue "origo" nicht ermitteln.[1393]

In den Quellen begegnen weitere Angehörige des ritterlichen Standes aus Pamphylien und Pisidien, und es zeigt sich insgesamt eine stark ausgeprägte soziale Mobilität, die prinzipiell allen exponierten Bürgern, auch denjenigen kleinerer Siedlungen, entsprechende Chancen bot: Zwei "equites" nannten Aspendos als ihre Heimat;[1394] sechs weitere Ritter, darunter der später zum Senator avancierte L. Gavius Fronto,[1395] sind Attaleia zuzuweisen;[1396] die Inschriften von Perge verzeichnen einen ἔπαρχον γενόμενον ἐν ῾Ρώμῃ τε[χν]ε[ιτ]ῶν[1397] sowie einen weiteren "eq(ues) R(omanus)";[1398] die 'patris' des jüngst als der Sieger bei der Belagerung von Kremna (278/79) identifizierten ritterlichen Statthalters von Lycia-Pamphylia, Terentius Marcianus, war Sagalassos;[1399] in Antiochia Pisidiae wirkte der ἱππεὺς ῾Ρωμαίων C. Flavius

4 Bde. u. Suppl., Paris 1960-1982; Bleicken, Verfassungs- und Sozialgeschichte 1, 195 ff.; Alföldy, Sozialgeschichte, 106 ff.; ders., Die Stellung der Ritter in der Führungsschicht des Imperium Romanum (ND), in: ders., Römische Gesellschaft, 162-209; Christ, Kaiserzeit, 396 ff.; Vittinghoff, Gesellschaft, 222 ff.

1387 H. Devijver, Equestrian Officers from the East, in: Freeman - Kennedy I, 201.

1388 H. Devijver, Prosopographia militiarum equestrium quae fuerunt ab Augusto ad Gallienum, 3 Bde. u. Suppl. I, Leuwen 1976-1987; ders., Equestrian Officers, 109-225.

1389 Devijver, Equestrian Officers, 173 ff. Nr. 10-21, darunter drei Caristanii (Nr. 13.15.17), die den Eintritt in den "ordo senatorius" erlangten, s.o.S.154 f.; vielleicht stammt auch M. Arruntius M.fil. Ser(gia) Frugi (Devijver, ebd. 172 Nr. 2) aus Antiochia Pisidiae.

1390 Devijver, ebd. 160 ff. Nr. 10. 11. 20.

1391 Devijver, ebd. 160 ff. Nr. 4 (Aur. Tuesianus, der später in den Senatorenstand gelangte, s.o.S.155). 7. 8. 12.

1392 Devijver, ebd. 160 ff. Nr. 3. 5. 13. 18. 19. 21. Die Herkunftsangabe zu Nr. 18 ("Comama") ist falsch - es muß Konana heißen.

1393 Devijver, ebd. 164 Nr. 22.

1394 Jameson, Aspendos, 103.

1395 Halfmann, Senatoren I Nr. 71a.

1396 Jameson, Attaleia, 120 f. Nr. 1. 2. 5-7. Nicht bei Jameson unter den Rittern verzeichnet ist IGR III 781 = SEG VI 651 = SEG XVII 586 = AE 1974, 635, eine aus Attaleia stammende Inschrift für M. Petronius Firmus Calpurnius Saecularis, in welcher dieser u.a. (Z.8 f.) als "praefectus fabrum" (ἔπαρχος τ[ε]χνειτῶν) belegt ist. Angesichts der Herkunft vieler Calpurnii aus Attaleia (Halfmann, Senatoren I, 31 f.) sollte auch für Calpurnius Saecularis eine Abstammung aus Attaleia, dem Fundort der Inschrift, postuliert werden dürfen. Er wäre daher in Jamesons Liste zu ergänzen, denn hier ist wohl die ritterliche und nicht die munizipale "praefectura fabrum" gemeint; überdies ist darauf hinzuweisen, daß auch die munizipalen "praefecti fabrum" nicht selten im Besitz der Ritterwürde waren: E. Kornemann, Art. Fabri, RE VI, 1909, 1915 f. (zu städtischen praef.fabr.). 1918 ff. (zu "fabri" und ihren Präfekten im Heer).

1397 IvPerge Nr. 47 Z.10 f.

1398 IvPerge Nr. 98.

1399 Mitchell, Siege of Cremna, 322.

Baebianus als Wohltäter und Agonothet,[1400] in Kıreli Kasaba begegnet ein weiteres ritterliches Mitglied der "gens Calpurnia",[1401] und auch aus der abgeschiedenen, hoch im Taurus gelegenen Region um Kasai stammt ein Ritter, C. Marius Celer.[1402] Schließlich wissen wir aufgrund einer neuen Inschrift (IvSelge Nr.13), daß Tib. Claudius Vibianus Tertullus, "ab epistulis Graecis" unter Mark Aurel und später "praefectus vigilum", in Selge beheimatet war.

Die wesentlichen, für den "ordo senatorius" ermittelten Strukturmerkmale - die 'internationale' Verflechtung und die in patronalen Beziehungen dokumentierte Bindung an die Heimatgemeinde - zeichnen auch den "ordo equester" aus. So heiratete die Tochter des aus Antiochia Pisidiae stammenden "tribunus militum" C. Iulius Proculus einen Angehörigen der lokalen Elite von Side,[1403] und den in Ancyra dokumentierten Ritter Sergius Paulinianus assoziiert H.-G. Pflaum zu Recht mit den Sergi Paulli aus Antiochia Pisidiae.[1404] Ein im nordlykischen Balbura gefundenes Dekret des lykischen Koinon ehrt den aus vornehmem Geschlecht stammenden M. Aurelius Thoantianus, Bürger von Balbura und Attaleia; dieser wird charakterisiert als (Z.10 ff.) ἀνὴρ εὐγενὴς καὶ κόσμιος καὶ ἤθει καὶ τρόπῳ [ἄ]ριστος, διαπρέπων ἐν τῇ ἐπαρχείᾳ, γένους συνκλητικοῦ καὶ ὑπατικοῦ καὶ Λυκιαρχι[κ]οῦ καῖ Πα[μ]φυλιαρχῶν καὶ πρειμοπιλαρίων καὶ ἱππικῶν, der (Z.22 ff.) überall (πανταχοῦ) seine großzügige Bereitschaft (προθυμία) und Einsicht (γνώμη) unter Beweis gestellt habe, (Z.24 ff.) οὐ μόνον εἰς τὸ ἔθν[ος] ἡμῶν ἀλλὰ καὶ ἐν τῇ ἑτέρᾳ πατρίδι αὐτοῦ τῇ λαμπροτάτῃ Ἀτταλέων πόλει.[1405] Geradezu paradigmatisch belegt dieser Beschluß des lykischen Bundes noch einmal die Verbindungen zwischen Senatoren- und Ritterstand sowie zwischen den lokalen Eliten verschiedener Poleis und darüber hinaus das Wirken dieser exponierten Bürger zum Wohle ihrer Heimat(städte), was sich auch an weiteren pamphylischen und pisidischen Beispielen belegen ließe.[1406]

Zwei Aspekte seien am Schluß dieses Kapitels besonders hervorgehoben: Die Integration der provinzialen und lokalen Eliten in die Oberschicht des Imperium Romanum begünstigte die Einbindung Südwestanatoliens in das Gesamtreich und garantierte durch die Permanenz der Kontakte zwischen der πατρίς und ihren führenden, in die Reichsaristokratie aufgestiegenen Bürgern den Poleis vielfältige wirtschaftliche, politische und soziale Vorteile in Form von Amtsübernahmen, Stiftungen, politischer und finanzieller Protektion (etwa bei Gesandtschaften nach Rom) etc. seitens der prominenten Bürger. Darüber hinaus verdienen die breite geographische Streuung der Herkunftsorte von Senatoren und Rittern sowie deren kontinuierliche Präsenz in den Quellen der ersten drei nachchristlichen Jahrhunderte Beachtung. Aus Pamphylien stammen möglicherweise 17 Senatoren[1407]: neun aus Attaleia, vier aus Perge und vielleicht

---

1400 IGR III 303. SEG XXXI 1132. Lane, CMRDM I Nr. 168-174.

1401 IGR III 244.

1402 AE 1972, 630.

1403 AE 1966, 472.

1404 Pflaum II Nr. 262 bis (S. 702 f.).

1405 IGR III 474 = J.J. Coulton u.a., Balboura Survey II: Onesimos and Meleager, AS 39, 1989, Nr. 5.

1406 Vgl. dazu noch Quass, Tätigkeit, 198 ff.; H. Devijver, Zur politischen Tätigkeit der munizipalen Aristokratie des griechischen Ostens in der Kaiserzeit, Historia 34, 1984, 253 ff.; zur sozialen Fürsorge seitens exponierter Aristokraten s. auch noch C.P. Jones, Eastern 'Alimenta' and an Inscription of Attaleia, JHS 109, 1989, 189 ff.

1407 Vgl. Halfmann, Senatoren II, 641 ff. Die dort (gemäß den Provinzgrenzen des 2./3. Jhs. n. Chr.) unter 'Pamphylien' aufgelisteten Senatoren aus Sagalassos, Kremna und der Milyas zählen wir zu Pisidien; zu der von Halfmann erstellten Liste kommen noch die o.A.1374 zur Diskussion gestellten Personen hinzu, die beide vielebenfalls vier aus Side. Pisidien brachte 21 Senatoren hervor: 15 Senatoren kommen aus Antiochia Pisidiae, drei aus Sagalassos, je einer aus Selge, Kremna und der Milyas.[1408] Die Zusammenstellung der Ritter liefert ein ähnlich ausgewogenes Bild:[1409] Für 17 Ritter läßt sich eine Herkunft aus Pamphylien ermitteln oder als wahrscheinlich annehmen. Neun Ritter finden sich in Attaleia, vier in Perge, zwei in Aspendos und je einer in Side und Kasai. Aus Pisidien dürften 18 Ritter stammen: neun aus Antiochia Pisidiae, zwei aus Sagalassos und je einer aus Komama, Konana, Kremna, Selge, Termessos und Timbriada; ein weiterer "eques" ist in der Gegend um Kıreli Kasaba bezeugt. Diese Ergebnisse zeugen wieder einmal von der Ähnlichkeit der in Pamphylien und Pisidien herrschenden wirtschaftlichen und sozialen Strukturen sowie von deren Stabilität auch in dem Jahrhundert der Soldatenkaiser, dessen militärische Begebenheiten gleichwohl auch in der Dokumentation unserer Regionen ihren Niederschlag gefunden haben, wie das folgende Kapitel zeigen wird.

5. Die Rolle des Heeres in Wirtschaft und Gesellschaft

Militärische Aspekte prägten die Anfänge römischen Auftretens im südlichen Anatolien, zunächst in Form der bereits geschilderten Unternehmungen des M. Antonius gegen die Piraten, denen zusätzliche, von Pompeius schließlich erfolgreich beendete Operationen folgten. Die weiteren, ebenfalls schon genannten kriegerischen Vorgänge des 1. Jhs. v. Chr., unter denen die Auseinandersetzungen Roms mit den "Homonadenses" (bald nach 6 v. Chr.) herausragen,[1410] erforderten den permanenten Einsatz von Truppen und mußten folglich der römischen Präsenz in den Augen der Einheimischen einen stark militärischen Charakter verleihen.

Daran dürfte sich in den folgenden Jahrhunderten trotz einer weitgehend ungetrübten Friedenszeit, was Pamphylien und Pisidien anbelangt,[1411] kaum etwas geändert haben, denn das römische Militärwesen spielte auch weiterhin dort eine dominierende Rolle, und zwar in mehrfacher Hinsicht: Zunächst gilt es daran zu erinnern, daß in die neuen pisidischen Kolonien neben den "negotiatores" auch Veteranen als Siedler deduziert wurden, vorwiegend Angehörige der legio V Gallica und der legio VII;[1412] überdies wurden römische Veteranen auch in Apollonia, Neapolis und Attaleia ansässig.[1413] Weiterhin bleibt festzuhalten, daß auch die "inermes provinciae"[1414] keinesfalls frei von jeglicher Besatzung waren, vielmehr "kann man heute für fast alle prokonsularen Provinzen Militär nachweisen."[1415] In Pamphylien läßt sich zumindest für die

---

leicht aus Side stammen.

1408 Vgl. Halfmann, ebd.; zu dem Senator aus Selge s.o.A.1373.

1409 Nicht mitgezählt werden hier diejenigen Ritter, die in den Senatorenstand gelangten; sie sind in der Liste der Senatoren enthalten.

1410 S.o.S.94 ff.; zur Datierung des Krieges s. Levick, Colonies, 203 ff.

1411 In unseren Regionen selbst stattfindende militärische Auseinandersetzungen überliefern die Quellen erst wieder für die zweite Hälfte des 3. Jhs. n. Chr.: Die Gotenkriege führten zu einer Belagerung Sides (Dexipp fr. 23 = FHG III p. 681) und zur Errichtung des militärischen Hauptquartiers unter Tacitus in Perge (275/6 n. Chr., vgl. IvPerge Nr. 22), zur Zeit des Kaisers Probus besiegten römische Truppen nach langer Belagerung die Isaurier bei Kremna, vgl. SHA Pr. 16,4 ff. Zos. I 69,1 ff. und dazu Brandt, Probus.

1412 CIL III 6825. 6826. 6828. Waldmann Nr. 4; vgl. Levick, Colonies, 58; dies., Antiocheia, 50. Die Identität der an der Kolonisierung von Parlais beteiligten Legion ist unbekannt: Levick, Parlais, 997.

1413 M.P. Speidel, The Roman Army in Asia Minor. Recent Epigraphical Discoveries and Research, in: S. Mitchell (Hg.), Armies and Frontiers in Roman and Byzantine Anatolia (BAR Int.Ser. 156), Oxford 1983, 20.

1414 Tac.hist. I 11.

1415 W. Eck, Prokonsuln und militärisches Kommando. Folgerungen aus Diplomen für prokonsulare Provin-

Zeit zwischen 167-238 n. Chr. die Anwesenheit der cohors I Flavia Numidarum belegen,[1416] in Pisidien könnte wenigstens zeitweise die cohors I Hispanorum gestanden haben,[1417] und außerdem befand sich an der Grenze zwischen Apollonia und dem phrygischen Apameia zumindest im 2. und 3. Jh. n. Chr. ein von Angehörigen der legio XI Claudia angelegtes und später mit Kohortendetachements besetztes "castellum".[1418]

Mit einer gewissen Regelmäßigkeit begegnen darüber hinaus römische Flotten an der anatolischen Südküste, so die "classis Syriaca"[1419] und auch die misenische Flotte,[1420] für deren häufige Anwesenheit in dieser Region überdies die Tatsache spricht, daß ein "praep(ositus) reliq(uationi) class(ium) praet(oriarum) Mis(enatis) et Ravan(natis)" zum Stadtrat von Misenum, Mallos (Kilikien) und Antiochia Pisidiae gehörte: Laut einer ihm zu Ehren gesetzten Inschrift gelangte er "in ordine(m) decur(ionum) splendidis(simae) civitatis Mis(enensium) itemque splendidis(simae) col(oniae) Antiochens(ium) et splendidis(simae) col(oniae) Mallotar(um)."[1421]

Das letztgenannte Zeugnis aus Mallos ermöglicht zugleich die Verbindung zu einem weiteren Aspekt der römischen Militärpräsenz in Pamphylien und Pisidien. Denn die für die Logistik des von Gordian III. veranstalteten Perserfeldzuges wichtige kilikische Stadt Mallos[1422] gehört zu einer ganzen Reihe weiterer, auch pamphylischer und pisidischer Orte, die im Rahmen der häufigen Partherfeldzüge römischer Kaiser als Nachschub- und Durchmarschstationen dokumentiert sind; die wirtschaftlichen Aspekte dieser Rolle werden uns noch beschäftigen.

Schließlich gewährte der römische Militärdienst nicht nur, wie wir sahen, Angehörigen des Ritterstandes, sondern auch vielen einfachen, aus den Provinzen stammenden Soldaten Erwerbsmöglichkeiten und zugleich Chancen des sozialen Aufstiegs;[1423] außerdem entwickelten sich aufgrund der ethnischen Heterogenität der Provinzarmeen internationale Kontakte zwischen den Heeresangehörigen, welche diese später, nach ihrer Entlassung, pflegen und gegebenenfalls auch wirtschaftlich nutzen konnten.[1424]

Es zeigt sich also, daß mit dem römischen Militärwesen diverse wirtschafts- und sozialgeschichtliche Aspekte von hohem Interesse verbunden sind - um so mehr muß es überraschen, daß diesem Komplex in den einschlägigen Arbeiten überhaupt keine Beachtung geschenkt

---

zen, in: W. Eck - H. Wolff (Hgg.), Heer und Integrationspolitik, Köln 1986, 519; vgl. ferner Speidel, Roman Army, 12. Tac.hist. II 6.

[1416] IvPerge Nr. 77 (dort im Kommentar mit den weiteren Belegen); vgl. Speidel, Roman Army, 14; Eck, Prokonsuln, 522; Nollé, Pamphylische Studien 1-5, 200. Speidels Annahme von der Stationierung weiterer Auxiliareinheiten (ebd. 14) läßt sich jedoch nicht ausreichend stützen.

[1417] AE 1961, 17 (Olbasa); vgl. Speidel, Army, 15.

[1418] M. Christol - T. Drew-Bear, Un castellum romain près d'Apamée de Phrygie, Wien 1987, bes. 58 f. AE 1987, 938-945. Plausible Indizien, die für eine längerfristige Stationierung der Einheiten dort sprechen, nennt M.P. Speidel, Roman Troops at Aulutrene. Observations on Two Inscriptions, EA 10, 1987, 97 ff.

[1419] D. Kienast, Untersuchungen zu den römischen Kriegsflotten der römischen Kaiserzeit, Bonn 1966, 94.

[1420] Tac.hist. II 9; AE 1974, 636. 1977, 793.

[1421] ILS 9221 (aus Mallos).

[1422] Vgl. dazu Ziegler, Städtisches Prestige, 97.

[1423] So kamen die peregrinen Auxiliarsoldaten in den Genuß des römischen Bürgerrechts und des "ius conubii", s. G. Alföldy, Das Heer in der Sozialstruktur des Römischen Reiches (ND), in: ders., Römische Heeresgeschichte (MAVORS 3), Amsterdam 1987, 30 f.

[1424] Vgl. zu diesem Komplex die Überlegungen von Alföldy, Heer, 26 ff.

wird.[1425] Im folgenden geht es daher vorwiegend darum, die dokumentierten oder zu vermutenden bzw. zu erschließenden Konsequenzen des Militärwesens für das regionale und lokale Wirtschaftsleben in Pamphylien und Pisidien zu untersuchen und zu erörtern, ob die Armee in ökonomischer Hinsicht eher stimulierend oder belastend gewirkt hat.

Sucht man in den Quellen direkte Antworten auf die angeschnittenen Fragen, so dominieren eindeutig Hinweise auf die seitens römischer Soldaten verursachten Nachteile. So beschweren sich die Bewohner der pisidischen Kleinstadt Takina beim römischen Kaiser Caracalla über massive Übergriffe durch Angehörige einer Kohorte, die über Gebühr Requisitionen vorgenommen, Spanndienste in exzessivem Ausmaß gefordert und offenbar sogar die Felder der Bauern geplündert haben, wie aus dem Reskript des Kaisers mit Entschädigungszusagen und Schutzversprechen an die Bürger Takinas hervorgeht.[1426] Ähnliche Dokumente aus anderen Teilen Kleinasiens, vor allem aus Lydien, unterstreichen das häufigere Vorkommen derartiger Mißstände.[1427]

Auch die in mehreren Exemplaren, darunter in einer Kopie aus Antiochia Pisidiae, überlieferten "sacrae litterae" der Kaiser Septimius Severus und Caracalla, laut welchen Senatoren von der Einquartierung durchziehender Soldaten und damit von entsprechenden Lasten befreit werden,[1428] sprechen für die belastenden Auswirkungen römischer Militärpräsenz. Ferner sei daran erinnert, daß römische Kaiser einigen Poleis das Privileg gewährten, bestimmte, sehr begehrte Agone zu veranstalten, was als Kompensation für die aufgrund von Heeresaufmärschen entstandenen Ausgaben gedacht war;[1429] dies paßt ebenfalls in das hier gezeichnete, negative Bild. Und schließlich zeugen Ehreninschriften des 3. Jhs. n. Chr. für Bürger aus Aydolin Kalesi (im Hinterland von Side) und Kasai, in denen diese für die Übernahme der im Rahmen der Perserkriege Severus Alexanders und Gordians notwendigen Annona-Lieferungen nach Syrien (παραπομπή) belobigt werden,[1430] ebenso von den enstehenden wirtschaftlichen Lasten wie der Ehrenbeschluß aus Pogla für einen Euergeten, der auf seine Kosten ἄννωναν εἰς τὸ Ἀλε[ξανδ]ρέων ἔθνος schicken ließ.[1431]

Prima vista deutet demnach alles auf eine starke ökonomische Beanspruchung lokaler und regionaler Ressourcen in Pamphylien und Pisidien durch das Militär hin,[1432] zumal beide Gebiete häufig von den "expeditiones" römischer Kaiser (samt zivilem und militärischem Gefolge) oder

---

1425 Weder bei Broughton, Roman Asia, noch bei Greenhalgh oder bei Jameson, Lycia and Pamphylia, finden sich Bemerkungen zur Armee.

1426 Şahin - French, bes. § 1 und 3.

1427 P. Herrmann, Ergebnisse einer Reise in Nordostlydien, Wien 1962, Nr. 19; H. Malay, Letters of Pertinax and the Proconsul Aemilius Iuncus to the City of Tabala, EA 12, 1988, 47 ff.; vgl. ferner H.O. Kröner, Furcht vor der Einquartierung, Chiron 1, 1971, 215 ff.; Halfmann, Itinera, 66. Weitere einschlägige Beispiele aus Kleinasien nennt Malay, 50. Eine grundlegende, alle wesentlichen Aspekte der einschlägigen Dokumentation diskutierende Abhandlung hat jetzt P. Herrmann vorgelegt: Hilferufe aus der römischen Provinz. Ein Aspekt der Krise des Römischen Reiches im 3. Jh. n. Chr. (Ber. aus den Sitzungen der Jungius-Gesellsch. d. Wiss. Hamburg, Jg.8, 1990, H.4), Hamburg 1990.

1428 T. Drew-Bear - W. Eck - P. Herrmann, Sacrae Litterae, Chiron 7, 1977, 355-383; C.P. Jones, The Sacrae Litterae of 204: Two Colonial Copies, Chiron 14, 1984, 93 ff.

1429 S.o.S.147.

1430 AE 1972, 626-628.

1431 IGR III 409 = SEG XIX 835. Möglicherweise hängt diese Lieferung mit Vorbereitungen der geplanten, aber nicht durchgeführten Ägyptenreise des Severus Alexander zusammen, s. Halfmann, Itinera, 81 A.276. 232.

1432 So auch die Einschätzung von S. Mitchell, The Balkans, Anatolia, and Roman Armies Across Asia Minor, in: ders. (Hg.), Armies, 142.

auch von Heeresdurchzügen ohne persönliche Beteiligung der Principes betroffen waren: Hadrian begegnet in Pisidien und Attaleia,[1433] Lucius Verus hielt sich aufgrund des Partherfeldzuges im Osten auf und reiste auch "per singulas maritimas civitates Asiae, Pamphyliae Ciliciaeque",[1434] Commodus begegnet 176 n. Chr. in Attaleia,[1435] Septimius Severus und Caracalla berühren im Rahmen ihrer Ostexpeditionen 197 bzw. 215 ebenso unsere Regionen[1436] wie Severus Alexander während der Jahre 231-233.[1437] Unter Maximinus Thrax lassen sich aufgrund numismatischer Belege Truppenverschiebungen im Osten, darunter im kilikischen Raum, vermuten, von denen ebenfalls Pamphylien und Pisidien betroffen gewesen sein dürften, und Entsprechendes gilt für die Zeit Gordians III.[1438] Auch unter Volusian und Trebonianus Gallus deuten Münzprägungen auf Truppenbewegungen im südlichen Anatolien,[1439] Valerian I. zog 255 durch Kleinasien gegen die Perser,[1440] die römischen Truppen in Pamphylien zur Zeit der Kaiser Tacitus und Probus wurden bereits erwähnt,[1441] und möglicherweise steht auch ein extraordinäres Militärkommando unter L. Aurelius Marcianus, der als εἰρήνης προστάτης in Termessos belegt ist,[1442] mit den unter Probus aufgetretenen Isauriereinfällen nach Pisidien und Pamphylien in Verbindung.[1443]

Trotz der scheinbaren Eindeutigkeit der bislang präsentierten Quellen geben einige Überlegungen Anlaß zur Skepsis gegenüber einer allzu negativen Einschätzung der aus der römischen Militärpräsenz resultierenden Wirkungen. Was die in den Inschriften dokumentierten Mißhandlungen der Zivilbevölkerung durch Soldaten anbelangt, so vermitteln diese Zeugnisse möglicherweise ein schiefes Bild, denn naturgemäß schlägt sich der als Normalfall angesehene, reibungslose Verkehr zwischen Militär und Zivilbevölkerung nicht in den Quellen nieder, so daß vor einer uneingeschränkten Verallgemeinerung der Vorgänge von Takina zu warnen ist.

Ferner brachten Expeditionen römischer Kaiser bisweilen auch wirtschaftlich positive Effekte mit sich, die in einer auf das Militär bezogenen Kosten-Nutzen-Kalkulation zu berücksichtigen wären. Beispielsweise pflegte das Straßennetz im Vorfeld oder anläßlich eines kaiserlichen Durchzuges ausgebaut und verbessert zu werden, wobei Soldaten häufig zu entsprechenden Tätigkeiten herangezogen wurden, und von einer verbesserten Infrastruktur profitierte, wie wir

---

1433 Baydur, Münzen I 42; Halfmann, Itinera, 205 f. J.-P. Adams (Logistics of the Roman Imperial Army: Major Campaigns on the Eastern Front in the First Three Centuries A.D., Ann Arbor 1976, 35) glaubt, auch Trajan sei im Jahre 113 mit seinem Heer durch Pisidien nach Pamphylien gezogen, was Halfmann (ebd. 187 f.) bestreitet.

1434 SHA, V 6, 9. Unter anderem besuchte er auch Side: Nollé, Pamphylische Studien 6-10, 258 A.135.

1435 Baydur, Münzen I, 44.

1436 Baydur, Münzen II, 37 f.; Adams, 44 f. 51 ff. Aus Prusias ad Hypium stammt eine Inschrift, welche von der Heeresversorgung im Rahmen des Partherzuges Caracallas Zeugnis ablegt: W. Ameling, Eine neue Inschrift aus Prusias ad Hypium, EA 1, 1983, 63 ff.; s. zum Zug Caracallas durch Pisidien auch E. Gren, Kleinasien und der Ostbalkan in der wirtschaftlichen Entwicklung der römischen Kaiserzeit, Uppsala 1941, 125.

1437 Baydur, Münzen II, 39.

1438 Maximinus Thrax: Ziegler, Städtisches Prestige, 99; Gordian III.: Kleinasiatische "adventus Augusti" - Prägungen und vor allem "l'abondance et l'extraordinaire variété du monnayage d'Antioche de Pisidie sous le règne de Gordien III" zeigen, daß zumindest Pisidien von dem Ostfeldzug Gordians III. betroffen war: X. Loriot, Les premières années de la grande crise du IIIe siècle: De l'avènement de Maximin le Thrace (235) à la mort de Gordien III (244), ANRW II 7. 2, 1975, 767 mit A.814.

1439 Ziegler, Städtisches Prestige, 110 ff.

1440 Baydur, Münzen II, 42.

1441 S.o.S.160 A.1411.

1442 M. Christol, Un duc dans une inscription de Termessos (Pisidie), Chiron 8, 1978, 529-540.

1443 Vgl. Brandt, Probus.

im Zusammenhang mit dem aus Sagalassos stammenden Edikt des Strabo Libuscidianus sahen, auch die Privatwirtschaft.[1444] So steht die auf einem aus der Gegend um Olbasa stammenden Meilenstein gordianischer Zeit vermerkte Reparatur der Straßen zweifellos in Verbindung mit dem Partherfeldzug Gordians III.,[1445] und ein Meilenstein vom Territorium des phrygischen Eumeneia mit dem Schluß "Leg. XII Fulm. ab Apam. XXIIX" kann nur bedeuten, daß am Bau oder bei der Ausbesserung der von Eumeneia nach Apameia führenden Straße Legionssoldaten mitgewirkt hatten.[1446] Da Eumeneia zur Provinz Asia gehört, in der gar keine Legion stationiert war, sind die Angehörigen der genannten 12. Legion folglich aus einer benachbarten Provinz abgeordnet worden;[1447] für Pamphylien und Pisidien sind also ähnliche Vorgänge denkbar.

Ein zweites Indiz für die mitunter auch nützlichen Begleiterscheinungen römischer Truppendurchzüge bieten die anläßlich derartiger Ereignisse sprunghaft ansteigenden lokalen Emissionen.[1448] Diese Prägungen zeigen, daß verstärkte wirtschaftliche Aktivitäten mit der auch nur temporären Anwesenheit finanzkräftiger Fremder einhergingen und daß der vermehrten Nachfrage (etwa nach Nahrungsmitteln, lokalen Konsumgütern, nach allen möglichen Arten der Unterhaltung und des Amusements etc.) ein wachsendes Angebot entsprach. Spezifische Münzsorten, wie die von den an Durchmarschwegen gelegenen Poleis emittierten Signa-Münzen oder die mit dem Titel 'Nauarchis' versehenen und auf die wichtige Rolle als Nachschubhafen anspielenden Prägungen Sides,[1449] unterstreichen, daß sich im Rahmen der Heeresbewegungen oder der Logistik einzelnen Siedlungen durchaus Verdienstmöglichkeiten boten. Zwar mögen diese hinsichtlich ihrer (positiven) wirtschaftlichen Tragweite von C.E. Bosch und E. Gren etwas überschätzt worden sein,[1450] aber sie bilden zumindest ein gewisses Gegengewicht zu den entstandenen Belastungen.

Erheblich größere wirtschaftliche Bedeutung als konsumtiver Faktor erlangte das Militär natürlich im Falle ständiger und nicht nur vorübergehender Anwesenheit in einem Gebiet. Da auch in Pamphylien und Pisidien über längere Zeiträume hinweg mit der Stationierung von Militäreinheiten zu rechnen ist,[1451] haben wir hier eine Schicht von sehr zahlungskräftigen und konsumorientierten Abnehmern vor uns,[1452] mit der lokale Produzenten und Anbieter längerfristig zu kalkulieren vermochten; sie konnten dementsprechend ihre Angebotspalette gestalten sowie die Preise heraufsetzen. Unmißverständlich geht dieser Sachverhalt aus dem Preisedikt Diokletians

---

1444 SEG XXVI 1392, vgl.o.S.142 f.

1445 CIL III Suppl. 12198.

1446 T. Drew-Bear - W. Eck, Kaiser-, Militär- und Steinbruchinschriften aus Phrygien, Chiron 6, 1976, Nr. 5.

1447 So gewiß mit Recht W. Eck in dem in A.1446 genannten Beitrag.

1448 Bosch, Münzen, 426 ff.; Ziegler, Städtisches Prestige, 142 f.; Leschhorn, Kleinasien, 215.

1449 Zu diesen Prägungen s. zuletzt J. Nollé, "Oriens Augusti". Kaiserpanegyrik und Perserkriegspropaganda auf Münzen der Stadt Side in Pamphylien unter Valerian und Gallienus (253-268), JNG 36, 1986, 129; ders., Pamphylische Studien 6-10, 259 ff.

1450 Bosch, Münzen, 430; Gren, 89 ff.; zur Kritik an beiden s. Ziegler, Städtisches Prestige, 143 A.44.

1451 S.o.S.160 f.

1452 Neuere Forschungen zur Höhe von Soldzahlungen, Donativen und Entlassungsprämien haben zu der Erkenntnis geführt, daß Soldaten - nicht nur Legionäre, sondern auch Angehörige der Auxiliarkohorten - finanziell potente und überdies sehr verbrauchsfreudige Kunden darstellten: s. vor allem J. Jahn, Zur Entwicklung römischer Soldzahlungen von Augustus bis auf Diokletian, in: M. R.-Alföldi (Hg.), Studien zu Fundmünzen der Antike 2, Berlin 1985, 53-75; L. Wierschowski, Heer und Wirtschaft. Das römische Heer der Prinzipatszeit als Wirtschaftsfaktor, Bonn 1984, der Besoldungshöhe, Geldgeschäfte und Sparaufkommen sowie Nachlässe der Angehörigen einzelner Truppengattungen (16-64) sowie ihr Konsumverhalten (112-151) ermitteln kann. Besonders aufschlußreich hinsichtlich oft ausgefeilter und spezieller Bedürfnisse und Kaufwünsche einfacher Soldaten sind hervor, in dessen "praefatio" (14) explizit der Mißstand angeprangert wird, daß an Garnisonsorten und Etappenstationen die Preise für Güter aller Art ("pretia venalium rerum") bisweilen das normale Niveau um mehr als das Achtfache überstiegen. Den Provinzialen bescherte dies natürlich willkommene Einkommenssteigerungen. Für die Stabilität und das wirtschaftliche Gewicht des Nachfrageverhaltens von Soldaten spricht ferner, daß sich für manche Produkte und Militärstützpunkte (freilich nicht für Pamphylien und Pisidien) sogar ein "fundamental link between army requirements and long distance trade" ermitteln läßt, d.h. manche Produzenten und Fernhändler waren in der Lage, allein aufgrund sicher zu erwartender Abnehmer in der Armee bestimmte Erzeugnisse herzustellen und auch über lange Strecken hinweg zu transportieren.[1453]

War zuletzt von fremden und im Dienst befindlichen, entweder kurzfristig in Pamphylien und Pisidien anwesenden oder über einen längeren Zeitraum hinweg dort stationierten Soldaten die Rede, so bedarf es jetzt noch eines Blickes auf Soldaten, die aus dem südwestlichen Anatolien stammten oder sich, nach ihrer aktiven Zeit, dort niederließen. Beide Gruppen dürfen in einer Kalkulation der ökonomischen Bedeutung des Militärwesens nicht fehlen, denn einmal erfahren wir aus den Quellen, daß in der Fremde dienende Soldaten des öfteren Geld an ihre in der Heimat verbliebenen Frauen und Verwandten überwiesen[1454] und somit für einen gewissen Kapitalimport sorgten, und zweitens bewirkten Veteranen, die sich mit ihrem Entlassungsgeld und/oder ihren Ersparnissen sowie Krediten irgendwo eine neue Existenz aufbauten, etwa in Form von Landkauf, ebenfalls einen Zufluß an Geld. Eine Zusammenstellung der aus Pamphylien und Pisidien stammenden Soldaten[1455] zeigt, daß doch eine recht große Zahl von Männern die mit dem Militärdienst in den Legionen verbundenen Chancen wirtschaftlichen und sozialen Aufstiegs nutzten und es nach den Worten von G. Forni schafften, "di salire in tal modo dalla classe dei dominati in quella dei dominatori."[1456] Forni hat die Rekrutierung der römischen Legionen für die Zeit von Augustus bis Diokletian untersucht und dabei fünfzehn aus Pisidien und Pamphylien stammende Legionsangehörige ermittelt:[1457] Aus Pamphylien kommen nur zwei (je einer aus Aspendos und Perge),[1458] der Rest sind Pisider: je drei aus Konana, der Milyas und aus Isinda,[1459] je einer aus Amblada, Etenna, Kormasa und Antiochia Pisidiae.[1460] Einige wenige, sicher oder möglicherweise aus unseren Regionen stammende Legionäre, die Forni übersehen hat, sind hier nachzutragen: In Polyetta befindet sich das Grabmonument

Papyri aus Ägypten wie P. Mich. 465. 466.

1453 P. Middleton, The Roman Army and Long-Distance Trade, in: Garnsey - Whittaker, Trade, 75 ff. (Zit.: 81).

1454 Vgl. etwa P. Mich 470. P. Meyer 20. P. Princ. II 57; Wierschowski, 41 ff.

1455 Ausgeklammert werden hier die schon behandelten Militärs senatorischen oder ritterlichen Ranges, s.o.S.153 ff. ff. Zusätzlich anzuführen ist hier noch L. Paccius Montanus (CIL III 6885), in dem nach den plausiblen Vermutungen von Levick (Komama, 868) ebenfalls ein Angehöriger des "ordo equester" zu sehen ist.

1456 G. Forni, Estrazione etnica e sociale dei soldati delle legioni nei primi tre secoli dell' impero, ANRW II 1, 1974, 384.

1457 G. Forni, Il reclutamento delle legioni di Augusto a Diocleziano, Mailand 1953, 157 ff.; mit Nachträgen bei dems., Estrazione etnica, 360. 378; s. auch M.P. Speidel, Legionaries from Asia Minor, ANRW II 7.2, 1980, 730 ff.

1458 CIL III 14491. AE 1969/70, 633.

1459 CIL III 9733. J. u. A. Sasel, Inscriptiones latinae quae in Iugoslavia inter annos MCMLX et MCMLXX repertae et editae sunt, Ljubljana 1978. Suppl. Ljubljana 1986, Nr. 1916. 1949. 2090. CIL III 8487. 8488. 6627 = A. Bernand, Les portes du désert. Recueil des inscriptions grecques d'Antinoopolis Tentyris, Apollonopolis Parva et Apollonopolis Magna, Paris 1984 Nr. 56.

Γαίου Οὐαλερίου Στράβωνος κεντυρίωνος λεγεῶνος ἕκτης Σιδηρᾶς, der aus dieser Gegend stammen dürfte.[1461] Prostanna nannte vielleicht Μᾶρκος Σεῖος, Angehöriger der leg. XIII Gemina (?), seine Heimat, da er dort für den Kaiser Nero nach Ablauf seiner aktiven Dienstzeit eine Weihinschrift setzen ließ.[1462] Ebenfalls in Prostanna stiftete L. Calpurnius Longus eine Weihinschrift für Mars Ultor und bezeichnete sich selbst dabei als οὐετρανὸς ἐκ πραιτωρίου Αὐγούστου [Δομιτιανο]ῦ καὶ θεοῦ Τίτου καὶ θεοῦ Οὐεσπασιανοῦ.[1463] Da die Mitglieder der kaiserlichen Garde bis ins späte 2. Jh. n. Chr. grundsätzlich aus Italien oder westlichen Reichsteilen stammten,[1464] dürfte Longus kaum auf direktem Wege in die Truppe der Prätorianer gelangt sein; vielmehr wird man annehmen dürfen, daß dieser offenbar in Pisidien gebürtige Mann[1465] erst in einer Legion gedient hatte und dann, nachdem er sich bewährt hatte, in die "cohors praetoria" übergewechselt war.

In Ägypten befindet sich eine mehrseitig beschriebene Weihung, auf der eine große Zahl von Legionssoldaten verzeichnet ist, darunter der bei Forni berücksichtigte L. Bellenius Iulianus aus Perge (col.II Z.24);[1466] in dem ebenfalls dort aufgeführten, mit der Herkunftsangabe "Antioc(hia)" versehenen C. Antonius Valens (col. I Z.33) könnte es sich möglicherweise um einen aus Antiochia Pisidiae stammenden Soldaten handeln.[1467] In Amblada setzte der "veteranus leg(ionis) XII F(ulminatae)" M. Antonius Longus seiner Frau einen Grabstein[1468] - möglicherweise ist Longus als Veteran in seine Heimat zurückgekehrt. Letzteres darf bei dem folgenden Veteranen aus Kolybrassos mit Sicherheit angenommen werden:[1469] Ἡ βουλὴ καὶ ὁ δῆμος ἐτείμησεν Μ(ᾶρκον) Αὐρ[ή]λιον Ποσίδιον Ὄβριμον οὐετρανὸν λεγ(εῶνος) δ' [Σκυθικ]ῆ[ς] ἄνδρα πρόβουλον, τὸν δὲ ἀνδριάντα ἀνέστησαν αὐτοῦ [μετὰ] τῆς θυγατρὸς Ὀβρ[ί]μης Μόμψος καὶ Ἀρτεμίδωρος Ὀβρίμου οἱ υἱοὶ μνήμης χάριν.

M. Aurelius Posidius Obrimus hatte in der in Nordsyrien stationierten vierten Legion ("Scythica") gedient und sich nach seiner Entlassung in Kolybrassos niedergelassen, wo er, wie vor allem aus seinem Cognomen Obrimus hervorgeht, beheimatet war.[1470] Schließlich

---

1460 CIL III 9737. 14358 (= AE 1981, 706). 6627 (= Bernand ebd. Nr. 56). SEG XIX 777 = AE 1961, 15.

1461 SEG XIX 783 = AE 1961, 16. Auch Speidel, Legionaries, berücksichtigt diese Inschrift nicht.

1462 SEG XVIII 566 = AE 1961, 22. Die Ergänzung (Z.5) λεγεῶ[νος ιγ' Γεμίνης] stützt sich auf die Angabe (Z.7), er habe εἰς Παν[νωνίαν] gedient, wo die genannte Legion stationiert war; denkbar wäre auch die leg. XV Apollinaris: Ballance, Prostanna, 128. Speidel, Legionaries, 734 Nr. 18.

1463 SEG VI 597 = Robert, Hellenica 10, 1955, 75 f.; nicht bei Speidel, Legionaries, berücksichtigt.

1464 Bleicken, Verfassungs- und Sozialgeschichte 1, 224 f.

1465 Er gehörte nach Auskunft der Inschrift der Tribus Collina an, die in der Gegend um Iconium belegt ist, s. H. Rott, Kleinasiatische Denkmäler aus Pisidien, Pamphylien, Kappadokien und Lykien, Leipzig 1908, 352.

1466 AE 1969/70, 633.

1467 So der Kommentar in AE 1969/70, 633; Speidel, Legionaries, berücksichtigt diese Möglichkeit nicht.

1468 WE 300; ebenfalls nicht bei Speidel, Legionaries, aufgeführt.

1469 AE 1965, 312 = AE 1973, 541.

1470 Die Belege für die Namen Ὄβριμος, Ὀβριμιανός, Ὀβρίμη und Ὀβριμιανή zeigen eindeutig, daß diese Personennamen ein Charakteristikum des ostpamphylischen Raumes darstellen: In ganz Pisidien finden sich nur zwei Belege (Hall, Notes, Nr. 13. MAMA VIII 356), die im pisidischen Termessos häufiger vertretenen Namen wie Ὀβριμότης etc. sind zwar etymologisch verwandt, stellen aber einen anderen Wortstamm dar (Zgusta, Personennamen, § 1069-7. 8). Der Name Ὄβριμος ist, wie Zgusta (ebd. § 1069-11) bemerkt, zwar griechisch, aber sein häufiges Vorkommen im ostpamphylisch-kilikischen Raum ist damit zu erklären, "daß entweder der griechische Name gebraucht wurde, weil er dem einheimischen Namen ähnlich war, oder daß es sich nur um eine vollständige Hellenisation bzw. Zusammenfall des einheimischen Namens und der griechischen Form handelt" (Zgusta, ebd.). Zgusta (ebd.) nennt aus dem ostpamphylisch-kilikischen Raum nur sechs Beispiele; die folgende Liste, welcher der gesamte Namensbestand Pamphyliens zugrundeliegt, zeigt jedoch, daß die Namen sonst nicht verdient noch eine sehr fragmentarisch erhaltene Inschrift aus der Gegend um Kasai Erwähnung, in welcher von einer Person mit "tria nomina" die Rede ist, "possibly of a legionary".[1471]

Die mehr als zwanzig explizit belegten Legionssoldaten aus Pamphylien und Pisidien sind mit ihrem hohen Einkommen und vor allem aufgrund des ihnen bei Dienstende ausgezahlten, enormen Entlassungsgeldes als recht vermögend im Verhältnis zur einfachen Bevölkerung anzusehen.[1472]

Vergleichbares gilt natürlich auch für die zahlreichen, im Rahmen der augusteischen Kolonisation nach Pisidien gelangten Veteranen sowie für die ehemaligen Legionssoldaten, die sich nach ihrer Emeritierung im südwestlichen Anatolien niederließen, ohne daß ihre Herkunft aus diesem Gebiet gesichert wäre: Genannt seien hier der in Antiochia Pisidiae als Kaiserpriester belegte "mil(es) legionis XII Ful(minatae)" Paullinus,[1473] der in Attaleia begrabene L. Ancharius L.f. Aem. Capito, "missicius ex leg(ione) III Cyrenaicae (sic)"[1474] und Γ. Τρώλλιος, ehemaliger Angehöriger der ursprünglich in Syrien stationierten legio VI Ferrata.[1475]

Über die hier zusammengestellten Legionssoldaten hinaus findet sich in den Inschriften noch eine Reihe weiterer pamphylischer und pisidischer Militärs, die in der römischen Flotte oder in Auxiliarkohorten sowie den "cohortes praetoriae" Dienst taten und sich wenigstens zum Teil nach ihrem Ausscheiden aus der Armee in ihren Heimatgebieten niederließen. Auch diese Gruppen können aufgrund ihrer Einkommens- und Besitzverhältnisse zu der wohlhabenden Schicht der Provinzialen gezählt werden, zumal nach neueren Forschungen die Differenz der Besoldung von Auxiliarsoldaten zu derjenigen von Legionssoldaten geringer ausfiel als gemeinhin angenommen;[1476] die Angehörigen der "cohortes praetoriae" erfreuten sich ohnehin eines besonders hohen Einkommens. In Attaleia befindet sich das Grabmal eines "optio cl(assis) pr(aetoriae) Misenat(ium)",[1477] und aus Laertes stammt der in einem Militärdiplom verzeichnete M. Lollius Neon.[1478] Ein aus Perge kommender "evocatus" wirkte in der Prätorianergarde von Antoninus Pius,[1479] und schließlich dokumentieren weitere epigraphische Zeugnisse, in der Mehrzahl Grabinschriften, die nicht zu unterschätzende Anziehungskraft der römischen Armee auf pamphylische und pisidische Provinzialen.[1480]

---

in Pamphylien vorkommen und Kolybrassos die eindeutig höchste Zahl aufweist: - Kolybrassos: Bean - Mitford, Journeys 1962/3, Nr. 5-15. 24. AE 1965, 311 f. SEG XX 54 f. Bean - Mitford, Journeys 1964-1968, Nr. 47 f. - Kasai: Bean - Mitford, ebd. Nr. 28. AE 1972,628. - Karallia: AE 1972,634. - Hamaxia: Heberdey - Wilhelm Nr. 229-231. SEG XX 59. - Laertes: SEG XX 84. - Korakesion: SEG XVIII 572. - Side: IvSide Nr. 121.

1471 Bean - Mitford, Journeys 1964-1968 Nr. 24; von Speidel, Legionaries, nicht berücksichtigt.

1472 Vgl. Wierschowski, 1-64; Bleicken, Verfassungs- und Sozialgeschichte, 1, 220 f.; laut Alföldy (Heer, 35) wurden "durch Solderhöhungen und Donative viele Soldaten reich."

1473 AE 1914,131 = Speidel, Legionaries, 734 Nr. 17.

1474 AE 1915,47 = Speidel, Legionaries, 732 Nr. 14.

1475 Bean - Mitford, Journeys 1964-1968 Nr. 4 = Speidel, Legionaries, 732 Nr. 11.

1476 Wierschowski, 21 ff.

1477 AE 1974, 636.

1478 AE 1977, 793 = M. Roxan, Roman Military Diplomas 1954-1977, London 1978, Nr. 38.

1479 Fouilles de Delphes III 1 Nr. 205; zu den nach ihrer Entlassung reaktivierten "evocati" s. A. Neumann, Art. Evocati, Der kleine Pauly 2, 471 f.

1480 AE 1972, 634 (Karallia). IvPerge Nr. 90. 157. 168. Ob der laut IvPerge Nr. 77 hier begrabene Soldat der cohors I Flavia Numidarum ein Einheimischer war oder aus einer anderen Region stammte und während des Dienstes bei der in Pamphylien stationierten Auxiliareinheit verstorben ist, läßt sich nicht entscheiden. Swoboda

Insgesamt gesehen entsteht so ein ambivalenter Eindruck von der wirtschaftlichen und sozialen Bedeutung des Militärs in Pisidien und Pamphylien. Repressalien durch Soldaten stehen die von den Provinzialen ausgiebig genutzten Beschäftigungs- und Karrieremöglichkeiten gegenüber; den wirtschaftlichen Belastungen durch Einquartierung, Nahrungsmittelrequisitionen, Spanndienste etc. entspricht andererseits eine erhöhte Nachfrage nach Gütern und Dienstleistungen aller Art. Überdies floß nicht unerhebliches Kapital von auswärts stationierten oder heimkehrenden Soldaten in ihre Herkunftsorte. Eine zuverlässige Quantifizierung von Nutzen und Schaden infolge des römischen Militärwesens läßt sich wegen fehlender Zahlenangaben und nur beschränkt aussagefähiger Quellen natürlich nicht vornehmen, doch schon die Erörterung der verschiedenen, stets zu berücksichtigenden Facetten des gesamten Problemkomplexes demonstriert die Unmöglichkeit eindeutiger Aussagen, die im übrigen zeitlich und regional differenziert werden müßten.

- Keil - Knoll Nr. 86 (Amblada). Hall, Notes, Nr. 15 (Nähe Beyşehir-See). MAMA VIII 340 (Kireli Kasaba). IGR III 326 (Konana). AE 1961, 17 (Olbasa). SEG XIX 845 (Pogla). TAM III 118 (Termessos). SEG VI 615 (Sibidunda).

VI. DIE RÖMISCHE ZEIT (II): DIE SPÄTANTIKE (284-565 N. CHR.)

1. Die historisch - politsche Entwicklung

"Mit Diocletian und Constantin ist das römische Reich ein anderes geworden."[1481] So zutreffend dieses Urteil von J. Martin generell sein mag, so sehr bedarf es mit Blick auf einzelne Gebiete des Imperium Romanum der Differenzierung. Für Pamphylien und Pisidien etwa stellte die Zeit Diokletians und der Tetrarchie insofern nur eine kleine Zäsur dar, als beide Regionen im 3. Jh. n. Chr. kaum von den in manchen Reichsteilen sehr viel stärker spürbaren Krisen betroffen gewesen waren und erkennbar in beiden Landschaften gleichermaßen relativer Wohlstand hatte gedeihen können,[1482] der sich beispielsweise in dem eindrucksvollen Siedlungsausbau niedergeschlagen hatte. Aus der Sicht der hier beheimateten Provinzialen dürfte also keine unmittelbar drängende Notwendigkeit umfassender Reformen bestanden haben. Gleichwohl betrafen die mit Diokletian beginnenden und unter seinen Nachfolgern fortgeführten grundlegenden Neuerungen auf den Feldern der Reichs- und Provinzialverwaltung, des Steuer- und Finanzwesens sowie der Militärorganisation natürlich auch Pamphylien und Pisidien.[1483]

So wurde im Zuge der von Diokletian forcierten Verkleinerung der Provinzen und der Einführung neuer Mittelinstanzen in Form des Diözesansystems auch eine Neugliederung des südwestlichen Anatolien vorgenommen. Erstmals in der römischen Geschichte entstand nun eine separate Provinz Pisidia, die in den Quellen ab 308/313 n. Chr. begegnet und auch Teile der im Nordosten angrenzenden Landschaft Lykaonien (darunter die römische Kolonie Iconium) umfaßte.[1484] Auch Pamphylien wurde - wohl zwischen 311-325 - von Lykien getrennt[1485] und zu einer eigenen Provinz und gehörte neben Pisidien und weiteren Provinzen zur neugeschaffenen Diözese Asiana, die "sub dispositione viri spectabilis vicarii" stand.[1486] Diese administrativen Neuerungen hatten bis zum Ausgang der Spätantike Bestand und begegnen auch noch in dem Mitte des 5. Jhs. n. Chr. von Polemius Silvius verfaßten Laterculus.[1487] Wie Pisidien, das jetzt Teile Galatiens und Lykaoniens einschloß, so deckte auch die neue Provinz Pamphylia nicht mehr nur die Küstenebene Südanatoliens ab, sondern integrierte nun Teile Südpisidiens, so daß Städte wie Termessos, Ariassos, Selge und Kremna zum Kompetenzbereich des pamphyli-

---

1481 J. Martin, Spätantike und Völkerwanderung, München 1987, 26.

1482 Zum Jahr 353 spricht Ammianus Marcellinus (14, 2, 8) von "Pamphylia diu ... intacta."

1483 Die allgemeinen Neuerungen können und müssen hier nicht in extenso dargestellt werden, sondern finden nur insoweit Berücksichtigung, als sie hinsichtlich unserer Regionen spezifisches Interesse verdienen. Einen guten allgemeinen Überblick vermitteln - neben dem immer noch grundlegenden Werk von A.H.M. Jones, The Later Roman Empire 284-602. A Social, Economic and Administrative Survey (ND von 1964), Baltimore 1986, I 37 ff. - die neueren Darstellungen bei Martin, 1-28; Christ, Kaiserzeit, 702 ff.; A. Demandt, Die Spätantike. Römische Geschichte von Diocletian bis Justinian 284-565 n. Chr. (HdA III 6), München 1989, 46 ff.

1484 Die ersten Belege für den "praeses provinciae Pisidiae" Valerius Diogenes bieten ILS 8932. 9480, vgl. Jones, LRE 43; T.D. Barnes, The New Empire of Diocletian and Constantine, Cambridge/Mass. 1982, 156; Belke - Mersich, 79. Zum geographischen Rahmen: K. Belke - M. Restle, Galatien und Lykaonien (Tabula Imperii Byzantini 4), Wien 1984, 41; Mersich, Pisidien, 4-10; Belke - Mersich, 48. Folgerichtig bezeichnet Amm. (14, 2, 1) Iconium als "Pisidiae oppidum".

1485 Im Jahr 313 bildeten Pamphylien und Lykien noch eine gemeinsame Provinz (CTh XIII 10, 2); bereits im Laterculus Veronensis (III 2), dessen Liste der östlichen Provinzen laut Barnes (205) den Zustand der Jahre 314/5-324 widerspiegeln dürfte, taucht Pamphylien als gesonderte Einheit auf. Auch in der Teilnehmerliste des Konzils von Nikaia (325) erscheinen Lycia und Pamphylia als getrennte Bezirke, s. Ruge, Pamphylia, 375.

1486 Not.Dign. Or. XXIV 11.

1487 VII 8 f. (in der von O. Seeck besorgten Edition der Not.Dign.).

schen Statthalters gehörten.[1488]

Die großen historischen Ereignisse der Spätantike spielen sich nicht in Pamphylien und Pisidien ab, die beide, abgesehen von den bei Selge stattfindenden Auseinandersetzungen mit den von Phrygien aus eingedrungenen Ostgoten,[1489] in den erzählenden Quellen fast nur im Zusammenhang mit den offenbar nicht seltenen Einfällen der räuberischen Isaurier Erwähnung finden: Ammianus Marcellinus berichtet von mehreren derartigen Geschehnissen zwischen 353 und 368 n. Chr.,[1490] und in diesen Kontext gehört vielleicht die in einer Rede von Himerios vermerkte Nachricht, daß der als "proconsul Achaiae" und Vikar von Asia belegte Skylakios (der Adressat der Rede) räuberische Banden in Pisidien erfolgreich bekämpft habe.[1491] Auch die im 5. Jh. n. Chr. in Pamphylien, Pisidien und Lykaonien neu aufgestellten Militärkommandos stehen in Verbindung mit den Isauriern,[1492] deren Anführer schließlich sogar die Tochter des Kaisers Leo heiraten und unter dem Namen Zeno 474 den römischen Kaiserthron besteigen konnte.[1493] Eine disziplinierende Wirkung ging von diesem Vorgang jedoch nicht aus, denn zur Zeit Justinians herrschten offenbar wieder unruhige Verhältnisse.[1494]

Über diese sporadischen Informationen zu den historisch-politischen Verhältnissen im spätantiken Südwestanatolien hinaus vermitteln die verfügbaren Quellen Einblicke in die Organisation der christlichen Kirche, die mit der allmählichen Anerkennung des Christentums und seiner letztendlichen Durchsetzung als Staatsreligion zu einer auch politisch, wirtschaftlich und sozial wichtigen Institution avancierte. Noch im Jahr 311/2 waren in einer an die Reichszentrale gerichteten Bittschrift des ἔθνος τῶν Λυκίων καὶ Πανφύλων Sanktionen gegen die Christen gefordert worden,[1495] und gemäß einem neuentdeckten, an die pisidische Stadt Kolbasa adressierten Exemplar des Verfolgungsediktes (312 n. Chr.) von Maximinus Daia hatten die Kaiser dem christenfeindlichen Anliegen der Provinzialen auch Rechnung getragen.[1496] Dennoch erwies sich bekanntermaßen die endgültige Etablierung des Christentums auch in Pamphylien und Pisidien als unaufhaltsam.

Die klerikale Ordnung orientierte sich an den politisch-administrativen Verhältnissen, und so zeigt bereits die Teilnehmerliste des 325 in Nikaia abgehaltenen Konzils die Trennung von Pamphylien und Lykien sowie die Eigenständigkeit von Pisidien. Auch in den Akten der weiteren Konzilien[1497] sowie in den "Notitiae episcopatuum"[1498] finden sich stets die separaten Kir-

---

[1488] W.M. Ramsay, The Historical Geography of Asia Minor (ND von 1890), Amsterdam 1962, 393. Zu punktuell genaueren Beschreibungen s. Hall, Notes, 60, ferner N. Mersich, Einige Festungen im pisidisch-pamphylischen Grenzgebiet, JOeByz 36, 1986, 191 f.

[1489] Zos.V 13 ff.; vgl. G. Albert, Goten in Konstantinopel. Untersuchungen zur oströmischen Geschichte um das Jahr 400 n. Chr., Paderborn 1984, 101 f. u.ö.

[1490] Amm. 14, 2, 1 ff. 19, 13, 1 f. 27, 9, 6; vgl. J. Rougé, L'Histoire Auguste et l'Isaurie au 4e siècle, REA 68, 1966, 292 ff. Wahrscheinlich gab es um 377 noch einen Isauriereinfall nach Pamphylien (Zos. IV 20), vgl. Rougé, 295 f.; vgl. auch Belke - Mersich, 80 f.

[1491] Himerios (ed. A. Colonna, Rom 1951) or. 25 Z.95 f.; vgl. AE 1973,528. CTh XI 30, 22; O. Seeck, Art. Skylakios (1), RE III A, 1927, 618 f.; PLRE I 811, Scylacius 1.

[1492] CJ XII 59, 10 (5). Zu den Vorfällen der Jahre 404-406 s. Rouge, 299 f.; Belke - Mersich, 66.

[1493] Jones, LRE 224 ff.; Demandt, Spätantike, 186 ff. 313.

[1494] CIL III Suppl. 13640; näheres dazu s.u.S.185.

[1495] TAM II 785.

[1496] Mitchell, Maximinus, 105 ff.; vgl. C.F. Konrad, Das Datum der neuen Maximinus-Inschrift von Colbasa, EA 13, 1989, 89 f. Die Inschrift bestätigt einmal mehr die Zuverlässigkeit von Euseb. h.e. 9, 7, 3 ff.

[1497] Vgl. die nach Kirchenprovinzen auf der Basis der Konzilsakten erstellten Städtelisten bei Ruge, Pamphylia, 375 ff.; Jones, Cities, 535 f.

chenprovinzen Pisidien und Pamphylien, letztere überdies in zwei Teile gegliedert, die von den Metropolitanbistümern Perge und Side dominiert wurden.[1499]

Die Einzelheiten des historisch-politischen Geschehens in Pamphylien und Pisidien während der letzten dreihundert Jahre der römischen Spätantike bleiben also weitgehend im Dunkeln, doch immerhin mag das Fehlen der für die spätantike Literatur so typischen Katastrophenszenarien, wenn wir einmal von den Isaurierunruhen absehen, auf eine gewisse Stabilität der Verhältnisse in diesen Regionen hindeuten. Einen Hauptschauplatz der großen Auseinandersetzungen dieser Zeit bildeten die Gebiete jedenfalls genausowenig wie in den vorhergehenden Jahrhunderten, was seinerzeit die wirtschaftliche Entwicklung erkennbar begünstigt hatte. Daher stellt sich auch für die spätantike Epoche primär die Frage, ob wir mit einer weiterhin gedeihenden Prosperität oder jedenfalls mit einem annähernd konstanten Niveau der städtischen Lebensverhältnisse sowie von Landwirtschaft, Handel und Gewerbe rechnen können, oder ob es zu dem für die spätrömische Zeit so oft postulierten Verfall und Niedergang gekommen ist.[1500] Einen besonderen Prüfstein innerhalb dieser Diskussion markiert die Situation der Städte, die als Brennpunkte der zivilisatorischen Fortschritt garantierenden "pax Romana" gelten und daher am ehesten Antworten auf die angeschnittenen Fragen vermitteln können. Sie stehen daher wieder am Beginn unserer Betrachtungen.

2. Stadt und Land

2.1. Städtische Siedlungen

Der Versuch, die Situation der spätantiken Stadt in Pamphylien und Pisidien zu beurteilen, sieht sich zunächst mit einem gegenüber der Kaiserzeit erheblich verringerten Quellenbestand konfrontiert. Insbesondere Inschriften stehen in der Regel nicht mehr so zahlreich zur Verfügung, und die Abnahme der epigraphischen Zeugnisse, verbunden mit den in den spätantiken Gesetzestexten monierten Mängeln kommunaler Selbstverwaltung (insbesondere auch auf dem Feld des Städtebaus)[1501] und den in den Quellen bisweilen anzutreffenden Klagen über die Auszehrung und Verelendung der städtischen Führungsschichten,[1502] haben viele Gelehrte zu der Annahme vom Verfall des spätrömischen Städtewesens bewogen,[1503] auch mit Blick auf unsere Regionen. So begründete kürzlich noch J. Nollé seine Auffassung von der weitgehenden Dekadenz der Stadtkultur in Kleinasien im späten 3. Jh. n. Chr. folgendermaßen: "Ehreninschriften für Götter, Kaiser, Statthalter und verdiente Bürger wurden selten, desgleichen Bauinschriften. Das städtische Leben scheint in vielen Bereichen seinen alten Schwung verloren zu ha-

---

1498 J. Darrouzès (Ed.), Notitiae episcopatuum ecclesiae Constantinopolitanae. Texte critique, introduction et notes, Paris 1981.

1499 S. etwa Not.episc. 1 (Darrouzès, 204-213).

1500 Die auf Pamphylien und Pisidien bezogene Dekadenzproblematik bildet natürlich nur einen kleinen Baustein im Mosaik der gesamten Diskussion, die aus unserer 'provinziellen' Perspektive weder entschieden noch maßgeblich beeinflußt werden kann - letzteres wäre nur bei einer Behandlung wenigstens einer größeren Zahl von Regionen möglich und sinnvoll. Zur allgemeinen Debatte um die Verfallsthematik sei daher auf den neuesten Überblick bei Demandt, Spätantike, 470-495 verwiesen.

1501 Vgl. insbesondere CTh XII 1 (Kurialen) und CTh XV 1 ("De operibus publicis").

1502 Der prominenteste Vertreter dieser Klagen ist Libanios, s. etwa or. 2, 33. 48, 3 f. 57, 51. Den Lamenti des Libanios ist jedoch mit Skepsis zu begegnen, s. F. Tinnefeld, Die frühbyzantinische Gesellschaft, München 1977, 106 f.; C. Lepelley, Quot curiales, tot tyranni. L'image du décurion oppresseur au Bas-Empire, in: E. Frézouls (Hg.), Crise et redressement dans les provinces européennes de l'Empire, Straßburg 1983, 143 ff.

1503 Zu diesem Aspekt s. allgemein Kolb, Stadt, bes. 197 ff.

ben."[1504] Die pamphylischen Städte hätten sich dieser Entwicklung zunächst noch widersetzen können, aber "um 280 n. Chr. endet die Aufwärtsentwicklung" auch hier.[1505]

Angesichts einer derartigen Einschätzung scheint es angebracht, prinzipielle und methodische Vorbehalte gegenüber einer allzu pessimistischen Bewertung der genannten Phänomene geltend zu machen. Eine geringere Zahl der Inschriften allein, die bisweilen auch durch fehlende Grabungen bedingt sein kann, bildet noch kein hinreichendes Indiz für einen Vitalitätsverlust der städtischen Zivilisation. Sie läßt sich vielmehr zumindest teilweise durch einen Normenwandel in der zusehends auch vom Christentum geprägten Spätantike erklären, die andere prestigeträchtige Vorzüge als den Euergetismus von Herrschern und reichen Stiftern schätzen lernte - daß allerdings auch letztere noch zum Vorteil der Städte wirkten, werden wir am Beispiel von Attaleia und Side sehen. Mit den angesprochenen geistigen und religiösen Entwicklungen hängt auch ein verändertes Bauverhalten der Kommunen zusammen. Immer häufiger werden Kirchen und Basiliken errichtet, die meist nicht mit hochtönenden Stifterinschriften versehen waren; manche Elemente kaiserzeitlicher, auf Außenwirkung bedachter Baupolitik gerieten also schlichtweg aus der Mode. Ferner gilt es zu bedenken, daß nach dem Bauboom der Kaiserzeit eine gewisse Sättigung erreicht war, da fast jedes Poliszentrum seit dem Ende des 2. Jhs. n. Chr. über ein breites Repertoire an Bauten verfügte, die sich in recht gutem Zustand befanden. Und was den Tenor der Gesetzestexte sowie die Klagen über die mangelnde Leistungsfähigkeit städtischer Führungsschichten anbelangt, so besteht bei deren Interpretation ebenfalls Anlaß zur Zurückhaltung. Denn die kaiserlichen Gesetze reagierten natürlich nur auf problematische Zustände, die in den Reskripten und Konstitutionen beschrieben werden, während die problemlose Normalität keinen entsprechenden Niederschlag in den Quellen findet.[1506] Die kurialen Eliten schließlich büßten keinesfalls reichsweit an Kraft und Vermögen ein - in manchen Regionen, wie etwa in Africa,[1507] demonstrieren sie bis weit ins 5. Jh. n. Chr. hinein ihre enorme Leistungsfähigkeit.

Es muß also regional differenziert werden, und so stellt sich zunächst wieder die Aufgabe, die Siedlungen Pamphyliens und Pisidiens anhand des verfügbaren Materials zu betrachten.

Die in diesem Zusammenhang immer wieder bemühten Quellengattungen - die Teilnehmerlisten an kirchlichen Konzilien,[1508] die "Notitiae episcopatuum ecclesiae Constantinopolitanae"[1509] sowie der "Synekdemos" des byzantinischen Grammatikers Hierokles[1510] - geben über den Zustand der Städte natürlich keinen Aufschluß. Immerhin geht aber aus dieser Dokumentation, insbesondere aus den Herkunftsangaben von Bischöfen und Klerikern, hervor, daß fast alle Siedlungen, die sich in der römischen Kaiserzeit nachweisen lassen, auch in der Spätantike existieren;[1511] einige wenige, in den genannten Verzeichnissen nicht enthaltenen Orte wie Kormasa, Kretopolis und Takina werden überdies noch vom Geographen aus Ravenna ver-

---

1504 Nollé, Pamphylische Studien 6-10, 255.
1505 Ebd. 264.
1506 Vgl. Kolb, Stadt, 200.
1507 C. Lepelley, Les cités de l'Afrique romaine au Bas-Empire, 2 Bde., Paris 1979/80.
1508 E. Schwartz (Hg.), Acta Conciliorum Oecumenicorum, Berlin 1927 ff.
1509 Ed. J. Darrouzès, Paris 1981.
1510 G. Parthey (Ed.), Hierokles (ND von 1866), Amsterdam 1967.
1511 Vgl. die übersichtlich zusammengestellten, spätantiken Städtelisten bei Ramsay, Historical Geography, und Jones, Cities (Appendix IV, Taf. XVI-XVIII).

zeichnet.[1512] Qualitative Aussagen über das urbane Niveau ermöglichen jedoch nur die Denkmäler und Inschriften, denen wir uns nun zuwenden wollen, wobei am Anfang wieder Pamphylien stehen wird.

Über die jahrhundertelang bedeutende Stadt Aspendos lassen sich mangels spätantiker Inschriften oder Bauten keine gesicherten Aussagen treffen. Die regelmäßig in den Konzilslisten begegnende, offenbar im 5. Jh. in Primupolis umbenannte Stadt scheint zu dieser Zeit eindeutig in den Schatten des benachbarten Perge getreten zu sein, denn es heißt in der wohl gegen 360 n. Chr. verfaßten "Expositio totius mundi": "Habet (sc. Pamphylia) autem duas civitates splendidas Pergen et Siden."[1513]

In Perge findet vom 4.-6. Jh. n. Chr. ein deutlich erkennbarer Aus- und Umbau der Siedlungsanlage statt: Ein großes Stadttor und eine dem 4. Jh. zuzuweisende neue Stadtmauer indizieren das in den nun unruhigeren Zeiten neu erwachte Schutzbedürfnis,[1514] E. Akurgal möchte auch den (Neu-?)Bau der Agora ins 4. Jh. datieren, "when the city was enlarged."[1515] Die spätantike Brüstung, die im Theater um die Orchestra herum angelegt wurde,[1516] weist darauf hin, daß hier nun auch Tierhetzen stattfanden. Ungeachtet dieses Weiterlebens paganer Traditionen drückt das Christentum dem spätantiken Perge seinen Stempel auf: In Perge, Metropolitanbistum einer der beiden pamphylischen Kirchenprovinzen,[1517] entstehen zwei große, dem 5./6. Jh. zuzuweisende Kirchenbauten,[1518] ferner ein prächtiges Exemplar der typisch spätantiken Vierkonchenbauten, dem ebenfalls kirchlicher Charakter eignen dürfte.[1519]

Daneben leben in Perge noch die paganen Bautraditionen weiter, wie vor allem aus einem fragmentarisch erhaltenen Epigramm auf einen spätantiken Euergeten hervorgeht:[1520]

[τίς τό]σον ηἔξησε πόλει κλέος εἰς δα[

[μα]ρμαρέην ἐνέηκε τόση[ν

[..] λλος ἐκ Σμύρνης πα[τρίδος

J. und L. Robert[1521] haben die plausible Vermutung geäußert, der für die Vermehrung des Ruhmes (κλέος) von Perge verantwortliche Stifter sei als πατὴρ τῆς πόλεως ein Exponent munizipaler Bauförderung gewesen.

Explizit belegt ist dieser genuin spätantike Ehrentitel in zwei Inschriften aus Attaleia: In einer dem 5./6. Jh. entstammenden Inschrift wird des ἔργον τῆς πλακώσεως τῆς πύλης (also der Verzierung des Stadttores) gedacht, eines Werkes, das unter der Ägide τοῦ [Ἱε]ροδόξου τοῦ

1512 J. Schnetz (Ed.), Itineraria romana II, 1940, 106,1-4.

1513 Expos. (ed. J. Rougé, Paris 1966) E XLV; vgl. Jameson, Aspendos, 101; s. auch V. Schultze, Altchristliche Städte und Landschaften II, Gütersloh 1926, 214 f.

1514 Akurgal, Ancient Civilizations, 331; Özgür, Perge, 26. 33.

1515 Akurgal, ebd. 331.

1516 Akurgal, ebd. 330.

1517 S. etwa Notit.episc. I 212.

1518 V. Ruggieri - P. Nethercott, The Metropolitan City of Syllion and its Churches, JOeByz 36, 1986, 149 f.

1519 W.E. Kleinbauer, The Double-Shell Tetraconch Building at Perge in Pamphylia and the Origin of the Architectural Genus, DOP 41, 1987, 277 ff.

1520 IvPerge Nr. 53.

1521 Bull.ep. 1965 Nr. 419.

λαμπρο(τάτου) πατρός ausgeführt wurde.[1522] Und eine weitere, aufgrund des schlechten Erhaltungszustandes der Inschrift nicht näher benennbare bauliche Leistung wurde der Initiative τοῦ ἐλλογ(ιμωτάτου) [σ]χο(λαστικοῦ) κ(αὶ) πατ[ρός ...] verdankt.[1523] C. Roueché, die den auch in juristischen Texten belegten Ehrentitel "pater civitatis" untersucht und die epigraphischen Zeugnisse zusammengestellt hat,[1524] kann anhand ihres Materials nachweisen, daß die 'Väter der Poleis' überall dort begegnen, wo noch "flourishing municipal communities" existieren.[1525] Zu letzteren dürfte neben Perge daher auch das spätantike Attaleia gezählt haben, das wegen der bis heute ungebrochenen Siedlungskontinuität kaum noch Ruinen aufweist, darunter aber eine Basilika des 5./6. Jhs., die später zu einer Moschee umgebaut wurde.[1526]

Die Spitzenposition innerhalb der Siedlungshierarchie des spätantiken Pamphylien bekleidete jedoch fraglos Side, was sich durch die Heranziehung der hier noch reichen archäologischen und epigraphischen Dokumentation illustrieren läßt. Die Ausgrabungen in Side sprechen für eine umfangreiche Bautätigkeit vor allem im 5. und 6. Jh. und belegen sogar eine neuerliche Ausdehnung des Siedlungsareals:[1527] So entstehen zwei neue Thermenanlagen,[1528] im Agorabezirk und im Theater finden aufwendige Restaurierungsarbeiten statt,[1529] Wohngebäude werden mit Mosaikfußböden versehen,[1530] und es entstehen überdies drei Kirchengebäude.[1531] Die Inschriften Sides vom ausgehenden 3. - 6. Jh. unterstreichen diesen Ausgrabungsbefund: Bereits im späten 3. bzw. frühen 4. Jh. n. Chr. wird der ritterliche Provinzstatthalter Flavius Areianus Alypius für seine Verdienste um den Hafen- und Stadtausbau als κτίστης τοῦ λιμένος καὶ τῆς πόλεως geehrt.[1532] In dieselbe Zeit gehören die Wohltaten des prominentesten Euergeten des spätantiken Side, des Bryonianus Lollianus. Mehrere ihm, seiner Frau sowie beider Sohn gewidmete Inschriften sprechen für das hohe Ansehen, das der Stifter sich durch die aus seiner Tasche finanzierte, komplette Restauration des Aquäduktes verdiente und das sich überdies in dem Titel 'Ktistes' sowie den ihm und seiner Frau attestierten Ehrennamen 'Ktistios' und 'Pegasis' manifestierte.[1533] Die archäologisch erwiesenen Bauaktivitäten im Theater haben ebenfalls mehrfachen epigraphischen Niederschlag gefunden,[1534] und in diesem Zusammenhang begegnet wieder ein als 'Vater der Polis' ausgezeichneter Bürger, der πέσσους καὶ ἀψίδας errichten ließ, d.h. die Fundamente und Gewölbe an der Außenfront des Thea-

---

1522 Grégoire Nr. 309.
1523 Ebd. Nr. 307.
1524 C. Roueché, A New Inscription from Aphrodisias and the Title πατὴρ τῆς πόλεως, GRBS 20, 1979, 173-185. Die gerade behandelte Inschrift aus Perge ist jedoch nicht in ihrer Liste vertreten. Weitere kleinasiatische Ergänzungen zu ihrer Dokumentation liefern G. Dagron - D. Feissel, Inscriptions de Cilicie, Paris 1987, 215 ff. Der juristische locus classicus zum "pater civitatis" ist CJ X 44, 3 (465).
1525 Roueché, ebd. 184.
1526 Bean, Kleinasien, 35.
1527 Mansel, Ruinen, 12; ders., Side, 888.
1528 Mansel, Side, 911.
1529 Mansel, Ruinen, 19. 140.
1530 Mansel, Side, 913.
1531 Ebd.
1532 IvSide Nr. 54; vgl. Robert, Side, 173 ff.; zur Datierung des Alypius: PLRE I Alypius 12; Remy, Les fastes, 193.
1533 IvSide Nr. 6. 7. 9. 45. 116. IGR III 810 f. AE 1966, 471. 475. Die Datierung wird den Überlegungen von C. Foss (Bryonianus Lollianus of Side, ZPE 26, 1977, 161 ff.) und J.-M. Carrié (Bryonianus Lollianus de Side ou les avatars de l'ordre équestre, ZPE 35, 1979, 213 ff.) verdankt, vgl. SEG XXVII 902. AE 1979, 622bis. Zum sinnigerweise von einer Nymphe stammenden Namen Pegasis s. Foss, ebd. 164.
1534 AE 1966, 467. 468.

ters.[1535] Side liefert überdies ein weiteres Zeugnis aus dem 5./6. Jh. für einen als "pater civitatis" titulierten Stifter, der sich durch die Finanzierung eines Mosaiks hervortat.[1536]

Die bislang geschilderten Aktivitäten in Side unterscheiden sich in Umfang und Charakter kaum von der aus der hohen Kaiserzeit sattsam bekannten Blüte der urbanistischen Entwicklung, denn auch damals bildeten Thermen, Aquädukte und Theaterbauten die beliebtesten Stiftungsobjekte. Jetzt, in der Spätantike, gewinnt das Spektrum der Bautätigkeit noch an Breite, denn neben den zusätzlich anzuführenden Christen (mit ihren schon genannten Kirchen)[1537] betätigt sich eine weitere, offenbar finanzkräftige Personengruppe am Siedlungsausbau, die jüdische Gemeinde. Bereits die inschriftliche Nennung einer πρώτη συναγωγή ließ auf die Existenz zumindest einer zweiten Synagoge in Side schließen,[1538] und eine Mitte dieses Jahrhunderts neugefundene Inschrift lieferte dann diese gewünschte Bestätigung:[1539]

['Ε]πὶ Λεοντίου πρεσβ(υτέρου) καὶ ζυγ(οστάτου)

[κ]αὶ φροντιστοῦ υεἰοῦ 'Ιακὼβ

ἀρχ(ισυναγώγου) καὶ ζυγ(οστάτου) ἐγένετο ἡ

κρήνη

σὺν τῷ μεσαύλῳ ἰνδ(ικτίονι) γ', μη(νὶ) ζ'.

Der Sohn des als Zygostates, d.h. als Münzkontrolleur,[1540] tätigen Juden Jakob, Leontios, zeichnete, ebenfalls als Zygostates und als "curator" der Synagoge amtierend, für den Bau eines Brunnens und eines Hofes mit Portiken für die zweite Synagoge in Side verantwortlich.[1541] Zweifellos müssen wir angesichts mindestens zweier Versammlungshäuser mit einer nicht kleinen jüdischen Gemeinde in Side rechnen, wofür überdies der Posten des in einer aus Beth Shearim stammenden Inschrift belegten ἀρχισυναγωγὸς Πανφυλίας spricht.[1542]

Sämtliche Indizien lassen demnach auf eine weitgehend ungetrübte Prosperität Sides in der Spätantike schließen, zumal für eine meist postulierte Krisenzeit im Laufe des 4. Jhs. n. Chr.[1543] keine aussagekräftigen Anhaltspunkte existieren. Alle verfügbaren Quellen weisen, wie wir sahen, Side auch im 4. Jh. als blühende Siedlung aus, und die immer wieder als Verfallssymptom genannte zweite Stadtmauer, die Sides Stadtgebiet erheblich verkleinerte, konnte vor einigen Jahren ins 7. Jh. n. Chr. datiert werden.[1544] Vorher war die Mauer aufgrund der

1535 AE 1966, 467; eine poetische Umschreibung desselben (?) als πατὴρ τῆς πόλεως geehrten Wohltäters liefert AE 1966, 469.

1536 IvSide Nr. 70; vgl. Robert, Side, 187 ff.; Roueché, 176 ff. Auch der Sohn des in dieser Inschrift genannten Mannes zeichnete sich durch sein Engagegment für das Gemeinwesen aus, wie die nur fragmentarisch überlieferte Inschrift AE 1966, 482 zeigt.

1537 Vgl.o.S.173 f. und darüber hinaus noch Grégoire Nr. 317. 318.

1538 Rott Nr. 72.

1539 IvSide Nr. 69 = B. Lifshitz. Donateurs et fondateurs dans les synagogues juives, Paris 1967, Nr. 37.

1540 Zur Münzfälschung und -kontrolle sowie dem Zygostates s. (mit allen einschlägigen, meist juristischen Quellen) H. Brandt, Zeitkritik in der Spätantike (Vestigia 40), München 1988, 53 ff.

1541 Vgl. Robert, Side, 176 ff.

1542 M. Schwabe - B. Lifshitz, Beth She'Arim II: The Greek Inscriptions, Jerusalem 1967, Nr. 203.

1543 So etwa Mansel, Ruinen, 11 f.; ders., Side, 887: "Im Laufe des 4. Jhs. muß S(ide) den Charakter einer christlichen, jedoch verarmten Stadt gehabt haben." Ähnlich jüngst noch W. Brandes, Die Städte Kleinasiens im 7. und 8. Jh., Amsterdam 1989, 102.

1544 C. Foss, Attius Philippus and the Walls of Side, ZPE 26, 1977, 172 ff.

folgenden in ihr verbauten Inschrift dem 4. Jh. zugewiesen worden:[1545]

῎Αττ(ιος) Φίλιππος ὁ λαμ(πρότατος)
κόμες πρώτου βαθμοῦ
διέπων τὴν ἔπαρχον
ἐξουσίαν καὶ τοῦτο τὸ
ἔργον τῇ λαμ(προτάτῃ) καὶ μεγίστῃ
μητρόπολι Σίδῃ.

Ohne weiteres hatte man diese Bauinschrift auf die Mauer bezogen, C. Foss hingegen konnte überzeugend nachweisen, daß die Inschrift als Spolie verwendet worden war und sich folglich nicht auf die Anlage selbst beziehen konnte.[1546] Demnach zeigt dieses Zeugnis keinen Niedergang an, sondern liefert vielmehr einen weiteren Beleg für den auch im spätantiken Side wirkungsvollen Euergetismus exponierter Einzelpersonen.[1547]

Alle weiteren Siedlungen Pamphyliens stehen, nicht anders als in den vorangegangenen Jahrhunderten, im Schatten der größeren Städte. Immerhin deuten, ungeachtet fehlender Ausgrabungstätigkeit, auch die in den übrigen Orten sichtbaren Überreste, im Verein mit den zitierten kirchlichen Quellen, auf eine weitgehend ungebrochene Siedlungskontinuität. So erhielt Sillyon, im 5./6. Jh. Suffraganbistum der Metropolis Perge, zu dieser Zeit eine Kirche,[1548] und auch in den kleineren ostpamphylischen Siedlungen Kasai, Kolybrassos, Karallia und Hamaxia lassen sich Reste von Kirchenbauten des 5./6. Jhs. erkennen.[1549]

Weitere, unpublizierte Baureste aus typisch spätantikem Bruchsteinmauerwerk finden sich in dem pamphylischen Küstenabschnitt zwischen Side und Korakesion. Beim Kap Kara Burun, wo J. Nollé mit gutem Grund Cibyra Minor lokalisiert, stehen Ruinen aus dieser Zeit,[1550] ebenso auf dem Küstenabschnitt westlich von Korakesion, wo sich an der Meerseite, etwa zehn Kilometer von Korakesion entfernt, zwei größere spätrömische Gebäudekomplexe befinden.

Besonders deutlich erkennt man die Bauaktivitäten dieser Zeit in der noch gänzlich unerforschten Siedlung bei Şihlar, wo vielleicht das pamphylische Seleukeia zu vermuten ist.[1551] Unbestreitbar hat hier in der spätantik-frühbyzantinischen Zeit eine Erweiterung des Siedlungsareals stattgefunden.

Nach allem, was man aufgrund der aktuellen, natürlich noch unbefriedigenden Materiallage erkennen kann, darf also zumindest von einer gewissen Kontinuität der urbanistischen Struktur

---

1545 IvSide Nr. 29 = SEG XXVII 903 = AE 1977, 813.
1546 Foss, Attius Philippus, bes. 177 ff.
1547 In diesem Fall eines Amtsträgers, denn der um die Wende vom 4. zum 5. Jh. anzusetzende Attius Philippus bekleidete den Posten eines "vices agens praefecturae", d.h. eines für Asia zuständigen Vikars des Prätorianerpräfekten, s. AE 1977, 813.
1548 Ruggieri - Nethercott, 150 ff.
1549 Mitford, Cults, 2157. Weitere spätantike Reste bei Karallia erwähnt Nollé, Pamphylische Studien 6-10, 237. Einzig Laertes fällt hier aus dem Rahmen, da dort nach dem 3. Jh. n. Chr. offenbar keine Bauvorhaben mehr realisiert worden sind: F. Hild, Die westkilikische Küste von Korakesion bis Anemurium in byzantinischer Zeit, in: Byzantios. Festschrift für H. Hunger, Wien 1984, 140.
1550 Nollé, Pamphylische Studien 6-10, 247.
1551 Vgl.o.S.57 ff.

im spätantiken Pamphylien ausgegangen werden, welche die Siedlungshierarchie der früheren Zeiten weitgehend - mit Ausnahme vielleicht des nun in den Hintergrund geratenen Aspendos - bewahrt, und mit diesem Resultat wenden wir uns nun den pisidischen Siedlungen zu.

Im Zusammenhang mit den Ostgoteneinfällen am Ende des 4. Jhs. erwähnt Zosimos auch Selge, das er als 'kleines Städtchen' bezeichnet, als πολίχνη ... Παμφυλίας.[1552] Ist Selge, in der hellenistischen und in der hohen Kaiserzeit eine der bedeutendsten pisidischen Städte, also zu einem kleinen Gebirgsstädtchen im Taurus verkommen? F. Paschoud weist in seinem Kommentar zu dieser Stelle gewiß mit Recht darauf hin, daß weder Zosimos noch der von ihm benutzte Eunap die pisidische Stadt jemals gesehen haben dürfte,[1553] und in der Tat vermitteln die erhaltenen Ruinen kein Bild, das dem von Zosimos erweckten Eindruck entspricht. Allein sieben, fast alle aus dem 5. Jh. stammende Kirchenbauten lassen sich identifizieren,[1554] doch auch profane Gebäude gerieten keinesfalls in Vergessenheit. So wurden die 'Stadionthermen' in der spätrömischen Zeit ausgebessert, und auch die zweite Thermenanlage 'am Südhang' erfuhr in dieser Epoche architektonische Umgestaltungen.[1555]

Rätselhaft bleibt demgegenüber die Situation des spätantiken Termessos. Christliche Bauten konnten bislang nicht identifiziert werden, auch die wenigen Inschriften dieser Zeit dokumentieren keine baulichen Aktivitäten - in der Mehrzahl handelt es sich um Meilensteine und Weihungen an das konstantinische Kaiserhaus.[1556] Die kirchlichen Quellen liefern ebenfalls keine näheren Aufschlüsse: Am Konzil von 431 nahm ein Bischof von Termessos und Eudokias teil, 448 vertritt ein Bischof Termessos, Eudokias und Iovia.[1557] Wahrscheinlich bezeichnet Eudokias die auf dem Territorium von Termessos, bei Evdir Hanı gelegene Ruinenstätte,[1558] die Lokalisierung von Iovia bleibt unklar. R. Heberdey schließt aus dieser Sachlage, daß möglicherweise eine Umsiedlung von der Berghöhe in die Ebene stattgefunden habe,[1559] aber diese These bedürfte neben der als Beleg nicht ausreichenden Mehrzahl von Ortsnamen weiterer, bislang nicht erkennbarer Anhaltspunkte, so daß momentan keine gesicherten Aussagen zu treffen sind. Allerdings scheint Termessos doch eine weitaus weniger prominente Rolle gespielt zu haben als in den vorhergehenden Jahrhunderten.

Angesichts dieser Situation scheint es geboten, Sagalassos in der spätrömischen Zeit neben Selge in der pisidischen Siedlungshierarchie ganz oben zu plazieren. Auch dort konzentrierten sich die baulichen Anstrengungen sowohl auf christliche wie auf profane Anlagen sowie auf die Erneuerung des Defensivsystems. Letzteres belegen die Ruinen, denn alle noch sichtbaren Reste der Stadtmauer entstammen der Spätantike.[1560] Neben zwei größeren christlichen Kirchen im Stadtzentrum errichtete man im Norden der Siedlung ein zusätzliches Gebäude christlichen Charakters, vielleicht ein Martyrion.[1561] Das Weiterleben kaiserzeitlicher Bautradition in Form

---

1552 Zos. V 15, 5.
1553 F. Paschoud, Zosime, Bd. IV, 134 Anm. 32.
1554 Machatschek - Schwarz, 104 ff. vgl. IvSelge Nr. 65.
1555 Ebd. 83 ff.
1556 TAM III 13.45 f. Zu den Meilensteinen s.u.S.189. Einzig TAM III 13 scheint sich als Weihinschrift auf ein Bauwerk zu beziehen, s. Heberdey, Termessos, 750.
1557 Heberdey, ebd. 750.
1558 Heberdey, ebd.; Bean, Kleinasien, 104 f.
1559 Ebd.
1560 Mitchell - Waelkens 1987, 60.
1561 Mitchell - Owens - Waelkens, 68; vgl. Belke - Mersich, 368 f.

von Ehrenmonumenten für das Kaiserhaus dokumentiert ein kleineres Gebäude an der oberen Agora, das nach Auskunft der zwei noch erhaltenen Weihinschriften den Kaisern Valentinian II. und Gratian zugeeignet war.[1562] Und schließlich gehörten auch gewerbliche Bauten zum spätantiken Stadtbild, denn die im Töpferviertel gelegenen Werkstätten produzierten offensichtlich noch bis ins 6. Jh. n. Chr. hinein.[1563]

Zu Selge und Sagalassos gesellte sich in der Spätantike als ebenbürtige Metropole Antiochia Pisidiae, die dabei möglicherweise von dem Statusgewinn als Hauptstadt der neuen Provinz Pisidia profitierte.[1564] Explizit drückt eine nur fragmentarisch erhaltene Inschrift diese Verbindung von Statthaltersitz und Bauförderung aus, in welcher der Gouverneur Valerius Diogenes für die Errichtung oder Wiederherstellung eines Gebäudes "a fundamentis" verantwortlich zeichnet.[1565] Auch die in Antiochia Pisidiae epigraphisch verzeichnete Ehrung des (zwischen 361-367 amtierenden) Prätorianerpräfekten Saturninus Secundus Salutius, in welcher dieser als Euerget belobigt wird,[1566] deutet auf die im Stadtbild sichtbaren Vorteile, deren sich eine Provinzhauptstadt erfreute, und der von dem pisidischen Statthalter Strategios geförderte Bau einer Wasserleitung rundet diesen Eindruck ab.[1567] Sogar ein Triumphbogen könnte in dieser Zeit neu hinzugekommen sein, der, wie die erhaltenen Architekturfragmente und die Inschriften beweisen, einem Kaiser oder den Kaisern der zweiten Tetrarchie geweiht gewesen sein dürfte.[1568] Privater Munifizenz hingegen entsprang ein zweiter neuer oder restaurierter Aquädukt (5./6. Jh.), dessen Errichtung in einem Epigramm gedacht wurde.[1569]

Daneben hinterließ auch im pisidischen Antiochia das Christentum unübersehbare architektonische Spuren: Im 4. und 5. Jh. entstehen eine Basilika und eine christliche Kirche; im Mosaikfußboden der Basilika fand sich der inschriftliche Hinweis auf die Errichtung des Gebäudes ἐπὶ τοῦ αἰδεσ(ιμωτάτου) ἐπισ(κόπου) 'Οπτίμο[υ].[1570]

In Antiochia Pisidiae und in Side fanden zweifellos die meisten, aufwendigsten und überdies auf eine relativ breite Schicht von Stiftern und Förderern verteilten städtebaulichen Aktivitäten dieser Epoche statt. Vor dem Hintergrund der gerade in diesen beiden Städten nachweisbaren Leistungen mutet es geradezu absurd an, wenn aus der unregelmäßigen Schriftform einer in Antiochia Pisidiae gefundenen Weihinschrift des 4. Jhs. und aus der Tatsache, daß diese in einen wiederverwendeteten Stein gemeißelt wurde, auf die Dekadenz der urbanen Zivilisation geschlossen wird[1571] - ein instruktives Beispiel für die nur scheinbare Aussagekraft so häufig bemühter Verfallssymptome.

Die fünfte der bedeutenderen kaiserzeitlichen Siedlungen Pisidiens, Kremna, liefert keine ver-

---

[1562] Lanckoroński II, 137 f., mit Inschriften Nr. 219. 220.
[1563] Mitchell - Owens - Waelkens 74.
[1564] Levick, Colonies, 178; Belke - Mersich, 185 ff.
[1565] CIL III 6808; zu Diogenes vgl.o.S.169 A.1484.
[1566] AE 1914, 125; PLRE I Secundus 3.
[1567] SEG VI 561 = SEG XXX 1506; vgl. PLRE I Strategius 4.
[1568] Levick, Unpublished Inscriptions Nr. 4-7 = AE 1967, 494-498.
[1569] SEG VI 560 = XV 822 = XXX 1505.
[1570] SEG VI 580.
[1571] B. Levick, Two Inscriptions from Pisidian Antioch, AS 15, 1965, 60: "The lettering, poor and irregular, and the use of an old, ready-made block attest the depths of cultural and economic poverty to which Antioch had sunk by the mid-fourth century."

wertbaren epigraphischen Zeugnisse für die spätantike Zeit.[1572] Immerhin artikuliert sich die weiterhin existierende Lebenskraft der Stadt in einer überraschend hohen Zahl von Kirchenbauten - allein acht Gebäude, die der Zeit zwischen dem 4. und frühen 7. Jh. angehören, hat man identifizieren können.[1573]

Ein nur wenig niedrigeres urbanistisches Niveau als Selge, Termessos, Sagalassos, Antiochia Pisidiae und Kremna besaßen in der hohen Kaiserzeit Adada, Apollonia, Ariassos und Etenna, und alle vier Städte hielten diesen Standard offenbar auch in den darauffolgenden Jahrhunderten. Die heute noch gut erhaltenen kaiserzeitlichen Bauten von Adada, das abgelegen und geschützt im nördlichen Pisidien liegt, ließen gewiß kaum größere Restaurierungsarbeiten in der Spätantike nötig werden. Stattdessen entstanden auf den beiden Hügeln, die das in der Senke liegende Siedlungszentrum einrahmen, zwei jeweils dreischiffige Kirchenbauten; nicht gesichert ist ein drittes christliches Gebäude in der seit 381 als Bistum bezeugten Stadt.[1574]

In Apollonia spiegelt sich der zusehends dominierende Einfluß des Christentums nicht nur im Baubestand, sondern auch im Stadtnamen wider: In der Spätantike nannte sich der Ort Sozopolis, die 'rettende Polis',[1575] und dementsprechend gewann das christliche Element in Form von drei Kirchen auch an architektonischer Bedeutung. Eine von C. Foss in das Jahr 585 datierte Bauinschrift verzeichnet die Errichtung eines παλάτιν (sic) τοῦ 'Αρχανγέλου,[1576] und dieser 'Palast des Erzengels' paßt zu der überregionalen Bedeutung, die das christianisierte Apollonia-Sozopolis im 6. Jh. besaß. Die Stadt beherbergte nämlich eine Kirche mit einem angeblich für die Heilung Kranker sorgenden Jungfrauenbild, das viele Pilger von weither anzog;[1577] möglicherweise geht die Neubenennung der Stadt auf diese Wunder wirkende Stätte zurück.

Eine vergleichbare Attraktion konnten Ariassos und Etenna nicht aufweisen, und die Geschicke dieser beiden noch kaum erforschten Städte in der Spätantike entziehen sich fast völlig unserer Kenntnis. Der im Jahr 1988 begonnene Survey in Ariassos läßt immerhin "a variety of mainly domestic buildings ranging from hellenistic to late Roman date" erkennen,[1578] ferner eine in der Spätantike angelegte Stadtmauer sowie eine ebenfalls in dieser Epoche umgebaute, möglicherweise in eine christliche Kirche verwandelte Portikus.[1579] In Etenna befinden sich noch bauliche Überreste dreier spätrömischer Kirchen,[1580] die ca. vier Kilometer südlich von Etenna gelegene Nekropole von Delikli Ören beherbergt neben einer Kirche ebenfalls einige nicht näher bestimmbare Bauten dieser Zeit.[1581]

Über alle übrigen in der hohen Kaiserzeit existierenden Siedlungen Pisidiens läßt sich wenig mehr festhalten als die eingangs des Kapitels formulierte Erkenntnis, daß annähernd alle von ihnen mit Bischöfen auf den seit dem 4. Jh. stattfindenden Konzilien vertreten sind und demnach in ihrem Bestand und überdies mit ihren (mindestens im kirchenorganisatorischen

---

1572 S. auch Levick, Colonies, 181.
1573 Greenhalgh, 195 ff.
1574 Mersich, Festungen, 198 ff.; Belke - Mersich, 170.
1575 Demandt (Spätantike, 411) übersetzt dagegen 'die gerettete Stadt'.
1576 SEG XXVII 899.
1577 C. Foss, Two Inscriptions Attributed to the Seventh Century A.D., ZPE 25, 1977, 288 (mit den entsprechenden Quellen); Mersich, Pisidien, 162; Belke - Mersich, 387 f.
1578 Mitchell - Owens - Waelkens, 64.
1579 Ebd. 64. 66.
1580 Greenhalgh, 221 ff.

Sinne)[1582] zentralörtlichen Funktionen für diesen Zeitraum gesichert sind. Außerdem sprechen in beinahe allen Orten Gebäudeteile und Architekturfragmente aus spätantik-frühbyzantinischer Zeit für eine Siedlungskontinuität, ohne daß diese bislang in ihrem qualitativen und quantitativen Ausmaß exakter bestimmbar wäre.[1583] Aus der Gruppe dieser Orte ragen insbesondere noch zwei Siedlungen heraus, Amblada und Parlais, über die Genaueres zu sagen ist. Ambladas Siedlungszentrum befand sich auch in der Spätantike auf dem Rücken des Asar Dağ und wurde nun durch die Errichtung "mindestens zweier großer Kirchen" geprägt.[1584] Parlais bildet nach bisherigem Kenntnisstand eines der wenigen Beispiele für solche Siedlungen, die erst in der Spätantike einen Aufschwung erlebten.[1585] Mehr als die Hälfte der dreizehn bislang gefundenen Inschriften entstammen der Spätantike, darunter die folgende Bauinschrift aus dem 5. Jh.(?):[1586]

Ἐπὶ τοῦ ἐδεσιμοτάτου (sic) ἐπισκόπου Ἀλεξάνδρου ἔκτισαν τὸ εὐκτήριον Ποσιδόνιος (sic), Ἀμμιανός, Νικίας, Δόμνος διάκονοι τῆς ἁγίας τοῦ θεοῦ καθολικῆς ἐκκλησίας. Κύριε, βοήθη (sic) τοῖς δούλοις σου.

Neben dem zumindest in Umrissen erkennbaren Baubestand spricht schließlich auch die Funktionsfähigkeit des von den Kaisern des 4. Jhs. mit besonderer Aufmerksamkeit bedachten Straßennetzes in Pisidien, das die städtischen Siedlungen miteinander verband, für die Lebensfähigkeit der pisidischen Poleis.[1587] Darüber hinaus besteht kein begründeter Anlaß, die Ernsthaftigkeit des in einem kaiserlichen Brief anläßlich der Stadtrechtsverleihung an Tymandos geäußerten Bemühens um ein städtisch geprägtes, florierendes Leben in den Provinzen anzuzweifeln. Darin heißt es (Z.9 ff.): "Cum itaque ingenitum nobis sit ut per universum orbem nostrum civitatum honor ac numerus augeatur eosque eximie [c]upere videamus ut civitatis nomen honestatemque percipiant, isdem maxime pollicentibus quod apud se decurionum sufficiens futurae sit copia credidimus adnuendum."[1588] Zwar mag dem genannten Anliegen keineswegs stets voller Erfolg zuteil geworden sein, aber auch die prinzipielle Annahme des Gegenteils scheint nicht gerechtfertigt, und zumindest Pamphylien und Pisidien dürften der an "civitatum honor und numerus" interessierten Reichszentrale eher geringe Sorgen bereitet haben. Denn die in der gelehrten Literatur am ehesten dem Osten des Imperium Romanum zugeschriebene Kontinuität der städtischen Zivilisation[1589] kann für Pamphylien und Pisidien kaum ernsthaft bestritten werden, zumal die häufig ins Feld geführten Verfallssymptome bei näherem Hinsehen

---

1581 Vgl. den Plan (Abb. 3) bei Nollé, Etenna, 146.

1582 Schon dies allein hat immerhin auch wirtschaftliche und soziale Konsequenzen, da Bischöfe, wie wir noch sehen werden (s.u.S.195 ff.), in zunehmendem Maße politische, administrative und soziale Leitungsfunktionen ausübten.

1583 Insbesondere die Bereisung Pisidiens durch österreichische Gelehrte im Rahmen der Vorarbeiten zur "Tabula Imperii Byzantini" hat diese in ihrer allgemeinen Form zweifellos gesicherte Erkenntnis ermöglicht, s. etwa Belke - Restle s.v. Akkilise ("beträchtliche Ruinen einer röm.-byz. Siedlung"). Bayındır. Fasıllar ("Spuren einer größeren röm.-byz. Siedlung"). Karacaören. Üskerles ("bedeutende Kirche"); Mersich, Pisidien, passim.

1584 Belke - Restle, 122.

1585 Levick, Parlais, 1002: "Die Gemeinde scheint während der byzantinischen Periode an Lebenskraft und Stärke eher zugenommen zu haben." Vgl. Belke - Mersich, 356.

1586 SEG II 746. Das Enkterion ('Betsaal') dürfte in einer einfachen Hausanlage bestanden haben.

1587 Näheres s.u.S.189.

1588 CIL III 6866 = ILS 6090 = MAMA IV 236 (spätes 3. Jh.?); vgl. Demandt, Spätantike, 400 (Diocletian ?); vgl.o.S.119 f.

1589 Vgl. Martin, 65.

nicht unbedingt als solche zu verstehen sind.

Eines der besonders gern als Krisensymptom bezeichneten Phänomene stellt die christliche Wiederverwendung antiker Bauten dar, wie sie etwa in Side und Selge zu beobachten ist, wo im Theater bzw. im Odeion christliche Kulträume eingerichtet wurden.[1590] Gegen die Annahme, dies sei aus Mangel an finanziellen Ressourcen und Baumaterialien erfolgt, hat kürzlich J. Vaes darauf aufmerksam gemacht, daß diese Umwidmung der Bauten bewußt und nach erkennbaren Regeln erfolgte; ferner verwies er auf einen Brief Gregors d.Gr., in welchem dieser ausdrücklich zur 'Christianisierung' derartiger Gebäude auffordert, denn Heiden könnten leichter zum Christentum bekehrt werden, wenn sie sich an den ihnen vertrauten Orten und Plätzen versammeln könnten.[1591] In diesem Kontext verwandeln sich vermeintliche Verzweiflungstaten in gezieltes politisches Handeln, was den 'Dekadenztheorien' zusätzliche Einbußen an Überzeugungskraft beschert. Vielmehr wird man die hohe Zahl von Kirchenbauten als Indiz für eine nicht zu übersehende Leistungsfähigkeit der Kommunen ansehen dürfen, und die häufig im Stadtzentrum lokalisierte Lage von Bischofskirchen läßt sich möglicherweise mit J. Martin darauf zurückführen, "daß im Osten die Schwerpunkte städtischen Lebens erhalten geblieben seien."[1592] Erst im 7. und 8. Jh. wird sich dies ändern und dann in einen wirklichen Verfall der urbanen Zivilisation münden.[1593]

2.2. Der ländliche Raum

Die relative Stabilität, derer sich vor allem die größeren pamphylischen und pisidischen Städte in der Spätantike augenscheinlich erfreuten, sollte a priori vermuten lassen, daß sich die für die hohe Kaiserzeit erkennbaren, symbiotischen Beziehungen zwischen Stadt und Land auch in dieser Zeit noch als tragfähig erwiesen. Wie verträgt sich dies jedoch mit der weitverbreiteten These von der zunehmenden Stadtflucht reicher Aristokraten und von einer wachsenden Entfremdung zwischen Stadt und Land zugunsten des ländlichen Raumes, wo sich die vermögenden Personen in großen Villen angesiedelt hätten, die mit ihrer Tendenz zur (auch handwerklichen und gewerblichen) Selbstversorgung die zentralörtlichen Funktionen der Städte unterminiert und letzteren somit den wichtigsten Lebensnerv gezogen hätten ?[1594] In zugespitzter Form geht es also letztendlich um das Problem der spätantiken Feudalisierungstendenzen, um die Frage, ob durch eine etwaige Ausbildung quasi-feudaler Grundherrschaften (durch Kolonat und Patrozinien) die originär städtische Zivilisation der Antike bereits dem Ende zustrebte.

Diese für die generelle Einschätzung der spätantiken Verhältnisse konstitutiven Fragen können natürlich auch in diesem Fall nicht aus der pamphylisch-pisidischen Perspektive geklärt werden; sie liefern aber wiederum den Bezugsrahmen, an dem sich die Untersuchung der Situation in

---

1590 J. Vaes, Christliche Wiederverwendung antiker Bauten: Ein Forschungsbericht, AncSoc 15-17, 1984-86, 321; vgl. IvSelge Nr. 65.

1591 Greg.epist. XI 56. 76 (PL 77, 1215 f.); Vaes, 327.

1592 Martin, 70.

1593 So die mehrheitliche Gelehrtenmeinung: W. Müller-Wiener, Von der Polis zum Kastron. Wandlungen der Stadt im Ägäischen Raum von der Antike zum Mittelalter, Gymnasium 93, 1986, 435-475, bes. 451; W. Brandes, Die byzantinische Stadt Kleinasiens im 7. und 8. Jh. Ein Forschungsbericht, Klio 70, 1988, 176-208, bes. 201. 205.

1594 Vgl. zu diesem Komplex Demandt, Spätantike, 323 ff. und die kritischen Bemerkungen von Kolb, Stadt, 238 ff.

unseren Regionen zu orientieren hat in dem Bemühen, einen Baustein für eine umfassende Klärung der anstehenden Fragen zu liefern. Mögen für Pamphylien und Pisidien dabei auch nur relativ wenige Quellen zur Verfügung stehen, so werden sich diese immerhin bisweilen als recht aufschlußreich erweisen.

Bevor wir auf diese Probleme der Bewirtschaftungs- und Besitzverhältnisse zu sprechen kommen, sei zunächst ein Blick auf die landwirtschaftliche Produktion geworfen. "In den landwirtschaftlichen Erzeugnissen zeigt die Spätantike wenig Veränderungen."[1595] Diese allgemeine Aussage A. Demandts gilt im besonderen auch für Pamphylien und Pisidien, wie vor allem der Pamphylien betreffende Abschnitt in der "Expositio totius mundi" belegt:[1596] "Post quam est Pamphylia, regio optima et sibi sufficiens, oleum autem multum faciens et alias regiones implens. Habet autem duas civitates splendidas Pergen et Siden."

Diese äußerst positive Einschätzung der wirtschaftlichen Situation Pamphyliens hebt vor allem auf die Olivenbaumkultur ab. Neben dieser bildeten auch die anderen bereits in der Kaiserzeit wichtigsten Erzeugnisse Südwestanatoliens weiterhin das Fundament der Agrarproduktion: Wein[1597] und natürlich Getreide. Daß wie in den vorangehenden Jahrhunderten gelegentliche Engpässe beim Getreideanbau zu Versorgungsproblemen führen konnten, lehrt eine spätantike Inschrift aus Termessos für einen Wohltäter, der σείτου μέτρον ἄπειρον in einer solchen Krisensituation zur Verfügung stellte.[1598] Ein Dekadenzsymptom stellt dieser Vorgang nicht dar, im Gegenteil, er spricht vielmehr für die Kontinuität kaiserzeitlicher Lösungsmuster, denn wieder einmal dient die private Munifizenz eines Mitglieds der städtischen Elite als probates Mittel der Krisenbewältigung. Für die prinzipielle Ähnlichkeit der kaiserzeitlichen und spätantiken Verhältnisse spricht ferner, daß im Maximaltarif Diokletians auch ein Höchstpreis στύρακος Κιλικίου enthalten ist, womit zweifellos (auch) die pisidische Styraxgewinnung angesprochen ist.[1599] Was die übrigen traditionellen Zweige der Agrarwirtschaft, insbesondere die Viehzucht, anbelangt, so haben wir zwar keine expliziten Zeugnisse aus der Spätantike, nichtsdestoweniger aber wird man von einem weiterhin unveränderten Anteil der Viehzucht an dem gesamten Agrarprodukt ausgehen können.

Wie steht es dagegen mit den Besitzverhältnissen auf dem Lande? Zeigen Pamphylien und Pisidien die allgemein postulierte Tendenz zur Konzentration von Grund und Boden in den Händen weniger reicher Landeigner? In der Kaiserzeit okkupierte die "domus Augusta" einen allerdings eher moderaten Teil des Landes, und daran dürfte sich in der Spätantike ebenfalls wenig geändert haben: "Größere Komplexe sind in der Provinz Asia, in Pisidien, im östlichen Phrygien, in Bithynien, Kappadokien und Palästina bezeugt."[1600] Eine inschriftliche Dokumentation, die näheren Aufschluß über Dimensionen und Bewirtschaftung dieser Domänen geben könnte, fehlt; zusätzlich zu den genannten Gebieten ist allerdings noch Pamphylien zu nennen, da in der Nähe von Attaleia ein τῷ θίῳ οἴκῳ τῶν Μαρίνας προνοουμένων gehöriges Gut (χωρίον) belegt ist, also eine nach der Tochter des Kaisers Arcadius benannte Domä-

---

1595 Demandt, ebd. 323.

1596 Expos. (ed. J. Rougé, Paris 1966), E XLV; vgl.o.S.173. Am Ende des 4. Jhs. spricht Avienus (Descr. orbis 1022 ff.) noch von den "pinguia culta" in Pisidien.

1597 Demandt, Spätantike, 324.

1598 TAM III 103; vgl. PLRE I Honoratus 7.

1599 Ed.pret. (ed. S. Lauffer, Berlin 1971) 36, 57.

1600 Tinnefeld, 20.

ne, welche von einem κουράτωρ ("curator") verwaltet wurde.[1601]

Über private Großbesitzungen in Pamphylien und Pisidien liegen keine direkten Quellen vor, so daß es zum Beispiel trotz einiger möglicherweise dem späten 3. Jh. entstammenden Inschriften aus dem Gebiet der Ormeleis offen bleiben muß, ob und gegebenenfalls wie lange die dort gelegene Domäne noch in der Spätantike existierte.[1602] Immerhin liefern die literarischen Quellen über die Isaurier- und Ostgoteneinfälle nach Pamphylien und Pisidien einige verwertbare Informationen. Bei Ammianus Marcellinus lesen wir über die Isaurier zum Jahr 368: "At in Isauria globatim per vicina digressi praedones oppida villasque uberes libera populatione vexantes magnitudine iacturarum Pamphyliam afflictabant et Cilicias."[1603] Dürfen wir diese Äußerungen wörtlich nehmen, so gab es in Pamphylien und den Nachbarregionen Isauriens, zu denen vor allem Pisidien zählt, Landsitze, die von Ammian sogar als üppig qualifiziert werden. In Italien und Gallien bildeten "villae" die bevorzugten Lebensräume meist senatorischer Aristokraten, und möglicherweise kann man mit ähnlichen Anlagen auch im südwestlichen Anatolien rechnen.[1604] In einem Fall besitzen wir dafür sogar ein direktes Zeugnis: Libanios erwähnt in einem Brief aus dem Jahr 364 einen wohlhabenden Mann namens Alexander, der seine syrische Heimatstadt Antiochia verlassen hatte und nach Pamphylien übergesiedelt war, wo er heiratete und ein prächtiges, direkt am Meer gelegenes Haus erbaute, wie Libanios schreibt:[1605]

αὐτή (sc. ἡ οἰκία) τε γὰρ καλὴ καὶ μεγάλη καὶ ὁ δειπνῶν ἀποβλέπτοι (sc. ὁ 'Αλέξανδρος) τ' ἄν εἰς τὴν θάλατταν καὶ ναῦς ἐξ οὐρίων τρεχούσας καὶ ναυτῶν ἄν ἀκούσαι ἀδόντων ἅ εἰώθασι.

Einen Beleg für die Existenz größerer privater Ländereien könnten Zosimos' Ausführungen zu den 399 n. Chr. stattfindenden Auseinandersetzungen zwischen den Ostgoten unter Tribigild und den Einheimischen bei Selge bieten: Ein in militärischen Angelegenheiten nicht unerfahrener Selgier namens Valentinus sammelte eine Schar seiner (?) ebenfalls durch Kämpfe mit räuberischen Banden geschulten Sklaven und Bauern und stationierte sie an strategisch günstigen Plätzen:[1606] Οὐαλεντῖνος ... συναγαγὼν οἰκετῶν πλῆθος καὶ γεωργρῶν, ταῖς πρὸς τοὺς γειτνιῶντας λῃστὰς συνεχέσι μάχαις γεγυμνασμένους, εἰς τοὺς ὑπερκειμένους τῶν παρόδων ἔστησε λόφους ... Möglicherweise haben wir es hier mit einem Landeigner größeren Stils zu tun, der mit seinen (?) Sklaven und Bauern zur Selbstverteidigung greift. Mit dieser Interpretation beginnen freilich erst die eigentlichen Probleme, denn der Bericht des Zosimos führt direkt zu dem Problem der Patrozinien, d.h. zu den Schutz- und Abhängigkeitsverhältnissen zwischen Einzelnen bzw. Gruppen auf der einen und mächtigen, einflußreichen Personen auf der anderen Seite.[1607] Es liegt außerhalb der hier bestehenden Möglichkeiten, dem Patrozinium genauer nachzugehen, zumal nur auf größere Gebiete bezogene Arbeiten wie jene von J.-

---

1601 Grégoire Nr. 308bis.
1602 Ruge, Ormeleis, 1101 ff. Sterrett (EJ Nr. 65) datiert eine der Inschriften ins Jahr 297 bzw. in die Mitte des 4. Jhs., aber wegen der verschiedenen, in den Inschriften benutzten Ären (s. Ruge, ebd. 1102) und des schlechten Erhaltungszustandes der Inschriften bleibt hier vieles hypothetisch.
1603 Amm. 27, 9, 6.
1604 H. Mielsch, Die römische Villa. Architektur und Lebensform, München 1987, 90 ff. In seinem Ausblick auf die Provinzen (161 ff.) beschränkt Mielsch sich leider auf den Westtteil des Imperiums.
1605 Lib. ep. 1189 (Förster).
1606 Zos. V 15, 5.
1607 Einen Überblick bieten Tinnefeld, 36 ff. und Demandt, Spätantike, 333 ff.

U. Krause hier zu tragfähigen Ergebnissen führen können.[1608] Hingewiesen sei jedoch auf das Problem, wie das bei Zosimos erkennbare Zusammenwirken zwischen Bauern, Sklaven und Valentinus zu werten ist. Da οἰκέται nicht unabhängig agieren und schon gar nicht ungehindert zu den Waffen greifen können, Valentinus aber offensichtlich frei über diese verfügt, darf man eine Abhängigkeit zumindest der οἰκέται von dem Mann unterstellen. Wen aber hat man sich unter den οἰκέται vorzustellen? Es könnte sich um Sklaven im ureigenen Sinne handeln, aber auch, und angesichts der geringen Verbreitung der Sklaverei im kaiserzeitlichen Kleinasien bietet sich diese Interpretation vielleicht eher an, um Kolonen, die in ihrem inferioren Status Sklaven ähnelten, was zu der spätantiken Redewendung von den "servi quasi coloni" bzw. "coloni quasi servi" führte.[1609] Von der Bestimmung der οἰκέται wiederum hängt ab, ob unter den γεωργοί Kolonen, angestellte Landarbeiter oder freie Bauern zu verstehen sind. Gegen die Annahme, es handele sich hier um abhängige Bauern, könnte der Wortlaut des Zosimos-Textes sprechen: Valentinus muß die Bauern erst zusammenbringen (συναγαγών), woraus vielleicht zu folgern ist, daß hier freie Bauern unter der Führung eines großen Landeigners eine Art Bürgermiliz bilden. Das Problem läßt sich nicht definitiv lösen, aber die Berechtigung der gestellten Fragen auch mit Blick auf Pamphylien und Pisidien erhellt zusätzlich aus einem Erlaß des Jahres 468, in welchem Mißstände aufgrund der in zahlreichen Regionen, u.a. der Diözese Asiana, verbreiteten Patrozinien angeprangert werden.[1610]

Unabhängig von der Interpretation der Zosimos-Stelle darf nach dem zitierten Gesetz (CJ XI 54,1) von der Existenz patronaler Beziehungen, in individueller oder kollektiver Form, auch in den ländlichen Regionen Pamphyliens und Pisidiens ausgegangen werden. Eine eindeutig positive oder negative Einschätzung der Situation der einfachen Bauern läßt sich daraus allerdings nicht ableiten, denn es hing von den im Einzelfall vorliegenden Bedingungen ab, ob der den Schwächeren seitens der potenten Landeigner gewährte Schutz vor Räubern, skrupellosen Steuereintreibern, plündernden Soldaten etc. dominierte oder der Aspekt der Abhängigkeit, in die sich die Bauern bisweilen durch den Verlust von Freizügigkeit, Besitz und sämtlicher Rechte begaben. Der von I. Hahn favorisierten Auffassung, im Osten des Reiches hätten eindeutig die Vorzüge für die Bauern überwogen, die sich durch Nutzung patronaler Beziehungen ihre Lebensfähigkeit erhalten hätten,[1611] hat J.-U. Krause mit guten Argumenten widersprochen und für eine gemäßigt skeptische Einschätzung plädiert.[1612]

In welchem Ausmaß auch immer das Patrocinium sich in Pamphylien und Pisidien etabliert hat, es gab jedenfalls weiterhin freie Bauern, denen es offenbar nicht schlecht ging. Denn in einer Novelle Justinians vom Jahr 535 ist von pisidischen Dörfern mit vielen Einwohnern die Rede, die sich mit Macht und Erfolg den Fiskalbeamten widersetzen können:[1613] "Ὅπερ ἐπὶ τῆς Πισιδῶν χώρας ἄρξασθαι πρῶτον βουλόμεθα, διότι καὶ τοῖς ἔμπροσθεν χρονογρά-

---

[1608] J.-U. Krause, Spätantike Patronatsformen im Westen des Römischen Reiches (Vestigia 38), München 1987.

[1609] Demandt, Spätantike, 332; vgl. auch Krause, ebd. 88 ff. Die Vorgänge bei Selge hat Krause (138 A.292) nicht näher behandelt und nur kurz im Zusammenhang von Privatarmeen (Buccellarii) und Patrozinien erwähnt. Er redet von einer "Truppe von Sklaven und Bauern (Kolonen?)", ist sich also auch in der Zuordnung der Termini nicht sicher, geht aber von οἰκέται als Sklaven aus (ebenso Albert, 103) - so eindeutig scheint mir dies keineswegs zu sein.

[1610] CJ XI 54,1.

[1611] I. Hahn, Das bäuerliche Patrocinium in Ost und West, Klio 50, 1968, 261 ff., bes. 275 f.

[1612] Krause, Patronatsformen, 80 f.

φοις εἰρημένον εὑρήκαμεν τὸ πρώην ἁπάσης ἐκείνης τῆς γῆς τὸ Πισιδῶν ἔθνος ἐξάρχειν, καὶ νῦν δὲ δὴ τὴν ἐπαρχίαν ταύτην δεῖσθαι μείζονος καὶ σφοδροτέρας ἀρχῆς πιστεύομεν, ἐπειδήπερ καὶ κῶμαι μέγισται κατ' αὐτήν εἰσι καὶ πολυάνθρωποι καὶ πολλάκις πρὸς αὐτοὺς στασιάζουσαι τοὺς δημοσίους φόρους.

Abschließend bedarf es noch eines Blickes auf eine Institution, die in der spätrömischen Zeit neu zu den bereits vorher landbesitzenden Personen und Körperschaften hinzutritt, auf Kirche und Klöster.[1614] Schon bald nach der endgültigen Durchsetzung des Christentums begegnet die Kirche als Grundbesitzerin, zumal seit sie 321 n. Chr. juristisch als erbfähig anerkannt worden war.[1615] Im 5. und 6. Jh. vermehrte sie ihre Güter beständig, begünstigt vor allem durch zahlreiche Stiftungen und Schenkungen zu ihren Gunsten.[1616] Daneben entwickelte sich eine zusehends wachsende, von Ägypten ausgehende monastische Bewegung, die besonders schnell in Kleinasien Fuß faßte, gefördert durch Basilius von Cäsarea.[1617] Zwar haben Klöster nach Auffassung von F. Tinnefeld, der sich gegen früher verbreitete Annahmen eines umfassenden klösterlichen Grundbesitzes wendet, in der Regel nur über kleine Ländereien verfügt, die überdies zumeist von den Mönchen selbst bewirtschaftet worden seien;[1618] in Pisidien findet sich jedoch eine bemerkenswerte Ausnahme von dieser Regel, falls von einer solchen überhaupt die Rede sein kann.[1619] In einem inschriftlich erhaltenen, im südwestlichen Pisidien (etwa auf halber Strecke zwischen Isinda/Korkuteli und Tefenni, s. Karte) gefundenen, griechisch-lateinisch verfaßten Erlaß der kaiserlichen Zentrale vom Jahr 527 wird einem pisidischen Johannes-Kloster Schutz vor den aus dem Durchzug von Militär resultierenden Mißständen garantiert, und aus diesem Dokument ergeben sich recht bemerkenswerte Aufschlüsse über die Wirtschaftsorganisation der klösterlichen Ländereien, wie der folgende lateinische Text zeigt, dessen Lesungen durch die fast vollständig erhaltene griechische Version gesichert sind:[1620]

"[Quando et alias immunes convenit ser]vari co[ll]at[ores nostros, maxime possessio]nes ad ve[n]er[abile oratorium sa]ncti apostoli Io[h]an[nis pertinentes ea] providentia [frui] opor[tet. Propter ho]c memoratas precibus [possessiones et] eorum colonos vel adscrip[ticios et c]uratores aut conductores s[ecuros ab om]ni laesione permanere [tam transeuntium mi]litum vel violentiae prohibit[orum qu]am ab illis militibus, qui sedes [prope ea]sdem possessiones habere nos[cuntur], nullo eorum audente quo[cumqu]e damno ex [qua]cumque occasi[one eos] adfligere, s[i prec]es verae sunt, [conpetent]is oraculi sa[cra sanc]tione decer[nimus]..." Die anscheinend umfänglichen Besitzungen des Klosters wurden also analog den großen weltlichen Domänen bewirtschaftet: durch "adscripticii" (die in besonders hohem Maße unfreie Sondergruppe der östlichen "coloni")[1621], beaufsichtigt durch Domänenverwalter ("curatores") und

---

1613 Nov.Iust. XXIX cap. I Z.27 ff.

1614 Vgl. zur Entwicklung des Christentums sowie der Ausbreitung von Klöstern jetzt Belke - Mersich, 125 ff.

1615 CTh XVI 2, 4; vgl. Tinnefeld, 21 ff.

1616 Demandt, Spätantike, 450 f.

1617 Ebd. 455 ff.

1618 Tinnefeld, 23 f.

1619 Daß man im Gegensatz zu Tinnefeld wohl mit größeren kirchlichen und monastischen Besitzungen im ländlichen Raum rechnen muß, legt die reiche, bislang noch unzureichend ausgewertete hagiographische Literatur nahe; s. dazu vorläufig F.R. Troubley, Monastic Foundations in Sixth-Century Anatolia and Their Role in the Social and Economic Life of the Countryside, GOTR 30, 1985, 45-59.

1620 CIL III 13640 = Grégoire Nr. 314.

1621 Vgl. Krause, Patronatsformen, 94 ff.

Großpächter ("conductores").

Genauso wie die weltlichen Domänen litten also auch die kirchlichen Besitzungen unter den Heimsuchungen durchziehender Soldaten ("laesio...transeuntium militum")[1622] sowie unter Übergriffen seitens der offenbar in der Nachbarschaft des Klosters stationierten Soldaten ("milites, qui sedes prope easdem possessiones habere noscuntur"); dies hatte das Kloster dazu veranlaßt, bei den staatlichen Stellen ein Bittgesuch ("preces"; in der griechischen Version: δέησις) einzureichen, um künftig von derartigen Belästigungen verschont zu bleiben.

Insgesamt gesehen weist die ländliche Besiedlung und Besitzstruktur im spätantiken Pamphylien und Pisidien mithin eine enorme Bandbreite auf, die dem ländlichen Raum auch in schwierigeren Zeiten ein hohes Maß an Lebensfähigkeit gesichert haben wird. Zu den in der epigraphischen Dokumentation bisweilen noch explizit belegten Komen[1623] kommen in der Spätantike große Villen und überdies in wachsender Zahl die befestigten Einzelgehöfte hinzu, die wohl, wie neuere Surveys zeigen, vor allem an den Grenzen der städtischen Chora lagen.[1624] Den kaiserlichen und privaten Domänen gesellten sich die kirchlichen Besitzungen hinzu, und neben dem gewiß verbreiteten Kolonatsystem existierte auch noch ein freies Bauerntum. Mögen auch nur relativ wenige Quellen die Grundlage für diese Situationsbeschreibung abgeben, so erweisen sich diese andererseits als überaus aussagekräftig, und es gibt keinen Grund, an ihrer Zuverlässigkeit prinzipielle Zweifel zu hegen.

Bemerkenswert und daher am Schluß unserer Betrachtung ausdrücklich festzuhalten ist die Erkenntnis, daß die im wesentlichen ungebrochene Leistungsfähigkeit der Landwirtschaft im spätantiken Pamphylien und Pisidien nicht zu Lasten der Städte ging. Es besteht also kein begründeter Anlaß, von protofeudalen Tendenzen in diesem Raum zu sprechen, vielmehr läßt sich eine strukturelle Ähnlichkeit der spätrömischen und kaiserzeitlichen Verhältnisse konstatieren, da neben den Indizien für eine gut funktionierende Agrarproduktion alle Anzeichen für ein ebenfalls stabiles Städtewesen sprechen. Ob und gegebenfalls inwieweit sich dieses Bild durch die Situation der gewerblichen, handwerklichen und geistig-kulturellen Tätigkeiten abrunden und ergänzen läßt, soll der folgende Abschnitt klären.

3. Das nicht - agrarische Wirtschaftsleben

Angesichts der evidenten Stabilität der in den Städten und auf dem Lande herrschenden Situation sollte, analog den Verhältnissen der hohen Kaiserzeit, schon von vornherein auch ein zumindest annähernd konstant gebliebenes Niveau des sekundären und tertiären Sektors vorausgesetzt werden dürfen. Denn wie die städtische Zivilisation auf der Vielfalt und Arbeitsteilung der Berufe, so basierte auch die landwirtschaftliche Produktion, soweit sie über den Eigenbedarf der Produzenten hinausging, auf der Möglichkeit, die Güter auf dem Handelswege zu veräußern. Daß diese fundamentale Wechselwirkung zwischen urbaner Kultur, einer funktionierenden Agrarproduktion sowie Handel und Gewerbe auch für die Spätantike unabdingbar blieb, zeigt schon der zitierte Passus aus der "Expositio totius mundi" (E XLV)[1625], in dem ganz selbstverständlich die genannten Faktoren als Kriterien der Situationseinschätzung verwendet

1622 Vgl.o.S.161 f.
1623 S. etwa IvPerge Nr. 174.
1624 K. Hopwood, Towers, Territory and Terror: How the East Was Held, in: Freeman - Kennedy, 343 ff.

werden: Pamphylien gilt deswegen als "regio optima", weil sie sich in ausreichendem Maße selbst versorgen kann, auch über den Eigenbedarf hinaus produzieren und folglich Handel treiben kann ("alias regiones implens") und daher prächtige Städte wie Perge und Side besitzt.

Wie verträgt sich dieses positive Urteil jedoch mit den vermeintlich negativen, allgemeinen Rahmenbedingungen, mit dem dirigistischen, von Steuer- und Berufszwang, wachsender Bürokratie, Korruption und Inflation geprägten Charakter der spätantiken Gesellschaft und ihres Wirtschaftslebens? Diese vor allem in den älteren Darstellungen unseres Jahrhunderts klar dominierende Betrachtungsweise[1626] ist in jüngerer Zeit von einer differenzierteren Sicht verdrängt worden, die zwar die teilweise weitreichenden Neuerungen und Veränderungen im Währungs- und Steuerwesen, in Heer und Verwaltung herausarbeitet, aber im wesentlichen doch von vielen Kontinuitätslinien zwischen Kaiserzeit und Spätantike ausgeht und vor allem allzu pessimistische Bewertungen relativiert. So entstand zwar seit der Zeit Diokletians und Konstantins ein neu konzipiertes Steuersystem,[1627] aber die dabei neu eingeführten Steuertitel, vor allem die den Händlern und Gewerbetreibenden auferlegte "collatio lustralis", verstärkten keineswegs automatisch den Steuerdruck, und vor allem entsprechen die weit verbreiteten Klagen spätantiker Zeitgenossen über die "collatio lustralis" erkennbar nicht der Realität.[1628] Ähnlich verhält es sich auf dem monetären Sektor: Die währungspolitischen Neuerungen - die Abschaffung der Provinzialprägungen und die Zentralisierung der Münzherstellung in kaiserlichen Offizinen sowie die Etablierung eines vor allem seit dem 5. Jh. am Goldsolidus ausgerichteten Münzsystems - haben nicht zu der oft postulierten Inflation und damit zur Verarmung der kleinen Leute geführt, wenn auch besonders mit der Aufwertung der Rolle des Goldes (etwa im Rahmen der vorwiegend in Gold erhobenen Steuern) Härten zweifellos nicht ausblieben.[1629] Auch die zwangsverordnete Berufsbindung scheint, nach manchen Quellen zu urteilen, nicht die Regel gewesen zu sein,[1630] und die zweifellos personell über Gebühr expandierende Bürokratie hat bei allen unverkennbaren Verfehlungen diverser Funktionsträger[1631] dennoch wohl nicht zu einer grundlegenden Behinderung des Wirtschaftslebens geführt.

Diese naturgemäß kursorische und knappe Thematisierung wichtiger fiskalischer, währungspolitischer und administrativer Neuerungen in der Spätantike will keineswegs die zum Teil zweifellos vorhandenen Probleme und Schwierigkeiten in Abrede stellen, sondern nur vor einer negativen Überzeichnung der Verhältnisse warnen. Vor allem sollte nicht übersehen werden, daß die allgemeinen Rahmenbedingungen in der Spätantike sich nicht grundlegend von denen der vorhergehenden Zeit unterscheiden[1632] und nicht dazu zwingen, reichsweiten Niedergang

---

1625 S.o.S.182.

1626 Vgl. zur Zwangsstaatsdiskussion vor allem R. Rilinger, Die Interpretation des Imperium Romanum als "Zwangsstaat", GWU 36, 1985, 321-340; Martin, 182 f. 187 f.; Demandt, Spätantike, 322.

1627 Grundlegend: J. Karayannopoulos, Das Finanzwesen des frühbyzantinischen Staates, München 1958; s. auch Demandt, Spätantike, 238 f. 247 f.

1628 Jones, LRE, 465; Tinnefeld, 138; vgl. auch Kolb, Stadt, 240.

1629 Zur monetären Entwicklung und Währungspolitik s. R.-Alföldi, Numismatik, 198 ff.; M.F. Hendy, Studies in the Byzantine Monetary Economy c. 300-1450, Cambridge 1985, 257 ff. 371 ff. 449 ff.; zum Inflationsproblem Brandt, Zeitkritik, 33 ff.

1630 Vgl. Demandt, Spätantike, 322, mit Bezug auf Theodoret ep. 144.

1631 K.L. Noethlichs, Beamtentum und Dienstvergehen. Zur Staatsverwaltung in der Spätantike, Wiesbaden 1981.

1632 Vgl. Demandt, Spätantike, 322: "Im Wirtschaftsleben der Spätantike gibt es weniger Neuerungen gegenüber dem Principat als in den Bereichen Staat, Gesellschaft und Religion."

zu postulieren. Hingegen scheint einmal mehr regionale Differenzierung geboten, und da dieses Bemühen "ein ganz entscheidender Zug der neueren Forschungen"[1633] ist, sollte auch mit Bezug auf Pamphylien und Pisidien die regionale Perspektive betont werden, denn beide Gebiete sind von der genannten Tendenz neuerer Forschungen bislang kaum berührt wurden.

Somit stellt sich nun die Frage nach etwaigen Belegen für die eingangs zitierte, positive Einschätzung der wirtschaftlichen Verhältnisse im südwestlichen Anatolien durch einen Zeitgenossen, den Verfasser der "expositio totius mundi". Einige banale Aufschlüsse vermittelt bereits die Behandlung des Siedlungswesens: Die unverkennbar weithin zu beobachtende Bautätigkeit, handelt es sich dabei nun um profane Nutz- oder um Kirchenbauten, setzt ein ausreichendes Angebot an Baumeistern, Zimmerleuten, Architekten etc. voraus. Direkte epigraphische Zeugnisse besitzen wir für diese Berufe nicht, in den Märtyrerakten aus der Zeit der diokletianischen Christenverfolgung begegnet hingegen neben einer Schar pamphylischer Bauern auch ein Zimmermann aus Side.[1634]

Im Zuge der Christianisierung büßten zwar Gymnasien sowie pagane Kulte und Feste, etwa die in Perge für Artemis oder die in Antiochia für den Gott Men veranstalteten 'Panegyreis',[1635] an Bedeutung ein oder verschwanden völlig von der Bildfläche, aber andere elementare Bestandteile des kaiserzeitlichen Polislebens, zum Beispiel die "venationes", behielten ihre Bedeutung, wie die baulichen Veränderungen am Theater von Perge zeigen,[1636] und boten somit weiterhin den daran beteiligten Akteuren ein Betätigungsfeld.

Die aus Side stammende Ehreninschrift für den um den Hafenausbau verdienten Statthalter Alypius und die in dem zitierten Brief des Libanios enthaltene Schilderung der an der pamphylischen Küste fahrenden Schiffe[1637] führen uns auf das Thema Handel und Seefahrt. Die von jeher herausragende Rolle pamphylischer Küstenorte als Export- und Importhäfen dürfte auch in der Spätantike kaum an Bedeutung verloren haben. Bestätigung findet diese Vermutung außer in den beiden genannten Zeugnissen in dem Preisedikt Diokletians, welches in Kap. 37 maximale Höhen für das ναῦλον, d.h. die nach Frachtgewicht zu entrichtenden Summen für den Warentransport zur See, fixiert.[1638] In den nach Strecken aufgeschlüsselten Abschnitten dieses Kapitels taucht Pamphylien mehrmals auf, während etwa Lykien überhaupt nicht genannt wird: 37,10 ("ab Alexandria Pamfylia"). 37,31 ("[ab A]frica ad Pamfyliam"). 37,43 (" [...] in Pamfylia").[1639] Neben dem zweifellos dominierenden Meereshafen Side dürfte auch Perge an dem Seehandel beteiligt gewesen sein, denn Prokop berichtet in seinen "Aedificia", daß Justinian in Perge ein Armenhaus des heiligen Michael 'auf dem Stapelplatz' stiftete:[1640] ein πτωχεῖον τοῦ ἁγίου Μιχάηλ ἐν Ἐμπορίῳ ἐπίκλην ἐπινείου πόλεως Πέργης τῆς Παμφυλίας. Der Beiname des Hauses und die Lokalisierungsangabe durch Prokop lassen eindeutig auf Perges Funktion als Handels- und Umschlagplatz schließen.

1633 Martin, 173.
1634 Schultze 216.
1635 In den großen Städten verloren die paganen Kulte und Feste viel schneller an Bedeutung als in den ländlichen Regionen, wo sich das Christentum langsamer durchsetzte: F.R. Troubley, Paganism in the Greek World at the End of Antiquity: The Case of Rural Anatolia and Greece, HThR 78, 1985, 327 ff.
1636 S.o.S.173.
1637 S.o.S.174 und S.183.
1638 Ed. de pretiis, hg.v. S. Lauffer, Berlin 1971, Kap. 37.
1639 vgl. auch ebd. Suppl. Aphrodis. XXX, 37, Z.5: "[...P]amfyliam."

Neben dem Warentransport zur See ist mit einem auch weiterhin funktionierenden Binnenhandel zu rechnen, begünstigt durch das gut ausgebaute Straßennetz der Kaiserzeit, welches den Ost-West-Transport durch Pisidien förderte und auch relativ bequeme Nord-Süd-Verbindungen zwischen Pamphylien und Pisidien ermöglichte. Noch in der Spätantike konnten die Händler und Kaufleute die aus der Zeit des Prinzipats stammenden Straßen offenbar problemlos benutzen;[1641] überdies zeugen zahlreiche Meilensteine vor allem aus der diokletianischen und konstantinischen Zeit von den vielfältigen Bemühungen der Kaiser um die Erhaltung und den Ausbau der Verkehrsverbindungen sowohl in Pamphylien[1642] als auch in Pisidien.[1643]

Die wichtigsten Handelsgüter und gewerblichen Produkte dürften weitgehend dem aus der Kaiserzeit bekannten Spektrum von Waren entsprochen haben, mit Ausnahme freilich der nicht mehr hergestellten und vertriebenen Sarkophage, denn das einst eindeutig beherrschende Produktionszentrum in Dokimeion hat wohl nur bis ca. 260 n. Chr. gearbeitet.[1644] Erzeugt und gehandelt wurden also wohl weiterhin primär Öl[1645] und Wein, Styrax-Wachs[1646] und Textilprodukte.[1647] Gelegentliche Einblicke in die Palette der Handelsgüter ermöglicht die Korrespondenz des Libanios. So erwarb Libanios Bauholz aus Lykien und Kilikien,[1648] dabei wird auch das im ostpamphylisch-kilikischen Raum gelegene Hamaxia noch eine Rolle gespielt haben.[1649] Auch wilde, für "venationes" geeignete Tiere aus Pamphylien genossen offenbar überregionales Ansehen, wie aus einer brieflich geäußerten Bitte des Libanios um Tierkämpfer aus Pamphylien hervorgeht.[1650] Eines der generell in der Spätantike immer noch wichtigsten gewerblichen Produkte, das zu einem wesentlichen Teil auch das allgemeine Handelsaufkommen bestimmte, bildeten die Töpferwaren, die daher auch besonders zahlreich in Diokletians Preisedikt vertreten sind.[1651] Angesichts der nach Ausweis neuester Grabungen zweifellos überregionalen Bedeutung von Sagalassos als Produktions- und Exportzentrum für Keramik[1652] dürften Töpferwaren zu den prominentesten pisidischen Handelsgütern in der Spätantike gehört haben.

Ferner nahmen, wie in der Kaiserzeit, Herstellung und Vertrieb von Kunstgegenständen primär in Pamphylien immer noch einen wichtigen Rang ein. Zwar spielte die einst bedeutende Sarkophagherstellung oder -endbearbeitung keine Rolle mehr, aber stattdessen konzentrierten sich die Aktivitäten auf die Herstellung von Statuen und Porträts; zumindest Side und Perge verfügten in dieser Zeit noch über vorzügliche Werkstätten, die in der Lage waren, qualitätvolle Skulptu-

---

1640 Prok. aed. V 9, 38.

1641 Vgl. Belke - Restle, 93 ff.; ausführlich zu den spätantiken Straßen Pisidiens: Mersich, Pisidien, 30-69.

1642 Aus Pamphylien stammen die Meilensteine French, Milestones Nr. 186 (Boztepe) und Nr. 192 (Karalise).

1643 Meilensteine des späten 3. und frühen 4. Jhs. stammen aus der Gegend um Sagalassos (French, ebd. Nr. 264. 273. 274), aus dem Raum um Hadriani, Kormasa und Lysinia (French, ebd. Nr. 265. 269. 270. 284. 285), aus der Umgebung des Burdur-Sees (French, ebd. Nr. 266. 275. 276. 280-283), aus der Nähe Ispartas (French, ebd. Nr. 385. 401) und aus dem nördlichen Raum um Apollonia (French, ebd. Nr. 388. 390. 396. 398).

1644 Waelkens, Dokimeion, 128.

1645 Expositio E XLV.

1646 Ed. de pret. 36, 57.

1647 Demandt, Spätantike, 338.

1648 Lib. ep. 568. 1191.

1649 Zu Hamaxia als Holzausfuhrhafen s.o.S.143.

1650 Lib. ep. 1509.

1651 Ed. de pret. 15, 88.

1652 Mitchell - Owens - Waelkens, 79 ff.

ren herzustellen, möglicherweise, wie eine Büste mit dem beigefügten Personennamen Ἰσβάρδια nahelegt, unter anderem für pisidische Auftraggeber.[1653]

Die angeführten, dem Zufall der Überlieferung zu verdankenden Beispiele für gewerbliche und kaufmännische Aktivitäten im spätantiken Pamphylien und Pisidien zeugen, trotz der natürlich unbefriedigenden Quellenlage, von einer beachtlichen Kontinuität zur hohen Kaiserzeit. Dieser Eindruck gewinnt noch erheblich an Substanz angesichts der Tatsache, daß die mit Abstand eindrucksvollste Dokumentation gewerblicher Vielfalt in der Spätantike überhaupt aus dem kilikischen Korykos stammt, also aus einer Pamphylien und Pisidien direkt benachbarten und siedlungsgeographisch vergleichbaren Region. Die in Korykos erhaltenen, annähernd 600 Grabinschriften belegen für die Spätantike noch über hundert verschiedene Handwerks- und Gewerbezweige,[1654] und es gibt keinen ersichtlichen Grund, für Korykos ein singuläres, unvergleichliches Niveau von Handel und Handwerk zu postulieren, so daß nicht nur mit Blick auf Kilikien, sondern auch angesichts des hier präsentierten Bildes von Pamphylien und Pisidien A. Demandt zweifellos das Richtige trifft, wenn er konstatiert: "Der Binnenhandel zu Lande wie zu Wasser war in der Spätantike noch beträchtlich. Er beruhte weiterhin auf der Geldwirtschaft."[1655]

Wie der erste, so besitzt auch der zweite Teil von Demandts Äußerung volle Berechtigung - frühere Auffassungen von einer dominierenden Naturalwirtschaft sind durch neuere Forschungen obsolet geworden.[1656] Pamphylien und Pisidien nahmen hier natürlich keinen Sonderstatus ein, und Münzfunde des 4. Jhs. zeigen, daß beide Regionen wohl vor allem aus der östlichen Reichsmünzstätte Antiochia versorgt worden sind.[1657] Wie gesagt, bildeten die Goldnominale die Leitwährung der Spätantike, und dies spiegelt sich etwa in einer in Side inschriftlich erhaltenen Liste von Geldbeträgen wider, die in νο(μίσματα), d.h. in "solidi" ausgedrückt werden.[1658] Im Kleinhandel und für die alltäglichen lokalen Transaktionen spielten dagegen die Aes-Prägungen zweifellos die dominierende Rolle, da der Gebrauch der zu großen Goldnominale für derartige Geschäfte nicht praktikabel war.[1659] Leider lassen sich aufgrund des Verschwindens der Lokalprägungen nicht mehr, wie noch für die früheren Epochen, Handelsverbindungen einzelner Poleis durch die Verbreitung und Zusammensetzung von Münzfunden verfolgen, aber die wesentlichen außenwirtschaftlichen Kontakte von Pamphylien und Pisidien dürften sich in Kleinasien selbst sowie im östlichen, vor allem dem syrisch-ägyptischen Raum konzentriert haben, was beispielsweise die Libanios-Korrespondenz und die zitierten Angaben des Preisedikts zum ναῦλον nahelegen.

Für diese wirtschaftsgeographische Orientierung sprechen schließlich auch die verfügbaren In-

[1653] R. Känel, Eine beschriftete römische Porträtbüste aus Pampyhlien, EA 13, 1989, 123 f.; vgl. ferner D. Stutzinger, Porträt eines Unbekannten (Kat. Nr. 77), in: Spätantike und frühes Christentum. Ausstellungskatalog Liebieghaus, Museum alter Plastik, Frankfurt am Main 1983, 474 f.

[1654] MAMA III 201-768; vgl. Kolb, Stadt, 242.245; Demandt, Spätantike, 337 f.

[1655] Demandt, Spätantike, 347.

[1656] A. Cérati, Caractère annonaire et assiette de l'impôt foncier au Bas-Empire, Paris 1975; vgl. Brandt, Zeitkritik, 82 ff.

[1657] D. Kienast, Der Münzfund von Ankara. Studien zu Besonderheiten des Geldumlaufs im Ostteil und Westteil des Imperiums, JNG 12, 1962, 65-112; H. Chantraine, Schatzfund von Antalya, JNG 26, 1976, 89-106.

[1658] IvSide Nr. 144.

[1659] Vgl. zur Rolle der Bronzeprägungen im 4. Jh. Brandt, Zeitkritik, Kap. III (Geldwirtschaft), passim (mit zahlreichen Belegen aus der neuesten numismatischen Literatur); für das 5. und 6. Jh. s. vor allem Hendy, 470 formationen zu dem dritten wirtschaftsgeschichtlich bedeutsamen Komplex, dem Bereich von Wissenschaft, Bildung und Erziehung. Denn wenn auch der in der hellenistischen und kaiserzeitlichen Epoche so bedeutsame Zweig der Agonistik mit seinen vielfältigen wirtschaftlichen und soziokulturellen Nebeneffekten viel von seiner Bedeutung einbüßte, ohne freilich gänzlich zu verschwinden,[1660] so bewahrten die schon früher vor allem in Pamphylien prominenten Disziplinen der Ärztekunst und der Philosophie[1661] ihren Rang. Daneben partizipierten auch unsere Regionen an dem in der Spätantike zu verzeichnenden Aufschwung von Rhetorik und Jurisprudenz, und diese Fakultäten garantieren die angesprochene Ausrichtung am syrischen Raum, denn mit Libanios' Rhetorenschule in Antiochia und der berühmten Rechtsschule von Berytos befanden sich zwei wichtige Bildungszentren in dieser Region.[1662]

Aus der Korrespondenz des Libanios wissen wir um seine Kontakte nach Pamphylien und Pisidien; so zählte er auch Pisider und Pamphylier zu seinen Schülern:[1663] Letoius (VI)[1664] stammte aus Pamphylien, Honoratus (II) dürfte ebenfalls Pamphylier gewesen sein, falls O. Seeck mit der Auffassung richtig liegt, Quirinus (IV), der Vater des Honoratus, stamme aus Pamphylien.[1665] Zu den pisidischen Eleven des Libanios zählt Julianus (XV), der sich in seiner (unbekannten) pisidischen Heimatstadt nach der Rückkehr aus Antiochia großen Ansehens erfreute.[1666]

Kenntnisse in der Jurisprudenz und Rhetorik bildeten zwei wichtige Qualifikationen für die Bekleidung höherer Posten in Politik und Verwaltung, und vor allem in diesem Kontext sind auch die von Pamphyliern und Pisidern unternommenen Anstrengungen zu verstehen. Daß sie zumindest zum Teil erfolgreich endeten und tatsächlich dem beruflichen und sozialen Aufstieg dienten, lehren ebenfalls Briefe des Libanios sowie eine Inschrift aus Kolybrassos: Einen typischen Fall bietet Palladius (X), ein Pamphylier, der in Berytos Rechtswesen studiert hatte, um dann nach Pamphylien zurückzukehren und als Advokat unter dem Statthalter zu dienen.[1667] Erheblich höher hinaus als Palladius gelangte Musonius (II), ebenfalls ein Pamphylier, der es zum Rhetoriklehrer in Athen und schließlich unter anderem zum "vicarius Asiae" brachte.[1668] Als sein Assessor im letztgenannten Amt agierte Marcianus (IX), der auch aus Pamphylien stammte.[1669] Daß sogar Bewohner einer kleinen, unzugänglich in den ostpamphylischen Ausläufern des Taurus gelegenen Siedlung auf besagtem Wege Karriere machen konnten, belegt die

---

ff.

1660 Trotz des Verbots von Gladiatorenkämpfen (CTh XV 12,1) wurden sie bisweilen sogar von den Kaisern persönlich noch hingenommen (Demandt, Spätantike, 227). Auch Provinziallandtage und Kaiserkult existierten noch in der Spätantike, und so gab es auch noch Feste und Spiele zu Ehren des Kaisers, s. Demandt, ebd. 410 f. Für die Olympien im syrischen Antiochia benötigte Libanios Jäger und Tierhetzer aus Pamphylien: Lib. ep. 1509. Zur Abhaltung spätantiker Messen und Festmärkte s. auch De Ligt - De Neeve, 408.

1661 S.o.S.145 ff.

1662 Vgl. Demandt, Spätantike, 352-373, zu Libanios bes. 360, zu Berytos 368.

1663 Lib. or. 62,28; vgl. P. Petit, Les étudiants de Libanius, Paris 1957, 112 ff.

1664 Die römischen Ziffern in diesem und den folgenden Fällen beziehen sich auf die Personennumerierung bei O. Seeck, Die Briefe des Libanius (ND von 1906), Hildesheim 1960. Zu Letoius (VI) s. Seeck, ebd. 198; Petit, Etudiants, 124.

1665 Seeck, ebd. 251; daher wäre die Liste bei Petit, Étudiants, 114, zu korrigieren: Nicht einer, sondern zwei Pamphylier wären zu nennen.

1666 Seeck, ebd. 192 f.

1667 Seeck, ebd. 229; vgl. PLRE I Palladius 9; Lib. ep. 1528/9.

1668 Seeck, ebd. 218 f.; PLRE I Musonius 2; Amm. 27, 9, 6 ff.

1669 Seeck, Briefe, 203.

angesprochene Inschrift aus Kolybrassos. Der dort geborene Konon hatte zunächst in Berytos lateinische Literatur und Jura studiert und dann in Palästina (Caesarea), Syrien (Antiochia) und Bithynien gewirkt, um schließlich den Posten eines Assessors beim Statthalter der Thebais in Ägypten anzutreten, wo er starb.[1670]

Die via Recht und Rhetorik führenden Karrierechancen veranlaßten jedoch nicht nur Pamphylier und Pisider dazu, ihre Heimat zu verlassen, sondern sie bewogen auch auswärtige Rechts- und Rhetoriklehrer dazu, sich in Pamphylien und Pisidien niederzulassen, um dort zu unterrichten. So richtet Libanios Briefe an einen Mann namens Argeios, einen aus Berytos stammenden Rhetorikprofessor, der in Pamphylien eine Schule gegründet hatte.[1671]

In Antiochia Pisidiae war eine Familie beheimatet, die im 4./5. Jh. n. Chr. zu den exponierten "gentes" der Stadt gehörte und ihr Sozialprestige unter anderem offenbar der Rhetorik und Philosophie verdankte, wie zwei anscheinend einem Familiengrab entstammende Inschriften zeigen.[1672] Die eine Inschrift erinnert an den als ῥήτωρ, φιλόσοφος und ἀρχίατρος zu Ansehen gelangten C. Calpurnius Collega Macedo; das zweite, von einem Macedo und einem Collega (Vater und Großvater?) für (den Sohn bzw. den Enkel?) Collega gesetzte Monument ehrt den jung gestorbenen Arzt.

Das hier präsentierte Quellenmaterial, dem noch die Nachrichten über den aus Side stammenden, in Konstantinopel wirkenden Sophisten Troilos und den ebenfalls sidetischen Kirchenhistoriker Philippos hinzuzufügen sind,[1673] dokumentiert die Vitalität von Wissenschaft und Kultur und die kaum ernsthaft zu bezweifelnde Partizipation Pamphyliens und Pisidiens an den allgemeinen Entwicklungen auf diesem Feld in der Spätantike. Wieder einmal kann daher von einer weitgehenden Kontinuität grundlegendender Strukturen im Vergleich zur hohen Kaiserzeit ausgegangen werden.

4. Neue und alte Eliten

Trotz aller spätantiken Neuerungen, vor allem auf den Gebieten des Heer- und Ämterwesens und der Rangtitulaturen, läßt sich grundsätzlich im spätantiken Imperium Romanum auch eine "Kontinuität der Sozialentwicklung"[1674] und eine unveränderte Gültigkeit der sozialen Ränge und ihrer Konstituenten feststellen. Dies gilt sowohl für die unteren als auch für die gehobenen Gruppen innerhalb der gesellschaftlichen Hierarchie. Zusätzlich wurde diese traditionelle Gliederung allerdings durch die in der Spätantike vor allem straf- und fiskalrechtlich wichtige Differenzierung von "honestiores" und "humiliores" überwölbt. Die letztgenannte, niedrigere Kategorie und ihre einzelnen Elemente haben wir bereits in den vorangegangenen Kapiteln behandelt: Sie umfaßte oberhalb der in unseren Quellen kaum noch repräsentierten Sklaven[1675] die große Masse der Landbesitzer (von den "coloni quasi servi" bis hin zu den freien Bauern) und

---

1670 Bean - Mitford, Journeys 1964-1968, Nr. 49; richtig datiert und interpretiert erst von J.F. Gilliam, A Student at Berytos in an Inscription from Pamphylia, ZPE 13, 1974, 147 ff.; vgl. SEG XXVI 1456; AE 1972, 635.

1671 Lib. ep. 1011. 1012; vgl. PLRE I Argeius.

1672 C.P. Jones, A Familiy of Pisidian Antioch, Phoenix 36, 1982, 264 ff.; SEG XXXII 1302. 1303.

1673 Zu beiden s. Mansel, Side, 888; PLRE II Troilus 1.

1674 Alföldy, Sozialgeschichte, 154; s. zum folgenden dens., ebd. 154 ff.; Demandt, Spätantike, 272 ff.; Vittinghoff, Gesellschaft, 277 ff.

1675 Vgl. oben die Diskussion zu den bei Selge bezeugten 'oiketai' (S.184 f.).

die einfachen Stadtbewohner, also vor allem die vielen Handwerker, Händler und andere Gewerbetreibende, anders ausgedrückt: Die "humiliores" bestanden aus der gesamten "plebs rustica" und der "plebs urbana". Von den Angehörigen der "honestiores" haben wir ebenfalls bereits einige kennengelernt: Zu dieser sehr heterogenen Schicht[1676] zählen die Mitglieder des Kaiserhauses und des Senatorenstandes, ferner die höheren und mittleren Chargen der Verwaltung und des Militärs, Mitglieder der gehobenen Berufssparten (Philosophen, Rhetoriklehrer, Professoren, Ärzte) und der höheren und mittleren Kirchenhierarchie sowie die Kurialen. Nicht mehr gesondert aufzuführen sind die Angehörigen des ehemaligen "ordo equester" - diese sind zum größten Teil in den Senatorenstand integriert worden, so "daß der 'ordo equester' als Stand zu existieren aufhörte."[1677] Schon auf den ersten Blick wird klar, daß Inhomogenität das wichtigste Charakteristikum der "honestiores" bildete - zwischen einem wohlhabenden und reichsweit über Besitz verfügenden Senator und einem verarmten Kurialen einer kleinen Polis bestanden weitaus größere Unterschiede als zwischen letzterem und einem zu den "humiliores" gerechneten Besitzer eines kleinen, gutgehenden Handwerksbetriebes. Dieser Sachlage und dem natürlichen Bestreben vor allem der höheren Ränge innerhalb der "honestiores" nach sozialer Differenzierung entsprang das hier nicht detailliert zu beschreibende System der verschiedenen Rangtitel, die für die nach außen sichtbare Unterteilung der sozialen Pyramide sorgten.[1678]

Wir haben, wie gesagt, einen Teil der "honestiores" schon behandelt und werden nur kurz auf diese zurückkommen, wenn das Thema es erfordert. Dabei handelt es sich um die höheren Berufe und, soweit sie für uns in den Inschriften faßbar sind, Angehörige der städtischen Führungsschichten; die im Militär beschäftigten Personen werden Gegenstand des folgenden und zugleich abschließenden Kapitels sein, so daß hier noch die Mitglieder des "ordo senatorius", höhere Chargen der Verwaltung und die Kleriker zur Debatte stehen.

Zunächst zum Senatorenstand: Ähnlich wie die "honestiores" überhaupt, so erweist sich auch der Senatorenstand als ausgesprochen inhomogen. Primär liegt dies in der Gründung Konstantinopels und der Einrichtung eines zweiten Senats begründet, denn da sich kaum einer der zum Senat in Rom gehörigen Mitglieder zu einem Wechsel in den Senat des 'neuen Rom' bereit fand, mußten viele aus altsenatorischer Sicht eigentlich gar nicht senatsfähige "homines novi" angeworben und befördert werden.[1679] Aus der Perspektive eines Libanios konnte nun jeder mediokre Parvenu in den Senat gelangen, und seine im Stil gewiß überzeichnende Kritik wird durch eine Anzahl prosopographisch nachgewiesener Emporkömmlinge bestätigt.[1680] Befördert wurde diese Tendenz noch durch das permanente Anwachsen der Senatorenzahl, die gegen Ende des 4. Jhs. n. Chr. ca. 2.000 betrug.[1681] Für die Provinzialen zeitigte dieser Prozeß durchaus positive Konsequenzen, denn derartige Möglichkeiten eines raschen Aufstiegs bis in

---

[1676] Alföldy, Sozialgeschichte, 158; Demandt, Spätantike, 273.
[1677] Alföldy, ebd. 159.
[1678] Zu den Titeln s. Alföldy, ebd. 157; Demandt, Spätantike, 281.
[1679] Grundlegend: G. Dagron, Naissance d'une capitale. Constantinople et ses institutions de 330 à 451, Paris 1974, 119-210; s. ferner Jones, LRE, 552 ff.; A. Chastagnol, Remarques sur les sénateurs orientaux au IVe siècle, AAntHung 24, 1976, 341 ff.; Tinnefeld, 59 ff.
[1680] Lib.or. 62,10 f.; vgl. Chastagnol, ebd. 344 f. und die grundlegende Studie von P. Petit, Die Senatoren von Konstantinopel im Werk des Libanios, in: G. Fatouros - T. Krischer (Hgg.), Libanios (WdF 621), Darmstadt 1983, 206-247.
[1681] Demandt, Spätantike, 279.

die höchsten Etagen hinein hatten in den früheren Jahrhunderten nicht bestanden. Dennoch behielten natürlich die traditionellen Kriterien wie etwa die vornehme Abkunft ihre prestigeträchtige und rangkonstitutierende Bedeutung, was beispielsweise aus den Inschriften für den sidetischen Wohltäter Bryonianus Lollianus und seine Frau hervorgeht, die als ἔγγονος καὶ ἀπόγονος ὑπατικῶν bzw. als [θυ]γάτηρ καὶ ἐγγόνη ὑπατικῶν bezeichnet werden.[1682] Mit Recht hat J.-M. Carrié darauf hingewiesen, daß die eher mittelmäßige Karriere des Lollianus in auffälligem Gegensatz zu seinen glänzenden Ehrentiteln steht, was sicherlich mit der senatorischen Abstammung auch seiner Frau zusammenhänge.[1683]

Insgesamt lassen sich nur sehr wenige spätantike Senatoren aus Pamphylien und Pisidien nachweisen, was freilich in besonderem Maße auch auf die im Verhältnis zum lateinischen Westen erheblich ungünstigere Quellenlage für die spätantike Führungsschicht im griechischen Osten zurückzuführen sein mag.[1684]

Ein typischer Parvenu aus Pamphylien ist der bereits genannte Musonius, dessen frühe Karrierestufen, die ihn schließlich in den Senatorenstand und zur Bekleidung der Vikariate von Macedonia und Asia führten, leider unbekannt bleiben.[1685] Sein Aufstieg dürfte auch die entsprechende Karriere seines Sohnes Antiochus begünstigt, wenn nicht gar erst ermöglicht haben, die in der Bekleidung des Prokonsulats von Achaia gipfelte.[1686]

Daß der Eintritt in den Senatorenstand nicht immer nur ungetrübten Segen, sondern auch erhebliche Ausgaben mit sich brachte, exemplifiziert der Fall des Pisiders Faustinos, der aus der Korrespondenz des Libanios bekannt ist und zugleich ein aus unseren Regionen stammendes Beispiel für die angesprochene Blitzkarriere von den sozialen Niederungen bis in die höchsten Ränge bietet.[1687] Libanios protegiert den Faustinos, der ein hochqualifizierter, aber mittelloser Mann sei, und er bittet den Stadtpräfekten von Konstantinopel, Klearchos, um Unterstützung bei dem Versuch, Faustinos in den Senat zu befördern.[1688] Letzteres wird jedoch offenbar erheblich dadurch erschwert, daß Faustinos nicht die einem Senator auferlegten Abgaben oder die mit der Prätur verbundenen Aufwendungen erbringen kann.[1689]

Ein weiterer pisidischer Angehöriger des Clarissimats begegnet in der folgenden Inschrift aus Pogla:[1690]

+ Εὐτύ[χ]ης ὁ λαμπρότ(ατος) ἀπὸ π(ραιποσίτων)

+ ὑπὲρ σω[τη]ρίας αὐτοῦ καὶ τῆ[ς γυναικὸς αὐτο]ῦ καὶ

τῶν γνησίων αὐτοῦ παιδίων ἀνέστησεν

1682 IvSide Nr. 6-7.

1683 Carrié, Bryonianus Lollianus, 223.

1684 Vgl. die Bemerkungen zur Quellenlage bei W. Kuhoff, Studien zur zivilen senatorischen Laufbahn im 4. Jh. n. Chr. Ämter und Amtsinhaber in Clarissimat und Spektabilität, Frankfurt am Main 1983, 11 ff. Die im folgenden behandelten Personen wurden nach PLRE I und II ermittelt.

1685 Kuhoff, 131 f.; vgl.o.S.191.

1686 R. v. Haehling, Die Religionszugehörigkeit der hohen Amtsträger des Römischen Reiches seit Constantins I. Alleinherrschaft bis zum Ende der theodosianischen Dynastie (324-450 bzw. 455 n. Chr.), Bonn 1978, 158 Nr. 28; Kuhoff, 185.

1687 Petit, Senatoren, 212 f. mit A.29.

1688 Lib.ep. 666.

1689 Zur kostspieligen Bekleidung der Prätur s. Demandt, Spätantike, 280.

1690 Grégoire Nr. 310; PLRE II Eutyches 1.

το[ῦτον] τὸν σταρὸν (sic) διὰ Στε[φά]νου

οἱ[κέτ]ου αὐτοῦ.

Der "vir clarissimus" Eutyches könnte entweder aus Pogla stammen oder sich dort angesiedelt haben.

Während Faustinos und vielleicht auch Eutyches zu den neuen Senatorengeschlechtern gehörten, hat möglicherweise eine der führenden altsenatorischen "gentes" von Antiochia Pisidiae ihren kaiserzeitlichen Rang konservieren können, denn Ammianus Marcellinus zählt zu den prätentiösen Adelsgeschlechtern seiner Zeit auch die "Flavonii".[1691]

Den bemerkenswertesten spätantiken "cursus" eines Pamphyliers oder Pisiders absolvierte schließlich der aus Pamphylien (Side?) stammende Heide Tribonianus, dessen Karriere beispielhaft die Möglichkeiten sozialer Mobilität wie auch die Bedeutung des stets heidnisch gebliebenen Bildungswesens in der Spätantike vermittelt.[1692] Tribonianus, der sich durch seine vorzügliche Bildung qualifizierte,[1693] wirkte zunächst als Rechtsgelehrter am Gericht des Prätorianerpräfekten, avancierte zum "magister officiorum" ehrenhalber und errang schließlich, neben dem Titularkonsulat, den Posten des "quaestor sacri palatii", als welcher er, abgesehen von einer politisch motivierten, zweijährigen Unterbrechung, dreizehn Jahre lang amtierte und sowohl bei der Kodifikationsarbeit als auch bei der praktischen Gesetzgebung eine führende Rolle spielte.

Die nur wenigen bekannten Vertreter aus Pamphylien und Pisidien im senatorischen Rang illustrieren in ausreichendem Maße die soziale Bandbreite dieser Gruppe, der eine ebenso große wirtschaftliche Bandbreite entsprochen haben dürfte. Generell läßt sich festhalten, daß zumindest im 4. und 5. Jh. die Besitztümer der östlichen Senatoren eher moderaten Ausmaßes waren und nicht mit den Latifundien der im Westen beheimateten Aristokraten konkurrieren konnten.[1694] Die allgemein zu beobachtenden Extreme dürften somit in unserem Raum durch den 'mittellosen' Faustinos und den vermögenden Tribonianus angemessen repräsentiert werden.[1695]

Von der senatorischen Aristokratie führt nach landläufiger Meinung eine direkte Linie zum spätantiken Epsikopat, denn Untersuchungen vor allem zum gallischen Raum haben eine überaus hohe Zahl von Bischöfen senatorischer Herkunft ergeben.[1696] Im Osten freilich, wo fast jede Polis einen Bischof stellte, darf man nach jüngeren Forschungen vor allem von W. Eck[1697] mit einer derartigen Kontinuität zwischen weltlicher und klerikaler Führungsschicht nicht rechnen, überhaupt stellt Gallien wohl reichsweit einen Sonderfall dar. Für Pamphylien

---

1691 Amm. 28,4,7; vgl. Levick, Colonies, 114 (mit A.8 auch zu den "Flavonii") und o.S.155.

1692 Zu Tribonianus s. vor allem B. Kübler, Art. Tribonianus, RE VI A, 1937, 2419-2426; M. Clauss, Der magister officiorum in der Spätantike (4.-6. Jh.). Das Amt und sein Einfluß auf die kaiserliche Politik (Vestigia 32), München 1980, 195; zum Heidentum und speziell dem heidnisch dominierten Bildungswesen s. Demandt, Spätantike, 414 ff.

1693 Prok.bell.Pers. I 24, 11.

1694 Dagron, Naissance, 182 ff.

1695 Zum Reichtum des Tribonianus s. Prok. Anekd. 20, 77.

1696 K.F. Stroheker, Der senatorische Adel im spätantiken Gallien, Tübingen 1948; M. Heinzelmann, Bischofsherrschaft in Gallien, München 1976.

1697 W. Eck, Der Einfluß der konstantinischen Wende auf die Auswahl der Bischöfe des 4. und 5. Jhs., Chiron 8, 1978, 561-585; ähnlich jetzt auch F.D. Gilliard, Senatorial Bishops in the Fourth Century, HThR 77, 1984, und Pisidien läßt sich keine auf ausreichendem Quellenmaterial basierende Untersuchung durchführen, denn aufgrund der Konzilslisten kennen wir zwar eine Vielzahl pamphylischer und pisidischer Bischöfe dem Namen nach,[1698] aber nur in den seltensten Fällen erhalten wir darüber hinausgehende Informationen. Eines dieser exzeptionellen Zeugnisse, eine Inschrift aus Laodicea Combusta, führt in die Zeit des religiösen Umbruchs: M. Iulius Eugenius hatte als "officialis" in Pisidien gearbeitet, war als Opfer der Christenverfolgung von 311/12 aus dem Dienst geschieden und dann Bischof in Laodikea geworden, wo er in dieser neuen Funktion unter anderem für zahlreiche Bauwerke auch profaner Natur verantwortlich zeichnete.[1699] Dieses aufschlußreiche Dokument unterstreicht die wichtige Funktion der Bischöfe auch in weltlichen Angelegenheiten wie dem Städtebau, wofür wir auch aus Pamphylien und Pisidien einige Beispiele kennengelernt haben.[1700]

Falls P. Petits vorsichtige Identifizierung des uns schon bekannten Senators Faustinos mit dem 373 verstorbenen Bischof von Iconium zutrifft,[1701] so hätten wir immerhin auch aus Pisidien ein Beispiel für die Verzahnung von Senatorenstand und Episkopat, allerdings eines, das nicht gerade zu dem aus Gallien bekannten Bild paßt. Denn Faustinos hätte das Bischofsamt wohl nicht aufgrund seines großen Einflusses, seines Vermögens und damit auch seiner weltlichen Möglichkeiten angetreten, sondern nach der plausiblen Vermutung Petits wohl eher, um sich als Bischof seiner mit dem Senatorenstatus verbundenen, finanziellen Belastungen entledigen zu können. Grundsätzlich wird man analog dem Senatorenstand auch innerhalb des Episkopats mit einem breiten Vermögensspektrum rechnen müssen, das sich vom reichen, dem aristokratischen Luxus zugeneigten Kirchenfürsten bis zu dem einfachen, bescheidenen Bischof in einem kleinen Landstädtchen erstreckte.[1702] Nach den Erkenntnissen von Eck dürfte sich der östliche Episkopat zu einem nicht geringen Teil aus der Gruppe der städtischen Kurialen rekrutiert haben,[1703] und auch dies berechtigt nicht gerade zu einer Übertragung der gallischen Verhältnisse auf diesen Teil des Reiches.

Abschließend gilt noch ein kurzer Blick der letzten hier zu erörternden Gruppe der Oberschicht, den höheren Chargen der Verwaltung.[1704] Insbesondere die besseren Posten ("dignitates") erfreuten sich angesichts der guten Dotierung auch bei senatorischen Familien derartiger Beliebtheit, daß Ämterpatronage zu den hervorstechenden Merkmalen der spätantiken Bürokratie gehört und bisweilen geradezu familiäre Erbhöfe durch die Quellen dokumentiert werden.[1705] Pamphylier und Pisider lassen sich, abgesehen von den schon behandelten Provinzstatthaltern aus Pamphylien, nicht gesondert in derartigen Positionen nachweisen, aber dies wird am Zufall der Überlieferung liegen. Auf der anderen Seite gab es natürlich auch in Pamphylien und Pisidien zu vergebende "dignitates", und unter den nur namentlich bekannten Inhabern solcher Stellen dürften zum Teil auch Einheimische vertreten sein, aber da, neben den aus der Korres-

---

153-175.

[1698] Sie sind übersichtlich zusammengestellt bei P. Gams, Series episcoporum ecclesiae catholicae, 1873.

[1699] MAMA I 170 = ILS 9480; vgl. PLRE I M.Iul. Eugenius 7.

[1700] S.o.S.171 ff.

[1701] Petit, Senatoren, 212 f. A.29.

[1702] Vgl. Demandt, Spätantike, 449.

[1703] Eck, Einfluß, 581.

[1704] Vgl. Demandt, Spätantike, 244 ff.

[1705] Vgl. D. Liebs, Ämterkauf und Ämterpatronage in der Spätantike, ZRG 95, 1978, 158-186; Demandt, Spätantike, 251 f.

pondenz des Libanios belegten und bereits erörterten Advokaten im pamphylischen Statthalterbüro,[1706] keine Angaben über deren "origo" vorliegen, verbieten sich alle weiteren Spekulationen.[1707] Daß die etwa in Pisidien zu besetzenden Posten finanziell durchaus attraktiv waren, lehrt die justinianische Novelle XXIV vom Jahr 535 ("De praetore Pisidiae"), die dem "praetor", seinem "assessor" und weiteren Funktionären hohe Gehälter in Goldsolidi konzediert.[1708]

5. Die Rolle des Heeres

Das römische Militärwesen wurde in der Spätantike, nicht anders als die Hof- und Zivilverwaltung, ebenfalls umfassenden Reformen unterworfen.[1709] Die wichtigsten Änderungen resultierten in einer erheblichen personellen Ausweitung der Armee, in einer Aufteilung des Gesamtaufgebotes in ein mobiles Feldheer und fest stationierte Grenztruppen sowie in der Aufnahme nichtrömischer Bevölkerungsgruppen, die gleichzeitig die Aufstellung und Neubenennung zahlreicher Einheiten nach sich zog. Die spätantiken Autoren klagen fast unisono Diokletian und Konstantin als Übeltäter an, weil die von diesen auf den Weg gebrachten Heeresreformen zu einem erheblich höheren staatlichen Finanzbedarf und somit zu vermehrten Belastungen der "collatores" geführt hätten.[1710] Inwiefern diese Lamenti der Realität entsprechen, läßt sich freilich kaum beurteilen, zumal offenbar mit beträchtlichen regionalen Differenzierungen hinsichtlich der aus dem Militärwesen erwachsenden steuerlichen Belastungen gerechnet werden muß.[1711]

Generell ist immerhin davon auszugehen, daß die Armee aus der Sicht der Provinzialen weiterhin ihr janusköpfiges Gesicht behielt: Auf der einen Seite standen, wie in der Kaiserzeit, die Übergriffe von plündernden Soldaten und die aus Durchzügen und Einquartierungen resultierenden Lasten. Die oben erörterte Inschrift, welche dem Johannes-Kloster in Pisidien Verschonung von derartigen Nachteilen garantierte, zeigt, daß diese weiterhin an der Tagesordnung waren.[1712] Andererseits boten die Militärs, zumal in unruhigen Zeiten, willkommenen Schutz und bildeten überdies eine zahlungsfähige Konsumentenschicht. Von diesen positiven Konsequenzen profitierten auch Pamphylien und Pisidien angesichts der nicht seltenen Einfälle der Isaurier. So berichtet Ammianus Marcellinus, daß im Winter 353/4 Isaurier in Pamphylien ihr Unwesen trieben; diese aber seien von Legionen, "quae hiemabant apud Siden", überrascht und anschließend in die Flucht geschlagen worden.[1713] Andere Orte Pamphyliens waren "magnis praesidiis" geschützt,[1714] und zumindest für eine gewisse Zeit nach der erfolgreichen Verteidi-

---

1706 S.o.S.190 f.

1707 Zu erwähnen wäre hier etwa der zu den "agentes in rebus" gehörige "magistrianus" in einer Inschrift des 5. Jhs. n. Chr. aus Kasai: Bean - Mitford, Journeys 1964-1968, Nr. 31; vgl. Clauss, Magister officiorum, 211 s.v. Stephanus.

1708 Nov.Iust. XXIV 6.

1709 Einen neueren Überblick bieten M. Clauss, Art. Heerwesen, RAC, 1986, 1098 ff.; Demandt, Spätantike, 255 ff.

1710 Anon. de rebus bellicis V 1; Lact. mort.pers. VII 2-3; Amm. 30, 5, 5. 30, 8, 8; zu diesen und weiteren Stellen s. Brandt, Zeitkritik, 103 f.

1711 Brandt, ebd. 104.

1712 CIL III 13640; s.o.S.185.

1713 Amm. 14, 2, 10.

1714 Amm. 14, 2, 8.

gung gegen die Isaurier werden die Pamphylier weniger über etwaige Belastungen aufgrund der Truppenkonzentration geklagt als vielmehr dankbar an die Hilfe während der überstandenen Gefahr gedacht haben.

Offenbar beschränkte sich die erhöhte Präsenz römischer Truppen in Pamphylien und Pisidien nicht auf die Mitte des 4. Jhs., sondern stellte, wie Inschriftenfunde belegen, ein längerfristiges Phänomen dar. Bereits in der Frühzeit der Ersten Tetrarchie begegnen neue militärische Einheiten in der Gegend um Termessos,[1715] und bei Kolybrassos hat im Jahr 288 die "legio I Pontica Diocl(etiani) et Maximiani" zeitweise Lager bezogen.[1716] In der Nähe des Beyşehir-Sees fanden sich epigraphische Belege für die "lancearii", eine unter Diokletian neu konstituierte Einheit der "comitatenses", und für die ebenfalls erst in der Spätantike gebildeten "leones seniores".[1717] Auch die im 4. Jh. veranlaßte Aufstellung der drei neuen "legiones Isaurae" und ihre Dislozierung in den pamphylisch-isaurischen Raum steht mit der von den Isaurern herbeigeführten, bisweilen prekären Situation in Zusammenhang.[1718] Und schließlich bewahrte der im 2. Jh. n. Chr. belegte Militärstützpunkt im nordwestlichen Pisidien (bei Aulutrene, im Grenzgebiet zwischen dem phrygischen Apamea und Apollonia) seine Bedeutung, wie mehrere spätantike Meilensteine aus diesem Raum belegen[1719] sowie eine vom Ende des 3. oder Anfang des 4. Jhs. stammende Inschrift aus Aulutrene, welche die Verlegung einer neuen Truppeneinheit in dieses Kastell bezeugt.[1720]

Noch im späten 5. Jh. unternahm die Reichszentrale erhebliche Anstrengungen, um das südwestliche Anatolien vor äußeren Bedrohungen zu bewahren. Eine Konstitution des Kaisers Leo vom Jahr 471/2 unterrichtet uns über die Einrichtung neuer Militärkommandos in Kleinasien, darunter drei neue "comitativae" von Pisidien, Pamphylien und Lykaonien.[1721] Wahrscheinlich ebenfalls in die Regierungszeit Leos (457-474) gehört eine umfängliche, in Kasai gefundene Inschrift, die unter anderem ein Edikt des Gouverneurs von Pamphylia enthält, aus welchem (C Zeile 1 ff.) hervorgeht, daß in Kasai Truppen stationiert waren.[1722] Und schließlich ist eine noch unpublizierte Inschrift aus Perge zu erwähnen, welche detaillierte Anordnungen des Kaisers Anastasios bezüglich des Militärdienstes und der Entlohnung der Soldaten enthält.[1723]

Ob und inwieweit das Heer noch, ähnlich wie in der Kaiserzeit, dem sozialen und beruflichen Aufstieg auch der Pamphylier und Pisider diente, entzieht sich mangels entsprechender Quellen unserer Beurteilung. Allgemein gesehen scheint das spätantike Heerwesen, nicht zuletzt durch den wachsenden Anteil nicht-römischer, insbesondere germanischer Soldaten, kaum noch zur Karrierebildung geeignet gewesen zu sein, zumal Militär- und Zivilverwaltung weitgehend voneinander getrennt worden waren, so daß der früher übliche Schritt von der militärischen Laufbahn zur politischen Karriere kaum noch möglich war, kurz gesagt: "Der römisch-zivile

---

1715 TAM III 80. 82.
1716 AE 1977, 636.
1717 Swoboda - Keil - Knoll, Nr. 93. 98; vgl. A. Neumann, Art. Lancea-, -arii, Der Kleine Pauly 3, 1979, 474.
1718 H. Hellenkemper, Legionen im Bandenkrieg. Isaurien im 4. Jh., in: Studien zu den Militärgrenzen Roms III, Stuttgart 1986, 625-634.
1719 AE 1987, 938. 939. 940; vgl. Belke - Mersich, 197 f.
1720 AE 1987, 943; vgl. Christol - Drew-Bear, 53. 59.
1721 CJ XII 59, 10 § 5.
1722 Bean - Mitford, Journeys 1964-1968 Nr. 31.
1723 Mitchell, AR 1989/90, 120.

und der barbarisch-militärische Sektor fielen auseinander."[1724]

Im Einzelfall dürfte freilich das Militär immer noch Anziehungskraft besessen und vor allem dann als Katalysator individuellen Fortkommens gedient haben, wenn es den Zugang zum Hof eröffnete. Eine derartige Laufbahn könnte Principius absolviert haben, Πισίδης γένος, ἀνὴρ δόκιμος, der als 'Doryphoros' in der Leibgarde Belisars diente, des wichtigsten Heerführers und Vertrauten des Kaisers Justinian.[1725]

Verallgemeinern läßt sich dieses Beispiel freilich nicht, solange nicht mehr entsprechende Fälle in den antiken Dokumenten nachgewiesen werden können. Das spätantike Heerwesen, obwohl angesichts der vermehrten Auseinandersetzungen mit außerrömischen Völkern in den erzählenden Quellen der Spätzeit prominent behandelt, bleibt in seiner Bedeutung für Wirtschaft und Gesellschaft somit undeutlicher als andere Komplexe. Immerhin scheinen die zwar nur vereinzelt durch Inschriftenfunde aus Pamphylien und Pisidien beleuchteten, militärischen Anstrengungen der Römer recht effektiv gewesen zu sein und die notwendige Sicherheit gewährleistet zu haben, die für die relative Stabilität des Städtwesens, der Landwirtschaft und des nicht-agrarischen Wirtschaftslebens unerläßlich war. Das so ermöglichte Fortbestehen genuin antiker Lebens- und Wirtschaftsverhältnisse im spätantiken Pamphylien und Pisidien endet erst mit dem ausgehenden 6. Jh. n. Chr. Erst dann, und nicht bereits vorher, beginnt tatsächlich das 'östliche Mittelalter'.

1724 Demandt, Spätantike, 271.
1725 Prok. bell.goth. V 28, 23.

VII. SCHLUSS

Am Ende dieser Arbeit steht als Summe vieler Details der Eindruck, daß Pamphylien und Pisidien fast während des gesamten Altertums, sieht man einmal von der Zeit vor dem 1. Jahrtausend v. Chr. ab, viel mehr Gemeinsames als Trennendes aufweisen. Es wäre müßig und überflüssig, hier noch einmal in chronologischer und systematischer Ordnung die einzelnen Abschnitte zu resümieren, zumal das spezifische Anliegen der Arbeit weniger in der Zuspitzung auf eine knappe und pointierte These als vielmehr in der differenzierten, problematisierenden und systematischen Auswertung und Interpretation einer bislang weitgehend ungenutzten Fülle von Quellenmaterial liegt. Dennoch dürften die Ausführungen unter anderem in die klare Erkenntnis münden, daß die antiken und, in ihrem Gefolge, die modernen Auffassungen von dem barbarisierten Bergland Pisidien und dem kultivierten Küstenland Pamphylien sachlich nicht zu rechtfertigen und weniger hinsichtlich der Landschaften selbst als vielmehr bezüglich der traditionsbildenden Kraft bestimmter Topoi von Bedeutung sind. Denn die aus philologischer, sozialanthropologischer und wissenschaftsgeschichtlicher Perspektive bemerkenswerte Stabilität derartiger Deutungsmuster steht doch in eigentümlichem Gegensatz zu dem aus dem Primärmaterial gewonnenen Befund, was zusätzlich dafür spricht, daß die genannten Auffassungen kaum auf Autopsie und fundierten Studien beruhen und daher nicht als Bezugspunkte der Interpretation dienen können.

Eng verknüpft mit dieser Erkenntnis ist ein zweites Ergebnis: Die naturgeographischen Bedingungen bilden offenbar keine Determinanten, die a priori wirtschaftliche, kulturelle und soziale Chancen, Entwicklungen und Strukturen eines Gebietes fixieren. In dieser Hinsicht erwies sich die Einbeziehung auch der vorgriechischen Epochen als nützlich und hilfreich, denn erkennbar spielen in diesem Zeitraum die historischen und politischen Rahmenbedingungen eine gewisse Rolle: Pisidiens vergleichbar hohes Kulturniveau in diesen frühen Zeiten wird durch die Nähe oder gar die Zugehörigkeit zu inneranatolischen, binnenländisch strukturierten Herrschaftsgebilden begünstigt worden sein, während Pamphylien demgegenüber an der Peripherie lag. Dies änderte sich erst durch die Expansion der seefahrenden und küstenorientierten Griechen im östlichen Mittelmeerraum.

Andererseits verdient jedoch die Beobachtung hervorgehoben zu werden, daß, vor allem im Falle Pisidiens, die regionalen, autogenen Entwicklungsmöglichkeiten weitaus größer sind als gemeinhin angenommen. Gängige Termini wie 'Hellenisierung' oder 'Romanisierung' präjudizieren eine strukturelle Andersartigkeit oder gar Rückständigkeit von Gegenden, in die erst das genuin Griechische oder Römische gebracht werden muß, damit auch dort die zeitgemäße Zivilisation Fuß faßt. Die auf längere Sicht keineswegs prägende Zugehörigkeit unserer Gebiete zu großen Herrschaftsgebilden wie den hellenistischen Reichen spricht für eine vorwiegend aus eigenen Kräften entstandene, organisch gewachsene und stabile Siedlungs- und Lebenskultur, und die 'Romanisierung' Pamphyliens sowie besonders Pisidiens fällt nicht so sehr ins Auge wie, im Gegenteil, die schnelle Adaption der einheimischen Sitten und Gebräuche durch die römischen Neusiedler und Immigranten sowie die Stabilität der von der Zugehörigkeit zum Imperium Romanum weitgehend unbeeinflußten Siedlungshierarchie in Pamphylien und Pisidien.

Das zivilisatorische Niveau Pisidiens in griechischer und römischer Zeit lag nicht unter dem pamphylischen Standard, aber diese Gleichrangigkeit ist natürlich nicht zu verwechseln mit

Gleichartigkeit in der Sache: Hafenorte gibt es nur in Pamphylien, woraus spezifische Eigentümlichkeiten resultieren, wie etwa die hohe Bedeutung des Fernhandels, die sich zum Beispiel in dem weiten Verbreitungshorizont pamphylischer Polisprägungen in hellenistischer Zeit widerspiegelt. Riesige landwirtschaftliche Nutzflächen gibt es demgegenüber nicht in Pamphylien, sondern in Pisidien, worauf beispielsweise der umfängliche pisidische Streubesitz pamphylischer Aristokraten in römischer Zeit zurückzuführen ist. Diese Verschiedenartigkeit beider Landschaften bedingte nun nicht, wie in der Regel unterstellt, prinzipielle Nachteile für die eine und Vorteile für die andere Region; es entwickelten sich vielmehr jeweils den natürlichen Konditionen adäquate Formen des Siedlungswesens, der Landwirtschaft und der Wirtschaft.

Dabei entstanden in vielerlei Hinsicht parallele und symbiotische Verhältnisse in und zwischen den beiden Regionen, wie dies in dem zitierten Beispiel des pisidischen Landbesitzes von Pamphyliern schon anklingt. Pamphylien fungierte sowohl als Abnehmer wie als Transitregion für pisidische Produkte und nach Pisidien gelangende Importwaren, Pisidien wiederum diente z.T. ebenfalls als Handelsdurchgangsgebiet (etwa für die in Phrygien gewonnenen und dort zum Teil auch produzierten Marmorsarkophage) sowie als Versorgungs- und Investitionsregion für Pamphylien. Dies spiegelt sich auch in den sozialen Kontakten wider: Bereits in hellenistischer Zeit begegnen Pisider und Pamphylier in allen möglichen Teilen der Oikumene, besonders auf Rhodos und im ptolemäischen Ägypten, in römischer Zeit läßt sich eine starke Verflechtung vor allem zwischen den Eliten beider Landschaften konstatieren. In beiden Gebieten blühen Agonistik, Festwesen und das kulturelle Leben, was zu vielfältigen Kontakten zwischen Pamphylien und Pisidien, aber auch zur reichsweiten Mobilität von Pamphyliern und Pisidern führt.

Untrügliche Indizien für die innere Konsistenz von Wirtschaft und Gesellschaft in Pamphylien und Pisidien liefern schließlich auch die vermeintlich krisenhaften Zeiten des 3. Jhs. n. Chr. und der Spätantike, denn sowohl in Pamphylien als auch in Pisidien dominiert augenscheinlich im wesentlichen die Kontinuität der Siedlungs- und Wirtschaftsstruktur sowie der sozialen Organisation. Die Antike dauert in beiden Gebieten länger als anderswo, erst im 7. Jh. n. Chr. endet sie abrupt und mit ihr eine von der Vielfältigkeit antiker Lebensverhältnisse geprägte Zivilisation, deren Qualität dort viele Jahrhunderte lang wohl nicht mehr erreicht worden ist.

LITERATURVERZEICHNIS

J.P. Adams, Logistics of the Roman Imperial Army: Major Campaigns on the Eastern Front in the First Three Centuries A.D., Ann Arbor 1976

A. Akarca, Aspendos'ta m.ö. V. yüzyila ait bir mezar, Belleten 58, 1951, 203-211

E. Akurgal, Phrygische Kunst, Ankara 1955

E. Akurgal, Die Kunst Anatoliens von Homer bis Alexander, Berlin 1961

E. Akurgal, Das dunkle Zeitalter Kleinasiens, in: Deger - Jalkotzy (1983), 67-79

E. Akurgal, Ancient Civilizations and Ruins of Turkey, Istanbul[6] 1985

G. Albert, Goten in Konstantinopel. Untersuchungen zur oströmischen Geschichte um das Jahr 400 n. Chr., Paderborn 1984

M. R.-Alföldi, Antike Numismatik, 2 Bde., Mainz 1978

G. Alföldy, Stadt, Land und raumordnende Bestrebungen im römischen Weltreich, in: Stadt - Land - Beziehungen und Zentralität als Probleme der historischen Raumforschung, Hannover 1974, 49-72 (erweiterter ND in: ders., Die Römische Gesellschaft, 212-238)

G. Alföldy, Konsulat und Senatorenstand unter den Antoninen. Prosopographische Untersuchungen zur senatorischen Führungsschicht (Antiquitas I 27), Bonn 1977

G. Alföldy, Zum Cursus Honorum des Aurelius Tuesianus, ZPE 34, 1979, 247-271

G. Alföldy, Römische Sozialgeschichte, Wiesbaden[3] 1984

G. Alföldy, Die römische Gesellschaft. Ausgewählte Beiträge (HABES 1), Stuttgart 1986

G. Alföldy, Die Stellung der Ritter in der Führungsschicht des Imperium Romanum, in: ders., Römische Gesellschaft, 162-209

G. Alföldy, Römische Heeresgeschichte. Beiträge 1962-1985 (MAVORS 3), Amsterdam 1987

W. Ameling, Eine neue Inschrift aus Prusias ad Hypium, EA 1, 1983, 63-73.

W. Ameling, "...et dona ferentes". Königliche Stiftungen an griechische Städte und Heiligtümer im Zeitalter des Hellenismus, QC 9, Nr.17, 1987, 11-40

W. Ameling, Drei Studien zu den Gerichtsbezirken der Provinz Asia in republikanischer Zeit, EA 12, 1988, 9-24

A. Archi, Città sacre d'Asia Minore. Il problema dei 'laoi' e l'antefatto ittita, PdP 30, 1975, 329-344

N. Asgari, Die Halbfabrikate kleinasiatischer Girlandensarkophage und ihre Herkunft, AA 1977, 329-380

S. Atlan, Eine in Side geprägte lykische Münze, Anatolia 3, 1958, 89-95

S. Atlan, Untersuchungen über die sidetischen Münzen des 5. und 4. Jhs. v. Chr., Ankara 1967

S. Atlan, Die Münzen der Stadt Side mit sidetischen Aufschriften, Kadmos 7, 1968, 67-73

S. Atlan, Die Münzprägung des Amyntas in Side, Belleten 39, 1975, 597-611

H.v. Aulock, Kleinasiatische Münzstätten IV. Kolbasa, JNG 19, 1969, 79-83

H.v. Aulock, Kleinasiatische Münzstätten VI. Die römische Kolonie Komama in Pisidien, JNG 20, 1970, 151-159

H.v. Aulock, Kleinasiatische Münzstätten VIII. Die römische Kolonie Olbasa, JNG 21, 1971, 15-23

H.v. Aulock, Kleinasiatische Münzstätten X. Parlais in Pisidien, JNG 23, 1973, 7-18

H.v. Aulock, Die Münzprägung des Gordian III. und der Tranquillina in Lykien (IstMitt. Beih.11), Tübingen 1974

H.v. Aulock, Münzen und Städte Pisidiens I und II (IstMitt Beih. 19.22), Tübingen 1977/79

E. Badian, Sulla's Cilician Command, Athenaeum 37, 1959, 279-303

R.S. Bagnall, The Administration of the Ptolemaic Possessions outside Egypt, Leiden 1976

M.H. Ballance, The Site of Prostanna, AS 9, 1959, 125-129

B. Bar-Kochva, The Seleucid Army, Cambridge[2] 1979

T.D. Barnes, The New Empire of Diocletian and Constantine, Cambridge/Mass. 1982

M.-F.Baslez, Déliens et étrangers domiciliés à Délos, REG 89, 1976, 343-360

G.F. Bass, Cape Gelidonya: A Bronze Age Shipwreck, TAPhS 57/8, 1967, 52-83

G.F. Bass, A Bronze Age Shipwreck at Ulu Burun (Kaş), AJA 90, 1986, 269-296

G.F. Bass - D.A. Frey - C. Pulak, A Late Bronze Age Shipwreck at Kaş, Turkey, International Journal of Nautical Archaeology and Underwater Exploration 13/14, 1984, 271-279

C. Bayburtluoğlu, Das soziale und wirtschaftliche Leben in Arykanda, in: Papenfuss - Strocka, Palast und Hütte, Mainz 1982, 413ff.

N. Baydur, Die Münzen von Attaleia in Pamphylien, Teil I, JNG 25, 1975, 33-72. Teil II, JNG 26, 1976, 37-79

G.E. Bean, Epitaphs from Aspendus, Jb.f.Kleinasiat.Forsch. 2/3, 1952/3, 201-206

G.E. Bean, Sculptured and Inscribed Stones at Burdur, Belleten 18, 1954, 469-488

G.E. Bean, Inscriptions in the Antalya Museum, Belleten 22, 1958, 21-91

G.E. Bean, Notes and Inscriptions from Pisidia I, AS 9, 1959, 67-117. II, AS 10, 1960, 43-82

G.E. Bean, The Site of Etenna, Klio 52, 1970, 13-16

G.E. Bean, Kleinasien 2. Die türkische Südküste von Antalya bis Alanya, Stuttgart u.a.[3] 1985

G.E. Bean - T.B. Mitford, Sites Old and New in Rough Cilicia, AS 12, 1962, 185-217

G.E. Bean - T.B. Mitford, Journeys in Rough Cilicia 1962-1963, Wien 1965

G.E. Bean - T.B. Mitford, Journeys in Rough Cilicia 1964-1968, Wien 1970

K. Belke - M. Restle, Galatien und Lykaonien (Tabula Imperii Byzantini 4), Wien 1984

H. Bender, Transportwege, Mittel des Transports und Nachrichtenwesen in der römischen Antike, Humanistische Bildung 6, 1983, 137-177

H. Bengtson, Die Strategie in der hellenistischen Zeit (ND), 3 Bde., München 1964-1967

V. Berard, Inscriptions d'Asie Mineure (2), BCH 16, 1892, 417-446

A.u.E. Bernand, Les inscriptions grecques et latines du Colosse de Memnon, Paris 1960

E. Bernand, Inscriptions métriques de l'Egypte gréco-romaine, Paris 1969

A. Bernand, Le Delta égyptien d'après les textes grecs, 3 Bde., Kairo 1970

A. Bernand, Le Paneion d'El-Kanais: Les inscriptions grecques, Leiden 1972

A. Bernand, Pan du désert, Leiden 1977

E. Bernand, Recueil des inscriptions grecques du Fayoum II u. III, Paris 1981

A. Bernand, Les portes du désert, Paris 1984

R. Bernhardt, Polis und römische Herrschaft in der späten Republik (149-31 v. Chr.), Berlin 1985

R.M. Berthold, Rhodes in the Hellenistic Age, Ithaca-London 1984

H. Berve, Das Alexanderreich auf prosopographischer Grundlage, 2 Bde., München 1926

I. Biezunska-Malowist, Die Sklaverei als Hellenisierungsfaktor im Nahen Osten, in: Festschrift G. Wirth II, Amsterdam 1986, 765-781

E. Bikermann, Institutions des Séleucides, Paris 1938

J.M. Birmingham, The Overland Routes Across Anatolia in the Eighth and Seventh Century B.C., AS 11, 1961, 185-195

K. Bittel, Kleinasiatische Studien (ND v. 1942), Amsterdam 1967

K. Bittel, Grundzüge der Vor- und Frühgeschichte Kleinasiens, Tübingen[2] 1950

K. Bittel, Die archäologische Situation in Kleinasien um 1200 v. Chr. und während der nachfolgenden vier Jahrhunderte, in: Deger-Jalkotzy (1983), 25-47

A.D.H. Bivar, Achaemenid Coins, Weights and Measures, in: Gershevitch (1985), 610-640

T.V. Blavatskaja - E.S. Golubcova - A.I. Pavlovskaja, Die Sklaverei in hellenistischen Staaten im 3.-1. Jh. v. Chr., Wiesbaden 1972

J. Bleicken, Verfassungs- und Sozialgeschichte des Römischen Kaiserreiches, 2 Bde., Paderborn^{2} 1981

E. Blumenthal, Die altgriechische Siedlungskolonisation im Mittelmeerraum unter besonderer Berücksichtigung der Südküste Kleinasiens (Diss.), Tübingen 1963

J. Boardman, Kolonien und Handel der Griechen. Vom späten 9. bis zum 6. Jh. v. Chr., München 1981

C. Boehringer, Zur Chronologie mittelhellenistischer Münzserien 220-160 v. Chr., Berlin 1972

W.A. Boelcke, Wirtschafts- und Sozialgeschichte. Einführung, Bibliographie, Methoden, Problemstellung, Darmstadt 1987

C. Börker - J. Börker-Klähn, Eflatun Pınar. Zur Rekonstruktion, Deutung und Datierung, JDAI 90, 1975, 1-41

L. Boffo, I re ellenistici e i centri religiosi dell' Asia Minore, Florenz 1985

J.-F. Bommelaer, Meydancik Kalesi, place forte de Cilicie Trachée, au IIIe siècle av. J.-C., in: Frézouls, Sociétés (1987), 5-13

J. Borchhardt, Epichorische, gräko-persisch beeinflußte Grabstelen, IstMitt 18, 1968, 161-211

J. Borchhardt, Bildnisse achaimenidischer Herrscher, in: H. Koch - D.N. Mackenzie (Hgg.), Kunst, Kultur und Geschichte der Achaimenidenzeit und ihr Fortleben, Berlin 1983, 207-223

V.G. Boruchovic, Die ägäische Kolonisation, Klio 70, 1988, 86-145

C.E. Bosch, Die kleinasiatischen Münzen der römischen Kaiserzeit, AA 1931, 422-455

C.E. Bosch, Inschriften von Side, in: Mansel - Bosch - Inan (1951)

C.E. Bosch, Studien zur Geschichte Pamphyliens, Ankara 1957

C.E. Bosch, Quellen zur Geschichte der Stadt Ankara, Ankara 1967

C.E. Bosch - S. Atlan, Antalya Kitabeleri, Belleten 11, 1947, 87-125

H. Bossert, Schrift und Sprache der Sideten, Belleten 14, 1950, 1-14

E.Y. Bostancı, Researches on the Mediterranean Coast of Anatolia: A New Palaeolithic Site at Beldibi Near Antalya, Anatolia 4, 1959, 129-178

E.Y. Bostancı, A new Upper Palaeolithic and Mesolithic Facies at Belbasi Rock Shelter on the Mediterranean Coast of Anatolia, Belleten 26, 1962, 252-292

W. Brandenstein, Schrift und Sprache von Side in Pamphylien, in: Minoica. Festschrift J. Sundwall, 1958, 80-91

W. Brandes, Die byzantinische Stadt Kleinasiens im 7. und 8. Jh. Ein Forschungsbericht, Klio 70, 1988, 176-208

W. Brandes, Die Städte Kleinasiens im 7. und 8. Jh., Amsterdam 1989

H. Brandt, Die Zollinschriften von Myra und Kaunos und ein neues Zeugnis aus Xanthos, EA 10, 1987, 91-95

H. Brandt, Kulte in Aspendos, IstMitt 38, 1988, 237-250

H. Brandt, Zeitkritik in der Spätantike. Untersuchungen zu den Reformvorschlägen des Anonymus de rebus bellicis (Vestigia 40), München 1988

H. Brandt, Probus, "pacator Pamphyliae et Isauriae"? Historisch-epigraphische Notizen zu SHA, Pr. 16,4-17,1, in: Historia-Augusta-Colloquium, Paris 1990 (im Druck)

T.F.R.G. Braun, The Greeks in the Near East, CAH III^{2} 3, Cambridge 1982, 1-31

H. Braunert, Das Mittelmeer in Politik und Wirtschaft der hellenistischen Zeit (ND v.1967), in: ders., Politik, Recht und Gesellschaft in der griechisch-römischen Antike. Gesammelte Aufsätze und Reden, Stuttgart 1980, 129-152

S. Breuer, Imperien der Alten Welt, Stuttgart 1987

P. Briant, Villages et communeautés villageoises d'Asie achéménide et hellénistique (ND v.1975), in: ders.,

Rois, 137-160

P. Briant, Remarques sur les 'laoi' et esclaves ruraux en Asie Mineure hellénistique (ND v.1971), in: ders., Rois, 93-133

P. Briant, Contrainte militaire, dépendence rurale et exploitation des territoires en Asie achéménide (ND v.1978), in: ders., Rois, 175-227

P. Briant, Rois, tributs et paysans. Etudes sur les formations tributaires du Moyen-Orient ancien, Paris 1982

P. Briant, Etat et pasteurs au Moyen-Orient ancien, Paris 1982

C. Brixhe, Nouvelles épitaphes de Pamphylie, EAC 3, 1965, 90-132

C. Brixhe, Une tablette de juge d'origine probablement pamphylienne, BCH 90, 1966, 653-663

C. Brixhe, Documents inédits de Pamphylie, Anadolu 11, 1967, 203-217

C. Brixhe, L'alphabet épichorique de Sidé, Kadmos 8, 1969, 54-84

C. Brixhe, Un nouveau document épichorique de Sidé, Kadmos 8, 1969, 143-151

C. Brixhe, Le dialecte grec de Pamphylie, Paris 1976

C. Brixhe, Corpus des inscriptions dialectales de Pamphylie, Suppl. I, EAC 5, 1976, 9-16

C. Brixhe, La langue des inscriptions épichoriques de Pisidie, in: Y.L. Arbeitman (Hg.), A Linguistic Happening in Memory of Ben Schwarz, Louvain-la-Neuve 1988, 131-155

C. Brixhe - T. Drew-Bear - D. Kaya, Nouveaux documents de Pisidie, Kadmos 26, 1987, 122-170

C. Brixhe - G. Neumann, Die griechisch-sidetische Bilingue von Seleukeia, Kadmos 27, 1988, 35-43

C. Brixhe - R. Hodot, L'Asie Mineure du nord au sud. Inscriptions inédites, Nancy 1988

E. Brödner, Die römischen Thermen und das antike Badewesen, Darmstadt 1983

T.R.S. Broughton, Roman Landholding in Asia Minor, TAPhA 65, 1934, 207-239

T.R.S. Broughton, Roman Asia, in: T. Frank, An Economic Survey of Ancient Rome IV, Baltimore 1938, 499-919

T.R.S. Broughton, New Evidence of Temple Estates in Asia Minor, in: Studies in Roman Economic History in Honour of A.C. Johnston, Princeton 1951, 236-251

P. Brulé, La piraterie crétoise, Paris 1978

T.R. Bryce, Some Geographical and Political Aspects of Mursilis' Arzawa Campaign, AS 24, 1974, 103-116

H.-G. Buchholz (Hg.), Ägäische Bronzezeit, Darmstadt 1987

H.-G. Buchholz, Thera und das östliche Mittelmeer, in: ders., Bronzezeit, 159-182

K. Buraselis, Das hellenistische Makedonien und die Ägäis, München 1982

A.W. van Buren, Inscriptions from Asia Minor, Cyprus and the Cyrenaica, JHS 28, 1908, 180-201

A. Burford, Künstler und Handwerker in Griechenland und Rom, Mainz 1985

A.T. Burn, Persia and the Greeks, in: Gershevitch (1985), 292-391

K. Buschmann, Die Expedition des Melesander nach Lykien 430/29 v. Chr. und die Lokalisierung von 'Phoinike', EA 12, 1988, 1-8

G. Cadogan, Patterns in the Distribution of Mycenaean Pottery in the Eastern Mediterranean, in: Acts of the Intern. Archaeol. Symposium 'The Mycenaeans in the Eastern Mediterranean', Nicosia 1973, 166-174

F. de Callatay - J.-M. Doyen, Un lot des petites fractions en argent de Selge en Pisidie, SNR 66, 1987, 63-77

M.C. Caltabiano, Politica monetaria dell' Asia Minore nel terzo secolo d.C. Le contromarche, AIIN 25, 1978, 139-174

A. Cameron, ΘΡΕΠΤΟΣ and Related Terms in the Inscriptions of Asia Minor, in: Anatolian Studies Presented to W.H. Buckler, Manchester 1939, 27-62

G.G. Cameron, The Persian Satrapies and Related Matters, JNES 32, 1973, 47-56

S.D. Campbell, Roman Mosaic Workshops in Turkey, AJA 83, 1979, 287-292

F.J. Carmody, Toponymie Anatolienne: Les noms classiques des pays et des peuples, RHA 30, 1972, 5-53

I. Carradice (Hg.), Coinage and Administration in the Athenian and Persian Empires (BAR Int.Ser.343), Oxford 1987

I. Carradice, The 'Regal' Coinage of the Persian Empire, in: ders., Coinage, 73-108

J.-M. Carrié, Bryonianus Lollianus de Side ou les avatars de l'ordre équestre, ZPE 35, 1979, 213-224

L. Casson, The Grain Trade of the Hellenistic World, TAPhA 85, 1954, 168-187

L. Casson, Die Seefahrer der Antike, München 1979

A. Cérati, Caractère annonaire et assiette de l'impôt foncier au Bas-Empire, Paris 1975

H. Chantraine, Schatzfund von Antalya, JNG 26, 1976, 89-106

A. Chastagnol, Remarques sur les sénateurs orientaux au IVe siècle, AAntHung 24, 1976, 341-356

G.L. Cheeseman, The Family of the Caristanii at Antioch in Pisidia, JRS 3, 1913, 253-266

K. Christ, Antike Numismatik, Darmstadt^{2} 1967

K. Christ, Geschichte der Römischen Kaiserzeit von Augustus bis Konstantin, München 1988

M. Christol, Un duc dans une inscription du Termessos (Pisidie), Chiron 8, 1978, 529-540

M. Christol - T. Drew-Bear, Un castellum romain près d'Apamée de Phrygie, Wien 1987

M. Clauss, Der magister officiorum in der Spätantike (4.-6. Jh.). Das Amt und sein Einfluß auf die kaiserliche Politik (Vestigia 32), München 1980

M. Clauss, Art. Heerwesen, RAC, 1986, 1073-1113

F. Coarelli, Guida archeologica di Pompeji, Rom 1976

G.M. Cohen, The Seleucid Colonies (Historia ES 30), Wiesbaden 1978

J.M. Cook, The Eastern Greeks, CAH III^{2} 3, Cambridge 1982, 196-221

J.M. Cook, East Greece, in: CAH III^{2} 1, Cambridge 1982, 745-754

J.M. Cook, The Persian Empire, London 1983

J.M. Cook, The Rise of the Achaemenids and the Establishment of the Empire, in: Gershevitch (1985), 200-291

S. Cormack, A Mausoleum at Ariassos, AS 39, 1989, 29-41

F. Cornelius, Geschichte der Hethiter, Darmstadt^{2} 1979

M. Corsaro, Oikonomia del re e oikonomia del satrapo. Sull' amministrazione della chora basilike d'Asia Minore dagli Achemenidi agli Attalidi, ASNP, ser.3, 10, 1980, 1163-1219

M. Corsaro, Tassazione regia e tassazione cittadina dagli Achemenidi ai re ellenistici, REA 87, 1985, 73-95

M.T. Couilloud, Les monuments funéraires de Rhénée, Paris 1974

J.J. Coulton, Termessians at Oinoanda, AS 32, 1982, 115-131

J.J. Coulton u.a., Balboura Survey II: Onesimos and Meleager, AS 39, 1989, 41-60

L. Criscuolo - G. Geraci (Hgg.), Egitto e storia antica dall' ellenismo all' età araba. Bilancio di un confronto, Bologna 1989

H. Cüppers, Getreidemagazin am Forum in Aspendos, BJ 161, 1961, 25-35

G. Dagron, Naissance d'une capitale. Constantinople et ses institutions du 330 à 451, Paris 1974

G. Dagron - D. Feissel, Inscriptions de Cilicie, Paris 1987

W. Dahlheim, Geschichte der römischen Kaiserzeit, München 1984

W. Dahlheim, Die Funktion der Stadt im römischen Herrschaftsverband, in: Vittinghoff, Stadt, 13-74

J. Damanville - J.-P. Grélois, Les Hittites jusqu' à la fin de l'Empire, in: P. Lévêque (Hg.), Les premières civilisations I, Paris 1987, 349-467

M.A. Dandamayev, Politische und wirtschaftliche Geschichte, in: Walser, Beiträge, 15-58

M. Darga, Die Architektur der hethitischen Städte und Befestigungsanlagen, RHA 29, 1971, 17-60

J. Darrouzès, Notitiae episcopatuum ecclesiae Constantinopolitanae. Texte critique, introduction et notes, Paris 1981

J.K. Davies, Das klassische Griechenland und die Demokratie, Nördlingen 1983

J.K. Davies, Cultural, Social and Economic Features of the Hellenistic World, CAH VII 1^2, Cambridge 1984, 257-320

P. Debord, Populations rurales de l'Anatolie gréco-romaine, CRDAC 8, 1976/77, 43-69

P. Debord, Aspects sociaux et économiques de la vie réligieuse dans l'Anatolie gréco-romaine, Leiden 1982

S. Deger-Jalkotzy (Hg.), Griechenland, die Ägäis und die Levante während der 'Dark Ages' vom 12. bis zum 9. Jh. v. Chr., Wien 1983

C. Delplace, Publicains, trafiquants et financiers dans les provinces d'Asie Mineure sous le République, Ktèma 2, 1977, 233-252

A. Demandt, Die Spätantike. Römische Geschichte von Diocletian bis Justinian 284-565 n. Chr. (HdA III 6), München 1989

R. Descat, Mnésimachos, Hérodote et le système tributaire achéménide, REA 87, 1985, 97-112

H. Devijver, Prosopographia militiarum equestrium quae fuerunt ab Augusto ad Gallienum, 3 Bde. u. Suppl., Leuwen 1976-1987

H. Devijver, Zur politischen Tätigkeit der munizipalen Aristokratie des griechischen Ostens in der Kaiserzeit, Historia 33, 1984, 253-255

H. Devijver, Equestrian Officers from the East, in: Freeman - Kennedy, 109-225

K. Dörtlük, Keraitae araştırma raporu, TürkAD 23/1, 1976, 17-23

T. Drew-Bear - W. Eck, Kaiser-, Militär- und Steinbruchinschriften aus Phrygien, Chiron 6, 1976, 289-318

T. Drew-Bear - W. Eck - P. Herrmann, Sacrae Litterae, Chiron 7, 1977, 355-383

H.-J. Drexhage, Die 'Expositio totius mundi et gentium', MBAH II/1, 1983, 3-41

H. Droysen, Die Münzen der persischen Satrapen in Kleinasien, Zeitschrift für Numismatik 2, 1875, 309-319

R. Duncan-Jones, The Economy of the Roman Empire. Quantitative Studies, Cambridge² 1982

F. Durbach, Choix d'inscriptions de Délos, Paris 1921

R. Duthoy, Recherches sur la répartition géographique et chronologique des termes sevir augustalis, Augustalis et sevir dans l'Empire romain, Epigraphische Studien 11, 1976, 143-214

R. Duthoy, Les Augustales, ANRW II 16.2, 1978, 1254-1309

W. Eck, Bemerkungen zum Militärkommando in den Senatsprovinzen der Kaiserzeit, Chiron 2, 1972, 429-437

W. Eck, Der Einfluß der konstantinischen Wende auf die Auswahl der Bischöfe im 4. und 5. Jh., Chiron 8, 1978, 561-585

W. Eck, Die Präsenz senatorischer Familien in den Städten des Imperium Romanum bis zum späten 3. Jh., in: Studien zur antiken Sozialgeschichte. Festschrift F. Vittinghoff, Köln 1980, 283-322

W. Eck, Prokonsuln und militärisches Kommando. Folgerungen aus Diplomen für prokonsulare Provinzen, in: W. Eck - H. Wolff (Hgg.), Heer und Integrationspolitik, Köln 1986, 518-534

W. Eck, L. Marcius Celer M. Calpurnius Longus. Prokonsul von Achaia und Suffektkonsul unter Hadrian, ZPE 86, 1991, 97-106

Y. Empereur - V. Garlan (Hgg.), Recherches sur les amphores grecques (BCH Suppl. XIII), Paris 1986

H. Engelmann, Die Zollinschrift von Myra, ZPE 59, 1985, 113-119

H. Engelmann - D. Knibbe, Das Monumentum Ephesenum, EA 8, 1986, 19-31

H. Engelmann - D. Knibbe, Das Zollgesetz des Provinz Asia. Eine neue Inschrift aus Ephesos (EA 14), Bonn 1989

O. Erol, Die naturräumliche Gliederung der Türkei, Wiesbaden 1983

A. Erzen, Das Besiedlungsproblem Pamphyliens im Altertum, AA 88, 1973, 388-401

A. Erzen, Zur Geographie Pamphyliens, Anadolu Araştırmalari 7, 1979, 93-99

J. Faucuneau, Remarques sur l'alphabet des inscriptions "barbares" de Side, Belleten 44, 1980, 643-653

M. Finkelberg, From Ahhiyawa to 'Ἀχαιοί, Glotta 66, 1988, 127-134

M.I. Finley, Die antike Wirtschaft, München[2] 1981

M.I. Finley, Die Sklaverei in der Antike, Frankfurt am Main 1985

R. Fleischer, Ein hellenistischer Fries aus Sagalassos in Pisidien, ÖJh 50, 1972-75, 117-124

R. Fleischer, Forschungen in Sagalassos, IstMitt 29, 1979, 273-307

G. Forni, Il reclutamento delle legioni di Augusto a Diocleziano, Mailand 1953

G. Forni, Estrazione etnica e sociale dei soldati delle legioni nei primi tre secoli dell' impero, ANRW II 1, 1974, 339-391

C. Foss, Two Inscriptions Attributed to the Seventh Century A.D., ZPE 25, 1977, 282-288

C. Foss, Bryonianus Lollianus of Side, ZPE 26, 1977, 161-171

C. Foss, Attius Philippus and the Walls of Side, ZPE 26, 1977, 172-180

C. Foss, A Hoard of the Third Century A.D. from Pamphylia, Coin Hoards 5, 1979, 37-40

P.R. Franke - W. Leschhorn - A.U. Stylow, SNG Deutschland. Sammlung v. Aulock, Index, Berlin 1981

P.R. Franke - W. Leschhorn - B. Müller - J. Nollé, Side. Münzprägung, Inschriften und Geschichte einer antiken Stadt in der Türkei, Saarbrücken 1988

P.M. Fraser, Ptolemaic Alexandria, 3 Bde., Oxford 1972

P.M. Fraser, Rhodian Funerary Monuments, Oxford 1977

P.W. Freeman - D. Kennedy (Hgg.), The Defence of the Roman and Byzantine East (BAR Int.Ser.297), 2 Bde., Oxford 1986

P.W. Freeman, The Province of Cilicia and its Origins, in: Freeman - Kennedy, 253-275

P. Frei, Zentralgewalt und Lokalautonomie im Achämenidenreich, in: P. Frei - K. Koch, Reichsidee und Reichsorganisation im Perserreich, Göttingen 1984, 7-45

D.H. French, The Roman Road-System of Asia Minor, ANRW II 7.2, 1980, 698-729

D.H. French, Roman Roads and Milestones of Asia Minor II, 2 Bde. (BAR Int.Ser. 392), Oxford 1988

H.-U. Freyberg, Kapitalverkehr und Handel im römischen Kaiserreich (27 v. Chr. - 235 n. Chr.), Freiburg 1988

E. Frézouls (Hg.), Sociétés urbaines, sociétés rurales dans l'Asie Mineure et la Syrie hellénistiques et romaines, Straßburg 1987

H. Galsterer, Stadt und Territorium, in: Vittinghoff, Stadt, 75-106

P. Gams, Series episcoporum ecclesiae catholicae, 1873

A. Gara, Il mondo greco-orientale, in: M.H. Crawford (Hg.), L'impero romano e le strutture economiche e sociali delle province, Como 1986, 87-108

P. Garnsey - C.R. Whittaker (Hgg.), Trade and Famine in Classical Antiquity, Cambridge 1983

P. Garnsey - R. Saller, Das römische Kaiserreich. Wirtschaft, Gesellschaft, Kultur, Hamburg 1989

J. Garstang - O. Gurney, The Geography of the Hittite Empire, London 1959

P. Gauthier, Les cités grecques et leur bienfaiteurs (IVe - Ier siècle) (BCH Suppl. XII), Paris 1985

H.-J. Gehrke, Die griechische Staatenwelt im Blickwinkel einer historischen Landeskunde, in: J. Bleicken (Hg.), Symposion für Alfred Heuss (FAS 12), Kallmünz/Opf. 1986, 41-50

H.-J. Gehrke, Geschichte des Hellenismus, München 1990

M. Gelzer, Pompeius (ND), Stuttgart 1984

I. Gershevitch (Hg.), The Cambridge History of Iran 2, Cambridge 1985

E. Gibson - C. Brixhe, Monuments from Pisidia in the Koç Collection, Kadmos 21, 1982, 130-169

J.F. Gilliam, A Student at Berytos in an Inscription from Pamphylia, ZPE 13, 1974, 147-150

F.D. Gilliard, Senatorial Bishops in the Fourth Century, HThR 77, 1984, 153-175

A. Goetze, Kleinasien. München[2] 1957

E.S. Golubcova, Sklaverei und Abhängigkeit im hellenistischen Kleinasien, in: Blavatskaya u.a., 107-166

K. Goudriaan, Ethnicity in Ptolemaic Egypt, Amsterdam 1988

V. Grace, Imports from Pamphylia, in: Etudes Déliennes (BCH Suppl. I), Paris 1973, 183-208

A.J. Graham, The Colonial Expansion of Greece, in: CAH III[2] 3, Cambridge 1982, 83-162

J. Greenhalgh, Roman Pisidia. A Study of Development and Change, (Diss.) Newcastle upon Tyne 1987

H. Grégoire, Recueil des inscriptions grecques chrétiennes d'Asie Mineure (ND), Paris 1968

E. Gren, Kleinasien und der Ostbalkan in der wirtschaftlichen Entwicklung der römischen Kaiserzeit, Uppsala 1941

G.T. Griffith, The Mercenaries of the Hellenistic World, Princeton 1935

E.S. Gruen, The Hellenistic World and the Coming of Rome II, Berkely 1984

F. Gschnitzer, Griechische Sozialgeschichte von der mykenischen bis zum Ausgang der klassischen Zeit, Wiesbaden 1981

H.-G. Güterbock, The Hittites and the Aegean World, 1: The Ahhiyawa Problem Reconsidered, AJA 87, 1983, 133-138

O.R. Gurney, Anatolia c.1750-1600 B.C. Anatolia c.1600-1380 B.C., in: CAH II[3] 1, 1973, 228-255. 659-682

C. Habicht, Rostovtzeffs Sozial- und Wirtschaftsgeschichte des Hellenismus, VSWG 46, 1959, 232-247

C. Habicht, Gottmenschentum und griechische Städte, München[2] 1970

R.v. Haehling, Die Religionszugehörigkeit der hohen Amtsträger des römischen Reiches seit Constantins I. Alleinherrschaft bis zum Ende der Theodosianischen Dynastie (324-450 bzw. 455 n. Chr.), Bonn 1978

I. Hahn, Das bäuerliche Patrocinium in Ost und West, Klio 50, 1968, 261-276

I. Hahn, Periöken und Periökenbesitz in Lykien, Klio 63, 1981, 51-61

H. Halfmann, Die Senatoren aus dem östlichen Teil des Imperium Romanum bis zum Ende des 2. Jhs. n. Chr. (Hypomnemata 58), Göttingen 1979 (= Senatoren I)

H. Halfmann, Die Senatoren der kleinasiatischen Provinzen des römischen Reiches vom 1.-3. Jh. (Asia, Pontus-Bithynia, Lycia-Pamphylia, Galatia, Cappadocia, Cilicia), in: Epigrafia e ordine senatorio (TITULI 5), Rom 1982, 603-650 (= Senatoren II)

H. Halfmann, Itinera principum. Geschichte und Typologie der Kaiserreisen im römischen Reich (HABES 2), Stuttgart 1986

A.S. Hall, The Site of Misthia, AS 9, 1959, 119-125

A.S. Hall, Notes and Inscriptions from Eastern Pisidia, AS 18, 1968, 57-93

A.S. Hall, The Gorgoromeis, AS 21, 1971, 125-167

A.S. Hall, An Unidentified Governor of Lycia-Pamphylia under Vespasian, EA 4, 1984, 27-35

A.S. Hall, R.E.C.A.M. Notes and Studies No.9. The Milyadeis and their Territory, AS 36, 1986, 137-157

A.F. Harding, Fernhandel in der Bronzezeit: Analyse und Interpretation, Saeculum 38, 1987, 297-311

K.W. Harl, Civic Coins and Civic Politics in the Roman East, A.D.180-275, London 1987

F. Hartmann, Herrscherwechsel und Reichskrise, Frankfurt am Main 1982

J. Hatzfeld, Les trafiquants italiens dans l'Orient hellénique, Paris 1919

R. Hauschild, Die indogermanischen Völker und Sprachen Kleinasiens, Berlin (DDR) 1964

R. Heberdey, Termessische Studien, Wien 1929

R. Heberdey, Art. Termessos (2), RE IX A, 1934, 732-775

R. Heberdey - A. Wilhelm, Reisen in Kilikien, Wien 1896

R. Heberdey - W. Wilberg, Grabbauten von Termessos in Pisidien, ÖJh 3, 1900, 177-210

F. Heichelheim, Die auswärtige Bevölkerung im Ptolemäerreich (Klio Beih. 18), Leipzig 1925

M. Heil, M.Hirrius Fronto Neratius Pansa, legatus exercitus Africae, Chiron 19, 1989, 165-184

H. Heinen, Zur Sklaverei in der hellenistischen Welt I, AncSoc 7, 1976, 127-151. II, AncSoc 8, 1977, 121-155

S. Heinhold-Krahmer, Arzawa. Untersuchungen zu seiner Geschichte nach den hethitischen Quellen, Heidelberg 1977

M. Heinzelmann, Bischofsherrschaft in Gallien. Zur Kontinuität römischer Führungsschichten vom 4.-7. Jh., München 1976

W. Helck, Die Beziehungen Ägyptens und Vorderasiens zur Ägäis bis ins 7. Jh. v. Chr., Darmstadt 1979

W. Helck, Zur Keftiu-, Alasia- und Ahhijawa-Frage, in: Buchholz, 218-227

H. Hellenkemper, Zur Entwicklung des Stadtbildes in Kilikien, ANRW II 7.2, 1980, 1262-1283

H. Hellenkemper, Legionen im Bandenkrieg, Isaurien im 4. Jh., in: Studien zu den Militärgrenzen Roms III, 1986, 625-634

M.F. Hendy, Studies in the Byzantine Monetary Economy c.300-1450, Cambridge 1985

D. Hennig, Böoter im ptolemäischen Ägypten, in: H. Beister - J. Buckler (Hgg.), Boiotika. Vorträge vom 5. Internat. Böotien-Kolloquium zu Ehren von S. Lauffer, München 1989, 169-182

D. Hereward, Inscriptions from Pamphylia and Isauria, JHS 78, 1958, 57-67

P. Herrmann, Ergebnisse einer Reise in Nordostlydien, Wien 1962

P. Herrmann, Die Selbstdarstellung der hellenistischen Stadt in den Inschriften: Ideal und Wirklichkeit, in: Akten des VIII. Epigraphiker-Kongresses, Athen 1984, 109-120

P. Herrmann, Chresimus, procurator lapicidinarum. Zur Verwaltung der kaiserlichen Steinbrüche in der Provinz Asia, Tyche 3, 1988, 119-129

P. Herrmann, Hilferufe aus römischen Provinzen. Ein Aspekt der Krise des römischen Reiches im 3. Jh. n. Chr. (Ber. aus den Sitzungen der Joachim Jungius-Gesellsch. d. Wiss. Hamburg, Jg.8, 1990, H.4), Hamburg 1990

A. Heuss, Stadt und Herrscher des Hellenismus in ihren staats- und völkerrechtlichen Beziehungen (ND v.1937), Aalen 1963

F. Hild, Die westkilikische Küste von Korakesion bis Anemurium in byzantinischer Zeit, in: 'Byzantios'. Festschrift H. Hunger, Wien 1984, 137-145

G.F. Hill, Inscriptions from Lycia and Pisidia, Copied by Daniell and Fellows, JHS 15, 1895, 116-131

O. Hirschfeld, Der Grundbesitz der römischen Kaiser in den ersten drei Jahrhunderten (ND v.1902), in: ders., Kleine Schriften, Berlin 1913, 516-576

H. Hörmann, Das Nymphäum zu Aspendos, JDAI 44, 1929, 263-274

J. Hofstetter, Die Griechen in Persien. Prosopographie der Griechen im persischen Reich vor Alexander, Berlin 1978

M. Holleaux, Études d'épigraphie et d'histoire grecque, 5 Bde., Paris 1968

B. Holtheide, Römische Bürgerrechtspolitik und römische Neubürger in der Provinz Asia, Freiburg 1983

J. Hopp, Untersuchungen zur Geschichte der Attaliden (Vestigia 25), München 1967

K. Hopwood, Policing the Hinterland: Rough Cilicia and Isauria, in: Mitchell, Armies, 173-187

K. Hopwood, Towers, Territory and Terror: How the East Was Held, in: Freeman - Kennedy, 343-356

G.H.R. Horsley, The Inscriptions from the So-Called 'Library' at Cremna, AS 37, 1987, 49-80

G.H.R. Horsley, Two New Milestones from Pisidia, AS 39, 1989, 77-83

P.H.J. Houwink Ten Cate, The Luwian Population Groups of Lycia and Cilicia Aspera during the Hellenistic

Period, Leiden 1961

P.H.J. Houwink Ten Cate, Kleinasien zwischen Hethitern und Persern, in: Fischer Weltgeschichte 4: Die Altorientalischen Reiche III, Frankfurt am Main 1987, 112-135

W.-D. Hütteroth, Türkei (Wissenschaftliche Länderkunden 21), Darmstadt 1982

G. Hult, Bronze Age Ashlar Masonry in the Eastern Mediterranean, Göteborg 1983

J. Inan, 1970 Kremna Karısı Raporu, TürkAD 19/20, 1970, 51-73

J. Inan - E. Alföldi-Rosenbaum, Roman and Early Byzantine Sculpture in Asia Minor, London 1966

J. Inan, Der Demetrios- und Apolloniosbogen in Perge, IstMitt 39, 1989, 237-245

B. Jacobs, Persepolisdelegationen und Satrapienordnung, Acta Praehistorica et Archaeologica 13/14, 1982, 75-84

B. Jacobs, Griechische und persische Elemente in der Grabkunst Lykiens zur Zeit der Achämenidenherrschaft (SIMA 78), Jonsered 1987

J. Jahn, Zur Entwicklung römischer Soldzahlungen von Augustus bis auf Diokletian, in: M. R.-Alföldi (Hg.), Studien zu den Fundmünzen der Antike 2, Berlin 1985, 53-75

S. Jameson, Lycia and Pamphylia under the Roman Empire from Augustus to Diocletian, Diss. Oxford 1965

S. Jameson, Cornutus Tertullus and the Plancii of Perge, JRS 55, 1965, 54-58

S. Jameson, Art. Aspendos, RE Suppl. XII, 1970, 99-109

S. Jameson, Art. Attaleia, RE Suppl. XII, 1970, 110-129

S. Jameson, Art. Lykia, RE Suppl. XIII, 1973, 265-308

S. Jameson, Art. Perge, RE Suppl. XIV, 1974, 375-383

G. Jenkins - H. Küthmann, Münzen der Griechen, München 1972

P.S. de Jesus, Metal Resources in Ancient Anatolia, AS 28, 1978, 97-102

A.H.M. Jones, The Cities of the Eastern Roman Provinces, Oxford[2] 1971

A.H.M. Jones. The Later Roman Empire 284-602. A Social, Economic and Administrative Survey (ND v.1964), Baltimore 1986

C.P. Jones, A Familiy of Pisidian Antioch, Phoenix 36, 1982, 264-271

C.P. Jones, The Sacrae Litterae of 204: Two Colonial Copies, Chiron 14, 1984, 93-99

C.P. Jones, Eastern 'Alimenta' and an Inscription of Attaleia, JHS 109, 1989, 189-191

R. Känel, Eine beschriftete Porträtbüste aus Pamphylien, EA 13, 1989, 123-124

H. Kaletsch, Seeraub und Seeräubergeschichten des Altertums, in: Studien zur Alten Geschichte. Festschrift S. Laufer, II, Rom 1986, 470-500

J. Karayannopoulos, Das Finanzwesen des frühbyzantinischen Staates, München 1958

D. Kaya, The Sanctuary of the God Eurymedon at Timbriada in Pisidia, AS 35, 1985, 39-55

I. Kaygusuz, Eine neue Ehrung für Quintus Voconius Saxa Fidus in Perge, EA 2, 1983, 37-39

I. Kaygusuz, Perge. Unter Kaiser Tacitus Mittelpunkt der Welt, EA 4, 1984, 1-4

J. Keil, Die Lyrboton Kome in Pamphylien, ÖJh 23, 1926, Beibl., 89-106

H.-J. Kellner, Zwei neue Flottendiplome. Zur Grenze von Pamphylien und Kilikien, Chiron 7, 1977, 315-322

D. Kienast, Der Münzfund von Ankara. Studien zu den Besonderheiten des Geldumlaufs im Ostteil und Westteil des Imperiums, JNG 12, 1962, 65-112

D. Kienast, Die Homonoiaverträge in der römischen Kaiserzeit, JNG 14, 1964, 51-64

D. Kienast, Untersuchungen zu den Kriegsflotten der römischen Kaiserzeit, Bonn 1966

G. Klaffenbach, Die Grabstelen der einstigen Sammlung Roma in Zakynthos, Berlin (DDR), 1964

W.E. Kleinbauer, The Double-Shell Tetraconch Building at Perge in Pamphylia and the Origin of the Architectural Genus, DOP 41, 1987, 277-293

H. Klengel, Handel und Händler im alten Orient, Leipzig 1977

H. Klengel (Hg.), Kulturgeschichte des alten Vorderasien, Berlin (DDR) 1989

D. Klose, As und Assarion. Zu den Nominalsystemen der lokalen Bronzemünzen im Osten des römischen Reiches, JNG 36, 1986, 101-105

P. Kneissl, Mercator-negotiator. Römische Geschäftsleute und die Terminologie ihrer Berufe, MBAH II 1, 1983, 73-90

P. Knoblauch, Die Hafenanlagen und die anschließenden Seemauern von Side, Ankara 1977

G. Koch, Asia Minor, in: G. Koch - H. Sichtermann, Römische Sarkophage (HdArch), München 1982

I. Kökten, Ein allgemeiner Überblick über die prähistorischen Forschungen in der Karainhöhle bei Antalya, Belleten 19, 1955, 284-293

K. Kohlmeyer, Felsbilder der hethitischen Großreichzeit, Acta Praehistorica et Archaeologica 15, 1983, 7-154

H.-P. Kohns, Hungersnot und Hungerbewältigung in der Antike, in: H. Kloft (Hg.), Sozialmaßnahmen und Fürsorge. Zur Eigenart antiker Sozialpolitik (Grazer Beiträge. Suppl. 3), Graz 1988, 103-121

F. Kolb, Die Stadt im Altertum, München 1984

C.F. Konrad, Das Datum der neuen Maximinus-Inschrift von Colbasa, EA 13, 1989, 89-90

E. Kornemann, Art. Domänen, RE Suppl. IV, 1924, 227-268

C.M. Kraay, The Asuyut Hoard: Some Comments on Chronology, NC ser.7, 17, 1977, 189-198

C.M. Kraay, The Isparta Hoard, in: Festschrift M. Thompson, New York 1979, 131-137

K. Kraft, Das System der kaiserzeitlichen Münzprägung in Kleinasien. Materialien und Entwürfe (IstForsch 29), Berlin 1972

J.-U. Krause, Das spätantike Stadtpatronat, Chiron 17, 1987, 1-80

J.-U. Krause, Spätantike Patronatsformen im Westen des römischen Reiches (Vestigia 38), München 1987

H. Kreissig, Tempelland, Katoiken, Hierodulen im Seleukidenreich, Klio 59, 1977, 375-380

H. Kreissig, Wirtschaft und Gesellschaft im Seleukidenreich. Die Eigentums- und Abhängigkeitsverhältnisse, Berlin (DDR) 1978

H.-O. Kröner, Furcht vor der Einquartierung, Chiron 1, 1971, 215-219

F. Kudlien, Der griechische Arzt im Zeitalter des Hellenismus. Seine Stellung in Staat und Gesellschaft (Abh.Akad.Mainz Nr.6), Mainz 1979

F. Kudlien, Die Stellung des Arztes in der römischen Gesellschaft. Eingebürgerte, Peregrine, Sklaven, Freigelassene als Ärzte, Stuttgart 1986

F. Kudlien, Empticius servus. Bemerkungen zum antiken Sklavenmarkt, Historia 35, 1986, 240-256

W. Kuhoff, Studien zur zivilen senatorischen Laufbahn im 4. Jh. n. Chr. Ämter und Amtsinhaber in Clarissimat und Spektabilität, Frankfurt am Main 1983

A. Kuhrt - H. Sancisi-Weedenburg(Hgg.), Achaemenid History III. Method and Theory, Leiden 1988

B. Kull, Die mittelbronzezeitliche Siedlung (Demircihüyük. Die Ergebnisse der Ausgrabungen 1975-1978, hg. v. M. Korfmann, Bd.5), Mainz 1988

M. Lacroix, Les étrangers à Délos, in: Mélanges G. Glotz II, Paris 1932, 501-525

G. Laminger-Pascher, Beiträge zu den griechischen Inschriften Lykaoniens, Wien 1984

K. Graf Lanckoroński u.a., Städte Pamphyliens und Pisidiens, 2 Bde., Wien 1890/92

E.N. Lane, Corpus Monumentorum Religionis Dei Menis (CMRDM), 4 Bde., Leiden 1971-1978

E.N. Lane, Men: A Neglected Cult of Roman Asia Minor, ANRW II 18.3, 1990, 2161-2174

O. Lange, Selge in Pisidien und der Styrax-Baum, in: Der Münzen- und Medaillensammler, Berichte 26, 1986,

79-85

O. Lange, Der Seher Mopsos und seine Stadt Mopsuestia in Kilikien, in: Der Münzen- und Medaillensammler, Berichte 27, 1987, 245-253

E. Laroche - A. Davesne, Les fouilles de Meydancik près de Gülnar et le trésor monétaire hellénistique, CRAI 1981, 356-370

M. Launey, Recherches sur les armées hellénistiques, 2 Bde., 1949/50, repr. avec additions et mise à jour par Y. Garlan - P. Gauthier - C. Orrieux, Paris 1987

H. Lauter, Die hellenistische Agora von Aspendos, BJ 170, 1970, 77-101

H. Lauter, Die Architektur des Hellenismus, Darmstadt 1986

R. Lebrun, L'Anatolie et le monde phénicien du Xe au IVe siècle av. J.-C., in: E. Lipinski (Hg.), Studia Phoenicia V, Leuven 1987, 23-33

G.A. Lehmann, Die mykenisch-frühgriechische Welt und der östliche Mittelmeerraum in der Zeit der 'Seevölker'-Invasion um 1200 v. Chr., Opladen 1985

O. Lendle, Herodot 5,52/53 über die 'persische Königsstraße', WüJb N.F.13, 1987, 25-37

C. Lepelley, Les cités de l'Afrique romaine au Bas-Empire, 2 Bde., Paris 1979/80

C. Lepelley, Quot curiales, tot tyranni. L'image du décurion oppresseur aus Bas-Empire, in: E. Frézouls (Hg.), Crise et redressement dans les provinces européennes de l'Empire, Straßburg 1983, 143-156

G. Le Rider, La politique monétaire du Royaume de Pergame après 188, JS 1989, 163-191

W. Leschhorn, 'Gründer der Stadt'. Studien zu einem politisch-religiösen Phänomen der griechischen Geschichte, Wiesbaden 1984

W. Leschhorn, Die kaiserzeitlichen Münzen Kleinasiens: zu den Möglichkeiten und Schwierigkeiten ihrer statistischen Erfassung, RN ser.6, 27, 1985, 200-216

W. Leschhorn, Ein Schatzfund sidetischer Münzen, in: Franke u.a., Side, 23-42

P.M.M. Leunissen, Konsuln und Konsulare in der Zeit von Commodus bis Severus Alexander (180-235 n. Chr.). Prosopographische Untersuchungen zur senatorischen Elite im römischen Kaiserreich, Amsterdam 1989

B. Levick, An Honorific Inscription from Pisidian Antioch, AS 8, 1958, 219-223

B. Levick, Inscriptions from Pisidian Antioch, AS 15, 1965, 53-62

B. Levick, Roman Colonies in Southern Asia Minor, Oxford 1967

B. Levick, Unpublished Inscriptions from Pisidian Antioch, AS 17, 1967, 101-123

B. Levick, Art. Antiocheia (Pisid.), RE Suppl. XI, 1968, 49-61

B. Levick, Art. Komama, RE Suppl. XI, 1968, 859-871

B. Levick, Dedications to Men Askaenos, AS 20, 1970, 37-51

B. Levick, Art. Andeda, RE Suppl. XII 1970, 75-85

B. Levick, Art. Parlais, RE Suppl. XII 1970, 990-1006

B. Levick, Art. Pogla, RE Suppl. XIV, 1974, 413-427

B. Levick, Art. Sibidunda, RE Suppl. XIV, 1974, 668-678

B. Levick, Art. Verbe, RE Suppl. XIV, 1974, 830-840

B. Levick - S. Jameson, C. Crepereius Gallus and His 'gens', JRS 54, 1964, 98-106

D. Liebs, Ämterkauf und Ämterpatronage in der Spätantike, ZRG 95, 1978, 158-186

B. Lifshitz, Donateurs et fondateurs dans les synagogues juives, Paris 1967

L. de Ligt - P.W. de Neeve, Ancient Periodic Markets. Festivals and Fairs, Athenaeum 66, 1988, 391-416

E. Loewy, Inschriften griechischer Bildhauer, Leipzig 1885

X. Loriot, Les premières années de la grande crise du IIIe siècle: De l'avènement de Maximin le Thrace (235) à la mort de Gordien III (244), ANRW II 2, 1975, 659-787

H. Louis, Landeskunde der Türkei, Stuttgart 1985

A. Machatschek - S. Schwarz, Bauforschungen in Selge, Wien 1981

T. MacKay, The Major Sanctuaries of Pamphylia and Cilicia, ANRW II 18.3, 1990, 2045-2129

J.G. Macqueen, Geography and History in Western Asia Minor in the Second Millennium B.C., AS 18, 1968, 169-185

J.G. Macqueen, The Hittites and their Contemporaries in Asia Minor, London 1975

D. Magie, Roman Rule in Asia Minor. To the End of the Third Century after Christ, 2 Bde., Princeton 1950 (= RRAM)

A. Maiuri, Nuova Silloge epigrafica di Rodi e Cos, Rom 1925

H. Malay, Letters of Pertinax and the Proconsul Aemilius Iuncus to the City of Tabala, EA 12, 1988, 47-52

A.M. Mansel, Türkiyenin Arkeoloji, Epigrafı ve Tarihi Coğrafyası için Bibliografya, Istanbul 1948

A.M. Mansel, Die Ruinen von Side, Berlin 1963

A.M. Mansel, Art. Side, RE Suppl. X, 1965, 879-916

A.M. Mansel, Nymphäen von Perge, IstMitt 25, 1975, 367-372

A.M. Mansel - C.E. Bosch - J. Inan, Vorläufiger Bericht über die Ausgrabungen in Side im Jahre 1947, Ankara 1951

A.M. Mansel - G.E. Bean - J. Inan, Die Agora von Side und die benachbarten Bauten. Bericht über die Ausgrabungen im Jahre 1948, Ankara 1956

C. Marek, Die Proxenie, Frankfurt am Main 1984

C. Marek, Handel und Proxenie, MBAH IV/1, 1985, 67-78

R. Maroti, Der Sklavenmarkt auf Delos und die Piraterie, Helikon 1969/70, 24-42

H.I. Marrou, Geschichte der Erziehung, München[7] 1976

A.J. Marshall, Governors on the Move, Phoenix 20, 1966, 231-246

A.J. Marshall, The Lex Pompeia de provinciis (52 B.C.) and Cicero's Imperium in 51-50 B.C.: Constitutional Aspects, ANRW I 1, 1972, 887-921

J. Martin, Spätantike und Völkerwanderung, München 1987

F. de Martino, Wirtschaftsgeschichte des alten Rom, München 1985

O. Masson, Les anses d'amphores et l'anthroponymie grecque, in: Empereur - Garlan, 37-44

O. Masson - M. Sznyca, Recherches sur les Phéniciens à Chypre, Paris 1982

A.W. McNicoll, Hellenistic Fortifications from the Aegean to the Euphrates, Diss. Oxford 1971

C. Mee, Aegean Trade and Settlement in Anatolia in the Second Millennium B.C., AS 28, 1978, 121-155

A. Mehl, Seleukos Nikator und sein Reich, 1.Teil, Leiden 1986

R. Meiggs, The Athenian Empire, Oxford 1972

R. Meiggs, Trees and Timber in the Ancient World, Oxford 1982

R. Meiggs - D.M. Lewis, A Selection of Greek Historical Inscriptions to the End of the Fifth Century B.C., Oxford 1969

J. Mellaart, Preliminary Report on a Survey of Pre-Classical Remains in Southern Turkey, AS 4, 1954, 175-240

J. Mellaart, Iron Age Pottery from Southern Anatolia, Belleten 19, 1955, 115-136

J. Mellaart, Anatolian Chronology in the Early and Middle Bronze Age, AS 7, 1957, 55-88

J. Mellaart, The End of the Early Bronze Age in Anatolia and the Aegean, AJA 62, 1958, 9-33

J. Mellaart, Excavations at Hacılar. First Preliminary Report, AS 8, 1958, 127-157. Second Preliminary Report, AS 9, 1959, 51-67. Third Preliminary Report, AS 10, 1960, 83-105. Fourth Preliminary Report, AS 11, 1961, 39-75

J. Mellaart, Early Cultures of the South Anatolian Plateau I, AS 11, 1961, 159-184. II, AS 13, 1963, 199-234

J. Mellaart, The Late Bronze Age Monuments of Eflatun Pınar and Fasillar near Beyşehir, AS 12, 1962, 111-117

J. Mellaart, The Chalcolithic and Early Bronze Ages in the Near East and Anatolia, Beirut 1966

J. Mellaart, Anatolian Trade with Europe and Anatolian Geography and Culture Provinces in the Late Bronze Age, AS 18, 1968, 187-202

J. Mellaart, Anatolia before 4000 B.C., CAH I^3, Cambridge 1970, 304-326

J. Mellaart, Anatolia c. 4000-2300 B.C., in: CAH I^3 2, Cambridge 1971, 363-410

J. Mellaart, Anatolia c.2300-1750 B.C., in: ebd. 681-703

J. Mellaart, The Neolithic of the Near East, London 1975

M.J. Mellink, Anatolia, in: CAH IV 2, Cambridge 1988, 211-233

R. Merkelbach - S. Şahin, Die publizierten Inschriften von Perge, EA 11, 1988, 97-169 (+ Corr. et Add., EA 12, 1988, 78)

B.D. Merritt - A.B. West, The Athenian Assessment of 425 B.C., Ann Arbor 1934

N. Mersich, Historische Geographie von Pisidien in byzantinischer Zeit, Diss. Wien 1982

N. Mersich, Malos in Pisidien, JOEByz 35, 1985, 51-54

N. Mersich, Einige Festungen im pamphylisch-pisidischen Grenzgebiet, JOEByz 36, 1986, 191-200

E. Meyer, Die Grenzen der hellenistischen Staaten in Kleinasien, Zürich 1925

I. Michaelidou-Nicolaou, Prosopography of Ptolemaic Cyprus, Göteborg 1973

F. Michaux-van der Mersch, Un trésor de monnaies archaiques de l'époque achéménide, RBN 132, 1986, 168-173

P. Middleton, The Roman Army and Long-Distance Trade, in: Garnsey - Whittaker, Trade, 75-83

H. Mielsch, Die römische Villa. Architektur und Lebensform, München 1987

K. Miller, Itineraria Romana. Römische Reisewege an Hand der Tabula Peutingeriana, Stuttgart 1916

S. Mitchell, The Plancii in Asia Minor, JRS 64, 1974, 27-39

S. Mitchell, Requisitioned Transport in the Roman Empire. A New Inscription from Pisidia, JRS 66, 1976, 106-131

S. Mitchell, Population and Land in Roman Galatia, ANRW II 7.2, 1980, 1053-1081

S. Mitchell (Hg.), Armies and Frontiers in Roman and Byzantine Anatolia (BAR Int.Ser. 156), Oxford 1983

S. Mitchell, The Balkans, Anatolia and Roman Armies Across Asia Minor, in: ebd. 131-150

S. Mitchell, Imperial Building in the Eastern Roman Provinces, HSCPh 91, 1987, 333-365

S. Mitchell, Maximinus and the Christians in A.D.312. A New Latin Inscription, JRS 78, 1988, 105-125

S. Mitchell, Archaeology in Asia Minor 1985-1989, AR 1989/90, 83-131

S. Mitchell, The Siege of Cremna, in: D.H. French - C.F. Lightfoot (Hgg.), The Eastern Frontier of the Roman Empire I, Ankara 1990, 311-328

S. Mitchell - M. Waelkens, Sagalassus and Cremna 1986, AS 37, 1987, 37-47. Sagalassus and Cremna 1987, AS 38, 1988, 53-65

S. Mitchell - E. Owens - M. Waelkens, Ariassos and Sagalassus 1988, AS 39, 1989, 61-77

T.B. Mitford, Roman Rough Cilicia, ANRW II 7.2, 1980, 1230-1258

T.B. Mitford, The Cults of Roman Rough Cilicia, ANRW II 18.3, 1990, 2131-2160

O. Moerkholm, A South Anatolian Coin Hoard, AArch 30, 1959, 184-201

O. Moerkholm, The Era of the Pamphylian Alexanders, ANSMusN 23, 1978, 69-75

D. Morelli, Gli stranieri in Rodi, SCO 5, 1955, 126-190

L. Moretti, Inscrizioni agonistiche greche, Rom 1953

P.G. Mosca - J. Russel, A Phoenician Inscription from Çebel Ires Dağı in Rough Cilicia, EA 9, 1987, 1-21

R.A. Moysey, The Silver Stater Issues of Pharnabazos and Datames from the Mint of Tarsus in Cilicia,

ANSMusN 31, 1986, 7-61

B. Müller, Zur Geschichte der Stadt Side, in: Franke u.a., Side, 11-21

A. Müller-Karpe, Neue galatische Funde aus Anatolien, IstMitt 38, 1988, 189-199

W. Müller-Wiener, Von der Polis zum Kastron. Wandlungen der Stadt im Ägäischen Raum von der Antike zum Mittelalter, Gymnasium 93, 1986, 435-474

W. Müller-Wiener, Griechisches Bauwesen in der Antike, München 1988

J.D. Muhly, Copper and Tin. The Distribution of Mineral Resources and the Nature of the Metals Trade in the Bronze Age, in: Transactions of the Connecticut Academy of Arts and Sciences 43, 1973, 158-535

J.D. Muhly - R. Maddin - T. Stach - E. Özgen, Iron in Anatolia and the Nature of Hittite Iron Industry, AS 35, 1985, 67-84

G. Nachtergael, La collection M. Hombert 1. Timbres amphoriques et autres documents écrits acquis en Egypte, Brüssel 1978

P. Naster, Les monnayages satrapaux, provinciaux et régionaux dans l'Empire perse face au numéraire officiel des Achéménides, in: E. Lipinski (Hg.), State and Temple Economy in the Ancient Near East II, Louvain 1979, 597-604

L. Neesen, Untersuchungen zu den direkten Staatsabgaben der römischen Kaiserzeit (27 v. Chr. - 284 n. Chr.), Bonn 1980

G. Neumann, Untersuchungen zum Weiterleben hethitischen und luwischen Sprachgutes in hellenistischer und römischer Zeit, Würzburg 1961

G. Neumann, Die sidetische Schrift, ASNP 8, 1978, 869-886

J. Nicols, Patrons of Greek Cities in the Early Principate, ZPE 80, 1990, 81-100

S.P. Noe, Two Hoards of Persian Sigloi, New York 1956

D. Nörr, Imperium und Polis in der hohen Prinzipatszeit, München 1960

K.L. Noethlichs, Beamtentum und Dienstvergehen. Zur Staatsverwaltung in der Spätantike, Wiesbaden 1981

J. Nollé, Nundinas instituere et habere, Hildesheim 1982

J. Nollé, Die Eintracht der Mehlsieber und Brotformer in Side, EA 1, 1983, 131-140

J. Nollé, Zum Landbau von Side, EA 1, 1983, 119-129

J. Nollé, Die "Charaktere" im 3. Epidemienbuch des Hippokrates und Memnon von Side, EA 2, 1983, 85-98

J. Nollé, Etenna. Ein Vorbericht, EA 3, 1984, 143-154

J. Nollé, 'Oriens Augusti'. Kaiserpanegyrik und Perserkriegspropaganda auf Münzen der Stadt Side in Pamphylien unter Valerian und Gallienus (253-268), JNG 36, 1986, 127-143

J. Nollé, Pamphylische Studien 1-5, Chiron 16, 1986, 199-212

J. Nollé, Pamphylische Studien 6-10, Chiron 17, 1987, 236-276

J. Nollé, Epigraphische und numismatische Notizen, EA 10, 1987, 101-106. 12, 1988, 129-141

J. Nollé, Mitteilungen zu sidetischen Inschriften, Kadmos 27, 1988, 57-62

J. Nollé, Inschriften, Münzen und Papyri - Dokumente aus dem antiken Side, in: Franke u.a., Side, 45-67

J. Nollé, Side. Zur Geschichte einer kleinasiatischen Stadt in der römischen Kaiserzeit im Spiegel ihrer Münzen, AW 21, 1990, 244-266

J. Nollé - S. Şahin - Ch. Vorster, Katalog der Inschriften im Museum von Alanya, EA 5, 1985, 125-146

J. Nollé - F. Schindler, Die Inschriften von Selge (IK 37), Bonn 1991

J. Oelsner, Krisenerscheinungen im Achaimenidenreich im 5. u. 4. Jh. v. u. Z., in: E.C. Welskopf (Hg.), Hellenische Poleis, Bd. II, Berlin (DDR) 1974, 1041-1073

M.E. Özgür, Perge, o.O. 1988

M.E. Özgür, Aspendos, o.O. 1988

M. Özsait, Hellenistik ve Roma devrinde Pisidya Tarihi, Istanbul 1985

M. Özsait, Pisidya Bölgesinde yeni prehistorik iskan yerleri III, in: Anadolu Araştırmaları X = Festschrift U.B. Alkim, Istanbul 1986, 73-88

E. Olshausen, Mithradates VI. und Rom, ANRW I 1, 1972, 806-815

S. Onurkan, Artemis Pergaia, IstMitt 19/20, 1969/70, 289-298

I. Opelt - E. Kirsten, Eine Urkunde der Gründung von Arsinoe in Kilikien, ZPE 77, 1989, 55-66

H.A. Ormerod, The Campaigns of Servilius Isauricus against the Pirates, JRS 12, 1922, 35-56

H.A. Ormerod, The Piracy of the Ancient World (ND v.1924), Chicago 1967

H.A. Ormerod - A.M. Woodward, A Journey in South-Western Asia Minor, ABSA 16, 1909/10, 75-136

H.A. Ormerod - E.S.G. Robinson, Notes and Inscriptions from Pamphylia, ABSA 17, 1910/11, 215-249

W. Orth, Königlicher Machtanspruch und städtische Freiheit, München 1977

H. Otten, Die Bronzetafel aus Boğazköy. Ein Staatsvertrag Tuthalijas IV., Wiesbaden 1988

H. Otten, Die 1986 in Boğazköy gefundene Bronzetafel, Innsbruck 1989

D. Papenfuss - V.M. Strocka (Hgg.), Palast und Hütte. Beiträge zum Bauen und Wohnen im Altertum, Mainz 1982

E. Paszthory, Laboratorien in ptolemäischen Tempelanlagen, AW 19, 1988, H.2, 3-21

E. Paszthory, Salben, Schminken und Parfüme im Altertum, AW 21, Sondernr., 1990

H. Pavis d'Escurac, A propos de l'approvisionnement en blé des cités de l'orient romain, in: Frézouls, Sociétés, 117-130

W. Peek, Inschriften aus dem Asklepieion von Epidauros, Berlin (DDR) 1966

W. Peek, Griechische Versinschriften aus Kleinasien, Wien 1980

T. Pekáry, Untersuchungen zu den römischen Reichsstraßen, Bonn 1968

T. Pekáry, Die Wirtschaft in der griechisch-römischen Antike, Wiesbaden[2] 1979

T. Pekáry, Kleinasien unter römischer Herrschaft, ANRW II 7.2, 1980, 595-657

A. Pekman, History of Perge, Ankara 1973

A. Pekridou, Das Alketas-Grab in Termessos (IstMitt Beih.32), Tübingen 1986

P. Petit, Les étudiants de Libanius, Paris 1957

P. Petit, Die Senatoren von Konstantinopel im Werk des Libanios, in: G. Fatouros - T. Krischer (Hgg.), Libanios (WdF 621), Darmstadt 1983, 206-247

A. Petropoulou, Beiträge zur Wirtschafts- und Gesellschaftsgeschichte Kretas in hellenistischer Zeit, Frankfurt am Main 1985

H.-G. Pflaum, Les carrières procuratoriennes équestres sous le Haut-Empire romain, 4 Bde. + Suppl., Paris 1960-1982

I. Piso, Die Laufbahn eines Ritters aus Pamphylien, Chiron 8, 1978, 515-527

X.de Planhol, De la plaine pamphylienne aux lacs pisidiens. Nomadisme et vie paysanne, Paris 1958

H.-W. Pleket, The Greek Inscriptions of the 'Rijksmuseum van Oudheeden' at Leyden, Leiden 1958

H.-W. Pleket, Wirtschaft, in: F. Vittinghoff, Europäische Wirtschafts- und Sozialgeschichte, 1990, 25-160

S.R.F. Price, Rituals and Power. The Roman Imperial Cult in Asia Minor, Cambridge 1986G. Prosperi-Valenti, Attori-bambini del mondo romano attraverso le testimonianze epigrafiche, Epigraphica 47, 1985, 71-82

F. Quass, Zur politischen Tätigkeit der munizipalen Aristokratie des griechischen Ostens in der Kaiserzeit, Historia 31, 1982, 188-213

G. Radet - P. Paris, Inscriptions d'Attaleia, de Pergé, d'Aspendos, BCH 10, 1886, 148-161

G. Radet - P. Paris, Inscriptions de Sillyon en Pamphylie, BCH 13, 1889, 486-497

W.M. Ramsay, Notes and Inscriptions from Asia Minor, AM 10, 1885, 334-349

W.M. Ramsay, Antiquities of Southern Phrygia and the Borderland, AJA 4, 1888, 6-21

W.M. Ramsay, The Historical Geography of Asia Minor (ND v. 1890), Amsterdam 1962

W.M. Ramsay, The Cities and Bishoprics of Phrygia (ND v. 1895-97), New York 1975

W.M. Ramsay (Hg.), Studies in the History and Art of the Eastern Provinces, Aberdeen 1906

W.M. Ramsay, The Social Basis of Roman Power in Asia Minor, 1941

D. Rathbone, The Grain Trade and Grain Shortages in the Hellenistic East, in: Garnsey - Whittaker, Trade, 45-55

N.K. Rauh, Cicero's Business Friendships: Economics and Politics in the Late Roman Republic, Aevum 60, 1986, 3-30

F. Rebuffat, Alexandre le Grand et Apollonia de Pisidie, RN 28, 1986, 65-71

B. Remy, L'évolution administrative de l'Anatolie aux trois premiers siècles de notre ère, Lyon 1986

B. Remy, Les fastes sénatoriaux des provinces romaines d'Anatolie au Haut-Empire (31 av. J.-C. - 284 ap. J.-C.). Pont-Bithynie, Galatie, Cappadoce, Lycie-Pamphylie et Cilicie, Paris 1988

G.M.A. Richter, Greeks in Persia, AJA 50, 1946, 15-30

R. Rilinger, Die Interpretation des Imperium Romanum als "Zwangsstaat", GWU 36, 1985, 321-340

L. Robert, Collection Froehner. Inscriptions grecques, Paris 1936

L. Robert, Etudes épigraphiques et philologiques, Paris 1938

L. Robert, Villes de Carie et d'Ionie dans la liste des théodoroques de Delphes, BCH 1946, 506-523

J.u.L. Robert, La Carie II, Paris 1954

L. Robert, Monnaies et divinités d'Aspendos, Hellenica XI-XII, 1960, 177-188

L. Robert, Noms indigènes dans l'Asie Mineure gréco-romaine, Paris 1963

L. Robert, Rez. zu MAMA VIII, Hellenica XIII, 1965

L. Robert, Monnaies antiques en Troade, Paris 1966

L. Robert, Documents de l'Asie Mineure méridionale, Paris 1966

L. Robert, Les gladiateurs dans l'Orient grec (ND), Amsterdam 1971

L. Robert, Les juges étrangers dans la cité grecque, in: Festschrift für P.J. Zepos I, Athen 1973, 765-782

J.u.L. Robert, Fouilles d'Amyzon en Carie I, Paris 1983

L. Robert, Documents d'Asie Mineure, Paris 1987

L. Robert, Inscriptions grecques de Sidé en Pamphylie (ND), in: L. Robert, OMS V, 1989, 155-193 (= Robert, Side)

D.M. Robinson, Notes and Inscriptions from Antioch in Pisidia, JRS 15, 1925, 253-262

D.M. Robinson, Greek and Latin Inscriptions from Asia Minor, TAPhA 57, 1926, 195-237

B. Rosenkranz, Fluß- und Gewässernamen in Anatolien, BN, N.F.1, 1966, 124-144

M. Rostovtzeff, Die Domäne von Pogla, ÖJh 4, 1901, Beibl. 37-46

M. Rostovtzeff, Studien zur Geschichte des Kolonats, Leipzig 1910

M. Rostovtzeff, Foreign Commerce of Ptolemaic Egypt, Journal of Economic and Business History 4, 1930, 728-769

M. Rostovtzeff, Rhodes, Delos and Hellenistic Commerce, CAH VIII, Cambridge 1930, 619-667

M. Rostovtzeff, Gesellschafts- und Wirtschaftsgeschichte der hellenistischen Welt, 3 Bde., Darmstadt 1956 (= SEHHW)

M. Rostovtzeff, Gesellschaft und Wirtschaft im römischen Kaiserreich (ND), Aalen 1985

H. Rott, Kleinasiatische Denkmäler aus Pisidien, Pamphylien, Kappadokien und Lykien, Leipzig 1908

C. Roueché, A New Inscription from Aphrodisias and the Title πατὴρ τῆς πόλεως, GRBS 20, 1979, 173-185

J. Rougé, L'Histoire Auguste et l'Isaurie au IVe siècle, REA 68, 1966, 282-315

M. Roxan, Roman Military Diplomas 1954-1977, London 1978

W. Ruge, Art. Perge, RE XIX, 1937, 694-704

W. Ruge, Art, δῆμος 'Ορμελέων, RE XVIII, 1939, 1098-1105

W. Ruge, Art. Pamphylia, RE XVIII, 1949, 354-407

V. Ruggieri - P. Nethercott, The Metropolitan City of Syllion and its Churches, JOEByz 36, 1986, 133-156

G. Sacco, Su alcuni etnici di stranieri di Rodi, RAL, ser.8, 35, 1980, 517-528

S. Şahin - D.H. French, Ein Dokument aus Takina, EA 10, 1987, 133-142

A.E. Samuel, From Athens to Alexandria: Hellenism and Social Goals in Ptolemaic Egypt, Leiden 1983

F. Schachermeyr, Die ägäische Frühzeit 5: Die Levante im Zeitalter der Wanderungen vom 13. bis zum 11. Jh. v. Chr., Wien 1982

F. Schachermeyr, Griechische Frühgeschichte, Wien 1984

H. Schiwek, Der persische Golf als Schiffahrts- und Seehandelsroute in achämenidischer Zeit und in der Zeit Alexanders d. Großen, BJ 162, 1962, 4-98

D. Schlumberger, L'argent grec dans l'empire achéménide, in: R. Curiel - D. Schlumberger, Trésors monétaires d'Afghanistan, Paris 1953, 1-64

D. Schmandt-Besserat, The Beginnings of the Use of Clay in Turkey, AS 27, 1977, 133-150

H.-C. Schneider, Die Bedeutung der römischen Straßen für den Handel, MBAH I 1, 1982, 85-95

E. Schönert-Geiss, Das Geld im Hellenismus, Klio 60, 1978, 131-136

W. Schuller, Griechische Geschichte, München 1980

S. Schultz, Literaturüberblicke der griechischen Numismatik, Chiron 18, 1988, 91-170

V. Schultze, Altchristliche Städte und Landschaften, 2 Bde., Gütersloh 1926

L. Schumacher, Themistokles und Pausanias. Die Katastrophe der Sieger, Gymnasium 94, 1987, 218-246

O. Seeck, Die Briefe des Libanius (ND v. 1906), Hildesheim 1966

M. Segre, Decreto di Aspendus, Aegyptus 14, 1934, 253-268

J. Seibert, Das Zeitalter der Diadochen, Darmstadt 1983

J. Seibert, Die Eroberung des Perserreiches durch Alexander den Großen auf kartographischer Grundlage, Wiesbaden 1985

G. Seibt, Griechische Söldner im Achämenidenreich, Bonn 1977

N.V. Sekunda, Achaemenid Colonization in Lydia, REA 87, 1985, 7-30

N.V. Sekunda, Persian Settlement in Hellespontic Phrygia, in: Kuhrt - Sancisi-Weedenburg III, 175-197

L. Semlinger, Weih-, Sieges- und Ehreninschriften aus Olympia und seiner Umgebung, Diss. München 1974

Ü. Serdaroğlu, Bautätigkeit in Anatolien unter persischer Herrschaft, in: Papenfuss - Strocka, 347-356

V. Sevin, Kroisos ve Pamphylia, Belleten 40, 1976, 185-193

H. Seyrig, Scripta Numismatica, Paris 1986

A.R.R. Sheppard, Homonoia in the Greek Cities in the Roman Empire, AncSoc 15-17, 1984-6, 229-252

R.K. Sherk, Roman Galatia: The Governors from 25 B.C. to A.D. 114, ANRW II 7.2, 1980, 954-1052

R.K. Sherk, Rome and the Greek East to the Death of Augustus, Cambridge 1984

A.N. Sherwin-White, Rome, Pamphylia and Cilicia, 133-70 B.C., JRS 66, 1976, 1-14

A.N. Sherwin-White, Roman Involvement in Anatolia, 167-88 B.C., JRS 67, 1977, 62-75

A.N. Sherwin-White, Roman Foreign Policy in the East. 168 B.C. to A.D.1, London 1984

I. Singer, Western Anatolia in the Thirteenth Century B.C. According to the Hittite Sources, AS 33, 1983, 205-217

D.W. Smit, Backgrounds to the Hittite History. Some Historical Remarks on the Proposed Luwian Translation of the Phaistos Disc, Talanta 18/19, 1986/7, 49-63

A.H. Smith, Notes on a Tour in Asia Minor, JHS 8, 1887, 216-267

M.P. Speidel, Legionaries from Asia Minor, ANRW II 7.2, 1980, 730-746

M.P. Speidel, The Roman Army in Asia Minor. Recent Epigraphical Discoveries and Research, in: Mitchell, Armies, 7-34

M.P. Speidel, Roman Troops at Aulutrene. Observations on two Inscriptions, EA 10, 1987, 97-100

F. Stähelin, Geschichte der kleinasiatischen Galater, Leipzig^2 1907

Ch.G. Starr, Greeks and Persians in the Fourth Century B.C. A Study in Cultural Contacts before Alexander I, IA 11, 1975, 39-91. II, IA 12, 1977, 49-115

M. Steinbrecher, Der delisch-attische Seebund und die athenisch-spartanischen Beziehungen in der kimonischen Ära (c. 478/7-462/1), Stuttgart 1985

G. Steiner, Die Ahhiyawa-Frage heute, Saeculum 15, 1964, 365-392

J.R.S. Sterrett, An Epigraphical Journey in Asia Minor (PAS II), Boston 1888

J.R.S. Sterrett, The Wolfe Expedition to Asia Minor (PAS III), Boston 1888

K. Strobel, Ein neues Zeugnis für die Statthalterschaft des M.Hirrius Fronto Neratius Pansa in Lycia-Pamphylia aus Oinoanda?, ZPE 61, 1985, 173-180

D.B. Stronach, The Development and Diffusion of Metal Types in Early Bronze Age Anatolia, AS 7, 1957, 89-125

R.S. Stroud, An Argive Decree from Nemea Concerning Aspendos, Hesperia 53, 1984, 193-216

J.H.M. Strubbe, A Group of Imperial Estates in Central Phrygia, AncSoc 6, 1975, 229-250

J.H.M. Strubbe, Gründer kleinasiatischer Städte. Fiktion und Realität, AncSoc 15-17, 1984-6, 253-304

J.H.M. Strubbe, The Sitonia in the Cities of Asia Minor under the Principate I, EA 10, 1987, 45-81. II, EA 13, 1989, 99-121

H. Swoboda, Art. Kome, RE Suppl. IV, 1924, 953-976

H. Swoboda - J.Keil - F.Knoll, Denkmäler aus Lykaonien, Pamphylien und Isaurien, Brünn 1935

R. Syme, Pamphylia from Augustus to Vespasian, Klio 30, 1937, 227-231

R. Syme, Observations on the Province of Cilicia (ND v. 1939), in: ders., Roman Papers I, Oxford 1979, 120-149

B.E. Thomasson, Laterculi Praesidum I, Göteborg 1984

M. Thompson, Paying the Mercenaries, in: Festschrift Leo Mildenberg, Wetteren 1984, 241-247

M. Thompson - O. Moerkholm - C.M. Kraay, An Inventory of Greek Coin Hoards, New York 1973

F. Tinnefeld, Die frühbyzantinische Gesellschaft, München 1977

F.R. Troubley, Paganism in the Greek World at the End of Antiquity. The Case of Rural Anatolia and Greece, HThR 78, 1985, 327-352

V. Tscherikover, Die hellenistischen Städtegründungen von Alexander d. Gr. bis auf die Römerzeit, Leipzig 1927

K. Tuchelt, Bemerkungen zum Tempelbezirk von Antiochia ad Pisidiam, in: R.M. Boehmer - H. Hauptmann (Hgg.), Beiträge zur Altertumskunde Kleinasiens. Festschrift für K. Bittel, Mainz 1983, 501-522

C. Tuplin, The Administration of the Achaemenid Empire, in: Carradice, Coinage, 109-167

C. Tuplin, Xenophon and the Garrisons of the Achaemenid Empire, AMI 20, 1987, 167-247

F. Uebel, Die Kleruchen Ägyptens unter den ersten sechs Ptolemäern, Berlin (DDR) 1968

J. Vaes, Christliche Wiederverwendung antiker Bauten: Ein Forschungsbericht, AncSoc 15-17, 1984-6, 305-443

C. Veligianni-Terzi, Damiurgen. Zur Entwicklung einer Magistratur, Diss. Heidelberg 1977

P. Veyne, Brot und Spiele, Frankfurt am Main 1988

B. Virgilio, Il 'Tempio stato' di Pessinunte fra Pergamo e Roma nel II-I secolo a.C., Pisa 1981

B. Virgilio, Strutture templari e potere politico in Asia Minore, Athenaeum N.S. 65, 1987, 227-231

F. Vittinghoff, Art. Portorium, RE XXII, 1953, 346-399

F. Vittinghoff (Hg.), Stadt und Herrschaft (HZ Beih. N.F.7), München 1982

F. Vittinghoff (Hg.), Europäische Wirtschafts- und Sozialgeschichte in der Römischen Kaiserzeit (Handbuch der Europ. Wirtschafts- und Sozialgeschichte Bd. 1), Stuttgart 1990

M. Waelkens, Hausähnliche Gräber in Anatolien vom 3. Jh. v. Chr. bis in die Römerzeit, in: Papenfuss - Strocka, 421-445

M. Waelkens, Dokimeion. Die Werkstatt der repräsentativen kleinasiatischen Sarkophage, Berlin 1982

J. Wagner, Türkei. Die Südküste von Kaunos bis Issos, Zürich 1986

F.W. Walbank, Die hellenistische Welt, Nördlingen 1983

H. Waldmann, Neue Inschriften aus Pisidien, ZPE 44, 1981, 95-102

G. Walser, Die Völkerschaften auf den Reliefs von Persepolis, Berlin 1966

G. Walser, Griechen am Hofe des Großkönigs, in: Festgabe H.v. Greyerz, Bern 1967, 189-202

G. Walser (Hg.), Beiträge zur Achämenidengeschichte (Historia ES. 18), Wiesbaden 1972

Die Wasserversorgung antiker Städte (= Geschichte der Wasserversorgung Bd.2), Mainz 1987

L. Weidauer, Probleme der frühen Elektronprägung, Fribourg 1977

H. Weimert, Wirtschaft als landschaftsgebundenes Phänomen. Die antike Landschaft Pontos. Eine Fallstudie, Frankfurt am Main u.a. 1984

J.-P. Weinberg, Zentral- und Partikulargewalt im achämenidischen Reich, Klio 59, 1977, 25-45

W. Weiser, Ein Schatzfund pamphylisch-pisidischer Bronzemünzen, SNR 61, 1982, 31-40

P. Weiss, Ein agonistisches Bema und die isopythischen Spiele von Side, Chiron 11, 1981, 315-346

P. Weiss, Lebendiger Mythos. Gründerheroen und städtische Gründungstraditionen im griechisch-römischen Osten, WüJb N.F. 10, 1984, 179-208

C.B. Welles, Royal Correspondence of the Hellenistic Age, New Haven 1934

C. Wells, Das römische Reich, Nördlingen 1985

K.W. Welwei, Abhängige Landbevölkerung auf "Tempelterritorien" im hellenistischen Kleinasien und Syrien, AncSoc 10, 1979, 97-118

H. Wiegartz, Kleinasiatische Säulensarkophage (IstForsch 26), Berlin 1965

H. Wiegartz, Marmorhandel, Sarkophagherstellung und die Lokalisierung der kleinasiatischen Säulensarkophage, in: Festschrift A.M. Mansel II, Ankara 1974, 345-383

L. Wierschowski, Heer und Wirtschaft. Das römische Heer der Prinzipatszeit als Wirtschaftsfaktor, Bonn 1984

J. Wiesehöfer, Beobachtungen zum Handel des Achämenidenreiches, MBAH I 1, 1982, 5-16

A. Wilhelm, Beiträge zur griechischen Inschriftenkunde, Wien 1909

A. Wilhelm, Neue Beiträge zur griechischen Inschriftenkunde, 6 Bde., Wien 1911-1921

J.K. Winnicki, Das ptolemäische und das hellenistische Heerwesen, in: Criscuolo - Geraci, 213-236

G. Wirth, Nearchos, der Flottenchef, in: Acta Conventus XI "Eirene", Warschau 1968, 615-639

G. Wirth, Die συντάξεις von Kleinasien 334 v. Chr., Chiron 2, 1972, 91-98

D.J. Wiseman, Chronicles of Chaldaean Kings (626-556 B.C.) in the British Museum, London 1956

M. Wörrle, Zwei neue Inschriften aus Myra zur Verwaltung Lykiens in der Kaiserzeit, in: J. Borchhardt (Hg.), Myra. Eine lykische Metropole in antiker und byzantinischer Zeit, Berlin 1975, 286-300

M. Wörrle, Antiochos I., Achaios der Ältere und die Galater, Chiron 5, 1975, 59-87

M. Wörrle, Epigraphische Forschungen zur Geschichte Lykiens I. Ptolemaios I. und Limyra, Chiron 7, 1977, 43-66

M. Wörrle, Epigraphische Forschungen zur Geschichte Lykiens II. Ptolemaios II. und Telmessos, Chiron 8, 1978, 201-246

M. Wörrle, Epigraphische Forschungen zur Geschichte Lykiens III. Ein hellenistischer Königsbrief aus Telmessos, Chiron 9, 1979, 83-111

M. Wörrle, Inschriften von Herakleia am Latmos I.: Antiochos III., Zeuxis und Herakleia, Chiron 18, 1988, 421-470

M. Wörrle, Stadt und Fest im kaiserzeitlichen Kleinasien. Studien zu einer agonistischen Stiftung aus Oinoanda (Vestigia 39), München 1988

F.C. Woudhuizen, Origins of the Sidetic Script, Talanta 16/17, 1984/5, 115-125

J. Yakar, Hittite Involvement in Western Anatolia, AS 26, 1976, 117-128

J. Yakar, Regional and Local Schools of Metalwork in Early Bronze Age Anatolia I, AS 34, 1984, 59-86. II, AS 35, 1985, 25-38

K.A. Yener - H. Özbal, Tin in the Turkish Taurus Mountains: The Bolkerdağ Mining District, Antiquity 61, 1987, 220-226

L. Zgusta, Die pisidischen Inschriften, Archiv Orientalni 25, 1957, 570-610

L. Zgusta, Die epichorische pisidische Anthroponymie und Sprache, Archiv Orientalni 31, 1963, 470-482

L. Zgusta, Kleinasiatische Personennamen, Prag 1964

E. Ziebarth, Beiträge zur Geschichte des Seeraubs und Seehandels im alten Griechenland, Hamburg 1929

R. Ziegler, Städtisches Prestige und kaiserliche Politik. Studien zum Festwesen in Ostkilikien im 2. und 3. Jh. n. Chr., Düsseldorf 1985

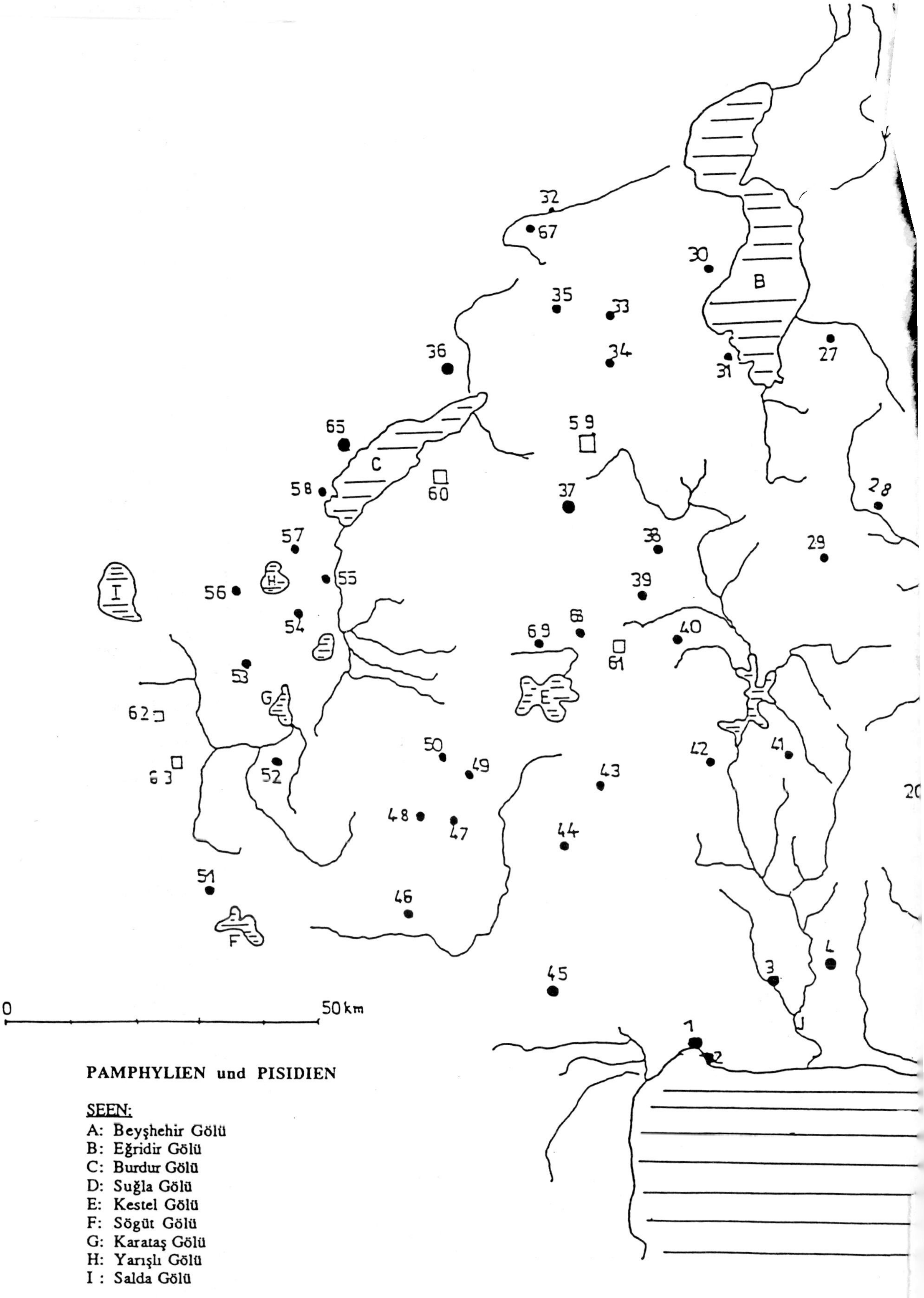

PAMPHYLIEN und PISIDIEN

SEEN:
A: Beyşhehir Gölü
B: Eğridir Gölü
C: Burdur Gölü
D: Suğla Gölü
E: Kestel Gölü
F: Sögüt Gölü
G: Karataş Gölü
H: Yarışlı Gölü
I : Salda Gölü

FLÜSSE:
J: Aksu Çayı
K: Köprü Çayı
L: Manavgat Çayı

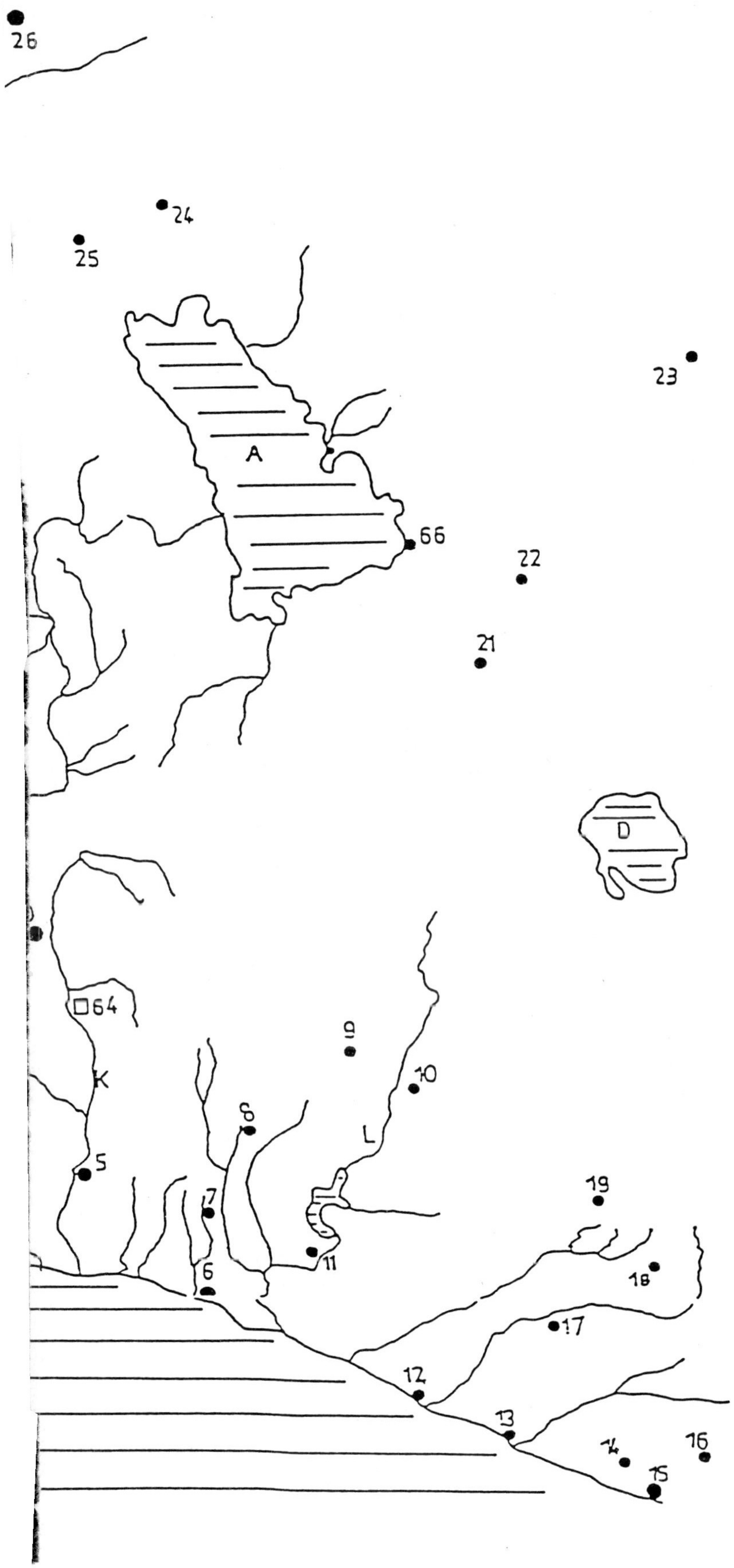

Antike Siedlungen (●)

1 Attaleia
2 Magydos
3 Perge
4 Sillyon
5 Aspendos
6 Side
7 Seleukeia oder Lyrbe
8 Etenna
9 Erymna
10 Kotenna
11 Sennea (?)
12 Kibyra
13 Ptolemais
14 Hamaxia
15 Korakesion
16 Laertes
17 Karallia
18 Kolybrassos
19 Kasai
20 Selge
21 Amblada
22 Fassıllar
23 Pappa-Tiberiopolis
24 Neapolis
25 Anabura
26 Antiochia Pisidiae
27 Malos
28 Timbriada
29 Adada
30 Parlais
31 Prostanna
32 Tymandos
33 Agrai
34 Seleukeia Sidera
35 Konana
36 Baris
37 Sagalassos
38 Sandalion
39 Keraitai
40 Kremna
41 Pednelissos (?)
42 Melli
43 Sia
44 Ariassos
45 Termessos
46 Isinda
47 Sibidunda
48 Andeda
49 Komama
50 Pogla
51 Lagbe
52 Olbasa
53 Polyetta
54 Hadriani
55 Hacilar
56 Takina
57 Tymbrianassos
58 Lysinia
65 Ilyas
66 Mistheia
67 Apollonia
68 Hyia
69 Kolbasa

Moderne Siedlungen (□)

59 Isparta
60 Burdur
61 Bucak
62 Karamanlı
63 Tefenni
64 Beşkonak